互联网＋应用创新型财会系列教材

管理会计

主　编　邓春梅

副主编　王　玲　刘绍敏　马　宁

高等教育出版社·北京

内容简介

本书是一本融合互联网、反映岗位需求的应用创新型管理会计立体化教材。本书以现代企业所处的信息化、智能化社会经济环境为背景，以企业类组织为主体，依据国内外最新管理会计规范，从应用实际出发，分三部分介绍管理会计构成体系：管理会计学基础——理论与方法，管理会计操作实务——规划、决策、控制与评价，管理会计成果——管理会计报告。管理会计学基础部分系统介绍了管理会计学的基础知识、基本理论和应用管理会计的基本方法；管理会计操作实务部分详细阐述了如何运用各种管理会计工具和方法，实施管理会计的主要活动（规划、决策、控制和评价）；管理会计成果部分，首次将管理会计报告作为独立一章，介绍如何以管理会计报告的形式将管理会计活动的成果呈报给信息使用者，为管理决策服务。

本书即可作为高等院校会计学专业、财务管理专业及相关专业的本科教材，也可作为在职人员、成人及自考学员的参考用书，里面涉及的管理会计新趋势、新内容也可供研究生、学者及企业管理者参考。

图书在版编目（CIP）数据

管理会计 / 邓春梅主编. -- 北京 ：高等教育出版社，2018.7(2025.7重印)
互联网+应用创新型财会系列教材
ISBN 978-7-04-049528-7

Ⅰ. ①管… Ⅱ. ①邓… Ⅲ. ①管理会计-高等学校-教材 Ⅳ. ①F234.3

中国版本图书馆CIP数据核字(2018)第049657号

策划编辑 雷 雪　　责任编辑 雷 雪　　封面设计 李树龙　　版式设计 马 云
插图绘制 杜晓丹　　责任校对 刘 莉　　责任印制 刘思涵

出版发行 高等教育出版社
社　　址 北京市西城区德外大街4号
邮政编码 100120
印　　刷 三河市华骏印务包装有限公司
开　　本 787 mm×1092 mm 1/16
印　　张 23.75
字　　数 510千字
购书热线 010-58581118
咨询电话 400-810-0598
网　　址 http://www.hep.edu.cn
http://www.hep.com.cn
网上订购 http://www.hepmall.com.cn
http://www.hepmall.com
http://www.hepmall.cn
版　　次 2018年7月第1版
印　　次 2025年7月第2次印刷
定　　价 44.00元

物 料 号 49528-00

出版说明

教材建设应符合人才培养目标和培养模式，适应实践变化。传统财会教材往往存在着理论有余、应用不足，内容与工作实际脱节，不能及时反映新业务、新操作，法规、准则更新不及时等不足。高等教育出版社调研了互联网背景下会计与财务管理教学需求和实践新变化，遴选全国具有丰富教学经验、教材编写经验又精通财会业务的骨干教师，对传统的教材模式进行改革，组织编写了这套“互联网＋应用创新型财会系列教材”。该系列教材是滚动创新、数字化发展的精品教材群，将吸纳更多体现在线教学、互联网财会新模式的创新教材。

2017 年春季起将陆续推出首批 21 种教材，该系列教材具有如下特点：

1. 在阐述手工会计基本原理的同时，介绍电算化、互联网化背景下的会计实务。

2. 依据最新会计准则、会计法规编写，充分体现“营改增”后会计业务的新变化。

3. 提高案例、例题、习题、实际业务操作在教材中的比重，部分习题与取证考试相结合，同时增加实训环节。

4. 通过二维码关联丰富教学资源，实现了自动测评、视频观看、新法规实时更新、案例及前沿信息推送等。

欢迎您对这套教材的提升和发展提出宝贵建议！

高等教育出版社

2017 年 1 月

前 言

管理会计的发展跌宕起伏，当前已经进入一个全新的复苏与创新时期。自 20 世纪前期会计学科“同源分流”之后，管理会计得到了迅速发展，先后经历了追求效率的管理会计时代、追求效益的管理会计时代，进入 20 世纪 80 年代后以卡普兰教授于 1987 年出版的《相关性的遗失——管理会计兴衰史》为标志，开始进入反思时代，而 90 年代之后进入主题转变的过渡时期。当历史的车轮来到 21 世纪时，信息技术与人工智能开始在各个领域得到逐渐深入的应用，经济全球化、信息经济空前发展、共享经济持续升温，人们也开始以新的视角对财务会计与管理会计在企业中的作用与地位进行评估与审视。管理会计以一种“老人新颜”的姿态刷新了其在企业管理中的地位，各种创新的、辅以新技术的、综合运用的管理会计工具和方法大大提升了管理会计活动的范围、强度和深度，为现代企业强化管理、优化决策、创造价值、实现战略目标提供了新的动力和源泉，重新奠定了管理会计的江湖地位。我国财政部于 2013 年定调会计工作转型升级的方向就是发展管理会计，拉开了管理会计体系建设的帷幕。2014 年财政部发布《关于全面推进管理会计体系建设的指导意见》，并于 2016 年和 2017 年颁布了《管理会计基本指引》(简称“基本指引”)和系列管理会计应用指引(简称“应用指引”)，这是我国首次以行政法规的方式规范管理会计活动，为我国管理会计的发展指明了方向，确定了基本理论框架。

本书正是在国内外社会经济形势转变、管理会计重新进入高速发展轨道的非常时期酝酿出版的。本书包括三大板块：管理会计学基础——理论与方法，管理会计操作实务——规划、决策、控制与评价，管理会计成果——管理会计报告。本书主要包括以下特点：

(1) 以最新国际、国内法规政策及行业规定为编写依据。本书主要依据我国管理会计的“基本指引”及“应用指引”，同时参考特许管理会计师公会(CIMA、CGMA)及美国管理会计师协会(IMA)的相关规定编写。

(2) 首次纳入管理会计报告内容。本书首次将管理会计报告作为单独一章纳入正文，并将其定义为管理会计成果。

(3) 侧重实务。本书以具体案例引出管理会计基础理论、工具、方法和技术，结合企业业务流程中管理会计的实际操作，将理论与实践完美结合。

(4) 关联性与拓展性。本书注重不同知识体系的融会贯通，与财务会计、成本会计、战略管理、内部控制、风险管理等相关学科与领域紧密结合，培养从业者站在更高的起点发现问题、分析问题、解决问题的能力；对一些教材中涉及的新名词、新思想，以二维码关联的方式予以注明，以拓展从业者的视野和增加知识储备。

本书由重庆大学邓春梅副教授任主编，重庆科技学院王玲副教授、重庆大学刘绍敏老师和重庆大学马宁老师任副主编，重庆大学樊艳妮老师参编。其中邓春梅负责第1章、第7章、第11章、第13章的编写，王玲负责第4章、第5章、第8章和第10章的编写，刘绍敏负责第2章、第3章、第9章的编写，马宁负责第6章的编写，樊艳妮负责第12章的编写。邓春梅和马宁负责全书的统稿、修改、增补和总纂。

本书在编写过程中参考了国内外部分管理会计专家学者的最新研究成果，他们卓越的工作成果为本书的编写提供了深厚的基础和探索的方向，在此表示衷心感谢！本书的出版得到了高等教育出版社的大力支持，特别感谢编辑的辛勤付出！同时，感谢我的学生晏雨薇、张雯、张小威、赵冲、高然和郑明晖对本书部分资料查找工作及校对工作的支持！

本书的编写工作经过反复讨论、修改，力求避免错误，但有可能会出现考虑不周的情况，难免存在一些不足之处，恳请广大读者批评指正！作者的电子邮箱是：dengdeng@cqu.edu.cn。

编　者

2018年1月

目 录

第一篇 管理会计学基础——理论与方法

第二篇　管理会计操作实务——规划、决策、控制与评价

第三篇 管理会计成果——管理会计报告

第一篇　管理会计学基础——理论与方法

第1章 绪 论

学习目标

了解管理会计的发展历史，了解管理会计师职业、管理会计人员应当具备的职业道德和素质；掌握管理会计的定义和基本理论；理解管理会计与相关学科的区别与联系。

本章知识结构图

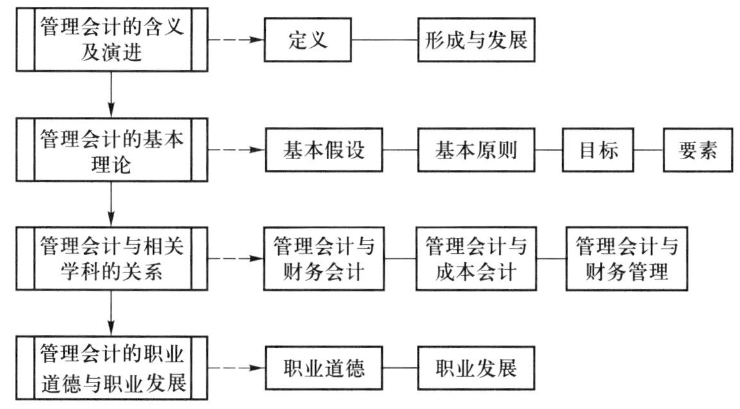

引例

2010年由美国管理会计师协会(IMA)、对外经济贸易大学、海尔集团共同发起设立的“管理会计研究中心”在北京成立，标志着海尔管理会计创新得到了IMA的认可。IMA发现海尔在管理会计领域的创新探索可能是未来管理会计发展的重要突破口。海尔的管理会计创新核心是自主经营体管理模式。该模式通过组织流程再造和构建战略经营单位(SBU)，按照项目打破部门界限签订合同、组织“无边界团队”；通过“人单合一”与市场链构造充分授权的战略执行机制，将战略落实到每一个SBU和每一个作业流程，以订单信息流为中心，带动物流和资金流的快速运行，实现用户零距离、零库存、零营运资本“三零”模式；以精细化经营规划和“T预算模式”提升资源配置效率；以战略损益表、日清表和人单酬表核算收入与费用，并以此为基础进行动态价值管理和员工报酬核算。该管理会计创新通过自主经营体与外部用户、供应商、合作方交互合作，组成共同满足市场需求和创造客户价值的利益共同体，构建开放的价值生态圈，让员工在自主赢得客户订单、提供增值产品生产和服务并创造用户价值的过程中，实现员工价值，创造企业价值，是一种引领价值创造和增值共赢的管理会计活动。

资料来源：根据汤谷良等（2010）和潘晓江（2014）改编。

引言

海尔集团为什么要实施管理会计，应用管理会计的目的是什么？海尔集团应用和创新了哪些管理工具与方法，这些管理工具与方法是怎样适应海尔自身的特征的？海尔应用管理会计究竟为其带来了怎样的好处？除了海尔，为何全球范围内的企业越来越重视管理会计的应用？通过本章的学习，相信你能对管理会计的定义、作用与地位、要素、基本理论、管理会计活动的内容等有初步的认识，并产生学习管理会计的兴趣。

第一节 管理会计的含义及其演进

一、管理会计的含义

（一）国外会计学界对管理会计的定义

国外会计学界对管理会计的定义主要经历了两个阶段，包括狭义管理会计阶段和广义管理会计阶段。

1. 狭义管理会计阶段

这一阶段涵盖的时间范围从20世纪20年代到20世纪70年代，认为管理会计只是为企业内部管理者提供计划与控制所需信息的内部会计。

1958年美国会计学会（American Accounting Association，AAA）对管理会计的定义为：管理会计就是运用适当的技术和观念，处理企业历史的和未来的经济信息，以有助于管理人员制定合理的、能够实现经营目标的计划，以及为达到各项目标所进行的决策。这一概念涉及对财务信息的深加工和再利用，不单单是对外部信息使用者呈报原始的财务信息，而是服务于内部管理层，利用信息进行企业经济活动的预测、决策、控制、评价，从而为企业管理服务。

这种定义的核心内容为:① 管理会计以企业为主体展开其管理活动,即不是会计人员或管理层的单独活动;② 管理会计是为企业管理当局的管理目标服务的,即不是对外部信息使用者提供信息;③ 管理会计是一个信息系统,因为它包含了管理信息的搜集、处理和应用,并贯穿于内部管理全流程。

2. 广义管理会计阶段

进入20世纪70年代,国外会计学界对管理会计的定义出现了新的变化。

1981年,美国会计师协会管理会计实务委员会对管理会计的基本定义如下:管理会计是向管理当局提供用于企业内部计划、评价、控制及确保企业资源的合理使用和经管责任的履行所需财务信息,并对其进行确认、计量、归集、分析、编制、解释和传递的过程。管理会计还包括为诸如股东、债权人、规则制定机构及税务当局等外部利益相关者编制财务报表。这一定义明显突破了传统定义中只提供信息框架的界定,指出除了提供信息还要确认、计量、编制信息等,同时提供的信息量远远大于传统的要求,包括货币化的信息和非货币化的信息,而信息使用者除了内部使用者还包括外部使用者。

1982年,英国成本与管理会计师协会修订了其对管理会计的定义,新定义中把管理会计的范围扩大到除审计以外的会计的各个组成部分,如资金筹措、财务会计核算、成本会计和狭义的管理会计等内容。这一定义最大的特点是内容的宽泛性,它不但包含传统管理会计的内容,还包括了财务管理、财务会计和成本会计的内容。由于包括了财务会计,因此其服务对象不仅包括公司管理者,还包括外部信息使用者,如投资者、社会公众、政府监督部门等。

广义管理会计的核心内容是:① 以企业为主体展开其管理活动,这与狭义定义是一致的;② 既为管理当局的管理目标服务,同时也为股东、债权人、规章制度制定机构及税务当局等非管理集团服务;③ 作为一个信息系统,它所提供的财务信息包括用来解释实际发生和计划发生的货币性和非货币性信息;④ 从内容上看,管理会计既包括财务会计,又包括成本会计和财务管理。

(二) 国内学者对管理会计的定义

国内也有不同的观点。

我国著名管理会计学家余绪缨教授(1999)认为,管理会计是为企业内部使用者提供管理信息的会计,它为企业内部使用者提供有助于正确进行经营决策和改善经营管理的有关资料,发挥会计信息的内部管理职能。

汪家佑教授(1987)认为,管理会计是西方企业为了加强内部经营管理,实现利润最大化的目的,灵活运用多种多样的方式方法,收集、加工和阐明管理当局合理地计划和有效地控制经济过程所需要的信息,围绕成本、利润、资本三个中心,分析过去,控制现在,规划未来的一个会计分支。

温坤教授(1989)认为,管理会计是企业会计的一个分支。它运用一系列专门的方式方法,收集、分类、汇总、分析和报告各种经济信息,借以进行预测和决策,制定计划,对经营业务进行控制,并对业绩进行评价,以帮助企业改善经营管理,提高经济效益。

可见,我国学者一般赞同狭义的管理会计概念。

(三) 管理会计的定义

本书对管理会计的定义为,管理会计是企业为实现战略目标,在所处的内外部环境中,运用一定工具方法,实施规划、决策、控制和评价等管理会计活动,从而为企业形成决策有用的内部管理报告的管理信息系统。

二、管理会计的发展

(一) 西方管理会计的发展

自从会计学科产生“同源分流”之后,管理会计得到迅速发展。20 世纪西方管理会计发展的历史大致可以划分为四个阶段。[①]

1. 追求效率的管理会计时代(20 世纪初到 20 世纪 40 年代)

20 世纪管理会计的发展源于 1911 年西方管理理论中古典学派的代表人物泰勒(F. W. Taylor)发表的《科学管理原理》,伴随着科学管理理论在实践中的广泛应用,“标准成本”“预算控制”“差异分析”等技术方法开始被引进管理会计中来。与此同时,会计学术界也开始涉及管理会计有关问题的研究。如哈里森(G. C. Harrison)一直致力于标准成本的研究,先后发表了《有助于生产的成本会计》《新工业时代的成本会计》和《成本会计的科学基础》等著作。而美国成本会计师协会[②]有力地推动了标准成本计算的开展。1920 年美国芝加哥大学首先开设了“管理会计”讲座,主讲人麦金西(J. O. Mckinsey)被誉为美国管理会计的创始人。1921 年 6 月美国国会颁布了《预算与会计法案》,对当时的私营企业推行预算控制产生了极大的影响。麦金西于 1922 年出版了美国第一部系统论述预算控制的著作《预算控制》。同年,奎因坦斯(H. W. Quaintance)出版了《管理会计:财务管理入门》一书,第一次提出了“管理会计”这个名称。1924 年麦金西又出版了世界上第一部以“管理会计”命名的著作《管理会计》。同时布利斯(Bliss)所写的一部管理会计方面的著作《通过会计进行经营管理》也问世了。美国会计史学界认为,上述几部著作的出版,标志着管理会计初步具有统一的理论。

以标准成本、预算控制和差异分析为主要内容的管理会计,其基本点是协助企业解决在执行过程中如何提高生产效率和生产经济效果的问题,追求的是“效率”,强调把事情做好。

2. 追求效益的管理会计时代(20 世纪 50 年代至 20 世纪 70 年代)

从 20 世纪 50 年代开始,西方国家进入了战后期,“科学管理学说”逐渐被现代管理科学所取代。现代管理科学的形成和发展,对管理会计的发展,在理论上起着奠基和指导的作用,在方法上赋予现代化的管理方法和技术,使其面貌焕然一新。

在 1958 年的一份研究报告中,美国会计学会以管理实践中的各种管理会计方法为素材,对管理会计本质意义和使用方法做了说明,明确指出了管理会计基本方法即标准成本计算、预算管理、盈亏临界点分析、差量分析法、变动预算、边际分析等,从而

① 结合胡玉明(2004)进行划分。

② 于 1957 年更名为美国会计师协会。

组建了管理会计方法体系的基础。20世纪60年代，随着电子计算机和信息科学的发展，产生了“业绩会计”和“决策会计”，从而使管理会计的理论方法体系进一步确定。进入20世纪70年代后，卡普兰（R. Caplan）的《管理会计和行为科学》，霍普伍德（Hopwood）的《会计系统和管理行为》等优秀著作先后问世，对管理会计理论方法体系的形成与完善具有一定的意义。到70年代末，美国学术界对于管理会计理论体系的研究可谓达到了高峰，其中最具代表性的著作当属穆尔（Moore）和杰德凯（Jaedicke）合著的《管理会计》、纳尔逊（Nelson）和米勒（Miller）合著的《现代管理会计》。

这个时期的管理会计追求的是“效益”，强调首先把事情做对，然后再把事情做好。至此，管理会计形成了以“决策与计划会计”和“执行会计”为主体的管理会计结构体系。

3. 管理会计反思时代（20世纪80年代）

进入20世纪80年代，由于“信息经济学”和“代理理论”的引进，管理会计又有新的发展，但相对于世界范围内高新技术蓬勃发展并广泛应用于经济领域，管理会计又显得有些落伍。

这个时期存在两个研究流派：传统学派和创新学派。传统学派主张从早期的标准成本、预算控制和差异分析出发，一切以成本为中心，重视历史经验的积累，在总结历史经验的基础上加以发展。霍恩格伦教授的《管理会计导论》可以算是传统学派的代表作。创新学派主张尽可能采用诸如数学和行为科学等相关学科的理论与方法研究管理会计问题。他们强调全面创新，偏好数学模型，依靠计算机技术解决预测、分析和决策所面临的复杂问题。创新学派的代表人物主要是卡普兰、约翰逊等。卡普兰的《高级管理会计》是创新学派的代表作。传统学派指责创新学派理论脱离实践，复杂的数学模型远离现实世界。而创新学派则指责传统学派视野狭隘、观念陈旧、方法落后，难以适应新经济环境的要求。

双方的争论促使西方管理会计理论研究进入一个反思期，这促进了卡普兰的观念转变，他由倡导大量引进数学分析方法转变为主张走到实践中去寻求新的理论与方法，这使得他提出了以“作业”为核心的“作业成本管理”，与波特提出的“价值链”观念相呼应，进一步促进了现代管理会计的发展。

纵观20世纪90年代以前管理会计发展历程，现代管理会计是沿着“效率—效益—价值链优化”的轨迹发展的。

4. 管理主题转变的过渡时期（20世纪90年代至今）

进入20世纪90年代，变化是当今世界经济环境的主要特征。基于环境的变化，管理会计信息收集的任务从管理会计人员转移到这些信息的内部使用者，保证了企业能以一种及时的方式收集相关信息，并据此做出反应。管理会计突破了管理会计师提供信息、管理人员使用信息的旧框架，而由每一个员工直接提供与使用各种信息。由此，管理会计信息提供者与使用者的界限逐渐模糊。同时，管理会计也促进企业适应环境的变化。例如，企业所面临的内外部环境变化导致“作业成本计算”与“作业管理”的产生，而“作业成本计算”与“作业管理”的应用又有助于“企业再造工程”的实施，从而推动了企业组织的变革，提高了企业的竞争能力。这时管理会计的主题已经从单纯的价值增值转向企业组织对外部环境变化的适应性上来。因此，20世纪90年

知识链接：
共享服务中心

代可视为管理会计主题转变的过渡时期。

根据阿特金森（A. A. Atkinson）等学者的研究，20 世纪 90 年代后西方管理会计理论研究的发展趋势体现为三个研究领域：管理会计在组织变化中的地位与作用、管理会计与组织结构之间的共生互助性、管理会计在决策支持系统中的作用。这一阶段最显著的研究成果是“平衡计分卡”和“共享服务中心”的普及和应用。

总之，管理会计会随着时代的变迁、环境的变化、管理科学理论的进化而不断发展变化，企业应当始终把握变化的节奏，适时调整自身管理方法以适应新的管理环境，应用管理会计为企业战略目标服务。

（二）我国管理会计的发展

我国管理会计大致经历了改革开放前与计划经济体制和国有企业制度相适应的管理会计、改革开放后至 20 世纪末与转型市场经济相适应的管理会计及 21 世纪初与国际趋同和本土化发展相适应的管理会计三个阶段（林万祥，2008）。

1. 改革开放前与计划经济体制和国有企业制度相适应的管理会计

我国早期的管理会计主要有：

（1）厂内经济核算，包括班组核算、车间核算、厂部核算，其中班组核算尤具特色。班组核算亦称班组经济核算，是推进群众参与管理的一种有效形式，是企业最基层的群众对其生产活动进行记录、核算、控制、分析和考核的一种群众性经济核算形式。

（2）经济活动分析，是在计划与实际对比的基础上，分析差异原因，并采取相应措施改进经济活动的分析方法。通过找差异、查原因、挖潜力、提措施以推进班组核算的发展。1953 年我国开始推广经济活动分析，它突破了单纯财务评价指标的局限性，采用多元化指标评价企业经营活动，分析方法多样、因素分析深入，能够揭示影响实际脱离计划的各种因素及各因素差异影响的程度。

（3）推行资金成本归口分级管理、引入市场机制、设置厂内银行、实行内部价格、开展内部结算，使责任会计落到实处。

2. 改革开放后至 20 世纪末与转型市场经济相适应的管理会计

1978 年改革开放后至 20 世纪末，我国逐步建立了现代企业制度，管理会计理论研究与实务应用开始将重点转向市场和企业内部，在建立、完善和深化各种形式的经济责任制的同时，将厂内经济核算制纳入经济责任制，形成了以企业内部经济责任制为基础的责任会计体系。20 世纪 80 年代末，许多企业实行了责任会计，90 年代后，目标成本管理会计得到大量使用，作业成本计算也开始得到应用。

3. 21 世纪初与国际趋同和本土化发展相适应的管理会计

进入 21 世纪，西方国家盛行的作业成本法、平衡计分卡、经济增加值、标杆管理、适时制等先进的管理会计方法开始在我国部分企业得到应用，一些方法的本土化改良研究也已广泛开展。我国管理会计研究与应用步入了一个与国际趋同和本土化发展相适应的多内容、多视角、多学科的创新时期。

而近几年，由于信息化环境对财务会计的影响导致会计职业逐步由传统财务会计向管理会计转化的趋势，更加推动了管理会计的发展。我国财政部于 2016 年和 2017 年分别颁布了《管理会计基本指引》和《管理会计应用指引第 100 号——战略管理》等 22 项管理会计应用指引，并将继续推出管理会计案例库。这些都标志着我国管理会计应用进入了一个新的发展时期。

第二节　管理会计的基本理论

一、管理会计的基本假设

会计假设，是企业会计确认、计量和报告的前提，是对会计核算所处时间、空间环境等所做的合理设定。管理会计假设，是会计人员对那些未经确切认识和无法正面论证的经济事务和会计事项，根据客观的正常情况和趋势所做出的合乎情理的判断和解释，它对于构架管理会计的基本理论体系具有重要意义。简言之，就是进行管理会计工作必需的前提条件。管理会计的基本假设包括会计实体假设、持续运作假设、会计分期假设、货币时间价值假设、成本性态可分假设、目标利润最大化假设和风险价值可计量假设七个假设。

（一）会计实体假设

会计实体假设，是对管理会计对象运行的空间范围和活动立场所做的限定，即管理会计是为谁服务的问题。由于管理会计主要是向企业内部管理人员提供有选择的、特定的或部分管理信息的内部会计，因此管理会计主体相对于财务会计主体而言更具有层次性，其应用主体视管理决策主体确定，可以是整个企业，也可以是企业内部各级责任单位。需要注意的是，我国《管理会计基本指引》中对应用管理会计的主体并未区分企业或行政事业单位，而统指“单位”，亦即应用管理会计的主体性质既可以是企业，也可以是行政事业单位等非营利性组织，而本书主要侧重于企业对管理会计的应用。

（二）持续运作假设

持续运作假设，是对管理会计对象运行基本方式的规定，即企业及各级责任单位的生产经营和筹资、投资活动将无限期地延续下去。因为只有在一个持续的环境下，预测、控制和业绩评价等各项工作才有意义，各种方法才有效。如进行资金、销售等的预测，就必然假设企业会长期运作下去；又如时间价值在筹资、投资方案的选择中被普遍使用，这也是基于企业持续运作的假设之上的。

（三）会计分期假设

会计分期假设，是指对管理会计对象运作的时间范围规定，即把企业持续不断的生产经营和筹资、投资活动，划分为一定期间的活动，以便及时提供有用的管理信息。这一假设和财务管理的假设是一致的，只有进行了分期，我们才能比较不同时期的利润、成本、资金额、业绩等内容。

（四）货币时间价值假设

货币时间价值假设，即指等量货币在不同时点上具有不同的价值，这一定律是市场经济的基本定律，即货币只要用于流通，用于再生产，则随着时间的推移货币的价值会增值。货币时间价值也是管理会计中预测、决策、控制、预算等各项工作的基础。

（五）成本性态可分假设

成本性态可分假设，指一切成本都可以按其性态划分为固定成本和变动成本。所谓成本性态，即指成本总额与业务量变动之间的数量依存关系。第2章我们就要涉及成本性态的划分，以后很多章节，如本量利分析、弹性预算编制方法、标准成本差异分析方法等都是建立在成本性态可分假设基础上的。因此这一假设是管理会计的一个特殊假设。为什么说这是一个假设呢？因为固定成本和变动成本的划分并不是在所有情况下都是一定的，随着条件的改变，它们的划分也可能发生改变，所以说这种划分并不是绝对的，而是带有一定的假定性。

（六）目标利润最大化假设

目标利润最大化假设，指在企业经营管理决策中，以目标利润最大化方案为最优方案，并假定在实施最优方案时能够实现目标利润。之所以要将这一条作为管理会计的一项假设，是因为管理会计中的许多方法都要运用这一判断标准，如固定资产更新决策、产品定价决策等方法都要用到这一假设。

（七）风险价值可计量假设

风险价值可计量假设，指所有的不确定性决策都可以转化为风险性决策，不仅风险具有价值，而且风险价值可以计量。决策按照风险程度的大小，分为确定性决策、风险性决策和不确定性决策。由于对未来的结果及其出现的概率无法把握，不确定性决策往往采用非数学计量方法进行。尽管投资决策中的风险价值只是一种虚拟的报酬，并不存在一定的客体可以直接计量，但是这一假设却为管理会计解决现实问题提供了可能。

二、管理会计的基本原则

管理会计原则是指在明确管理会计基本假设的基础上，为保证管理会计信息符合一定质量标准而确定的一系列主要工作规范的统称。管理会计的基本原则主要包括战略导向原则、融合性原则、适应性原则和成本效益原则。

（一）战略导向原则

管理会计的应用应以战略规划为导向，以持续创造价值为核心，促进单位可持续发展。这一原则强调的是管理会计的最终目标。

（二）融合性原则

管理会计应嵌入单位相关领域、层次、环节，以业务流程为基础，利用管理会计工具、方法，将财务和业务等有机融合。管理会计的信息来源于企业各项业务，信息分析的目的也是为各业务决策提供依据，因此，管理会计不能脱离业务单独存在，应注意与业务流程的协同嵌入。

（三）适应性原则

管理会计的应用应与单位应用环境和自身特征相适应。单位自身特征包括单位性质、规模、发展阶段、管理模式、治理水平等。单位性质不同，战略目标不同；规模不同，采用的管理工具与方法会有差异；发展阶段不同，信息化的水平会有差异；管理模式不同，则领导风格和决策需求不同；治理水平不同，管理会计能达到的效果也不同。

因此,管理会计的应用一定要与应用环境和自身特征相适应。

(四) 成本效益原则

管理会计的应用应权衡实施成本和预期效益,合理、有效地进行推进。管理会计提供信息所获得的收益必须大于为取得或处理该信息所花费的信息成本。在考虑成本效益原则时,也需要考虑企业的自身特征,不能一味追求管理会计的全面化和复杂化,要做到投入回报相匹配。

三、管理会计的目标

总体而言,管理会计的目标是通过运用管理会计工具方法,参与单位规划、决策、控制、评价活动并为之提供有用信息,推动单位实现战略目标。这一目标使企业充分发挥管理会计解析过去、控制现在和筹划未来的职能,支撑相关决策,强化和完善管理控制,促进业务协同,以实现单位战略。在现代市场经济条件下,企业之间的竞争已从低层次的产品营销性的竞争拓展到高层次的全局性、前瞻性的战略竞争,实现企业的战略目标是管理会计服务于组织的最终目标。在这一目标下,管理会计应实现以下两个分目标。

(一) 参与企业经营管理

在现代管理理论的指导下,管理会计正在以各种方式积极参与企业的经营管理,从最初的提高生产和经营效率,到后来的提高经营效益,再到价值链的创新和增值,管理会计都不能离开具体的业务流程和经营活动,只有合理嵌入经营管理活动,管理会计活动才能真正为实现战略目标发挥效用。

(二) 为管理和决策提供信息

管理会计应向各级管理人员提供以下经过选择和加工的信息:

(1) 与计划、评价和控制企业经营活动有关的各类信息,包括历史信息和未来信息。这些信息有利于各级管理者加强对经营过程的控制,实现最优化经营。

(2) 与维护企业资产安全、完整及资源有效利用有关的各类信息。

(3) 与股东、债权人及其他企业外部利益关系者的决策有关的信息,这些信息将有利于投资、借贷及有关法规的实施。

四、管理会计的要素

企业应用管理会计,应包括应用环境、管理会计活动、工具方法、信息与报告四要素。

(一) 管理会计的应用环境包括内部环境和外部环境

组织实施管理会计,应充分了解和分析其应用环境。管理会计应用环境,是单位应用管理会计的基础,包括内部环境和外部环境。

内部环境主要包括与管理会计建设和实施相关的价值创造模式、组织架构、管理模式、资源保障、信息系统等因素。企业应准确分析和把握价值创造模式,推动财务与业务等的有机融合,如通过价值链分析重造企业流程,创造价值增值。合理的组织架构是有效实施管理的基础，建立健全能够满足管理会计活动所需的由财务、业务等相关人员组成的管理会计组织体系可以促进财务与业务的融合，更有效地开展管理会计工作。管理会计活动不能由某个部门的人员单独完成，因此在业财一体化的体系中，合理确定责任主体，明确各层级及各层级内的部门、岗位之间的管理会计责任权限，制定管理会计实施方案，对于落实管理会计责任具有重要意义。管理会计活动是一项创新性的活动，企业只有做好人、财、物等资源保障，注重管理会计理念、知识培训，加强资源整合，才能确保管理会计工作的顺利开展。此外，企业应将管理会计信息化需求纳入信息系统规划，通过信息系统整合、改造或新建等途径，及时、高效地提供和管理相关信息，推进管理会计实施。

外部环境主要包括国内外经济、市场、法律、行业等因素。外部环境的变化将影响管理会计所获取的信息，从而影响规划、决策、控制与评价活动。

（二）管理会计的核心活动包括规划、决策、控制和评价

管理会计活动是企业利用管理会计信息，运用管理会计工具方法，在规划、决策、控制、评价等方面服务于企业管理需要的相关活动。规划活动主要是参与战略规划拟订，从支持其定位、目标设定、实施方案选择等方面，为企业合理制定战略规划提供支撑，经营预测就是规划细分到年度的活动，而全面预算管理则是包含经营预测在内的全面规划。决策活动是为支持企业各层级的战略规划采取的具体活动，主要包括短期经营决策、存货决策、长期投资决策等。控制活动是为保障决策有效落实，运用一些定性标准对经营活动进行分析、沟通、协调、反馈等。控制活动既包括成本控制，也包括全面预算控制。评价活动就是绩效评价，指企业运用系统的工具方法，对一定时期内企业营运效率与效果进行综合评判的管理活动，绩效评价是实施激励管理的重要依据，评价与激励是鞭策和推动员工实现企业战略目标的有效方法。

（三）管理会计工具方法是实现管理会计目标的具体手段

管理会计工具方法是开展管理会计核心活动的方法，应用于规划、决策、控制和评价等各项管理会计活动，主要包括战略地图、滚动预算管理、作业成本管理、本量利分析、平衡计分卡等模型、技术和流程。管理会计工具方法具有开放性，会随着实践发展不断丰富完善，企业应当结合自身实际情况，根据管理特点和实践需要选择适用的管理会计工具方法，并加强管理会计工具方法的系统化、集成化应用。

（四）管理会计的成果是形成对决策有用的信息与内部管理报告

管理会计信息是形成管理报告之前的初加工信息，包括管理会计应用过程中所使用和生成的财务信息和非财务信息。这些信息经过加工、整理、分析和传递，以管理会计报告的形式呈现给内部管理层使用。管理会计报告按期间可分为定期报告和不定期报告，按内容可分为综合性报告和专项报告等类别。企业可根据管理需要设定报告期间和报告的形式。

第三节 管理会计与相关学科的关系

管理会计与财务会计是现代企业会计的两大分支，二者既有区别，又有联系。管

理会计与成本会计、财务管理也有着密切的关系。

一、管理会计与财务会计的关系

（一）管理会计与财务会计的区别

1. 目的不同

管理会计的目的是实现企业战略目标，侧重于对未来的预测、决策和规划，以及对现在的控制、考核和评价，为管理层决策提供管理信息，属于经营管理型会计；而财务会计的目的是为外部信息使用者提供企业的财务状况和经营成果等信息，是反映过去的会计，侧重于核算和监督，属于报账型会计。

2. 会计主体不同

管理会计既要提供反映企业整体情况的资料，又要提供反映企业内部各责任单位经营活动情况的资料，因而其主体是多层次的；财务会计以企业为会计主体，通常不以各部门为会计主体提供相关资料。

3. 服务对象不同

管理会计主要为企业内部各管理层次提供有效经营和最优决策所需的管理信息，是对内报告会计；而财务会计主要向企业外部各利益关系人（如股东、潜在投资者、债权人、税务机关、证券监管机关等）提供信息，是对外报告会计。

4. 报告期间不同

管理会计的报告期间根据需要而定，小时、天、季、月、年、若干年不等；而财务会计应按规定的会计期间编制报告，包括月、季、半年和年。

5. 活动成果不同

管理会计活动形成的成果是内部管理报告，可以是规范化的格式报告，也可以是根据特定目的编制的临时性报告，是对内报告；而财务会计的报告是有规定格式和法律效力的正式报告，是对外报告。

（二）管理会计与财务会计的联系

1. 起源相同

二者都是从传统会计中孕育、发展和分离出来的。

2. 基本信息同源

管理会计的基本信息来源于财务会计，有的是财务资料的直接使用，有的是财务资料的加工和延伸。

3. 服务对象交叉

虽然管理会计和财务会计服务的侧重点不同，但并不严格区分，管理会计的信息也可为外部使用，财务会计的信息也要为内部使用。

4. 某些概念相同

管理会计与财务会计中的成本、收益、利润等概念相同，但有些概念各有特色，如管理会计中的边际成本、边际收益、机会成本等。

二、管理会计与成本会计的关系

20 世纪初，受泰勒科学管理思想的影响，在会计领域出现了标准成本制度，可见成本会计的产生先于管理会计，后来随着管理会计的发展，成本会计与管理会计成为既有交叉又有区别的两门学科。

(一) 管理会计与成本会计的区别

1. 成本视角不同

从管理会计角度看，成本是应当或可能发生的各种经济资源的价值牺牲或代价，应重视成本发生的原因及必要性，如机会成本，即管理会计中的成本时态可以是过去时也可以是未来时。从成本会计角度看，成本是生产过程中所耗费的资金的总和，强调的是过去已发生的，无论是成本归集、分配还是核算都是针对已消耗的费用进行的。

2. 成本分类方法不同

管理会计主要按照成本性态进行分类，分为变动成本、固定成本和混合成本，在进行决策分析时，也会根据成本的相关性分为相关成本和无关成本，进行决策时只考虑相关成本。而成本会计中的成本主要划分为产品成本和期间费用。

3. 侧重点不同

管理会计中的侧重点不仅包括实物的流转，还包括资金的流动，是二者的结合，如长期投资决策，不仅要考虑实物流，还要考虑资金流。而成本会计的侧重点只包括实物的流转，主要研究如何将企业在生产过程中产生的生产费用系统合理地分摊到每一个阶段的实物流转中。

4. 产品成本的构成与核算不同

管理会计采用成本性态进行分类，产品成本全部都是变动成本。而成本会计的产品核算相当于采用了完全成本的做法，将固定成本在已完工产品成本和在产品成本中进行分摊，产品成本中包含了固定成本。

(二) 管理会计与成本会计的联系

1. 逻辑起点相同

管理会计与成本会计都是会计的灵活运用，二者的逻辑起点均为会计。

2. 最终目标相同

二者的目标都包括提升企业经营效率与效果，为企业创造财富，实现价值增值和战略目标。因此，二者最终目标是一致的。

3. 都具有规划、决策、控制、评价职能

管理会计中的全面预算，成本会计中的计划成本制定都体现了规划的职能；管理会计中的长短期决策，成本会计中的成本分配方法的选择均是对成本的决策；管理会计中的存货控制，成本会计中的成本控制都体现控制职能；管理会计与成本会计均设置一定标准，再对实际与标准的差异进行分析，体现了评价职能。

三、管理会计与财务管理的关系

管理会计与财务管理的关系比前述关系更为模糊一些,牛彦秀(2002)指出管理会计与财务管理可能在如下内容上存在重复:资金需要量预测、资金时间价值、投资决策评价指标、经济批量、销售预测、利润预测、预算、资本成本计量、经营杠杆等。造成内容交叉的主要原因是二者均以资金运动或价值运动为研究对象,均以定量分析为主要研究方法。但二者又存在明显的区别,主要体现为学科基础不同,管理会计的学科基础是信息经济学,是一个会计信息系统的子系统;而财务管理的学科基础则是金融经济学,财务管理又称公司金融,是金融经济学在企业的微观表现。

第四节　管理会计的职业道德与职业发展

一、管理会计人员的职业道德

管理会计人员的职业道德,指管理会计人员在对其服务机构、专业团体、公众及本身履行职责时,必须遵循的道德标准。由于管理会计人员的工作性质决定了他们对企业核心信息和核心竞争力的知情,因此管理会计人员必须遵守特殊的职业道德规范。根据美国管理会计师协会颁布的《职业道德守则公告》,管理会计人员的职业道德包括能力、保密性、公正性和客观性四个部分。

(一) 能力

管理会计人员应当具备三方面的能力:① 通过不断提高自身的知识和技能,保持适当的专业技术水平;② 按照各有关法律、规章和技术标准,履行其职业任务;③ 在对相关和可靠的信息进行适当分析的基础上,编制完整而清晰的报告,并提出建议。

(二) 保密性

保密性要求管理会计人员必须做到:① 除法律规定外,未经批准,不得泄露工作过程中获得的机密信息;② 告知下属要考虑对工作中所获取信息的保密要求,并监督他们的工作以确保信息得以保密;③ 禁止亲自或经过第三者使用或可能使用工作中获得的秘密信息去获取不道德的或非法的利益。

(三) 公正性

公正性要求管理会计人员必须做到:① 避免介入实际的或明显的利害冲突,或通知相关各方可能存在的利害冲突;② 不得从事道德上有害于其履行职责的活动;③ 拒绝收受影响其行动的任何馈赠或宴请;④ 禁止积极地或被动地干扰企业组织的合法和符合道德的目标的实现;⑤ 认识到自身职业限制并把这种限制告诉相关人员,即便这种不足可能影响做出有责任的判断或者影响其获得成功的业绩;⑥ 告知不利及有利的信息以及职业判断或意见;⑦ 禁止从事或支持任何有害于管理会计职业的活动。

(四) 客观性

客观性要求管理会计人员必须做到:① 公允而客观地沟通信息;② 充分反映信息,帮助使用者对各项报告、评论和建议做出正确的理解。

二、管理会计的职业发展

目前国际公认的两大管理会计专门组织,一是美国管理会计师协会(Institute of Management Accountants,IMA),该组织建立了一种专业认证制度——CMA(Certified Management Accountant)资格认证,即注册管理会计师资格认证。CMA 能够客观地评估学员在管理会计及财务管理方面的相关工作经验、教育背景、专业知识、实践技能、职业道德规范,及持续学习发展的能力。二是英国皇家特许管理会计师公会(The Chartered Institute of Management Accountants,CIMA),该组织推出的资格认证为 CIMA,也同样为企业衡量和提升财务人员素质和业务水平提供依据。2011 年英国皇家特许管理会计师公会与美国注册会计师协会(AICPA)联合推出了全球特许管理会计师(Chartered Global Management Accountant,CGMA),是 CIMA 的升级和全球化。

在管理会计规范体系方面,国际会计师联合会(IFAC)发布了《管理会计概念公告》,CIMA 和 AICPA 联合发布了《全球管理会计原则》,IMA 发布了《管理会计公告》,而美国会计师协会管理会计实务委员会则发布了《管理会计理论结构》,加拿大管理会计师协会发布了《管理会计具体指引》。

我国财政部于 2016 年颁布了《关于印发〈管理会计基本指引〉的通知》(财会〔2016〕10 号),首次对管理会计进行了法规层面的规范和指引,并于 2017 年 9 月颁布了《关于印发〈管理会计应用指引第 100 号——战略管理〉等 22 项管理会计应用指引的通知》(财会〔2017〕24 号)。中国总会计师协会为推动贯彻落实财政部《会计改革与发展"十三五"规划纲要》和《关于全面推进管理会计体系建设的指导意见》等文件精神,于 2017 年推出了中国管理会计师(初级)专业能力认证考试,考试内容包括管理会计概论、管理会计职业道德、成本管理和预算实务。以上规范的出台与专业能力考试的推行标志着我国管理会计应用进入新的发展阶段。

本章小结

本章意在让读者从总体上对管理会计有一个基本的理论认识,包括以下内容:

管理会计的定义经历了狭义和广义两个阶段。通过对国内外管理会计学界关于管理会计定义的集中阐述和分析,强调管理会计是以提高经济效益为最终目的的会计信息处理系统。它运用一系列专门的方式、方法,通过确认、计量、归集、分析、编制与解释、传递等一系列工作,为管理和决策提供信息,并参与企业的经营管理。通过对管理会计发展不同时期的历史回顾和分析,说明管理会计和社会经济发展及经济理论之间的关系,对正确理解和运用管理会计方法有重要意义。

管理会计假设,是会计人员对那些未经确切认识和无法正面论证的经济事务和会计事项,根据客观的正常情况和趋势所做出的合乎情理的判断和解释,它对于构架管理会计的基本理论体系具有重要意义。了解管理会计的基本理论,为深入掌握管理会计的基本理论和指导管理会计实务奠定基础。

企业组织结构变化对管理会计的影响越来越大。随着企业组织结构的扁平化,企业内部各个层级的自主权越来越大。现代管理会计也就越来越重要。

了解管理会计与财务会计的关系,有利于在学习中正确处理管理会计与相关课程的关系,在实务上协调企业管理各部分之间的关系。

说明了管理会计人员应具备的职业道德和应掌握的知识体系,有利于保障管理会计目标的实现。

关键词

管理会计　管理会计假设　管理会计原则　管理会计目标
管理会计要素　职业道德　职业发展

即测即评

请扫描二维码,进行即测即评。

思考题

1. 什么是管理会计?简述管理会计的目标和要素。
2. 管理会计的形成和发展经历了哪些主要阶段?
3. 管理会计的基本假设和基本原则是什么?
4. 管理会计与财务会计、成本会计、财务管理的关系如何?
5. 管理会计师应恪守的职业道德有哪些?

第2章　成本的概念和分类

学习目标

理解成本的概念；熟悉成本的分类；掌握变动成本法与完全成本法的基本原理及其运用。

本章知识结构图

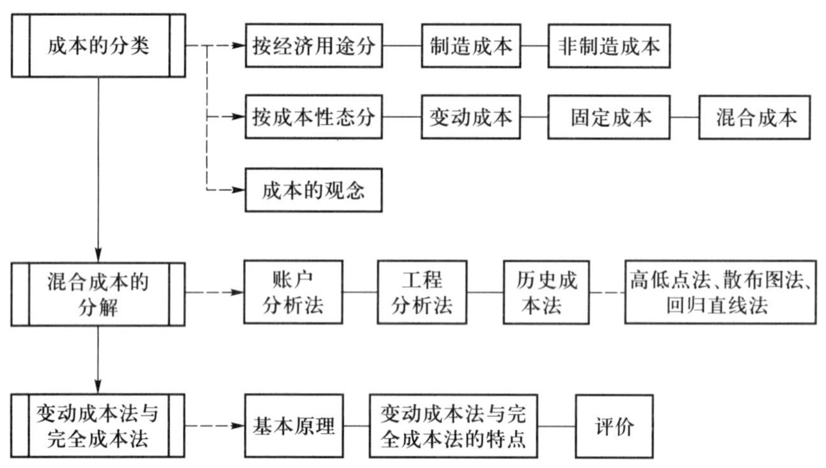

引例

从1996年开始，联想集团计算机销量一直位居中国国内市场首位。2004年，联想集团收购IBM个人计算机事业部。2013年，联想计算机销售量升居世界第一位，成为全球最大的个人计算机生产厂商。2014年10月，联想集团宣布了该公司已经完成对M公司的收购。联想公司主要生产智能电视、主板、手机、台式计算机、服务器、笔记本计算机、一体机计算机等商品。联想公司某型号产品2014年产量为500 000台，实际销售量为450 000台，2015年产量为450 000台，全年最终实际销售量为500 000台。两年中，该产品在市场上的实际销售价格均为0.3万元，其中单位变动成本为 0.12 万元，单位变动性销售费用为 0.06 万元。2014 年和 2015 年，企业的固定性制造费用无变化，均为 13 000 万元，固定性销售及管理费用均为 10 000 万元。那么，对于 2014 年和 2015 年两年的营业利润，应用完全成本法和变动成本法进行核算的结果分别为：变动成本法下 2014 年营业利润 41 000 万元，2015 年营业利润 47 000 万元；完全成本法下 2014 年营业利润 41 300 万元，2015 年营业利润 46 700 万元。

资料来源：张播，王瑞琪，魏姗姗．变动成本法在联想公司的应用[J]. 合作经济与科技，2017(4)：166-167.

引言

联想集团同一时期采用不同的会计核算方法，税前利润结果是不同的。2014 年销量低于产量，采用完全成本法计算的税前利润低于采用变动成本法计算的税前利润；2015 年销量高于产量，采用完全成本法计算的税前利润高于采用变动成本法计算的税前利润。为何会出现这种情况？两种成本计算方法有何差异？什么方法更能反映公司真实的经营情况？学习了本章的成本性态分析，就能解开这个秘密。

第一节　成 本 分 类

一、成本的经济实质

成本作为一个价值范畴，在市场经济条件中是客观存在的。加强成本管理，努力降低成本，无论是对于提高企业经济效益，还是对于提高整个国民经济的宏观经济效益，都是十分重要的。要搞好成本管理工作，就必须首先从理论上充分认识成本的经济实质。

根据马克思的观点，每一个商品的价值 W，用公式来表示，即可表示为 $W=c+v+m$，其中 m 表示剩余价值，c 表示在商品的生产加工过程中所消耗的物质资料（包括劳动资料和劳动对象）的转移价值，v 表示活劳动中劳动者为自己劳动所创造的价值（相当于产品生产中所消耗的人工费）。

由此可见，社会主义市场经济中，产品价值是由三个部分组成：① 已耗费的物质资料（生产资料）的转移价值 c；② 劳动者为自己劳动所创造的价值 v；③ 劳动者为社会劳动所创造的价值 m。从理论上讲，前两个部分，即 $c+v$，是商品价值的补偿部分，构成商品的理论成本。

综上所述，成本的经济实质可以概括为，生产经营过程中所耗费的生产资料的转移价值和劳动者为自己劳动所创造的价值的货币表现，也就是企业在生产经营中所耗费的资金总和。

但是，社会经济现象是纷繁复杂的，企业在成本核算和成本管理中需要考虑的因素也是多种多样的。因此，理论成本与实际工作中所应用到的成本概念是有一定差别的。这主要表现在以下几个方面：① 在实际工作中，成本的开支范围是由国家通过有关法规制度来加以界定的。比如，为了促使企业加强经济核算，减少生产损失，对于劳动者为社会劳动所创造的某些价值，如财产保险费等，以及一些不形成产品价值的损失性支出，如废品损失、季节性和修理期间的停工损失等，也计入产品成本。② 上述“成本”概念是就企业生产经营过程中所发生的全部劳动而言的，是一个“完全成本”概念。在实际工作中，是将其全部对象化计算产品的全部成本，还是将其按照一定的标准分类，部分计入产品成本，部分计入期间费用，取决于所采用的成本核算制度。按照我国现行企业会计准则规定，企业在产品成本核算时，应采用制造成本法计算产品成本，只将为制造产品而发生的各项生产费用总和，包括原材料费用、生产工人职工薪酬和全部制造费用计入产品成本。③ 上述理论成本的概念主要是针对商品产品的生产成本而言的。在实际工作中，为了加强企业成本管理和正确进行成本决策，涉及和应用的成本概念则是多种多样的，其内涵已经超出了产品生产成本的范畴。如可控成本、机会成本等。

二、成本的分类

在实际工作中，出于不同的目的和需要，可以从不同的角度，依据不同的标准对成本进行分类。

制造业、建筑业、房地产业、服务业都会发生各种各样的成本，但其中以制造业发生的成本最为完整和最具有代表性。所以以下的成本分类是以制造业所发生的成本为例。

对成本的分类，最具有代表性的分类方式主要有以下几种情况：

（一）成本按经济用途分类

成本按经济用途可以分为制造成本和非制造成本两大类。这种分类是财务会计中关于成本分类的最主要的方法，也是一种最为传统的分类方法。这样分类主要是为了适应财务会计中对存货的计价，便于确定期间损益。

1. 制造成本

制造成本，是指在产品生产工艺过程中，为制造产品而发生的成本。制造成本按用途又分为三个项目：

(1) 直接材料，是指在产品生产过程中所发生的构成产品实体或有助于产品形成所消耗的原料及主要材料。

(2) 直接人工，是指在产品生产过程中所发生的生产工人职工薪酬。

(3) 制造费用，是指在产品生产过程中所发生的除直接材料、直接人工之外的其他所有生产费用。如间接材料、间接人工、折旧费以及其他为组织和管理产品生产所发生的各项费用。在财务会计成本核算中，制造费用需要采用一定的方法分摊计入各产品成本，制造费用构成比较复杂，一般可以细分为以下几项：① 间接材料。间接材料是指为组织和管理产品生产而发生的不构成产品实体或有助于产品形成的各种材料、工具及物料消耗的成本。② 间接人工。间接人工是指产品生产过程中支付给除生产工人以外的其他人员的职工薪酬。③ 其他制造费用。其他制造费用是指除间接材料、间接人工以外的其他各项间接生产费用。

2. 非制造成本

非制造成本，是指与产品生产工艺过程无关的，企业为组织和管理生产经营活动而发生的成本。非制造成本，按用途又分为销售成本（费用）、管理成本（费用）和财务成本（费用）。

销售成本，是指为推销产品而发生的各项费用。具体又可以进一步分为：① 促销成本，如广告费、展览费、包装费等；② 专职销售人员职工薪酬；③ 专设销售机构日常经费，如固定资产折旧费、房屋租金、水电费、办公费等。

管理成本，是指企业行政管理部门所发生的各项行政管理费，如董事经费、行政管理人员薪酬、差旅费、办公费、水电费、行政管理用固定资产折旧费及维修费等。

财务成本，是指企业在筹集和使用资金过程中所发生的各项费用，如借款利息支出。

销售成本与管理成本的共同之处在于其支出可以使企业整体受益，但其与产品生产却没有关系。因此，在财务会计核算中，就作为期间费用直接计入当期损益。

以上各类成本之间的关系如图 2-1 所示。

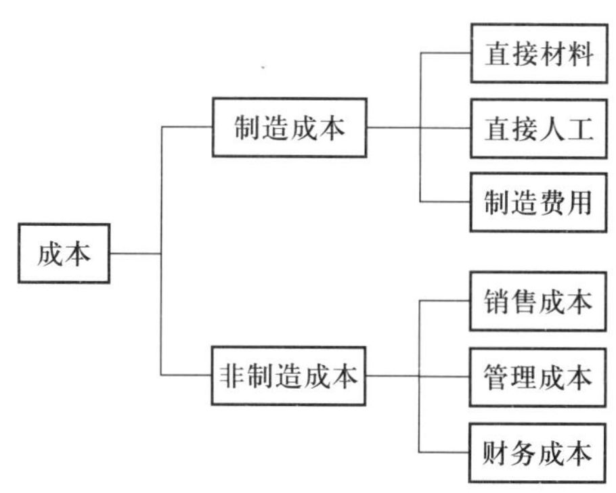

图 2-1　成本按经济用途分类

（二）成本按性态分类

成本性态，又称成本习性、成本特性，是指成本总额的变动同业务量之间的依存关系。

在企业管理会计实务中，成本性态分析原理广泛地应用于经营预测、经营决策、成本控制、成本分析与成本考评等方面。

按照成本与业务量的依存关系，可将成本分为固定成本、变动成本和混合成本三类。

1. 固定成本

固定成本，又称不变成本，是指成本总额在相关范围内，不会随业务量的变动而增减变动的成本。其特点是，在相关范围内，成本总额不受业务量的增减变动的影响，但从单位业务量所分摊的固定成本来看，它却随业务量的增减变动而成反比例变动。如行政管理人员的薪酬、限额管理下的行政办公费、直线折旧法所计提的固定资产折旧等。

【例 2-1】 某厂主要生产甲产品，其设计制造能力为月产甲产品 10 000 件，所用机器设备每台最大产能为月产甲产品 1 000 件，该厂共配备该型机器设备 10 台。该型机器设备单台购置成本72万元,预计使用寿命6年,不考虑残值,采用直线折旧法计提折旧。

案例分析如下:

每月机器设备折旧费为720 000÷6÷12×10=100 000元。只要每月实际产量不超过10 000件,机器设备折旧费就固定为100 000元。

具体如表2–1所示。

表2–1 机器设备折旧费计算表

产量(件)	每月机器设备折旧费总额(元)	单位产品应分摊的机器设备折旧费(元)
10 000	100 000	10
8 000	100 000	12.5
5 000	100 000	20
4 000	100 000	25
2 000	100 000	50
1 000	100 000	100
…	…	…

表2–1的计算说明,随产量的不断增加,单位产品所要分摊的机器设备折旧费会逐渐降低。

固定成本总额和单位业务量固定成本与业务量之间的依存关系如图2–2所示。

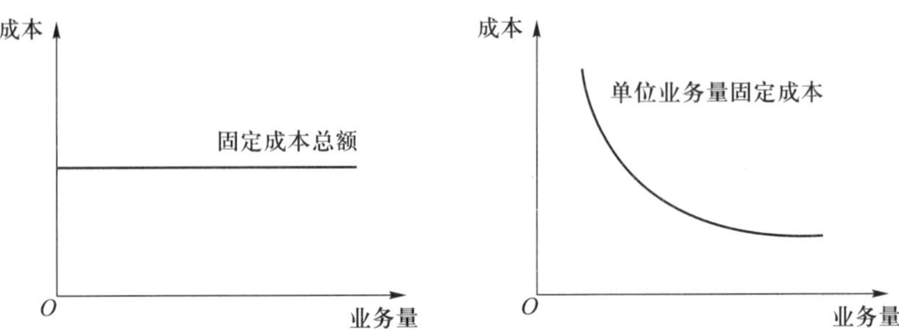

图2–2 固定成本与业务量之间的依存关系

为了准确把握固定成本的特性,固定成本通常按其特性又分为酌量性固定成本与约束性固定成本两类。

(1) 酌量性固定成本。酌量性固定成本,又称选择性固定成本,是指根据企业经营方针,由企业高层决策者确定的一定期间的预算额形成的固定成本,是企业决策者的决策可以改变其支出数额的固定成本,但在一定期间内,已经做出决策的不能轻易改变。如新产品研究开发费、职工教育培训费、产品广告费等。

(2) 约束性固定成本。约束性固定成本,也称承诺性固定成本,或经营能力成本,是指管理当局的决策无法改变其支出数额的固定成本。如固定资产按直线法提取的折旧费、房屋及设备租金、不动产税、财产保险费、行政管理人员薪金等。它具有很大的约束性，企业管理当局的决策不能改变其数额，由于企业的经营能力一经形成，短期内很难以改变，即使经营暂时中断，该项成本将仍维持不变，因而又称为“能量成本”。

酌量性固定成本预算着眼于从总量上进行控制，约束性固定成本预算只能着眼于更为经济合理地利用企业的生产能力。

2. 变动成本

(1) 变动成本的概念。变动成本，又称可变成本，是指在相关范围内，其成本总额随业务量的增减变动成正比例变动的成本。但是从单位业务量来看，它在相关范围内却不会随业务量的变动而增减变动。如产品生产过程中所消耗的构成产品实体的原料及主要材料、计件工资条件下支付给生产工人的职工薪酬、采用工作量法所计提的机器设备折旧费等。

(2) 变动成本的特征。变动成本具有如下特征：

① 在相关范围内，变动成本总额随业务量的增减变动成正比例变动。

【例 2-2】 某公司生产甲产品，每件甲产品消耗 A 原材料 10 千克，A 原材料每千克采购成本 20 元。随甲产品产量的增减变化，所消耗的 A 原材料成本总额与甲产品产量的关系如表 2-2 所示。

表 2-2　A 原材料成本总额与甲产品产量的关系

甲产品产量(件)	单位产品 A 原材料成本(元)	全部产品 A 原材料总成本(元)
10 000	200	2 000 000
20 000	200	4 000 000
30 000	200	6 000 000
40 000	200	8 000 000
50 000	200	10 000 000
…	…	…

② 没有业务量发生，就不会也不应当发生变动成本。

③ 在相关范围内，单位产品中的变动成本是相对固定不变的。

(3) 变动成本的分类。跟前述固定成本一样，变动成本也可按其特性进一步分为酌量性变动成本和约束性变动成本两类。

① 酌量性变动成本，是指企业管理者的当前决策可以改变其支出数额多少的变动成本。如按产量计酬的职工薪酬、按销售收入的一定比例计算支付的销售佣金等。这些支出的标准或比例取决于企业管理者的决策。当然企业管理者在做出上述决策时不能够一味地为了控制成本而违反市场规律。

② 约束性变动成本，是指企业管理者的当前决策无法改变其支出数额的变动成本。这类成本通常表现为企业所生产产品的直接物耗成本，其中，直接材料成本最为典型。当企业所生产的产品已定型(包括外形、规格、色彩、重量、性能等)后，这类成本的大小对于企业管理者来说就具有很大的约束力，这类成本的变动往往意味着这

些产品的改型。

对特定产品而言，单位产品酌量性变动成本和约束性变动成本是确定的，其总成本随产品产量（或销售量）的增减变化而成正比例变动。

(4) 变动成本的相关范围。跟前述固定成本一样，变动成本与业务量之间的这种依存关系，也有其相关范围。

在相关范围内，变动成本保持上述特性。但是，超过相关范围，单位产品中的变动成本就可能发生变化，变动成本总额与业务量增减的变化关系就不再成正比例关系。当变动成本与业务量之间的增减变动成正比例变动关系时，称为线性关系；当变动成本与业务量之间的增减变动不再成正比例变动关系时，称为非线性关系。

【例 2-3】 某制造企业接受一批产品订单。开始阶段是小批量试制生产，工人对产品的技术要求有一个适应过程，因此，单位产品的材料消耗和人工消耗都会较多。随着产量不断增加、工人的技术水平不断提高和经验不断积累，单位产品的材料消耗和人工消耗就会逐渐下降。但如果订单增多，产量一再增加，就可能出现加倍支付工人的加班工资，机器超负荷的维修费用，使单位产品的材料消耗和人工消耗又出现上升趋势。由此可见，单位产品的变动成本只是在某一范围内相对固定不变的，因而也存在相关范围。上述情形如图 2-3 所示。

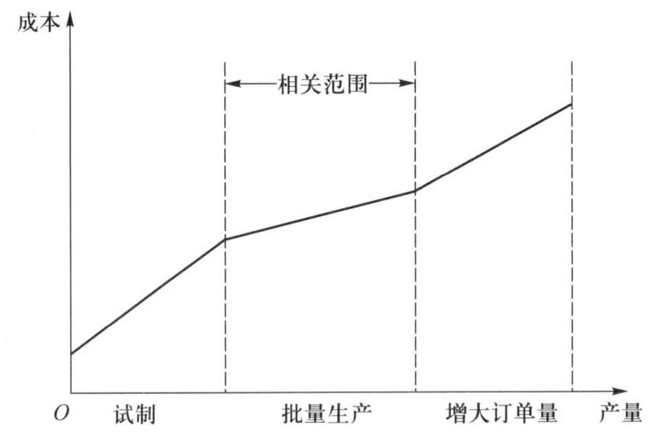

图 2-3 变动成本的相关范围

3. 混合成本

(1) 混合成本的概念。混合成本，顾名思义是指“混合”了固定成本和变动成本两种不同性态的成本。如前所述，为了进行决策特别是短期决策，需要将成本按性态划分为固定成本和变动成本。但在现实经济生活中，许多成本项目并不直接表现为固定成本性态或者变动成本性态，这类成本的基本特征是，其发生额的高低虽然直接受业务量大小的影响，但不存在严格的比例关系，人们需要对混合成本按性态进行近似的描述（称为混合成本的分解），只有这样才能为决策所用。其实，企业的总成本就是一项最大的混合成本。

(2) 混合成本的分类。混合成本根据其发生的具体情况，通常可以分为半变动成本、半固定成本和延期变动成本三类。

① 半变动成本。此类成本的特征是当业务量为零时，成本为一个非零基数，当业

务发生时，成本以该基数为起点，随业务量的变化成比例变化，呈现出变动成本性态。企业的公用事业费，如电费、水费、电话费等，均属半变动成本。企业支付的上述费用通常都有一个基数部分，超出部分则随业务量的增加而增大。

【例 2-4】 以电费为例，假设企业每月电费支出的基数为 20 000 元，超基数费用为 0.6 元 / 千瓦时，每生产 1 件产品需耗电 5 千瓦时。那么，当企业本月共生产 40 000 件产品时，其支付的电费总额为 140 000 元。如以 y 代表企业支付的电费，a 代表每月电费基数 20 000 元，b 代表单位产品所需电费 0.6×5 元，x 代表产品产量，则电费与产量之间的依存关系可表述为如下公式：

$$
\begin{aligned}
y&=a+bx\\
&=20\,000+3x
\end{aligned}
$$

半变动成本是混合成本中较为普遍的一种类型，比较具有代表性。所以，在管理会计理论和实务中，许多人就将混合成本定义为了半变动成本。

② 半固定成本。在一定业务量范围内，其发生额的数量是不变的，体现为固定成本性态，但当业务量的增长达到一定限额时，其发生额会突然跃升到一个新的水平，然后在业务量增长的一定限度内（即一个新的相关范围内），其发生额的数量又保持不变，直到另一个新的跃升为止。例如，受开工班次影响的设备动力费，按订单进行批量生产并按开机次数计算的联动设备的折旧费，化验员或者质检员的工资。

【例 2-5】 假设某企业的产品生产下线之后，需要专门的质检员检查方能入成品库，每个质检员最多检验 600 件产品，质检员的标准工资为 2 000 元，当产量每增加 600 件的时候就必须增加一名质检员，那么，该企业质检员的工资成本就属于半固定成本。

③ 延期变动成本。其在业务量的某一临界点下表现为固定成本，超过这一临界点则表现为变动成本。比如说，当企业实行计时工资制时，其支付给职工的正常工作时间内的工资总额是固定不变的，但当职工的工作时间超过正常水平，企业需要按规定支付加班工资，并且加班工资的大小与加班时间的长短存在正比例关系。

【例 2-6】 假设某企业职工正常工作时间为 2 000 小时，正常工资总额为 20 000 元，即小时工资率为 10 元，职工加班时按规定需要支付双薪，则延期单位变动成本为 20 元 / 小时。

第二节　混合成本的分解

为了有利于对企业的经济活动进行规划与控制，加强成本管理，同时也便于采用变动成本法计算成本，就有必要将企业的所有成本按成本特性划分为固定成本和变动成本两大类。但是，固定成本与变动成本只是经济生活中所有成本性态中的两种极端类型，多数成本是以混合成本的形式存在的，这样，就需要对混合成本进行分解。

分解混合成本最为精确的方法是对每一项业务、每一张费用单据或凭证进行逐项逐个地鉴别，从而将各项费用分别归入固定成本和变动成本。然而这种方法手续过于烦琐，工作量大，因此不易采用。

知识链接：
混合成本分解方法

在实际工作中，往往会选择一类成本中具有代表性的成本项目进行性态分析，并以此为基础来推断该类成本的性态。这样做，只要分类合理、所选成本项目具有代表性，就能够达到以较低的分解成本获得一个相对较为准确的分解结果的目的。

实践中，混合成本的分解方法很多，常用的方法主要有历史成本法、账户分析法和工程分析法。

一、历史成本法

（一）历史成本法的概念

历史成本法，是指根据以往若干时期（若干月或若干年）内的历史数据资料所表现出来的实际成本与业务量之间的依存关系来描述成本的性态，并以此确定企业管理者决策所需要的未来成本数据的混合成本分解方法。

（二）历史成本法的理论依据

历史成本法的基本原理是，在既定的生产工艺流程和工艺技术条件下，历史数据可以比较准确地表达实际成本与业务量之间的依存关系。只要生产工艺流程和工艺技术不变，这种依存关系还可以继续应用到现在或将来的决策当中。

（三）历史成本法的应用

历史成本法的具体做法通常又分为三种：高低点法、散布图法和回归直线法。

1. 高低点法

如前所述，混合成本是包含了固定成本和变动成本的成本。在一定相关范围内，混合成本总能以数学模型 $y=a+bx$ 来近似地描述。这也就是高低点法的基本原理。

高低点法是历史成本法中最简便的一种分解方法。其基本做法是：① 找出一定时期内业务量最高点及其相对应的混合成本和业务量最低点及其相对应的混合成本；② 用业务量最高点时的混合成本与业务量最低点时的混合成本的差量除以最高业务量与最低业务量的差量，其结果就是单位变动成本 b；③ 将单位变动成本 b 代入业务量最高点或业务量最低点的成本方程式就可以计算出固定成本 a；④ 最后，根据计算出来的 a 和 b，就可以写出混合成本方程式：$y=a+bx$。

运用高低点法分解混合成本，其具体计算过程如下：

设高点的成本性态为：

$$y_1=a+bx_1$$

设低点的成本性态为：

$$y_2=a+bx_2$$

用 y_1 减去 y_2，即可求得：

$$b=\frac{y_1-y_2}{x_1-x_2}$$

将 b 代入 $y_1=a+bx_1$ 或 $y_2=a+bx_2$ 即可计算求得 a，并写出混合成本方程式。

【例 2-7】 某公司 2017 年 1—12 月连续 12 个月的产量和电费支出的相关数据

资料如表 2–3 所示。

表 2–3　某公司 2017 年产量与电费一览表

月份	产量(件)	电费(元)	月份	产量(件)	电费(元)
1	8 000	68 000	7	10 000	80 000
2	6 000	56 000	8	10 000	80 000
3	9 000	74 000	9	9 000	74 000
4	10 000	80 000	10	7 000	62 000
5	8 000	68 000	11	11 000	86 000
6	11 000	86 000	12	12 000	92 000

从表 2–3 可知,该公司 2017 年 1—12 月份产量最高点出现在 12 月,产量为 12 000 件,相应电费支出为 92 000 元;产量最低点出现在 2 月,产量为 6 000 件,相应电费支出为 56 000 元。根据高低点法的基本原理计算如下:

$$\text{电费支出中单位产品变动成本}b=\frac{92\,000-56\,000}{12\,000-6\,000}=6(\text{元/件})$$

电费支出中固定成本总额 $a=92\,000-6\times 12\,000=20\,000$(元)

或　　　　$a=56\,000-6\times 6\,000=20\,000$(元)

上述计算结果表明,该公司电费支出这项混合成本中属于固定成本的部分为 20 000 元,单位产品变动成本为每件 6 元。用数学方程式来描述该公司电费支出这项混合成本即为:

$$y=20\,000+6x$$

运用高低点法分解混合成本时,应注意以下几个问题:

第一,最高点和最低点的业务量为该混合成本在相关范围内的两个极点,一旦超出这个范围,所得出的混合成本的数学模型就不一定适用了。

第二,高低点法是根据业务量高点和低点来描述成本性态,其结果必然会带有一定的偶然性,以此成本性态模型进行决策,必然会造成一些偏差。因此,在使用高低点法描述成本性态时,应对其模型进行适当修正。

第三,当出现多个高点或低点业务量,且其相应成本又不同时,应尽量高点业务量取其成本最大者,低点业务量取其成本最小者。

2. 散布图法

散布图法,又译作布点图法,是指根据以往若干时期(可以是若干月,亦可以是若干年)的业务量和其对应的成本数据资料,在坐标图上布点,再用目测方法绘制一条回归直线,据以确定混合成本中的固定成本部分和变动成本部分的分解方法。

散布图法的基本原理,跟前述高低点法一样,亦认为混合成本的性态可以近似地描述为 $y=a+bx$,区别在于是在坐标图上布点求得,而不是像高低点法那样求解方程式求得。

散布图法的基本做法是,在坐标图中,以横轴代表业务量 x,以纵轴代表混合成本 y,将过去一段时期内各种业务量水平下的混合成本逐一在坐标图上布点,然后通过目测，在各点之间画出一条反映混合成本变动趋势的直线（理论上这条直线距离各点之间的离差平方和最小），这条直线与纵轴的交点就是固定成本，其斜率就是单位变动成本。

3. 回归直线法

回归直线法，又称最小二乘法，是指根据一定时期内的业务量与混合成本的历史数据资料，利用最小二乘原理找出成本点的误差平方和最小的回归直线，从而分解混合成本中的固定部分和变动部分的方法。

回归直线法的基本原理，仍然是以直线方程式为基础的。假设混合成本中固定成本部分为 a，单位变动成本为 b，业务量为 x，混合成本为 y，则其直线方程式可表述为：

$$y=a+bx$$

根据上述混合成本基本方程式及其所采用的一组 n 个观测值，即可建立确定回归直线的联立方程式：

$$\sum y=na+b\sum x$$

再将其左右双方各项用业务量 x 加权，即可得：

$$\sum xy=a\sum x+b\sum x^2$$

根据回归分析的原理求得：

$$a=\frac{\sum y-b\sum x}{n}$$

$$b=\frac{n\sum xy-\sum x\sum y}{n\sum x^2-(\sum x)^2}$$

【例 2-8】 沿用例 2-7 的资料。

将表 2-3 中各月历史资料按回归直线法原理计算回归直线，如表 2-4 所示。

表 2-4 回归直线计算表

月份	产量（x）（件）	电费（y）（元）	xy	x^2	y^2
1	8 000	68 000	544 000 000	64 000 000	4 624 000 000
2	6 000	56 000	336 000 000	36 000 000	3 136 000 000
3	9 000	74 000	666 000 000	81 000 000	5 476 000 000
4	10 000	80 000	800 000 000	100 000 000	6 400 000 000
5	8 000	68 000	544 000 000	64 000 000	4 624 000 000
6	11 000	86 000	946 000 000	121 000 000	7 396 000 000
7	10 000	80 000	800 000 000	100 000 000	6 400 000 000
8	10 000	80 000	800 000 000	100 000 000	6 400 000 000
9	9 000	74 000	666 000 000	81 000 000	5 476 000 000
10	7 000	62 000	434 000 000	49 000 000	3 844 000 000
11	11 000	86 000	946 000 000	121 000 000	7 396 000 000
12	12 000	92 000	1 104 000 000	144 000 000	8 464 000 000
合计	111 000	906 000	8 586 000 000	1 061 000 000	69 636 000 000

将上表相关数据带入相关公式，可得：

$$b=\frac{12\times 8\ 586\ 000\ 000-111\ 000\times 906\ 000}{12\times 1\ 061\ 000\ 000-111\ 000^2}=6$$

$$a=\frac{906\ 000-6\times 111\ 000}{12}=20\ 000$$

据此可以写出该公司电费方程式：

$$y=20\ 000+6x$$

二、账户分析法

账户分析法，是指根据各个成本、费用账户（包括其明细账户）的内容，逐项直接判断其与业务量之间的依存关系，从而确定其成本性态的一种混合成本分解方法。

账户分析法的基本做法是根据各项成本、费用账户的具体内容，判断其特征是更接近固定成本还是更接近变动成本，进而直接将其归属为固定成本或变动成本。例如，如果“制造费用”账户内各明细项目发生额的大小在正常产量范围内不随产量的变动而变动，或者是随产量变动没有发生明显变动，那么就将其归属为固定成本，如按平均年限法计提的机器设备的折旧费，就属于固定成本；若其发生额在正常产量范围内随产量变动发生明显的变动，就算与产量并不成正比例变动，也应归属为变动成本，如“制造费用”账户内的燃料动力费、机器设备维修费等。

【例 2-9】 以某企业的基本生产车间的制造费用为分析对象，该企业生产车间固定资产折旧费按平均年限法计提。2017 年 × 月的制造费用分解如表 2-5 所示。

表 2-5　2017 年 × 月的制造费用分解表　　单位：元

一级账户	明细账户	总成本	固定成本	变动成本
制造费用				
	燃料动力费	600 000		600 000
	机器设备维修费	120 000		120 000
	生产管理人员职工薪酬	200 000	200 000	
	固定资产折旧费	4 000 000	4 000 000	
	办公费	150 000	150 000	
合计		5 070 000	4 350 000	720 000

上述分解理由是，制造费用中的燃料动力费、机器设备维修费虽不随产量变动成正比例变动，但却与产量之间有一个明显的变动关系，因此将其确定为变动成本。因为固定资产折旧费按平均年限法计提，则固定资产折旧费、生产管理人员职工薪酬和办公费与产量变动没有明显关系，故将其归属为固定成本。当然，若固定资产按工作量法计提折旧，则固定资产折旧费应归属为变动成本。

根据表 2-5，该生产车间制造费用被分解为固定成本和变动成本两部分。其中，

固定成本 a=4 350 000 元。若当月该生产车间产量为 2 000 件,则单位产量变动制造费用 =720 000 ÷ 2 000=360 元。

若用数学模型来描述该生产车间制造费用,则有:

$$y=4\ 350\ 000+360x$$

可以说,混合成本分解的账户分析法,是混合成本分解各种方法中最简单的一种,同时也是管理会计实务中应用比较广泛的一种。但是,由于其分解结果在很大程度上受制于分析人员的判断能力,因而其分解结果往往带有一定的片面性和局限性。

因而,账户分析法仅适用于各成本费用项目构成成本性态比较典型的混合成本,而对于成本性态并不典型的成本费用项目,则应选择其他的混合成本分解方法。

三、工程分析法

工程分析法,是运用工程研究方法研究影响成本项目数额大小的每一个因素,并在此基础上直接估算出固定成本和单位变动成本的一种方法。

其基本步骤如下:

(1) 确定研究的成本项目。

(2) 对导致成本形成的生产过程进行观察和分析。

(3) 确定生产过程的最佳操作方法。

(4) 以最佳操作方法为标准方法,测定标准方法下成本项目的每一构成内容,并按成本性态分别确定为固定成本和变动成本。

【例 2–10】 某企业一热处理车间,专司产品热处理。如果以热处理成本作为分析对象,经观察,其工艺过程包括两个阶段:预热和热处理。每次从开始预热到热处理所需温度需要耗电 10 000 千瓦时。每热处理一件产品耗电 5 千瓦时。每天热处理一个工作班,每月热处理 30 个工作班。若电费单价为 0.8 元 / 千瓦时。设每月热处理电费成本为 y,每月固定电费成本为 a,单位产品电费成本为 b,每月产量为 x,则每月电费总成本为;

$$\begin{aligned} y&=10\ 000\times 0.8\times 30+(0.8\times 5)x \\ &=240\ 000+4x \end{aligned}$$

工程分析法适用于任何可以从客观立场进行观察、分析和测定的投入产出过程,不仅适用于制造成本的测定,也适用于仓储、运输等成本的测定。相比历史成本法、账户分析法,其优点更加突出。

当然,工程分析法的分析成本较高,而且,对于那些不能直接归属于特定投入与产出过程的成本,或者不能单独观察的联合生产过程中的成本,如各种间接成本,就不能采用工程分析法。

前述混合成本的三大类方法各有特点及适用条件,计算结果及其准确性也有差别。因而,在实际工作中,应当根据企业实际情况,采用更为简便的方法,即把能够按定额控制的成本费用列为变动成本,其余均作为固定成本处理。而对于某些混合成本,如果估计其中的变动成本数额不大,则可将其全部作为固定成本处理。

第三节　变动成本法与完全成本法

一、完全成本法与变动成本法概述

产品的生产成本通常由直接材料、直接人工和制造费用三部分构成。按成本特性划分成本后，产品的生产成本又可以分为两部分：变动生产成本（包括直接材料、直接人工和变动制造费用）和固定生产成本（即固定制造费用）。管理会计是为企业内部管理服务，而管理的需要是多方面的，不同的需要对管理会计所提供的信息资料要求是不同的。因而，管理会计在计算和提供产品生产成本的资料时，就出现了两种不同的方法——完全成本法和变动成本法。

1. 完全成本法

所谓完全成本法，又称全部成本法、吸收成本法、制造成本法，是指在计算产品成本时，将一定期间内为生产一定种类和数量的产品所发生的全部生产费用，不仅包括变动生产成本（如直接材料、直接人工、变动制造费用），还包括产品生产过程中所发生的固定生产费用（如固定制造费用），都计入产品成本当中的一种成本计算方法。由于采用完全成本法计算产品成本时，是将产品生产过程中所发生的所有生产费用，不论是变动的还是固定的，都统统“吸收”到单位产品上，因而也称吸收成本法。

采用完全成本法计算产品成本，要求把企业一定时期内所发生的全部成本按经济用途划分为制造成本和非制造成本两大类。把所有制造成本，包括直接材料、直接人工和全部制造费用（包括固定制造费用和变动制造费用）计入产品成本；把所有非制造成本，包括销售费用和管理费用等，列为期间成本，全部在当期损益中扣除。具体如图 2-4 所示。

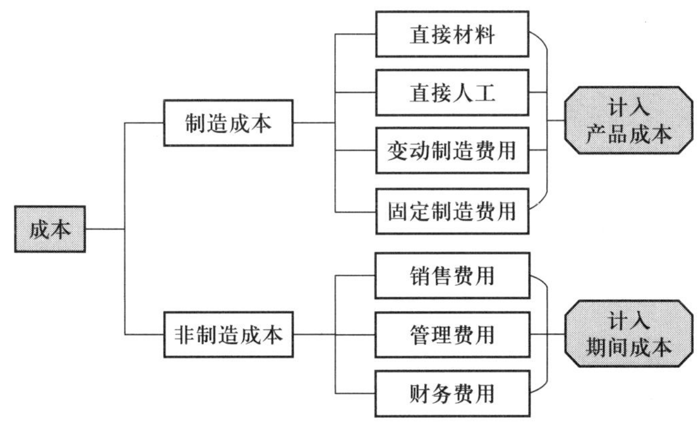

图 2-4　完全成本法下的产品成本构成

2. 变动成本法

所谓变动成本法，是变动成本计算法的简称，又称直接成本法，是指在计算产品成本时只将企业在一定期间内为生产一定种类和数量产品所发生的变动生产成本(如直接材料、直接人工和变动制造费用)计入产品成本的一种成本计算方法。

在组织常规的成本计算过程中，以成本性态分析为前提条件，只将生产成本中的变动生产成本(如直接材料、直接人工和变动制造费用)作为产品成本的构成内容，而将生产成本中的固定生产成本(如固定制造费用)连同所有的销售费用和管理费用等作为期间成本，直接从当期损益中扣除。在变动成本法下，只是将变动生产成本在已售产成品、库存产成品和在产品之间分摊。变动成本法的基本理论和程序揭示了成本、业务量、利润之间的内在关系。具体如图 2-5 所示。

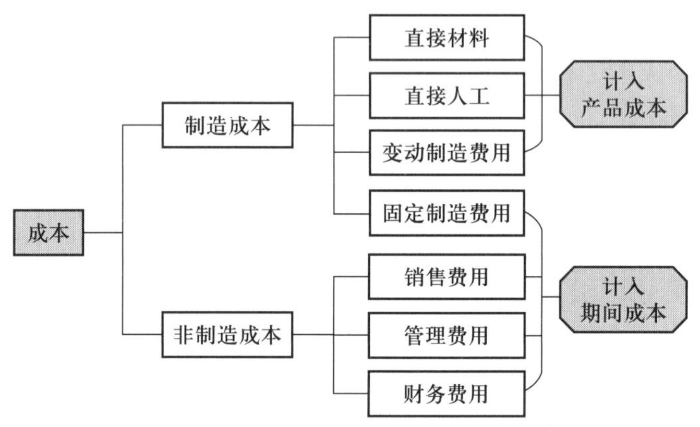

图 2-5 变动成本法下的产品成本构成

在变动成本法的形成过程中，20 世纪 30 年代末发生于资本主义世界的那场经济危机，对变动成本法从理论到实践的发展起到了极大的促进作用。特别是在第二次世界大战后，随着科学技术的迅猛发展和市场环境的日趋严峻，迫使企业不断重视和加强企业管理、提高企业的环境适应能力和市场竞争能力，以预测、决策和控制为主的管理会计在企业管理中的重要性日益突出。因此，要求会计工作提供更为广泛、深入和适用的信息。与完全成本法相比，变动成本法能够更好地提供满足预测、决策和控制所需的会计信息。于是变动成本法作为一种成本计算方法，就广泛地应用于企业的内部经营管理中。

自从变动成本法产生以后，人们就把财务会计中传统的成本计算方法称为完全成本法，以示两者的区别。

二、完全成本法与变动成本法的特点

从完全成本法与变动成本法的概念可以看出，两种成本计算方法的根本区别在于如何看待固定制造费用。也就是说，固定制造费用到底是一种在将来可以换取收益的资产，还是为取得收益而已经丧失的资产。由此也就决定了两种成本计算方法的特点。

（一）完全成本法的特点

采用完全成本法计算产品成本，具有如下特点：

1. 符合公认会计原则的要求

公认会计原则认为会计分期是对持续经营的人为分割，应该加深这种人为因素对企业经营成果的影响，尽量保证持续经营假设下经营的均衡性。完全成本法强调持续经营假设下经营的"均衡性"。因此，固定制造费用转销的时间选择并不十分重要，它应该是一种可以在将来换取收益的资产。

2. 强调固定制造费用和变动制造费用在成本补偿上的一致性

完全成本法认为，只要是与产品生产有关的耗费，均应从产品销售收入中得到补偿。

3. 强调生产环节对企业利润的贡献

由于完全成本法下固定制造费用也被归集到产品成本中而随产品流动，因此本期已销产品和期末未销产品在成本构成上是完全一致的。在一定销售量的条件下，产量大则利润高，所以客观上完全成本法有刺激生产的作用。也就是说，完全成本法强调了固定制造费用对企业利润的影响。

（二）变动成本法的特点

1. 以成本性态分析为基础计算产品成本

变动成本法将产品的制造成本按成本性态划分为变动制造费用和固定制造费用两部分，认为只有变动制造费用才能构成产品成本，而固定制造费用应作为期间成本处理。换句话说，变动成本法认为固定制造费用转销的时间选择非常重要，它应该属于为取得收益而已然丧失的资产。

2. 强调不同的制造成本在补偿方式上存在差异性

变动成本法认为产品的成本应该在其销售的收入中获得补偿，而固定制造费用与产品的销量无关，只与企业是否经营有关，因此不应该将其纳入产品成本，而应该在发生的当期确认为费用。

3. 强调销售环节对企业利润的贡献

由于变动成本法将固定制造费用作为期间成本，所以在一定产量条件下，期间内发生的固定制造费用全部计入当期成本，导致损益对销量的变化更为敏感，客观上有刺激销售的作用。产品销售收入与变动成本（包括变动制造成本和其他变动成本）的差量是管理会计中的一个重要概念，即贡献毛益。以贡献毛益减去期间成本（包括固定制造费用和其他固定费用）就是利润。由贡献毛益这个概念不难看出，变动成本法强调的是变动成本对企业利润的影响。

（三）变动成本法与完全成本法的区别

完全成本法与变动成本法对固定制造费用的不同处理方式，导致了两种方法的一系列差异，主要表现在产品成本的构成内容不同、存货成本的构成内容不同以及各期损益计算不同。

1. 产品成本的构成内容不同

（1）成本划分不同。如前所述，完全成本法是将所有成本按经济用途划分为制造成本(亦称生产成本)和非制造成本两大类;而变动成本法是按成本性态将所有成本划分为变动成本和固定成本两大类。

(2) 产品成本的组成内容不同。如前所述,全部成本法下,产品成本的构成内容包括产品生产过程中所消耗的直接材料、直接人工、变动制造费用和固定制造费用;而变动成本法下,产品成本只包括在产品生产过程中所消耗的直接材料、直接人工和变动制造费用,固定制造费用不计入产品成本,而作为期间成本,全部从当期损益中扣除。

具体如图 2-6 所示。

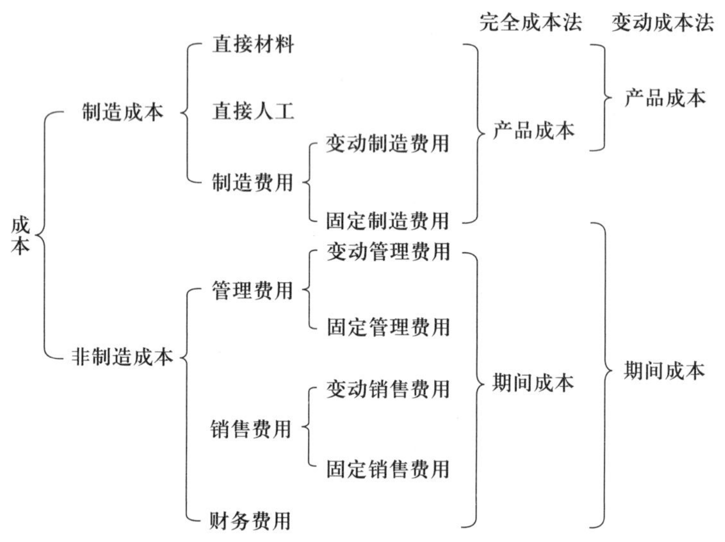

图 2-6 变动成本法与完全成本法的区别

现举例说明两种成本计算方法下产品成本计算的差异。

【例 2-11】 设某企业月初无在产品存货和产成品存货。当月共生产甲产品 10 000 件,当月共销售甲产品 9 000 件,月末库存甲产成品 1 000 件。甲产品的制造成本和非制造成本资料如表 2-6 所示。

表 2-6 制造成本和非制造成本资料 单位:元

成本项目	单位产品成本	全部产品总成本
直接材料	300	3 000 000
直接人工	100	1 000 000
制造费用		
其中:变动制造费用	30	300 000
固定制造费用		800 000
管理费用		1 500 000
销售费用		1 000 000
合 计		7 600 000

若采用变动成本法，则该企业本月份甲产品单位生产成本为 300+100+30=430 元；若采用完全成本法，则该企业本月份甲产品单位生产成本为 300+100+30+800 000 ÷ 10 000=510 元。

由于在变动成本法下，将固定制造费用作为期间成本处理，所以产品单位生产成本要比完全成本法下低。当然，期间成本就比完全成本法下要多。上例中，变动成本法下的期间成本为 800 000+1 500 000+1 000 000=3 300 000 元，而完全成本法下的期间成本为 1 500 000+1 000 000=2 500 000 元。

产品成本构成内容上的区别是变动成本法和完全成本法的主要区别，两种方法下的其他区别都是由此而产生的。

2. 存货成本的构成内容不同

变动成本法和完全成本法下产品成本的构成内容不同，也就导致了产品存货和在产品存货的成本构成内容也不相同。

在变动成本法下，无论是库存待售的产成品存货、还处于生产加工过程中的在产品存货，还是已经实现销售的产成品，其成本均只包括制造成本中的变动成本，期末存货价值也只包括这一部分。而采用完全成本法时，无论是库存待售的产成品存货、还处于生产加工过程中的在产品存货，还是已经实现销售的产成品，其成本均不仅包括制造成本中的变动生产成本，还包括应分担的那部分固定制造费用，期末存货价值也相应包括这部分应分担的固定制造费用。

显然，变动成本法下，期末库存产成品存货和在产品存货的价值必然小于完全成本法下的期末存货价值。

上例中，变动成本法下的期末产成品存货成本为 1 000 × 430=430 000 元，而完全成本法下期末产成品存货成本为 510 × 1 000=510 000 元。

变动成本法与完全成本法下的产品成本构成内容不同，导致了期末存货的成本构成内容不同，进而导致了损益计算上的差异。

3. 各期损益计算不同

(1) 损益计算原理不同。

变动成本法下，损益计算的原理如下。

第一步，计算贡献毛益：

$$贡献毛益 = 销售收入 - 变动成本$$

第二步，计算营业净利：

$$营业净利 = 贡献毛益 - 固定成本$$

完全成本法下，损益计算原理如下。

第一步，计算销售毛利：

$$销售毛利 = 销售收入 - 销售成本$$

其中，销售成本包括材料成本、人工成本、固定制造费用、变动制造费用。

第二步，计算营业净利：

$$营业净利 = 销售毛利 - 期间费用$$

(2) 损益计算结果不同。

变动成本法下，将固定制造费用作为期间成本，直接全部计入当期损益，而完全成本法下则将固定制造费用计入了产品生产成本。正是因为对于固定制造费用的处理不同,两种方法下的损益计算就会受到影响,其影响结果的大小取决于产量和销量的均衡程度。原则上,产量与销量越均衡,两种方法下所计算的损益相差也就越小,反之就会越大。只有当存货为零时,即产量与销量绝对均衡时,两种方法下所计算出的损益的差异才会消失。而实际经济生活中,产销绝对平衡只是极偶然的,更多情况下产销量是不均衡的。这就是研究两种方法损益计算的区别的意义所在。

至于两种方法下损益计算结果上的不同,下面通过案例分析来说明。

【例 2–12】 某企业生产 M 产品,单位售价为 50 元,假设年初、年末均无在产品存货。相关数据资料如表 2–7、表 2–8 所示。

表 2–7 制造成本与非制造成本资料

成本项目	金额
制造成本	
1. 单位产品直接材料(元)	12
2. 单位产品直接人工(元)	5
3. 单位产品变动制造费用(元)	3
4. 固定制造费用总额(元)	80 000
非制造成本	
5. 单位产品变动销售成本(元)	2
6. 单位产品变动管理成本(元)	3
7. 固定销售成本总额(元)	30 000
8. 固定管理成本总额(元)	50 000

表 2–8 库 存 情 况

项目	2015 年	2016 年	2017 年
年初库存产成品(件)	0	2 000	2 000
本年生产量(件)	20 000	20 000	20 000
本年销售量(件)	18 000	20 000	22 000
年末库存产成品(件)	2 000	2 000	0

连续各年生产量相同,而销售量不同,但各年生产量之和与销售量之和相等。

变动成本法下各年损益的计算如表 2–9 所示。

表 2-9　变动成本法下各年损益　　单位:元

项目	2015	2016	2017	合计
一、销售收入	900 000	1 000 000	1 100 000	3 000 000
减:变动成本				
1. 变动生产成本				
直接材料	216 000	240 000	264 000	720 000
直接人工	90 000	100 000	110 000	300 000
变动制造费用	54 000	60 000	66 000	180 000
2. 变动期间成本				
变动销售成本	36 000	40 000	44 000	120 000
变动管理成本	54 000	60 000	66 000	180 000
变动成本合计	450 000	500 000	550 000	1 500 000
二、贡献毛益	450 000	500 000	550 000	1 500 000
减:固定制造费用	80 000	80 000	80 000	240 000
固定销售成本	30 000	30 000	30 000	90 000
固定管理成本	50 000	50 000	50 000	150 000
三、营业净利	290 000	340 000	390 000	1 020 000

完全成本法下,各年产品单位生产成本相等,均为 12+5+3+80 000 ÷ 20 000=24 元。各年损益的计算如表 2-10 所示。

表 2-10　完全成本法下各年损益　　单位:元

项目	2015	2016	2017	合计
一、销售收入	900 000	1 000 000	1 100 000	3 000 000
减:销售成本				
1. 期初存货成本	0	48 000	48 000	96 000
2. 本期生产成本	480 000	480 000	480 000	1 440 000
3. 可供出售产品成本合计	480 000	528 000	528 000	1 536 000
4. 期末存货成本	48 000	48 000	0	96 000
5. 本期销售成本	432 000	480 000	528 000	1 440 000
二、销售毛利	468 000	520 000	572 000	1 560 000
减:期间成本				
1. 变动销售成本	36 000	40 000	44 000	120 000
2. 变动管理成本	54 000	60 000	66 000	180 000
3. 固定销售成本	30 000	30 000	30 000	90 000
4. 固定管理成本	50 000	50 000	50 000	150 000
三、营业净利	298 000	340 000	382 000	1 020 000

从表 2-9、表 2-10 中不难看出由于产量和销量的相互关系所导致的两种成本计算法下税前利润的变动规律。

第一年，由于产量 20 000 件大于销量 18 000 件，完全成本法下的营业净利 298 000 元比变动成本法下的营业净利 290 000 元多出 8 000 元，这是因为变动成本法下，全部固定制造费用 80 000 元均计入了当期损益，而在完全成本法下，只将销售产品所负担的固定制造费用 72 000（80 000 ÷ 20 000 × 18 000）元计入了当期损益，其余 8 000（80 000–72 000）元固定制造费用则计入期末存货成本列入了资产负债表。

第二年，由于产量 20 000 件等于销售量 20 000 件，完全成本法下的营业净利 340 000 元与变动成本法下的营业净利 340 000 元相等，这是因为变动成本法下和完全成本法下，全部固定制造费用 80 000 元均计入了当期损益。

第三年，产量 20 000 件小于销售量 22 000 件，完全成本法下的营业净利 382 000 元小于变动成本法下的营业净利 390 000 元。这是因为完全成本法下不仅将本年全部固定制造费用 80 000 元计入本年损益，还将上年结存下来的存货所带来的属于上年所发生的固定制造费用 8 000 元计入了本年损益，而变动成本法下，只将本年度所发生的固定制造费用 80 000 元全部计入本年度损益。

从合计数可以看出，两种成本计算法下三年的营业净利合计数是相等的。也就是说，从长期来看，由于各期产量与销量的关系所决定的两种成本计算方法下营业净利的差异是可以相互抵销的。因此，从这一点来说，变动成本法更主要适用于短期经营决策。

【例 2–13】 假设该企业 M 产品连续 3 年各年销售量均为 20 000 件，而产量分别为 20 000 件、22 000 件和 18 000 件，其他条件与例 2–12 完全相同。

在变动成本法下，M 产品单位生产成本仍为 20（12+5+3）元。但在完全成本法下，M 产品各年的单位生产成本计算如下：第一年为 12+5+3+80 000 ÷ 20 000=24 元；第二年为 12+5+3+80 000 ÷ 22 000=23.64 元；第三年为 12+5+3+80 000 ÷ 18 000=24.44 元。

根据上述资料，采用两种成本计算法，计算各年营业净利如表 2–11、表 2–12 所示。

表 2–11 变动成本法下各年损益 单位：元

项目	2015	2016	2017	合计
一、销售收入	1 000 000	1 000 000	1 000 000	3 000 000
减：变动成本				
1. 变动生产成本				
直接材料	240 000	240 000	240 000	720 000
直接人工	100 000	100 000	100 000	300 000
变动制造费用	60 000	60 000	60 000	180 000
2. 变动期间成本				
变动销售成本	40 000	40 000	40 000	120 000
变动管理成本	60 000	60 000	60 000	180 000

续表

项目	2015	2016	2017	合计
变动成本合计	500 000	500 000	500 000	1 500 000
二、贡献毛益	500 000	500 000	500 000	1 500 000
减:固定制造费用	80 000	80 000	80 000	240 000
固定销售成本	30 000	30 000	30 000	90 000
固定管理成本	50 000	50 000	50 000	150 000
三、营业净利	340 000	340 000	340 000	1 020 000

表 2-12　完全成本法下各年损益　　单位:元

项目	2015	2016	2017	合计
一、销售收入	1 000 000	1 000 000	1 000 000	3 000 000
减:销售成本				
1. 期初存货成本	0	0	47 273	47 273
2. 本期生产成本	480 000	520 000	440 000	1 440 000
3. 可供出售产品成本合计	480 000	520 000	487 273	1 487 273
4. 期末存货成本	0	47 273	0	47 273
5. 本期销售成本	480 000	472 727	487 273	1 440 000
二、销售毛利	520 000	527 273	512 727	1 560 000
减:期间成本				
1. 变动销售成本	40 000	40 000	40 000	120 000
2. 变动管理成本	60 000	60 000	60 000	180 000
3. 固定销售成本	30 000	30 000	30 000	90 000
4. 固定管理成本	50 000	50 000	50 000	150 000
三、营业净利	340 000	347 273	332 727	1 020 000

上述计算表明:

由于各年销售量相同,均为 20 000 件,故按变动成本法计算出的各年营业净利相同,均为 340 000 元。这是由于虽然各年生产量不尽相同,但是各年固定制造费用不变,均为 80 000 元,而且全部作为期间成本计入当年损益。所以,当其他条件不变时,各年营业净利自然也就相同了。

由于各年的生产量发生了变化,因此按完全成本法计算出的各年营业净利也就完全不同的了。原因在于,固定制造费用要分摊进各产品的生产成本。本例中,第二年营业净利最大,这是因为第二年生产量最大(22 000 件),期末存货 2 000 件成本负担了相应的固定制造费用 80 000 ÷ 22 000 × 2 000=7 273 元,从而使当年的销售成本少了 7 273 元,营业净利相应地比第一年多出了 7 273 元。第三年的情况则正好相反,由于第三年的生产量 18 000 件小于其销售量 20 000 件,因而其销售成本中不仅包括当年所发生的全部固定制造费用 80 000 元,还包括期初存货从上年带到本年来的属于上年所发生的固定制造费用 7 273 元,故第三年的营业净利相比第一年自然也就少了 7 273 元。

通过上述各年产量与销量的两种不同关系情况下两种成本计算方法所计算出的各年营业净利来看,可以归纳出以下结论:当生产量等于销售量时,两种成本计算法下计算出的营业净利相同;当生产量大于销售量时,按完全成本法所计算的营业净利大于按变动成本法所计算的营业净利;当生产量小于销售量时,按完全成本法所计算的营业净利小于按变动成本法所计算的营业净利。

三、对变动成本法和完全成本法的评价

(一) 变动成本法的优缺点

1. 变动成本法的优点

变动成本法从无到有,再到在经济生活中被人们普遍重视并且广泛应用,究其根本原因,在于变动成本法有其突出的优点,而且这些优点恰恰是传统的成本计算方法——完全成本法所不具有的。

(1) 变动成本法能够提供更加有用的成本信息,更能够为企业短期经营决策所用。前述案例表明,完全成本法下所计算的营业净利受到存货变动的影响,这种影响是不合乎逻辑的:产品生产得再多,如果卖不出去,企业也不能实现收入和赚取利润,产品销售是企业实现收入和利润的必要条件,多销售才会多获得收入和多赚取利润。而完全成本法往往给管理层造成一种错觉:生产得越多,在销售量相同的情况下,实现的营业利润反而越多。

(2) 变动成本法更符合配比原则。变动成本法的基本原理,就是将当期所发生的制造成本,按成本性态分为变动成本和固定成本两大部分,一部分是与产品生产数量的多少存在直接关系的变动生产成本,包括直接材料、直接人工和变动制造费用,这部分成本中应由已销售产品负担的部分需要与销售收入配比,由未销售产品负担的部分(即期末存货成本)自然应与未来销售收入配比;另一部分则是与产品生产数量多少没有必然关系的固定生产成本,即固定制造费用。这部分成本是维持企业正常生产能力所必须负担的成本,与生产能力的利用程度(即生产多少数量的产品)无关,既不会因为多生产产品而增加,也不会因为少生产产品而减少,只与期间的长短有关,并随时间的推移而逐渐丧失,所以是一种为取得收益而已然丧失的成本,理所当然应全部列为期间成本而与当期收入相配比,这种方法更符合期间配比原则。至于销售费用、管理费用,变动成本法下同样作为期间成本,只不过在进行相关决策时也需要按成本性态进行划分。

(3) 变动成本法便于进行各部门的业绩评价。 制定标准成本和费用预算、考核执行情况、兑现奖惩是加强企业管理的一种有效做法,变动成本法为这一做法提供了正确的思路和恰当的操作方法。

① 供应部门。对于供应部门的业绩评价,通常从以下两个方面进行:一是供应总成本,即供应资金的占用情况。在不影响产品生产需要的前提下,供应资金占用越小

越好,应当进行总量控制。二是单位供应成本,包括采购成本和存储保管成本。采购成本包括买价、运杂费(运输费、包装费、装卸费、运输途中保险费、运输途中合理损耗、入库前的挑选整理费、差旅费等);存储保管成本则主要包括保险费、财产税、存储过程中的损耗等。上述单位供应成本基本上属于变动成本法下的变动成本概念,应制定标准成本进行控制和业绩评价。至于发生在供应部门的其他费用,要么可控,如人员薪酬、办公费、维修费等;要么根本不可控,如自有仓库折旧费、水电费、空调费、取暖费等。可控成本可以纳入供应部门业绩评价的内容。

② 生产(制造)部门。对于生产部门而言,变动成本法在其业绩评价方面的优点尤为突出。因为,生产部门应该只对产品生产过程中的物耗水平负责,直接材料、直接人工和变动制造费用等方面若有节超,会立即从产品的变动生产成本指标上反映出来。至于固定制造费用,如按期计提的厂房和机器设备的折旧费,应该是由企业设备管理部门而不是生产部门负责,对于生产部门的业绩评价自然也就不应该包括这部分费用。

③ 销售部门。对于销售部门的业绩评价,变动成本法的优点体现得最为直接。销售部门只对一定时期内产品的销售量负责,销售得越多,自然业绩也就越好。销售部门的业绩好坏只能根据其在特定期间内销售数量的多少来评价,自然与这一时期内生产量的多少没有必然关系。

(4) 变动成本法能够促使企业管理层重视销售,防止盲目生产。前已述及,在完全成本法下,可能会出现“销售量下降而生产量上升导致营业净利不降反升”这一不正常现象。这样会误导管理层盲目生产,从而造成产品积压,进而导致资金占用增加和保管成本增加,甚至还会导致永久性损失,如折价、残损变质而至报废等。而在变动成本法下,由于生产量的多少、库存商品存货的增减与企业营业净利无关,只要销售结构、销售价格、单位变动成本这些因素保持不变,企业的营业净利就会随销售量的增减变化而增减变化,销售量越大,营业净利也就越多;反之,销售量减少,营业净利也就会减少。这样就必然促使管理层重视销售,把更多的精力放在搞好市场分析、开拓销售渠道、加大促销力度、搞好售后服务上来,从而防止盲目生产这一问题的出现。

(5) 变动成本法可简化成本计算工作,还可避免固定制造费用分摊的主观臆断性。在变动成本法下,固定制造费用全部作为期间成本从当期损益中扣除,从而省去了在各产品之间以及在完工产品与在产品之间的分摊工作。这样一来,不仅大大简化了产品成本的计算工作,而且还避免了固定制造费用分摊中的主观臆断性。在产品品种、规格越多的产品生产企业,变动成本法的这一优点就显得越是突出。

相比完全成本法,变动成本法的优点是主要的。正因为如此,人们普遍认为,变动成本法不仅能够更好地满足短期经营决策对成本信息的需要,同时也能够满足对外报告成本信息的需要。

2. 变动成本法的缺点

当然也必须看到,变动成本法也有其局限性,主要表现在以下几个方面:

(1) 按变动成本法计算的产品成本至少目前不符合税法的要求。

(2) 按成本性态分析将全部成本划分为固定成本和变动成本,在很大程度上是假设的结果。

(3) 按变动成本法计算的产品成本，其作用在面临长期决策时，会随着决策期的延长而削弱。

(二) 完全成本法的优缺点

完全成本法的优缺点是相对于变动成本法而言的。

1. 完全成本法的优点

(1) 刺激企业加速发展生产的积极性。按照完全成本法，产量愈大，则单位固定成本就愈低，从而整个单位产品成本也随之降低，超额利润也愈大。这在客观上会刺激生产的发展。

(2) 有利于企业编制对外报表。由于完全成本法得到公认会计原则的认可和支持，所以企业必须以完全成本计算为基础编制对外报表。

2. 完全成本法的缺点

(1) 确定的分期损益难以适应企业内部管理的需要。

(2) 固定制造费用在各产品之间以及在完工产品与在产品之间的分摊具有主观臆断性。

完全成本法与变动成本法具有共同的局限性：无论是完全成本法还是变动成本法，都是面向过去的，都是对过去的经济活动的反映，而决策却是面向未来的，因此，除非能够协助决策，否则它们所提供的成本信息，对于决策而言都是没有意义的。

有一点需要注意，就是社会经济的发展、科学技术的进步，必然导致资本有机构成的提高，固定制造费用在全部制造成本中的比重也会提高，相对而言，直接成本特别是其中的直接人工成本在制造成本中所占的比重会越来越小，变动成本法下的成本信息对于经营决策的作用则可能需要做进一步的分析。

(三) 变动成本法与完全成本法结合应用的问题

西方国家均按公认会计原则编制对外财务报表，存货计价和收益仍然要求以完全成本法为基础计算；但在企业内部，则大多采用变动成本法计算产品成本，编制对内管理会计报告，为企业管理部门进行预测、决策、预算、分析、控制和考评提供成本信息。由此可见，企业会计为了能够更好地满足对内报告、对外报告两方面的需要，两种成本计算法可以同时运用、互相补充。但并不意味着一定要同时重复地进行两套平行的成本计算。

以变动成本法为基础建立统一的成本计算系统，具体做法如下：

(1) 日常核算以变动成本法为基础，“生产成本(在产品)”、“库存商品(产成品)”账户均登记变动生产成本，包括直接材料、直接人工、变动制造费用。

(2) 设置“变动制造费用”账户，产品生产过程中所发生的变动制造费用记入该账户的借方，期末将其发生额转入“生产成本(在产品)”账户。也可以将“变动制造费用”设置为“生产成本(在产品)”的二级账户，这样更符合传统成本计算。

(3) 设置“固定制造费用”账户，借方用以归集当期发生的固定制造费用，期末则将其发生额中应由已销售产品负担的部分自该账户贷方转入“主营业务成本”账户借方并列入利润表；该账户的期末余额为期末在产品和产成品所应负担的固定制造费用，期末与“生产成本(在产品)”和“库存商品(产成品)”账户的余额一并列入资产负债表的“存货”项目下。

(4) 设置“变动期间成本”和“固定期间成本”账户，借方分别用来归集销售费用和管理费用中的变动部分和固定部分，期末则将其贷方余额全部转入“本年利润”账户并列入利润表中。

建立以变动成本法为基础的统一成本计算系统，还需注意以下问题：

(1) 企业若同时生产多种产品，对于某些变动性的共同费用，如多种产品共同耗用的原料及主要材料等，仍需先在各产品之间进行划分，而且在以这种成本信息进行决策时，还需考虑到关联产品。这是一项基础工作，即使在完全成本法下也需要这么做。

(2) 企业期末若有在产品，仍需要对在产品的成本进行计算，基本做法和完全成本法一样(如采用产量比例法)，只不过“生产成本(在产品)”账户只核算变动制造成本。

(3) 企业期末若有存货(在产品存货和产成品存货)，则在计算应列入利润表的销售成本时，应注意在连续各期中“固定制造费用”与存货之间的匹配关系。

本章小结

变动成本法是管理会计活动的一个重要基础。本章首先讲解了成本分类，成本按性态分类是变动成本法的前提条件，是管理会计中进行成本预测、经营决策、成本控制等管理活动的基础。接着讲了混合成本的分解，可以运用历史成本法、账户分析法和工程分析法进行分解。最后通过例题详细介绍了变动成本法与完全成本法，并比较了二者的优劣。

关键词

成本	成本性态	变动成本	固定成本
混合成本	历史成本法	账户分析法	工程分析法
变动成本法	完全成本法		

即测即评

请扫描二维码，进行即测即评。

思考题

1. 如何将变动成本法与完全成本法结合起来，从而充分发挥其优势？

2. 为什么变动成本信息更有助于短期经营决策，完全成本信息更有利于长期决策？

3. 变动成本法与完全成本法的区别是什么？

练习题

1. 某企业 2017 年度只产销一种产品——甲产品，若无年初存货，其他相关数据资料如表 2–13 所示。

表 2–13 相关资料

项目	数量
生产量（件）	100 000
销售量（件）	90 000
直接材料成本总额（元）	4 000 000
直接人工成本总额（元）	2 000 000
制造费用	
其中：变动制造费用（元）	600 000
固定制造费用（元）	1 400 000
销售及管理费用	
其中：变动销售及管理费用（元）	800 000
固定销售及管理费用（元）	1 200 000

要求：分别采用变动成本法和完全成本法计算该企业 2017 年度甲产品单位成本、全年期间成本及年末资产负债表上应列示的存货价值。

2. 仍使用 1 题的相关数据资料，若甲产品销售单价为 200 元。

要求：分别采用变动成本法和完全成本法计算该企业 2017 年度营业净利。

第3章　本量利分析法

学习目标

了解本量利分析在企业经营预测、决策中的用途；理解本量利分析的基本假设和成本按性态划分的意义；掌握本量利分析的基本原理及其在企业经营中的应用。

本章知识结构图

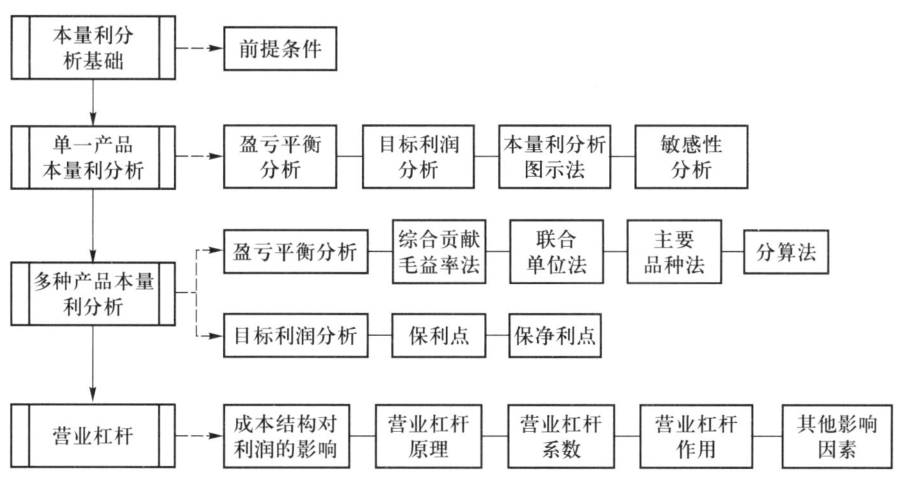

引例

人人乐作为我国最大的民营超市品牌，致力于大型连锁购物广场的投资和发展，于2010年上市，2010年跃居中国连锁百强第14位，进入中国企业500强。仅仅经过数年的发展，人人乐就在全国范围内拥有了数十家大型连锁购物广场和超市。然而，2014年人人乐在全国范围内一次性关闭了18家门店，2015年9月，人人乐发布风险提示公告，宣布将关闭处置部分销售持续下滑、长期亏损且扭亏无望、转型困难的门店，以集中资源加快推动战略转型。实际上，人人乐业绩下滑、频繁关店,是传统大型超市乃至整个实体零售业的缩影。

通过对人人乐的利润总额、成本费用和营业收入之间的关系来分析人人乐关店的决策。从人人乐近年来的财务指标变动情况可以看出,人人乐的利润总额增长率的变化和成本费用的变化呈反方向变动,利润总额增长率的下降总是伴随着成本费用增长率的提高,而营业收入增长率则呈现逐年下降的趋势,但是变动幅度较利润总额和成本费用增长率的变化小。2014 年人人乐利润总额增长率的异常大幅下降主要是因为大量关闭门店产生的包括商场租赁合同解约损失、装修等长期待摊费用剩余金额的一次性摊销、不可转移的固定资产净值损失、经营商户解约损失、存货损失、员工安置补偿支出等损失。

利润微薄甚至难以维持盈利经营是百货业、连锁超市等零售企业掀起"关店潮"的主要原因,关闭亏损的或者盈利很少的门店,可以减少整个集团的损失,将资金投入盈利能力更强的门店或项目。

收益的减少和成本的上升会导致企业的利润下降。然而在传统零售行业的现状中,收入的大幅下降并没有同样大幅下降的成本相伴随,这使得零售企业的利润增长率一再走低,零售企业也迎来生存低谷,"关店潮"现象的出现也不足为奇。从盈亏平衡点分析法的思想来看,尽管关闭的门店未必都是亏损的,但从整个企业集团的角度出发,关闭盈利能力低的门店能使集团的资源得到更好的配置,有利于整个企业集团的发展。

资料来源:章静婷. 浅议传统零售企业未来如何发展——人人乐关店现象的本量利分析[J]. 会计师,2016,236(5).

引言

从人人乐关店现象我们看出,关店是在对其成本、销量、销售收入与利润间的关系分析的基础上来决策的,那么本量利之间究竟是怎样的关系,销售多少才能做到盈亏平衡,销售多少能达到目标利润,成本、销量、售价之间此消彼长的弹性关系及它们对利润的影响程度如何?这将是本章要探讨的问题。

第一节 本量利分析概述

一、本量利分析的含义

(一) 本量利分析的概念

本量利分析,是对成本、产量(或销售量)和利润之间的相互关系进行分析的简称,也称为CVP分析(Cost-Volume-Profit Analysis),是指在变动成本计算模式的基础上,以数学化的会计模型与图文来揭示固定成本、变动成本、销售量、单价、销售额、利润等变量之间的内在规律性的联系,为会计预测、决策和规划提供必要的财务信息的一种定量分析方法。该方法是在成本性态分析和变动成本法的基础上发展起来的,着重研究销售数量、价格、成本和利润之间的数量关系,它所提供的原理、方法在管理会计中有着广泛的应用。

本量利分析是营运管理的基本管理会计工具方法之一,主要用于企业生产决策、成本决策和定价决策,也可以广泛地用于投融资决策。

（二）本量利分析的内容

本量利分析的内容,从企业产品品种数量来看,包括单一产品产销的本量利分析和多种产品产销的本量利分析;从本量利分析的目的来看,包括盈亏平衡分析、目标利润分析,以及敏感性分析。

知识链接:
营运管理

二、本量利分析的产生和发展

本量利分析方法起源于20世纪初的美国,到了20世纪50年代已经非常完善,并在西方会计实践中得到了广泛应用。时至今日,该方法在世界范围内都得到了广泛的应用,为企业预测、决策、计划和控制等经营活动的有效进行提供了良好保证。

三、本量利分析的前提条件

在现实经济生活中,成本、销售数量、价格和利润之间的关系非常复杂。例如,成本与业务量之间可能呈线性关系,也可能呈非线性关系;销售收入与销售量之间也不一定是线性关系,因为售价可能发生变动。为了建立本量利分析理论,必须对上述复杂的关系做一些基本假设,由此来严格限定本量利分析的范围,对于不符合这些基本假设的情况,可以进行本量利扩展分析。

（一）相关范围假设

由于本量利分析是在成本性态分析基础上发展起来的,因此成本性态分析的基本假设也就成为本量利分析的基本假设。前述变动成本法中分析成本是变动成本还是固定成本时,均限定在一定的相关范围内,这个相关范围就是成本性态划分的基本假设,同时,也是本量利分析的基本假设之一。

在这里,相关范围假设包含两层含义:一是一定的业务量范围,二是一定的期间范围(时间范围)。

1. 期间假设

无论是固定成本,还是变动成本,其固定性和变动性均体现在一定期间范围内,其金额也是在这一特定期间范围内加以计量而得到的。随着时间的推移,固定成本总额及其构成内容会发生变化,单位变动成本的数额及其构成内容也会发生变化,即便是通过分析计算出了固定成本总额和单位变动成本的大小,那也是彼期间而非此期间的结果了。

2. 业务量假设

同期间假设一样，将全部成本按性态划分为固定成本和变动成本，是在一定的业务量范围之内对成本分析和计量的结果，业务量发生变化，特别是变化较大时，即使成本性态不发生变化，也需要重新加以分析和计量。

期间假设与业务量假设是一种相互依存的关系。这种依存关系表现为在一定期间内业务量保持不变或变化不大，而一定业务量又从属于一个特定的期间。简言之，不同期间的业务量往往会发生较大的变化，期间相距较远时，这一特点就显得更加明显。一旦业务量发生较大变化，出于成本性态分析的需要，不同的期间也就由此划分了。

（二）模型线性假设

由前述“成本性态分析”可知，企业的全部成本按成本性态总可以或者近似地表述为 $Y=A+Bx$ 这样一种线性模型。

从本量利分析角度出发，其模型线性假设具体包括以下几个方面：

1. 销售收入与销售数量呈完全线性关系假设

这一假设，实际上是假设在相关范围内，产品销售单价始终保持不变。在本量利分析中，通常将产品的销售单价假设为一个常数，这样，销售收入就与销售数量呈现一种完全线性关系，用数学模型表示为 $Y=P\times V$（Y 表示销售收入，P 表示销售单价，V 表示销售数量）。在坐标图中，即为以原点为起点、斜率为 P（销售单价）的一条直线。

2. 固定成本不变假设

本量利分析中的模型线性假设首先就是在相关范围内固定成本总额不变假设，用数学模型表示为 $Y=F$，Y 表示固定成本总额，F 表示某一时间点的固定成本总额。在坐标图中，即为平行于横轴、截距为 F 的一条直线。

3. 变动成本总额与业务量呈完全线性关系假设

即是假设在相关范围内，变动成本总额随业务量的变化成正比例变化，在该假设中，实际上是假定在相关范围内单位业务量的变动成本始终保持固定不变。用数学模型表示为 $Y=b\times V$，在这里，Y 表示变动成本总额，b 表示单位业务量变动成本，V 表示业务量。在坐标图中，即为一条以原点为起点、斜率为 b（单位业务量变动成本）的直线。

由于有了相关范围和线性关系这种假设，就把在相关范围之外，成本和销售收入分别与业务量呈非线性关系的实际情况排除在外了。

（三）品种结构稳定假设

该假设是指在一个生产和销售多种产品的企业里，每种产品的销售收入占总销售收入的比重不会发生变化。但在现实经济生活中，企业很难始终按照一个固定的品种结构来销售产品，如果销售产品的品种结构发生较大变动，必然导致利润与原来品种结构不变假设下预计的利润有很大差别。有了这种假定，就可以使企业管理人员关注价格、成本和业务量对营业利润的影响。

（四）产销平衡假设

所谓产销平衡，就是企业生产出来的产品总是可以销售出去，能够实现生产量等于销售量。在这一假设下,本量利分析中的量就是指销售量而不是生产量,进一步讲,在销售价格不变时,这个量就是指销售收入。但在实际经济生活中,生产量可能会不等于销售量,这时产量因素就会对本期利润产生影响。所以当站在销售数量的角度进行本量利分析时,就必须假设产销是平衡的。

上述假设之间的关系是,相关范围假设是本量利分析最基本的假设,是本量利分析的出发点;模型线性假设是由相关范围假设派生出来的,是相关范围假设的延伸和具体化;产销平衡假设与品种结构稳定假设又是对模型线性假设的进一步补充;同时,品种结构稳定假设又是多种产品产销条件下产销平衡假设的前提条件。

上述假设背后都有一个共同的前提,即企业的全部成本可以按成本性态合理地或比较准确地划分为固定成本和变动成本两大类。否则,本量利分析的结果和作用将会受到一定影响。

正因为本量利分析建立在上述假设基础上,所以一般只适用于短期分析。在实际工作中应用本量利分析原理时,必须从动态的角度去分析企业生产经营条件、销售价格、品种结构和产销平衡等因素的实际变动情况,调整分析结论,积极应用动态分析和敏感性分析等技术来克服本量利分析的局限性。

四、本章符号说明

为了便于学习本章内容,此处特将本章中所使用的符号作相应说明。在没有特殊说明的情况下,SP 表示单位售价;VC 表示单位变动成本;FC 表示固定成本总额;V 表示销售量;P 表示目标利润;S 表示销售额。

第二节　单一产品本量利分析

运用本量利分析技术,通常把单位售价、单位变动成本、固定成本总额视为稳定的常量,主要规划业务量和利润这两个变量。在规划业务量时,按给定的目标利润要求,可以测算出应达到目标利润的业务量;在规划目标利润时,按预计的业务量,能够测算出可以达到的预期利润。

一、本量利分析的基本关系式

本量利分析的基本关系式为:

利润 = 销售收入 − 变动成本总额 − 固定成本总额
　　= 销售单价 × 销售量 − 单位变动成本 × 销售量 − 固定成本总额
　　=(销售单价 − 单位变动成本)× 销售量 − 固定成本总额

用符号表示为:

$$P=(SP-VC)\times V-FC$$

二、基本概念

（一）盈亏平衡和盈亏平衡点

1. 盈亏平衡

盈亏平衡，又称损益平衡、损益两平、保本、盈亏临界，是指企业当期销售收入等于销售成本，也就是收支相等，利润为零这一状态。用公式表示为：

$$\begin{aligned}销售收入 &= 销售成本\\ &= 变动成本总额 + 固定成本总额\end{aligned}$$

即：

$$销售收入 - 变动成本总额 - 固定成本总额 =0$$

2. 盈亏平衡点

盈亏平衡点，又称损益平衡点、损益两平点、保本点、盈亏临界点，是指企业当期的销售收入等于销售成本或利润等于0时的销售数量或销售金额。在盈亏平衡点上，销售收入正好等于销售成本，企业不盈不亏。

盈亏平衡点是一个很重要的概念。企业经营，首先要做到盈亏平衡，在此基础上，才能争取盈利。因此，企业经营管理者在进行经营筹划时，需要知道盈亏平衡点，才能做到心中有数，以免决策失误或错误。

盈亏平衡点总是与销售这个概念联系在一起。没有销售，就没有收入，也就谈不上保本的问题。因此，盈亏平衡点有两种表现形式，一是用实物数量表示，称为盈亏平衡销售数量；二是用金额表示，称为盈亏平衡销售金额。

盈亏平衡和盈亏平衡点这两个概念，总的意思都是指企业利润为零、不盈不亏。区别在于，盈亏平衡是一个抽象的概念，从这个概念中只知道企业不盈不亏，但企业具体产销了多少产品、实现了多少收入，却无从知道；盈亏平衡点是一个具体的概念，它说明了企业处于不盈不亏情况下的具体销售数量和销售金额，也即是说，企业必须至少实现多少销售数量和销售金额，才能够做到保本而不至于亏损。

（二）贡献毛益

贡献毛益是某产品为企业做出的贡献，也称贡献边际、边际贡献、边际利润或创利额，是用来衡量产品盈利能力的一项重要指标。由于变动成本又分为制造产品过程中发生的变动生产成本和非制造产品过程中发生的变动非生产成本，所以贡献毛益也可以分为制造贡献毛益和营业贡献毛益两种，本书中如无特别说明，贡献毛益就是指扣除了全部变动成本的营业贡献毛益。

因此，贡献毛益是指产品销售收入扣除变动成本后的余额，反映产品的初步获利能力，之所以是初步创利额，是因为它还需要补偿全部固定成本。在补偿全部固定成本后若还有余额，才能为企业提供利润。若贡献毛益不足以补偿全部固定成本，则企业将发生亏损。

贡献毛益一般有如下几种形式：贡献毛益总额、单位贡献毛益、贡献毛益率。

1. 贡献毛益总额

贡献毛益总额，是指全部产品的销售收入总额扣除全部产品的变动成本总额之后的余额。用公式表示为：

$$\text{贡献毛益总额} = \text{全部产品销售收入总额} - \text{全部产品变动成本总额}$$
$$= \sum (SP - VC) \times V$$

2. 单位贡献毛益

单位贡献毛益，是指每一产品的单位售价扣除单位变动成本之后的余额。用公式表示为：

$$\text{单位贡献毛益} = \text{单位售价} - \text{单位变动成本}$$
$$= SP - VC$$

3. 贡献毛益率

贡献毛益率，是指贡献毛益额占销售额的百分比，是用相对值形式反映产品的贡献毛益水平。

(1) 单一产品贡献毛益率。单一产品贡献毛益率的公式为：

$$\text{单一产品的贡献毛益率} = \frac{\text{单位贡献毛益}}{\text{单位售价}} \times 100\%$$
$$= \frac{SP - VC}{SP} \times 100\%$$

(2) 全部产品贡献毛益率。全部产品贡献毛益率，又称综合贡献毛益率，是全部产品贡献毛益总额占全部产品销售收入总额的百分比，反映的是全部产品的综合贡献毛益水平。可用如下公式表示：

$$\text{全部产品的贡献毛益率(综合贡献毛益率)} = \frac{\text{全部产品贡献毛益总额}}{\text{全部产品销售收入总额}} \times 100\%$$
$$= \frac{\sum (SP - VC) \times V}{\sum SP \times V} \times 100\%$$

(三) 变动成本率

与贡献毛益率相关的另一个指标是变动成本率（Variable Cost Rate，VCR）。变动成本率是指变动成本总额占销售收入总额的百分比或单位变动成本占单价的百分比。可用公式表示为：

$$\text{全部产品的变动成本率} = \frac{\text{全部产品变动成本总额}}{\text{全部产品销售收入总额}} \times 100\%$$

用符号表示为：

$$VCR = \frac{\sum VC \times V}{\sum SP \times V} \times 100\%$$

或

$$\text{单一产品的变动成本率} = \frac{\text{单位变动成本}}{\text{单位售价}} \times 100\%$$

用符号表示为：

$$VCR=\frac{VC}{SP}\times 100\%$$

将变动成本率与贡献毛益率两个指标联系起来，可以得出：贡献毛益率 + 变动成本率 =1。由此可以推出，贡献毛益率 =1- 变动成本率，或变动成本率 =1- 贡献毛益率。

可见，变动成本率与贡献毛益率两者是互补的。企业变动成本率越高，贡献毛益率就越低；变动成本率越低，其贡献毛益率必然越高。

三、盈亏平衡分析

（一）盈亏平衡点的计算原理

确定盈亏平衡点，是进行本量利分析的关键。

所谓盈亏平衡点，又称保本点，是指使得企业产品达到不盈也不亏、刚好保本时的销售量，即使得贡献毛益与固定成本恰好相等时的销售量。用公式表示为：

利润 = 销售收入 - 变动成本总额 - 固定成本总额 =0

用符号表示为：

$$P=(SP-VC)\times V-FC=0$$

盈亏平衡点可以采用下列两种方法进行计算：

1. 按实物单位计算

其公式为：

$$\text{盈亏平衡点销售量}=\frac{\text{固定成本总额}}{\text{单位售价}-\text{单位变动成本}}=\frac{\text{固定成本总额}}{\text{单位贡献毛益}}$$

2. 按金额单位计算

其计算方式有以下两种：

(1) 根据已计算出来的盈亏平衡点销售量乘以销售单价求得，即用如下公式计算：

盈亏平衡点销售金额 = 销售单价 × 盈亏平衡点销售量

(2) 根据盈亏平衡公式“固定成本总额 = 贡献毛益总额”来计算。即用如下公式计算：

贡献毛益总额 = 固定成本总额

$$\frac{\text{贡献毛益总额}}{\text{销售收入总额}}=\frac{\text{固定成本总额}}{\text{销售收入总额}}$$

$$\text{盈亏平衡点销售金额}=\frac{\text{固定成本总额}}{\text{贡献毛益率}}$$

以下举例说明盈亏平衡点销售量和销售金额的计算原理及其应用。

【例 3-1】 某公司生产和销售一种产品甲产品，单位变动成本 60 元，单位售价 100 元，全年固定成本总额 20 000 000 元，全年预计产量 1 000 000 件。

根据上述资料计算可知：

甲产品单位贡献毛益 =100−60=40（元）

全部甲产品贡献毛益总额 =100 × 1 000 000−60 × 1 000 000

=（100−60）× 1 000 000=40 000 000（元）

甲产品贡献毛益率 =（100−60）÷ 100 × 100%=40%

甲产品变动成本率 =60 ÷ 100 × 100%=60%

甲产品盈亏平衡点销售量 =20 000 000 ÷（100−60）=500 000（件）

甲产品盈亏平衡点销售金额：

(1) 根据“盈亏平衡点销售量 × 销售单价”计算：

甲产品盈亏平衡点销售金额 =100 × 500 000=50 000 000（元）

(2) 根据“$\frac{\text{固定成本总额}}{\text{贡献毛益率}}$”计算：

甲产品盈亏平衡点销售金额 =20 000 000 ÷ 40%=50 000 000（元）

上述计算结果表明，该公司甲产品每年产销量必须达到 500 000 件、销售金额必须达到 50 000 000 元才能够保本。

盈亏平衡分析的作用在于促使管理层在经营活动发生前，对该项经营活动的盈亏情况做到心中有数。例如，该公司通过上述计算，在甲产品生产和销售之前就已经十分清楚地知道，按照成本开支状况，全年甲产品的销售数量必须达到 500 000 件、销售金额必须达到 50 000 000 元，才能实现盈亏平衡，超过此目标才能实现盈利，这就为该公司是否从事甲产品的生产和销售以及如何进行生产和销售提供了决策依据。

除了上述作用之外，还可以利用盈亏平衡分析原理进行有关预测和决策分析。

（二）盈亏平衡点作业率和安全边际

1. 达到盈亏平衡点的作业率

达到盈亏平衡点的作业率，也称达到盈亏平衡点生产能力利用率，是指企业盈亏平衡点销售量（额）占正常或预计销售量（额）的百分比。该指标越小，表明用于达到盈亏平衡的销售量（额）越低；反之，则越高。其计算公式为：

达到盈亏平衡点的作业率 = 盈亏平衡点销售量（额）/ 现有或预计销售量（额）

【例 3−2】 某企业产销丁产品，预计销售量是 20 000 件，盈亏平衡点销售量为 12 000 件，则达到盈亏平衡点的作业率为：

12 000 ÷ 20 000 × 100%=60%

上述计算表明，该企业的作业率（生产能力利用率）只有超过 60% 时，才能获得盈利，否则就会发生亏损。某些西方企业用该指标来评价企业经营的安全程度。

2. 安全边际

所谓安全边际是指正常销售量(额)或预计销售量(额)超过盈亏平衡点销售量(额)的部分。超出部分越大，企业发生亏损的可能性越小，发生盈利的可能性越大，企业经营就越安全。安全边际越大，企业经营风险越小。衡量企业安全边际大小的指标有两个，它们是安全边际量（额）和安全边际率。

(1) 安全边际销售量（额）。其计算公式为：

安全边际销售量（额）= 现有或预计销售量（额）− 盈亏平衡点销售量（额）

(2) 安全边际率。其计算公式为：

安全边际率 = 安全边际销售量(额)/ 现有或预计的销售量(额)× 100%

安全边际率与达到盈亏平衡点的作业率之间的关系为：

安全边际率 + 达到盈亏平衡点的作业率 =1

【例 3–3】 仍按例 3–2 的资料，设单价为 100 元。

安全边际销售量 =20 000–12 000=8 000(件)

安全边际销售额 =100 × 8 000=800 000(元)

安全边际率 =8 000 ÷ 20 000 × 100%=40%

西方国家一般用安全边际率来评价企业经营的安全程度。表 3–1 列示了安全边际率的经验数据。

表 3–1 西方国家常用安全边际率判断标准

安全边际率	10% 以下	10%~20%	20%~30%	30%~40%	40% 以上
安全程度	危险	值得注意	比较安全	安全	很安全

安全边际能够为企业带来利润。我们知道，盈亏平衡点的销售额除了弥补产品自身的变动成本外，刚好能够弥补企业的固定成本，不能给企业带来利润。只有超过盈亏平衡点的销售额，才能在扣除变动成本后，不必再弥补固定成本，而是直接形成企业的息税前利润。用公式表示如下：

息税前利润 = 销售单价 × 销售量 – 单位变动成本 × 销售量 – 固定成本

=(安全边际销售量 + 盈亏平衡点销售量)× 单位贡献毛益 – 固定成本

= 安全边际销售量 × 单位贡献毛益

= 安全边际销售额 × 贡献毛益率

将上式两边同时除以销售额可以得出：

息税前利润率 = 安全边际率 × 贡献毛益率

(三) 盈亏平衡点与各因素的关系说明

在进行盈亏平衡分析时，应明确认识下列基本关系：

(1) 在销售总成本已定的情况下，盈亏平衡点的高低取决于单位售价的高低。单位售价越高，盈亏平衡点越低；单位售价越低，盈亏平衡点越高。

(2) 在销售收入已定的情况下，盈亏平衡点的高低取决于固定成本和单位变动成本的高低。固定成本越高，或单位变动成本越高，则盈亏平衡点越高；反之，盈亏平衡点越低。

(3) 在盈亏平衡点不变的前提下，销售量越大，企业实现的利润便越多(或亏损越少)；销售量越小，企业实现的利润便越少(或亏损越多)。

(4) 在销售量不变的前提下，盈亏平衡点越低，企业能实现的利润便越多(或亏损越少)；盈亏平衡点越高，企业能实现的利润便越少(或亏损越多)。

(四) 降低盈亏平衡点的途径

企业经营管理者总是希望企业的盈亏平衡点越低越好。盈亏平衡点越低，企业的经营风险就会越小。从盈亏平衡点的两个计算公式可以看出，降低盈亏平衡点的途径主要有：

(1) 降低固定成本总额。在其他因素不变时，降低固定成本总额，盈亏平衡点就会降低。

(2) 降低单位变动成本。在其他因素不变时，降低单位变动成本，盈亏平衡点就会降低。

(3) 提高单位售价。在其他因素不变时，提高单位售价，盈亏平衡点就会降低。

四、目标利润分析

企业在进行经营活动之前，往往需要事先拟订希望达到的盈利目标，这就是目标利润。

目标利润分析可以从以下两个方面进行：一是根据影响目标利润的各有关因素来分析测算企业可实现的目标利润；二是根据既定的利润目标来分析测算各有关影响因素应达到的目标。

目标利润的基本计算公式：

目标利润 = 销售收入 − 销售成本
= 销售收入 − 变动成本总额 − 固定成本总额
= 销售单价 × 销售数量 − 单位变动成本 × 销售数量 − 固定成本总额
=(销售单价 − 单位变动成本)× 销售数量 − 固定成本总额

(一) 根据影响因素测算可实现目标利润

【例 3-4】 A 公司只产销一种产品 M 产品。预计 2018 年度单位售价 100 元，单位变动成本 60 元，固定成本总额为 2 000 000 元，预计全年可实现销售 100 000 件。

(1) 则该公司 2018 年度可实现销售利润：

$$(100-60)\times 100\,000-2\,000\,000=2\,000\,000\text{(元)}$$

(2) 若其他因素不变，销售单价提高 10%，则可实现销售利润：

$$[100\times(1+10\%)-60]\times 100\,000-2\,000\,000=3\,000\,000\text{(元)}$$

(3) 若其他因素不变，单位变动成本降低 10%，则可实现销售利润：

$$[100-60\times(1-10\%)]\times 100\,000-2\,000\,000=2\,600\,000\text{(元)}$$

(4) 若其他因素不变，固定成本总额降低 10%，则可实现销售利润：

$$(100-60)\times 100\,000-2\,000\,000\times(1-10\%)=2\,200\,000\text{(元)}$$

(5) 若其他因素不变，销售量增加 10%，则可实现销售利润：

$$(100-60)\times[100\,000\times(1+10\%)]-2\,000\,000=2\,400\,000\text{(元)}$$

(二) 根据目标利润测算各因素应达标准

1. 税前测算

实现目标利润的诸因素的分析测算仍然依据前述公式：

目标利润 =(销售单价 − 单位变动成本)× 销售数量 − 固定成本总额

(1) 实现目标利润的销售量(目标销售量)的计算公式为：

$$\text{目标销售量}=\frac{\text{目标利润}+\text{固定成本总额}}{\text{销售单价}-\text{单位变动成本}}$$

(2) 实现目标利润的销售金额(目标销售金额)的计算公式为:

$$
\begin{aligned}
\text{目标销售金额} &= \text{目标销售量} \times \text{销售单价} \\
&= \frac{\text{目标利润}+\text{固定成本总额}}{\text{销售单价}-\text{单位变动成本}} \times \text{销售单价} \\
&= \frac{\text{目标利润}+\text{固定成本总额}}{\dfrac{\text{销售单价}-\text{单位变动成本}}{\text{销售单价}}} \\
&= \frac{\text{目标利润}+\text{固定成本总额}}{\text{贡献毛益率}} \\
&= \frac{\text{目标利润}+\text{固定成本总额}}{1-\text{变动成本率}}
\end{aligned}
$$

(3) 实现目标利润的销售单价的计算公式为:

$$\text{目标销售单价}=\text{单位变动成本}+\frac{\text{目标利润}+\text{固定成本总额}}{\text{销售量}}$$

(4) 实现目标利润的单位变动成本(目标单位变动成本)的计算公式为:

$$\text{目标单位变动成本}=\text{销售单价}-\frac{\text{目标利润}+\text{固定成本总额}}{\text{销售数量}}$$

(5) 实现目标利润的固定成本总额(目标固定成本总额)的计算公式为:

目标固定成本总额 =(销售单价 − 单位变动成本)× 销售量 − 目标利润

【例 3–5】 承例 3–4 资料,若 A 公司期望 2018 年度实现销售利润 3 000 000 元。则 2018 年度 M 产品应实现多少销售才能实现其利润目标?

目标销售量 =(3 000 000+2 000 000)÷(100−60)=125 000(件)

目标销售额 =100 × 125 000=12 500 000(元)

$$\text{或目标销售额}=\frac{3\,000\,000+2\,000\,000}{\dfrac{100-60}{100}}=\frac{3\,000\,000+2\,000\,000}{1-60\%}=1\,250\,000\text{(元)}$$

若其他因素不变,要实现目标利润,则:

$$\text{目标销售单价}=60+\frac{3\,000\,000+2\,000\,000}{100\,000}=110\text{(元)}$$

$$\text{目标单位变动成本}=100-\frac{3\,000\,000+2\,000\,000}{100\,000}=50\text{(元)}$$

目标固定成本总额 =(100−60)× 100 000−3 000 000=1 000 000(元)

2. 税后测算

需要注意的是,上述公式中的目标利润指的是税前利润,如果企业的目标利润是指税后利润,在进行目标利润分析时,则要考虑企业所得税,对前述公式做适当调整。

由于：

$$税后利润=税前利润\times(1-企业所得税税率)$$

所以

$$税前利润=税后利润\div(1-企业所得税税率)$$

这样就有：

$$实现目标税后利润的销售量=\frac{\frac{目标税后利润}{1-企业所得税率}+固定成本总额}{销售单价-单位变动成本}$$

$$实现目标税后利润的销售额=\frac{\frac{目标税后利润}{1-企业所得税率}+固定成本总额}{贡献毛益率}$$

$$实现目标税后利润的销售单价=单位变动成本+\frac{\frac{目标税后利润}{1-企业所得税率}+固定成本总额}{销售量}$$

$$实现目标税后利润的单位变动成本=销售单价-\frac{\frac{目标税后利润}{1-企业所得税率}+固定成本总额}{销售量}$$

$$实现目标税后利润的固定成本总额=(销售单价-单位变动成本)\times 销售量-\frac{目标税后利润}{1-企业所得税率}$$

【例 3-6】 承例 3-4 资料，若 A 公司企业所得税税率为 25%，并期望 2018 年度实现税后利润 3 000 000 元。则：

$$实现目标税后利润的销售量=\frac{\frac{3\,000\,000}{1-25\%}+2\,000\,000}{100-60}=150\,000(件)$$

$$实现目标税后利润的销售额=\frac{\frac{3\,000\,000}{1-25\%}+2\,000\,000}{\frac{100-60}{100}\times 100\%}=15\,000\,000(件)$$

$$实现目标税后利润的销售单价=60+\frac{\frac{3\,000\,000}{1-25\%}+2\,000\,000}{100\,000}=120(元)$$

$$实现目标税后利润的单位变动成本=100-\frac{\frac{3\,000\,000}{1-25\%}+2\,000\,000}{100\,000}=40(元)$$

$$实现目标税后利润的固定成本总额=(100-60)\times 100\,000-\frac{3\,000\,000}{1-25\%}=0(元)$$

五、本量利分析的图示法

进行本量利分析，还可以根据相关资料采用绘图的方式进行。将成本、业务量、销售单价之间的关系反映在平面直角坐标系中就形成本量利分析图。通过这种图形，可以非常清楚而直观地反映出固定成本、变动成本、销售量、销售额、盈亏平衡点、利润区、亏损区、贡献毛益和安全边际等。根据数据的特征和目的，本量利分析图可以分为传统式、贡献毛益式、利量式、单位利润式图形四种。

（一）传统式本量利分析图

传统式本量利分析图是最基本、最常见的本量利分析图形。其绘制方法如下：

（1）在直角坐标系中，以横轴表示销售量，以纵轴表示成本与销售收入。

（2）绘制固定成本线。在纵轴上找出固定成本数值，即点（0，固定成本数值），以此为起点，绘制一条与横轴平行的固定成本线。

（3）绘制总成本线。以点（0，固定成本数值）为起点，以单位变动成本为斜率，绘制总成本线。

（4）绘制销售收入线。以坐标原点（0，0）为起点，以销售单价为斜率，绘制销售收入线。

这样，绘制出的总成本线和销售收入线的交点就是盈亏平衡点，见图 3–1。

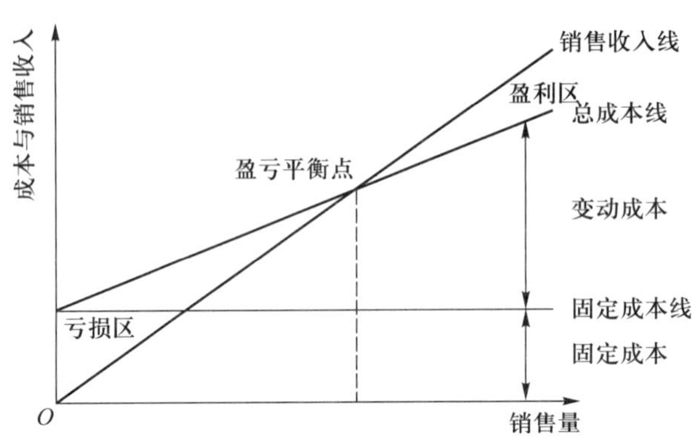

图 3–1 传统式本量利分析图

图 3–1 直观、形象而又动态地反映了销售量、成本和利润之间的关系。

在传统式本量利分析图的基础上，根据企业管理的不同目的，又派生出贡献毛益式和利量式本量利分析图。

（二）贡献毛益式本量利分析图

贡献毛益式本量利分析图是一种将固定成本置于变动成本之上，能够反映贡献毛益形成过程的图形，这是传统式本量利分析图不具备的。该图的绘制程序是，先从原点出发分别绘制销售收入线和变动成本线；然后从纵轴上的（0，固定成本数值）点为起点绘制一条与变动成本线平行的总成本线。这样，总成本线和销售收入线的交点就是盈亏平衡点，见图 3–2。

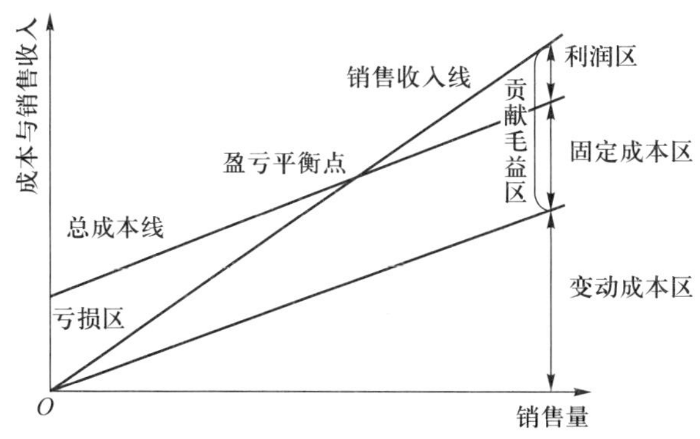

图 3-2　贡献毛益式本量利分析图

图 3-2 能够清楚地反映出贡献毛益的形成过程。销售收入线与变动成本线之间所夹区域为贡献毛益区域。当贡献毛益正好等于固定成本时,企业达到不盈不亏状态;当贡献毛益超过盈亏平衡点并大于固定成本时,企业获得了利润;当贡献毛益没有达到盈亏平衡点时,企业发生了亏损。该图更能反映"利润 = 贡献毛益 - 固定成本"的含义,而且也更符合变动成本法的思路。

(三) 利量式本量利分析图

利量式本量利分析图是反映利润与销售量之间依存关系的图形。该图绘制的程序是,在平面直角坐标系中,以横轴代表销售量,以纵轴代表利润(或亏损);然后在纵轴原点以下部分找到与固定成本总额相等的点(0,- 固定成本数值),该点表示业务量等于零时,亏损额等于固定成本;最后,从点(0,- 固定成本数值)出发画出利润线,该线的斜率是单位贡献毛益。利润线与横轴的交点即为盈亏平衡点,见图 3-3。

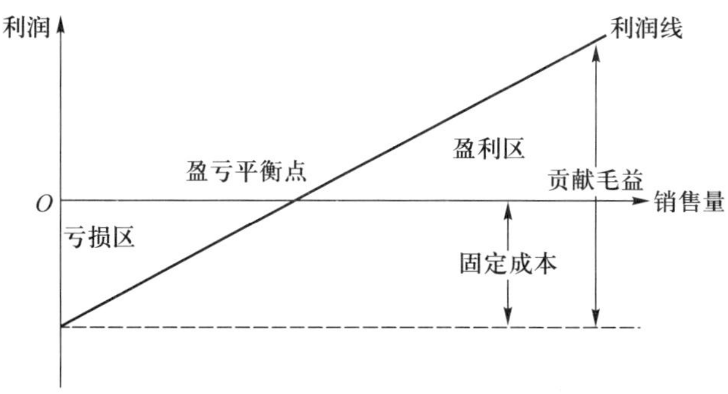

图 3-3　利量式本量利分析图

该图形能直观反映业务量与利润、贡献毛益和固定成本之间的关系。当销售量为零时,企业的亏损就等于固定成本,随着销售量的增长,亏损越来越少,当销售量超过盈亏平衡点时,企业开始出现利润,而且销售量越大,利润越多。可见,这种简单明了的图形更容易为企业管理人员理解。

(四) 单位利润式本量利分析图

一般的本量利分析图,都是用来描述销售总量、总成本和总利润这三者之间的相互关系的。而单位利润式本量利分析图则是将单位产品(或其他的单位业务量)的售价、单位产品成本和单位产品利润这三者之间的相互关系,以及这三者和产品销售总量之间的关系借助直角坐标系方式来加以描述,如图 3-4 所示。

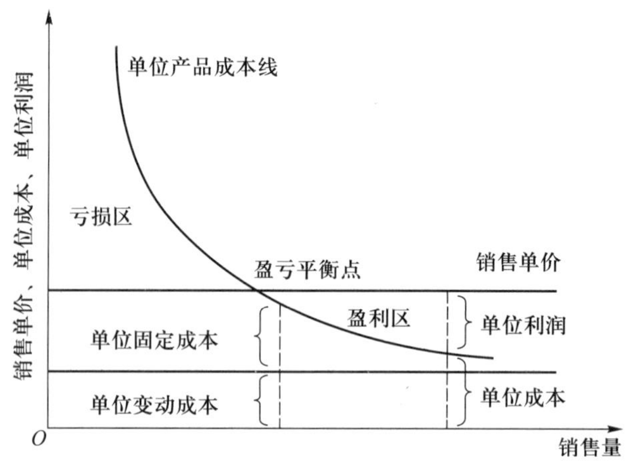

图 3-4 单位利润式本量利分析图

从图 3-4 可以看出,单位利润式本量利分析图与一般的本量利分析图相比,具有如下特点:

(1) 单位变动成本“固定”化了,单位变动成本线是一条直线;单位固定成本“变动”化了,单位固定成本成了一条曲线。当然,单位产品成本线(包括单位变动成本和单位固定成本)也就成了一条曲线。

(2) 当销售数量越来越小时,企业的亏损就越来越大,趋于固定成本,而当销售数量越来越大时,由于单位产品所负担的固定成本越来越小,所以单位产品成本也就越来越接近单位变动成本,单位产品利润就越来越接近单位产品贡献毛益。

(3) 产品销售单价线与单位产品成本线的交点即为盈亏平衡点。也就是说,与这一点相对应的产品销售数量即为保本销售数量,相对应的销售金额即为保本销售金额。

六、相关因素变动对盈亏平衡点和保利点的影响

前面进行本量利分析时,销售单价、固定成本、单位变动成本、目标利润都是不变的,当这些因素变动时,对盈亏平衡点和保利点会产生很大影响。

(一) 销售单价单独变动对盈亏平衡点和保利点的影响

从盈亏平衡点和保利点的计算公式来看,销售单价提高会使单位贡献毛益和贡献毛益率上升,也就是盈亏平衡点和保利点的计算公式的分母增大,因此,销售单价提高会降低盈亏平衡点和保利点;销售单价降低,则情况相反。

从传统式和贡献毛益式本量利分析图来看,销售单价提高表明销售收入线斜率增大,而总成本线不变,所以两线交点下降,即盈亏平衡点和保利点降低;销售单价降

低，则情况相反。

（二）单位变动成本单独变动对盈亏平衡点和保利点的影响

从盈亏平衡点和保利点的计算公式来看，单位变动成本上升会使单位贡献毛益和贡献毛益率下降，也就是盈亏平衡点和保利点计算公式的分母变小，因此，单位变动成本上升会提高盈亏平衡点和保利点；单位变动成本下降，则情况相反。

从传统式和贡献毛益式本量利分析图来看，单位变动成本提高表明销售成本线斜率增大，而总收入线不变，所以，两线交点上升，即盈亏平衡点和保利点提高；单位变动成本降低，则情况相反。

（三）固定成本单独变动对盈亏平衡点和保利点的影响

从盈亏平衡点和保利点的计算公式来看，固定成本上升会使盈亏平衡点和保利点的计算公式的分子增大，因此，固定成本上升会提高盈亏平衡点和保利点；固定成本下降，则情况相反。

从传统式和贡献毛益式本量利分析图来看，固定成本提高表明销售成本线截距提高，而总成本线斜率不变，总收入线也不变，所以，两线交点上升，即盈亏平衡点和保利点提高；固定成本降低，则情况相反。

（四）目标利润单独变动对保利点的影响

目标利润的变动只影响保利点而不影响盈亏平衡点。企业预计达到的目标利润提高时，保利点提高，预计达到的目标利润降低时，保利点降低。

七、本量利关系中的敏感性分析

敏感性分析是一种广泛应用于各领域的分析技术。它是研究一个系统在周围环境发生变化时，该系统状态会发生怎样的变化，是敏感（变化大）还是不敏感（变化小）。敏感性分析具体研究的问题是，一个确定的模型在得出最优解之后，该模型中的某个或某几个参数允许发生多大的变化，仍能保持原来的最优解不变；或者当某个参数的变化已经超出允许的范围，原来的最优解已不再最优时，怎样用最简便的方法重新求得最优解。

本量利关系中的敏感性分析，主要是研究销售单价、单位变动成本、固定成本和销售量这些因素变动对盈亏平衡点和目标利润的影响程度。具体说来，就是分析由盈利转为亏损时各因素变化情况和分析利润敏感性，主要是分析确定那些使得企业由盈利转为亏损的各因素变化的临界值，也就是计算出达到盈亏平衡点的销售量、销售单价的最小允许值以及单位变动成本和固定成本的最大允许值。分析利润的敏感性是分析销售量、销售单价、单位变动成本和固定成本各因素变化对利润的影响程度，在这些因素中，有的因素微小的变化导致利润很大的变化，说明利润对该因素很敏感，该因素被称为敏感因素；而有的因素很大的变化只导致利润不大的变化，说明利润对该因素不敏感，该因素被称为不敏感因素。

简言之，本量利关系中的敏感性分析主要研究以下几个方面的问题：一是有关因素的临界值及其允许变化的幅度（即有关因素提高或降低到什么程度使企业由盈利变为亏损）；二是有关因素的敏感系数（有关因素变化对利润变化的影响程度）。

(一) 相关因素临界值的确定

前述可知,销售量、单价、单位变动成本和固定成本的变化都会对利润产生影响。一旦这种影响是消极的且达到一定程度时,就会使企业的利润减至零而进入盈亏平衡状态;如果这种消极变化继续延续,企业就转入亏损了。敏感性分析就是计算确定达到盈亏平衡点的销售量和销售单价的最小允许值以及单位变动成本和固定成本总额的最大允许值,即各因素的临界值。

根据实现目标利润的模型 $P=(SP-VC)V-FC$,可以推导出当利润 P 等于零时,公式中各因素的临界值(最大、最小值)。当然需要注意的是,在确定某一相关因素临界值时,通常假定其他因素不变。由此各因素临界值的计算公式如下:

销售量的临界值 = 固定成本总额 ÷(销售单价 – 单位变动成本)

销售单价的临界值 = 单位变动成本 + 固定成本总额 ÷ 销售量

单位变动成本的临界值 = 销售单价 – 固定成本总额 ÷ 销售量

固定成本总额的临界值 =(销售单价 – 单位变动成本)× 销售量

【例 3–7】 假定甲公司只生产和销售一种产品,预计 2018 年度该产品的销售量为 100 000 件,单价为 200 元,单位变动成本为 100 元,固定成本为 5 000 000 元。

根据上述资料,可得:

(1) 预计 2018 年度可实现目标利润:

$$(200-100)\times 100\ 000-5\ 000\ 000=5\ 000\ 000(\text{元})$$

(2) 各因素的临界值(最大值或最小值)计算如下:

① 计算销售单价的临界值(最小值):

$$SP=VC+FC/V=100+(5\ 000\ 000/100\ 000)=150(\text{元})$$

这说明,销售单价不能低于 150 元这个最小值,否则便会亏损。

② 计算销售量的临界值(最小值):

$$V=FC/(SP-VC)=5\ 000\ 000/(200-100)=50\ 000(\text{件})$$

这说明,销售量不能低于 50 000 件这个最小值,否则便会亏损。

③ 计算单位变动成本的临界值(最大值):

$$VC=SP-FC/V=200-5\ 000\ 000/100\ 000=150(\text{元})$$

这说明,单位变动成本不能高于 150 元这个最大值,否则便会亏损。

④ 计算固定成本总额的临界值(最大值):

$$FC=(SP-VC)V=(200-100)\times 100\ 000=10\ 000\ 000(\text{元})$$

这说明,固定成本总额不能高于 10 000 000 元这个最大值,否则便会亏损。

(二) 相关因素允许变动的幅度(范围)

各因素允许变动幅度的基本计算公式如下:

$$\text{某因素允许变动的幅度(范围)}=\frac{\text{该因素预计(正常)值}-\text{该因素临界值}}{\text{该因素预计(正常)值}}\times 100\%$$

【例 3–8】 承例 3–7,各因素允许变动幅度的计算如下:

(1) 销售量允许变动的幅度为:

$$(100\ 000-50\ 000)/100\ 000\times 100\%=50\%$$

计算表明,销售量允许降低的最大幅度为 50%,否则,企业就会亏损。

(2) 单位售价允许变动的幅度为：

(200–150)/200 × 100%=25%

计算表明，销售单价允许降低的最大幅度为 25%，否则，企业就会亏损。

(3) 单位变动成本允许变动的幅度为：

(100–150)/100 × 100%=–50%

计算表明，单位变动成本允许升高的最大幅度为 50%，否则，企业就会亏损。

(4) 固定成本总额允许变动的幅度为：

(5 000 000–10 000 000)/5 000 000 × 100%=–100%

计算表明，固定成本总额允许升高的最大幅度为 100%，否则，企业就会亏损。

(三) 相关因素变化对利润变化的影响程度(敏感系数)

销量、销售单价、单位变动成本和固定成本各因素变化对利润的影响程度是不同的，也就是利润对这些因素变动的敏感程度是不同的，为了测量利润对这些因素变动的敏感程度，人们在长期实践中建立了敏感系数这一指标。

敏感系数的计算方法主要有如下三种：

1. 方法一

敏感系数 = 目标值变动百分比 / 因素值变动百分比

根据该公式，企业管理者可以分析哪些是敏感因素，哪些是不敏感因素，然后对敏感因素应予以高度重视，对于不敏感因素，则可以不作重点关注，这样，就可以分清主次，把握重点了。下面通过举例来说明敏感因素的确定。

【例 3–9】 在例 3–7 中，假定单价、单位变动成本、固定成本和销售量分别增长 10%，则利润对各因素变动的敏感系数(以下简称各因素的敏感系数)可分别确定如下：

(1) 销售单价的敏感系数。销售单价增长 10%，将达到 200 × (1+10%)=220 元，此时可实现目标利润 =(220–100) × 100 000–5 000 000=7 000 000 元，目标值变动百分比(即目标利润变动百分比)=(7 000 000–5 000 000) ÷ 5 000 000 × 100%=40%。

销售单价的敏感系数 =40%/10%=4.0

这就意味着，销售单价每提高 1%，利润将增长 4%，反之，销售单价每下降 1%，利润将减少 4%。

(2) 销售量的敏感系数。销售量增长 10%，将达到 100 000 × (1+10%)=110 000 件，此时可实现目标利润(200–100) × 110 000–5 000 000=6 000 000 元。

目标值变动百分比(即目标利润变动百分比)=(6 000 000–5 000 000) ÷ 5 000 000 × 100%=20%

销售量的敏感系数 =20% ÷ 10%=2.0

这就意味着，销售量每增长 1%，利润将提高 2%，反之，销售量每下降 1%，利润将减少 2%。

(3) 单位变动成本的敏感系数。若单位变动成本增长 10%，将达到 100 × (1+10%)=110 元，此时可实现目标利润(200–110) × 100 000–5 000 000=4 000 000 元。

目标值变动百分比(即目标利润变动百分比)=(4 000 000–5 000 000) ÷ 5 000 000=–20%

单位变动成本的敏感系数 =–20% ÷ 10%=–2.0

这就意味着，单位变动成本每升高 1%，利润将减少 2%，反之，单位变动成本若下降 1%，则利润将增加 2%。

(4) 固定成本的敏感系数。固定成本增长 10%，将达到 5 000 000 × (1+10%) =5 500 000 元，此时可实现目标利润 (200–100) × 100 000–5 500 000=4 500 000 元。

目标值变动百分比(即目标利润变动百分比)= (4 500 000–5 000 000) ÷ 5 000 000 × 100%=–10%

固定成本的敏感系数 =–10% ÷ 10%=–1.0

这就意味着，固定成本总额每增长 1%，利润将降低 1%，反之，固定成本总额每下降 1%，利润将增长 1%。

2. 方法二

$$\text{某因素敏感系数} = \frac{1}{\text{该因素允许变动幅度}}$$

【例 3–10】 承例 3–7、例 3–8，则各因素的敏感系数计算如下：

(1) 销售单价的敏感系数 =1 ÷ 25%=4.0

(2) 销售量的敏感系数 =1 ÷ 50%=2.0

(3) 单位变动成本的敏感系数 =1 ÷ (–50%)=–2.0

(4) 固定成本的敏感系数 =1 ÷ (–100%)=–1.0

需要说明的是，敏感系数是正数，表明该因素与利润是同向变动关系，敏感系数是负数，则表明该因素与利润是反向变动关系。分析敏感程度关键是看敏感系数绝对值的大小，绝对值越大，则敏感程度越高，反之，则越小。

从上面的计算中可以看出，利润对各因素变动的敏感程度是不同的，对销售单价的变动最敏感，其次是销售量和单位变动成本，最后是固定成本。也就是说，单价变动对利润影响最大，固定成本变动对利润影响最小，销售量、单位变动成本变动对利润影响居于其中。但是，这一排列顺序会因为条件变化而发生改变。

3. 方法三

各个因素的敏感系数还可以采用以下方法求得：

$$\text{固定成本总额的敏感系数} = -\frac{FC}{P}$$

$$\text{单位变动成本的敏感系数} = -\frac{V \times VC}{P}$$

$$\text{单价的敏感系数} = \frac{V \times SP}{P}$$

$$\text{销售量的敏感系数} = \frac{V \times (SP-VC)}{P}$$

从这几个公式中可以看出，各公式的分母均为利润 P，所以公式值的大小完全取决于分子的大小。因此，对各敏感系数的分子进行比较即可。

从单价和销售量的敏感系数公式的分子来看：① 由于 $V \times SP > V \times (SP-VC)$，因此单价的敏感系数肯定能够大于销售量；② 通常情况下，$V \times SP$ 既大于 FC，又大于 $V \times VC$，否则企业连简单再生产都无法维持，现金支付也可能发生严重困难。因此，单价的敏感系数是最大的。也就是说，涨价是企业提高盈利最直接、最有效的手段，同时，价格下跌是企业最大的威胁。

根据敏感系数公式，并在已知各因素变动幅度时，企业可以很容易预测利润变动幅度，从而很容易计算出各因素变动后的利润值。下面举例说明。

【例 3-11】 甲公司预计 2018 年度的销售量为 100 000 件，单价为 200 元，单位变动成本为 100 元，固定成本为 5 000 000 元。如果这些因素变动均为 20%，则预计 2018 年度可实现利润各为多少？

（1）首先，计算目标利润。

$$
\begin{aligned}
\text{目标利润 } P &= (SP-VC)\times V-FC \\
&= (200-100)\times 100\,000-5\,000\,000 \\
&= 5\,000\,000\text{（元）}
\end{aligned}
$$

（2）然后，计算各因素的敏感系数。根据敏感系数公式得：

$$\text{单价的敏感系数} = \frac{SP\times V}{P} = \frac{200\times 100\,000}{5\,000\,000} = 4.0$$

$$\text{销售量的敏感系数} = \frac{(SP-VC)\times V}{P} = \frac{(200-100)\times 100\,000}{5\,000\,000} = 2.0$$

$$\text{单位变动成本的敏感系数} = -\frac{VC\times V}{P} = -\frac{100\times 100\,000}{5\,000\,000} = -2.0$$

$$\text{固定成本的敏感系数} = -\frac{FC}{P} = -\frac{5\,000\,000}{5\,000\,000} = -1.0$$

（3）最后，计算各因素单独变动后的利润。

由于，敏感系数 = 目标值变动百分比 / 因素值变动百分比，也就是，目标值变动百分比 = 敏感系数 × 因素值变动百分比，所以：

当各因素单独增长 20% 时，利润变动百分比和增长后的利润总额情况如下：

① 销售单价增长 20% 时，预计利润将增长 80%（20% × 4.0），即：

预计 2018 年度利润总额 =5 000 000 ×（1+80%）=9 000 000（元）

② 销售量增长 20% 时，利润将增长 40%（20% × 2.0），即：

预计 2018 年度利润总额 =5 000 000 ×（1+40%）=7 000 000（元）

③ 单位变动成本增长 20% 时，预计利润将降低 40%（20% ×（–2.0）），即：

预计 2018 年度利润总额 =5 000 000 ×（1–40%）=3 000 000（元）

④ 固定成本增长 20% 时，预计利润将降低 20%（20% ×（–1.0）），即：

预计 2018 年度利润总额 =5 000 000 ×（1–20%）=4 000 000（元）

反之，若各因素单独降低 20%，预计 2018 年度利润变动情况计算分析如下：

① 销售单价降低 20% 时，利润将降低 80%，利润总额 =5 000 000 ×（1–80%）= 1 000 000（元）。

② 销售量降低 20% 时，利润将降低 40%，利润总额 =5 000 000 ×（1–40%）= 3 000 000（元）。

③ 单位变动成本降低 20% 时，利润将增长 40%，利润总额 =5 000 000 ×（1+40%）= 7 000 000（元）。

④ 固定成本降低 20% 时，利润将增长 20%，利润总额 =5 000 000 ×（1+20%）=

6 000 000(元)。

可见,通过利用敏感系数公式,企业可以很方便地预测各因素变动情况下的利润值。

企业有时会列出有关因素变动的敏感分析表来直接反映各因素变动后的利润值,以便为企业决策人员提供直观数据。如在例 3–7 中,除了 20% 的变动率之外,企业还有各因素的变动率分别为 10%、30% 两种情况。于是可以列出有关因素变动后的利润表,如表 3–2 所示。

表 3–2 利润对有关因素变动的敏感分析表 单位:万元

因素	因素变动对利润的影响						
	–30%	–20%	–10%	0	10%	20%	30%
销售单价	–100	100	300	500	700	900	1100
销售量	200	300	400	500	600	700	800
单位变动成本	800	700	600	500	400	300	200
固定成本总额	650	600	550	500	450	400	350

在表 3–2 的分析中,各因素变动幅度只是选择了正负各三个值,如果选择更多的值,就可以得到更多的利润数据,这样,由各因素的变动幅度值和相应的利润值,就可以得到一系列的点,把这些点连接起来,就可以得到一张分析图了。

第三节 多种产品产销情况下的本量利分析

一、多种产品本量利分析的基本关系式

多种产品本量利分析的基本关系式为:

利润 =∑(销售单价 × 销售数量 – 单位变动成本 × 销售数量)– 固定成本总额

上述公式用符号表示为:

$$P=\sum(SP\times V-VC\times V)-FC$$

二、多品种的盈亏平衡分析

在现实经济生活中,大部分企业生产经营的产品不止一种。在这种情况下,企业的盈亏平衡点就不能用实物单位表示,因为不同产品的实物计量单位是不同的,把这些计量单位不同的产品销量加在一起是没有意义的。所以,企业在产销多种产品的情况下,只能用金额来表示企业的盈亏平衡点,即只能计算企业盈亏平衡点的销售额。通常计算多品种企业盈亏平衡点的方法有综合贡献毛益率法、联合单位法、主要品种法和分算法几种方法,下面就上述各种方法逐一介绍。

（一）综合贡献毛益率法

1. 基本原理

综合贡献毛益率法，是指将各种产品的贡献毛益率按照其各自的销售比重这一权数进行加权平均，计算出加权平均贡献毛益率，即综合贡献毛益率，然后再据此计算企业全部产品的综合盈亏平衡点销售额和每种产品的盈亏平衡点销售额的方法。具体来说，企业全部产品的综合盈亏平衡点销售金额可表述为如下公式：

$$综合盈亏平衡点销售金额=\frac{固定成本总额}{综合贡献毛益率}$$

企业全部产品的综合盈亏平衡点的具体计算步骤是：

第一步，计算各产品的贡献毛益率。

第二步，计算各产品的销售比重。

某种产品的销售比重 = 该种产品的销售额 / 全部产品的销售总额 ×100%

需要注意的是，销售比重是销售额的比重而不是销售量的比重。

第三步，计算全部产品的综合贡献毛益率。

综合贡献毛益率 =∑（各种产品贡献毛益率 × 该种产品的销售比重）

该公式也可以写作：

综合贡献毛益率 = 各种产品贡献毛益额之和 / 销售收入总额

第四步，计算全部产品的综合盈亏平衡点。

综合盈亏平衡点（企业全部产品的综合盈亏平衡点销售额）

= 企业固定成本总额 / 综合贡献毛益率

第五步，计算各产品的盈亏平衡点。

某种产品盈亏平衡点销售额 = 企业全部产品盈亏平衡点销售额 × 该种产品的销售比重

2. 应用举例

【例 3–12】 某企业销售甲、乙、丙三种产品，相关数据如表 3–3 所示。

表 3–3　某企业产品销售情况

项目	甲产品	乙产品	丙产品
年销售量（件）	8 000	5 000	10 000
单位售价（元）	25	80	40
单位变动成本（元）	15	50	28
固定成本总额（元）	210 000		

全年预计固定成本总额为 210 000 元，预计销售量分别为 8 000 件、5 000 件和 10 000 件，预计销售单价分别为 25 元、80 元、40 元，单位变动成本分别为 15 元、50 元、28 元。

第一步，计算各产品贡献毛益率。

甲产品贡献毛益率 =（25–15）/25 × 100%=40%

乙产品贡献毛益率 =(80−50)/80 × 100%=37.5%

丙产品贡献毛益率 =(40−28)/40 × 100%=30%

第二步,计算各产品的销售比重。

(1) 各产品的销售额:

甲产品销售额 =25 × 8 000=200 000(元)

乙产品销售额 =80 × 5 000=400 000(元)

丙产品销售额 =40 × 10 000=400 000(元)

全部产品销售额 =200 000+400 000+400 000=1 000 000(元)

(2) 计算每种产品的销售比重:

甲产品的销售比重 =200 000 ÷ 1 000 000 × 100%=20%

乙产品的销售比重 =400 000 ÷ 1 000 000 × 100%=40%

丙产品的销售比重 =400 000 ÷ 1 000 000 × 100%=40%

第三步,计算综合贡献毛益率(加权平均贡献毛益率)。

综合贡献毛益率(加权平均贡献毛益)=40% × 20%+37.5% × 40%+30% × 40%=35%

第四步,计算企业全部产品综合盈亏平衡点销售额。

企业全部产品综合盈亏平衡点销售额 = 企业固定成本总额 / 综合贡献毛益率

=210 000 ÷ 35%=600 000(元)

第五步,计算各产品盈亏平衡点销售额。

将企业全部产品综合盈亏平衡点销售额按各产品的销售比重分解为各种产品盈亏平衡点销售额。

甲产品盈亏平衡点销售额 =600 000 × 20%=120 000(元)

乙产品盈亏平衡点销售额 =600 000 × 40%=240 000(元)

丙产品盈亏平衡点销售额 =600 000 × 40%=240 000(元)

综合贡献毛益率的大小反映了企业全部产品的整体盈利能力高低,企业若要提高全部产品的整体盈利水平,可以调整各种产品的销售比重,或者提高各种产品自身的贡献毛益率。

(二) 联合单位法

1. 基本原理

联合单位法,是指企业各种产品之间存在相对稳定的产销量比例关系,这一比例关系的产品组合可以视同为一个联合单位,然后确定每一联合单位的售价和单位变动成本,以进行多品种的盈亏平衡点分析。如企业生产 A、B、C 三种产品,其销量比为 1∶2∶3,则这三种产品的组合就构成一个联合单位。然后按照这种销量比来计算各种产品共同构成的联合单价和联合单位变动成本。即:

联合销售单价 =A 产品单价 × 1+B 产品单价 × 2+C 产品单价 × 3

联合单位变动成本 = A 产品单位变动成本 × 1+B 产品单位变动成本 × 2+C 产品单位变动成本 × 3

然后就可以计算出联合保本量,即:

联合保本量 = 固定成本 /(联合单价 − 联合单位变动成本)

某产品保本量 = 联合保本量 × 该产品销量比

这种方法主要适用于有严格产出规律的联合产品生产企业。

2. 应用举例

【例 3–13】 仍承例 3–12 的相关资料。

确定甲、乙、丙产品销量比 =1∶0.625∶1.25

联合单价 =1 × 25+0.625 × 80+1.25 × 40=125（元）

联合单位变动成本 =1 × 15+0.625 × 50+1.25 × 28=81.25（元）

联合保本量 =210 000 ÷（125–81.25）=4 800（联合单位）

计算各种产品保本量：

甲产品保本量 =4 800 × 1=4 800（件）

甲产品保本额 =4 800 × 25=120 000（元）

乙产品保本量 =4 800 × 0.625=3 000（件）

乙产品保本额 =3 000 × 80=240 000（元）

丙产品保本量 =4 800 × 1.25=6 000（件）

丙产品保本额 =6 000 × 40=240 000（元）

（三）主要品种法

如果企业生产经营的多种产品中，有一种产品能够给企业提供的贡献毛益占企业全部贡献毛益总额的比重很大，而其他产品给企业提供的贡献毛益比重较小，则可以将这种产品认定为主要品种。此时，企业的固定成本几乎由主要产品来负担，所以，可以根据这种产品的贡献毛益率计算企业的盈亏平衡点。当然，用这种方法计算出来的企业的盈亏平衡点不十分准确。如果企业产品品种主次分明，则可以采用这种方法。

（四）分算法

分算法是指在一定条件下，企业可以将全部固定成本按一定标准在各种产品之间进行分配，然后再对每一个品种分别进行盈亏平衡点分析的方法。全部固定成本中的专属固定成本直接划归某种产品负担，而共同固定成本则要按照一定标准（如产品重量、体积、长度、工时、销售额等）分配给各种产品。

这种方法要求企业能够客观分配固定成本，如果不能做到客观，则可能使计算结果出现误差。这种方法可以给企业管理当局提供各产品计划和控制所需要的资料。

三、多种产品目标利润分析

前面盈亏平衡点分析是研究企业利润为零时的情况。而企业的目标是获取利润，所以，下面将分析企业实现目标利润时的情况。

（一）保利点及其计算

所谓保利点是指企业为实现目标利润而要达到的销售量或销售额。保利点具体可用保利量和保利额两个指标表示。

根据本量利分析的基本公式：

目标利润 = 销售单价 × 保利量 – 单位变动成本 × 保利量 – 固定成本

可得：

保利量=(固定成本+目标利润)/(销售单价-单位变动成本)

=(固定成本+目标利润)/单位贡献毛益

相应的,可得:

保利额=销售单价 × 保利量

=(固定成本+目标利润)/单位贡献毛益率

=(固定成本+目标利润)/(1-变动成本率)

这里的目标利润是指尚未扣除所得税的利润。

保利量公式只能用于单种产品的目标利润控制,而保利额公式可同时适用于多种产品的目标利润控制,因为多种产品情况下不能确定单位贡献毛益,却可以计算加权平均单位贡献毛益率。

【例 3-14】 假设某企业只生产和销售一种产品,该产品售价为 80 元,单位变动成本为 30 元,固定成本为 30 000 元,目标利润为 20 000 元。则:

保利量=(固定成本+目标利润)/(销售单价-单位变动成本)

=(30 000+20 000)/(80-30)

=1 000(件)

保利额=(固定成本+目标利润)/单位贡献毛益率

=(30 000+20 000)/62.5%

=80 000(元)

(二) 保净利点及其计算

由于税后利润(即净利润)是影响企业生产经营现金流量的真正因素,所以,进行税后利润的规划和分析更符合企业生产经营的需要。因此,应该进行保净利点的计算。保净利点是指实现目标净利润的业务量。其中,目标净利润就是目标利润扣除所得税后的利润。保净利点可以用保净利量和保净利额两个指标表示。

由于,目标净利润=目标利润 ×(1-所得税税率)。

所以,可以得出:

目标利润=目标净利润/(1-所得税税率)

相应的保净利点公式可以写成:

保净利量=[固定成本+目标净利润/(1-所得税税率)]/(销售单价-单位变动成本)

保净利额=[固定成本+目标净利润/(1-所得税税率)]/单位贡献毛益率

保净利量公式只适用于单一产品的情况。

【例 3-15】 承例 3-14 的资料,另外,假定目标净利润为 15 000 元,所得税税率为 25%。

保净利量=[30 000+15 000/(1-25%)]/(80-30)=1 000(件)

保净利额=[30 000+15 000/(1-25%)]/62.5%=80 000(元)

从盈亏平衡点、保利点和保净利点公式可以看出,它们的共同之处在于,凡是计算销售量指标时,分母都是单位贡献毛益;凡计算销售额指标时,分母都是单位贡献毛益率。它们的不同之处在于,各公式的分子项目不完全相同。单一产品即可使用销售量指标,也可使用销售额指标,多种产品只可使用销售额指标。

第四节　营业杠杆

一、成本结构对企业利润的影响

企业从事经营活动,总是要发生各种各样的成本。前已述及,这些成本按成本性态分为变动成本和固定成本两大类。固定成本总额的多少会影响企业的利润额,同样,企业的成本结构(即全部成本中固定成本和变动成本的构成及其比例关系)也会对企业的利润额产生影响。因此,有必要将成本结构对企业利润的影响进行分析研究。下面举例说明。

【例 3–16】 甲公司和乙公司均只生产同一种产品,相关资料如表 3–4 所示。

表 3–4　甲公司、乙公司产品相关资料表

公司	甲公司	乙公司
销售数量(件)	20 000	20 000
销售单价(元)	100	100
单位变动成本(元)	30	60
固定成本总额(元)	900 000	300 000
成本总额(元)	1 500 000	1 500 000

从表 3–4 中可知,甲公司和乙公司销售数量、销售单价及成本总额均一致,但两公司的成本结构不同:甲公司单位变动成本低,固定成本总额高;而乙公司单位变动成本高,固定成本总额低。成本结构不同会给企业的利润带来不同的影响。

根据表 3–4 的资料,计算出有关数据资料如表 3–5 所示。

表 3–5　甲、乙公司息税前利润计算表　　金额单位:元

项目	甲公司	百分比	乙公司	百分比
销售收入	2 000 000	100%	2 000 000	100%
减:变动成本	600 000	30%	1 200 000	60%
贡献毛益	1 400 000	70%	800 000	40%
减:固定成本总额	900 000		300 000	
息税前利润	500 000		500 000	

从表 3–5 资料中可知,甲公司和乙公司虽然贡献毛益不同,成本结构也不同,但其息税前利润是相同的。表面上看起来,成本结构对两公司的息税前利润并无影响。但是如果两个公司的销售量分别增加 20%,情况就会发生变化,详见表 3–6。

表 3-6 甲、乙公司销售量变动对息税前利润的影响

项目	甲公司	乙公司
销售收入(元)	2 400 000	2 400 000
减:变动成本(元)	720 000	1 440 000
贡献毛益(元)	1 680 000	960 000
减:固定成本总额(元)	900 000	300 000
息税前利润(元)	780 000	660 000

上述计算表明,在销售量增加 20% 的情况下,甲公司的息税前利润增加 280 000(780 000–500 000)元,增加幅度达 280 000 ÷ 500 000 × 100%=56%;乙公司的息税前利润增加 160 000(660 000–500 000)元,增加幅度仅 160 000 ÷ 500 000 × 100%=32%。由此可见,在销售量发生变动的情况下,企业的成本结构不同,息税前利润在一定程度内发生相应的变化。

二、营业杠杆原理

由于成本结构会对企业的息税前利润产生影响,企业就应当慎重考虑采用什么样的成本结构。

1. 营业杠杆的概念

营业杠杆,也称经营杠杆或营运杠杆,是指由于企业经营成本中固定成本的存在而导致息税前利润变动率大于销售收入变动率的现象(这里的经营成本包括营业成本、税金及附加、销售费用、管理费用等)。前已述及,企业经营成本按其与销售收入总额之间的依存关系可以分为变动成本和固定成本两部分。其中,变动成本是指其总额随销售收入总额的变动而变动的成本,固定成本则是指在一定销售收入规模范围内,不随销售收入总额变动而变动,保持相对固定不变的成本。企业可以通过扩大销售收入总额而降低单位销售收入的固定成本,从而增加企业的营业利润。如此形成企业的营业杠杆。企业利用营业杠杆,有时可以获得一定的营业杠杆利益,同时也相应承受着相应的营业风险(即遭受损失)。可见营业杠杆是一把"双刃剑"。

在物理学中,利用杠杆原理可以用较小的力移动较大的物体。从企业经营的角度看,利用杠杆原理,是指在销售量较小幅度增长的情况下就可以使息税前利润更大幅度增加。由于这是在企业经营中利用杠杆原理,所以叫作营业杠杆,也叫经营杠杆。

营业杠杆与企业的成本结构有关。在企业的总成本中,若固定成本总额越大,单位变动成本就会越小,如表 3-4 中的甲公司,那么就说明营业杠杆很大。反之,如果在总成本中,单位变动成本很高,而固定成本总额很低,如表 3-4 中的乙公司,就说明营业杠杆很小。一般来说,企业的营业杠杆越大,销售的变动对利润的影响就会越敏感,即只需要销售量较小幅度的增减变动,就会引起息税前利润较大幅度的增减

变动。

仍以表 3-4 的资料为例,甲公司、乙公司的销售额、成本总额都相同,因而其息税前利润也就相同。但甲公司的营业杠杆比乙公司的营业杠杆大,因而,当两个公司的销售量在原有基础上均增加 20% 时,营业杠杆大的甲公司的息税前利润增加了 56%,而营业杠杆小的乙公司息税前利润只增加了 32%。这表明,营业杠杆大的企业,一旦销售发生变动,对息税前利润的影响程度就会更大。

2. 营业杠杆利益分析

营业杠杆利益是指在企业扩大销售收入总额的条件下,单位营业收入的固定成本下降而给企业带来的息税前利润的增加。在企业一定的销售收入规模内,变动成本随销售收入总额的增加而增加,但固定成本则不随销售收入总额的增加而增加,而是保持固定不变。随着销售收入的增加,单位销售收入所负担的固定成本就会相对减少,从而给企业带来额外的利润。

【例 3-17】 丙公司年销售收入 100 000万~125 000万元时,年固定成本总额均为 40 000 万元,变动成本率为 50%。丙公司 2015—2017 年的销售收入总额分别为 100 000 万元、110 000 万元、125 000 万元。现测算其营业杠杆利益,如表 3-7 所示。

表 3-7 丙公司营业杠杆利益测算表 单位:万元

年度	2015	2016	2017
销售收入总额	100 000	110 000	125 000
销售收入增长率(%)	—	10	13.64
变动成本总额	50 000	55 000	62 500
贡献毛益总额	50 000	55 000	62 500
固定成本总额	40 000	40 000	40 000
息税前利润	10 000	15 000	22 500
息税前利润增长率(%)	—	50	50

由表 3-7 可见,丙公司在销售收入总额为 100 000 万 ~125 000 万元的情况下,固定成本总额每年都为 40 000 万元,保持不变。随销售收入总额的增长,息税前利润以更快的速度增长。丙公司 2016 年相比 2015 年销售收入总额增长了 10%,同期息税前利润增长了 50%;2017 年相比 2016 年销售收入总额增长了 13.64%,同期息税前利润增长了 50%。由此可见,由于丙公司有效地利用了营业杠杆,获得了较高的营业杠杆利益,即息税前利润的增长幅度高于同期销售收入总额的增长幅度。

下面再对拥有不同营业杠杆的三家公司进行比较分析。其中 A 公司的固定成本总额大于变动成本总额,B 公司变动成本总额大于固定成本总额,C 公司固定成本总额是 A 公司固定成本总额的 2 倍。现测算 A、B、C 三家公司的营业杠杆利益,如表 3-8 所示。

表 3-8 A、B、C 三家公司营业杠杆利益测算表 单位：万元

项目	A 公司	B 公司	C 公司
一、销售收入总额增长前			
销售收入总额	20 000	30 000	40 000
变动成本总额	2 000	18 000	5 000
固定成本总额	14 000	6 000	28 000
息税前利润	4 000	6 000	7 000
二、销售收入总额增长后（增长 100%）			
销售收入总额	40 000	60 000	80 000
变动成本总额	4 000	36 000	10 000
固定成本总额	14 000	6 000	28 000
息税前利润	22 000	18 000	42 000
三、息税前利润增长幅度	450%	200%	500%

由表 3-8 可见，虽然三个公司的销售收入总额的增长率相同，都是 100%，但由于三个公司的具体情况各不相同，尤其是营业杠杆即固定成本占总成本的比例（成本结构）不同，息税前利润的增长率也就不同，其中，最高的是 C 公司，息税前利润增长率为 500%，其次是 A 公司，息税前利润增长率为 450%，最低的是 B 公司，为 200%。

3. 营业风险分析

营业风险，也称经营风险，是指与企业经营有关的风险，尤其是指企业在其经营活动中利用营业杠杆而导致息税前利润下降的风险。由于营业杠杆的作用，当企业销售收入总额下降时，息税前利润下降得更快，从而会给企业带来营业风险。

【例 3-18】 M 公司 2015—2017 年的销售收入总额分别为 100 000 万元、80 000 万元、60 000 万元，每年固定成本总额均为 20 000 万元，变动成本率为 60%。测算该公司营业风险如表 3-9 所示。

表 3-9 M 公司营业风险测算表 单位：万元

项目	2015 年	2016 年	2017 年
销售收入总额	100 000	80 000	60 000
销售收入总额降低幅度（%）	—	20	25
变动成本总额	60 000	48 000	36 000
贡献毛益总额	40 000	32 000	24 000
固定成本总额	20 000	20 000	20 000
息税前利润	20 000	12 000	4 000
息税前利润降低幅度（%）	—	40	66.67

由表 3-9 可见，M 公司在销售收入总额 60 000 万 ~100 000 万元的情况下，其固定成本总额保持不变，均为 20 000 万元。而随着销售收入总额逐渐下降，息税前利润的

下降幅度更大。在M公司中，2016年相比2015年度，其销售收入总额降低了20%，同期息税前利润的降低幅度则达到40%；2017年相比2016年，其销售收入总额降低25%，同期息税前利润降低幅度则达到66.67%。由此可见，由于该公司没有有效地利用营业杠杆，从而导致了营业风险，即息税前利润的降低幅度大于其销售收入总额的降低幅度。

三、营业杠杆系数

1. 营业杠杆系数的概念

营业杠杆系数，是指一定幅度的销售量变动所引起的息税前利润的变动幅度，即息税前利润的变动幅度是销售量变动幅度的倍数。既可以用营业杠杆系数来衡量企业营业杠杆作用的大小，亦可以用营业杠杆系数来衡量企业经营风险的大小。

2. 营业杠杆系数的计算原理

如果将一个企业的销售量固定在一个水平上，即可计算出营业杠杆系数（Degree Operating Leverage，DOL）。

根据营业杠杆系数的含义，营业杠杆系数是息税前利润增减变动幅度与销售量增减变动幅度之比，即：

营业杠杆系数＝息税前利润增减变动百分比 / 销售量增减变动百分比

用符号表示，即为：

$$DOL=\frac{\frac{\Delta EBIT}{EBIT}}{\frac{\Delta S}{S}}$$

或者：

$$DOL=\frac{\frac{\Delta EBIT}{EBIT}}{\frac{\Delta Q}{Q}}$$

式中，DOL表示营业杠杆系数；$EBIT$表示营业利润，即息税前利润；$\Delta EBIT$表示息税前利润增减变动额；S表示销售收入总额；ΔS表示销售收入总额增减变动额；Q表示销售量；ΔQ表示销售量增减变动量。

为了方便计算，上述公式还可以做如下变换：

因为：

$$EBIT=(P-V)\times Q-F$$

$$\Delta EBIT=\Delta Q(P-V)$$

所以：

$$DOL=\frac{(P-V)\times Q}{(P-V)\times Q-F}$$

或：

$$DOL=\frac{S-C}{S-C-F}$$

式中,Q 表示销售量;P 表示销售单价;V 表示单位变动成本;F 表示固定成本总额;C 表示变动成本总额;其他符号含义同前述内容。

营业杠杆系数的意义是,按照给定的销售水平,可知销售量一定比例的变动对企业息税前利润的影响程度。

【例 3–19】 仍以表 3–4 的资料,按照销售量 20 000 件的销售水平计算可得:

甲公司的营业杠杆系数 DOL

=(100–30)×20 000/[(100–30)×20 000–900 000]

=1 400 000/500 000

=2.8

乙公司的营业杠杆系数 DOL

=(100–60)×20 000/[(100–60)×20 000–300 000]

=800 000/500 000

=1.6

上述计算结果表明,甲公司的营业杠杆系数 DOL 为 2.8,即甲公司息税前利润的增减变动幅度是其销售量增减变动幅度的 2.8 倍;乙公司的营业杠杆系数为 1.6,即乙公司息税前利润的增减变动幅度是其销售量增减变动幅度的 1.6 倍。也就是说,在甲公司,若销售量增减变动 10%,其息税前利润将增减变动 28%;在乙公司,若销售量增减变动 10%,其息税前利润将增减变动 16%。这一关系如表 3–10 所示。

表 3–10 甲、乙公司营业杠杆系数与销售变动、利润变动的关系

公司	营业杠杆系数	销售增减变动幅度	息税前利润增减变动
甲	2.8	10%	28%
乙	1.6	10%	16%

根据表 3–10 的资料可知,息税前利润增减变动幅度与销售增减变动幅度之间的计算关系可以用如下公式表述:

息税前利润变动率 = 销售变动率 × 营业杠杆系数

营业杠杆系数在靠近盈亏平衡点时达到最大。超过盈亏平衡点后,当销售量和息税前利润逐渐增加时,营业杠杆系数逐渐变小,详见表 3–11。

表 3–11 营业杠杆系数与盈亏平衡点的关系 金额单位:万元

销售收入	1 000	1 200	1 500	2 000	2 500	3 000
减:变动成本总额	400	480	600	800	1 000	1 200
贡献毛益	600	720	900	1 200	1 500	1 800
减:固定成本总额	600	600	600	600	600	600
息税前利润	0	120	300	600	900	1 200
营业杠杆系数	∞	6.0	3.0	2.0	1.7	1.5

从表 3-11 的资料可以看出，营业杠杆系数随销售额和息税前利润的逐渐增加而逐渐变小，但越靠近盈亏平衡点，营业杠杆系数越大。在盈亏平衡点处（息税前利润趋于零），营业杠杆系数达到无穷大。

四、营业杠杆的作用

营业杠杆是经营管理人员进行经营管理的一个重要工具，通过营业杠杆系数，销售人员可以立即知道销售量变动对息税前利润的影响程度，而不必通过编制利润表来进行利润预测。

例如，某企业营业杠杆系数为 4.0，预计当期销售将增加 20%，就可计算出当期息税前利润将增长 20% × 4.0=80%。同时，由于越靠近盈亏平衡点，营业杠杆系数越大，因此，只要稍增加销售数量，即可较大幅度地增加息税前利润。因而，企业经营管理人员应当特别加强对这些产品的销售管理。

营业杠杆的另一重要作用，就是可以用来预测企业的经营活动。如通过产品销售预计增减变动情况，来预测计划期息税前利润的增减变动情况，或者通过计划期息税前利润增长目标要求来规划计划期产品销售目标要求。

根据营业杠杆原理，可得：

计划期目标息税前利润 = 基期息税前利润 ×（1+ 计划期目标销售增减变动百分比 × 营业杠杆系数）

计划期目标销售额 = 基期销售额 ×（1+ 计划期目标息税前利润增减变动百分比 ÷ 营业杠杆系数）

【例 3-20】 某公司只产销一种产品，营业杠杆系数为 3.0，2017 年度实现息税前利润 20 000 万元。

（1）已知 2018 年度某产品的销售量将增长 20%，则有：

2018 年度可实现息税前利润 =20 000 ×（1+20% × 3.0）=32 000（万元）

（2）预计 2018 年度销售量将萎缩 20%，则有：

2018 年度可实现息税前利润 =20 000 × [1+（−20%）× 3.0]=8 000（万元）

（3）计划 2018 年度实现息税前利润增长 90%，则有：

2018 年度应实现销售量增长率 =90% ÷ 3.0=30%

五、影响营业杠杆利益与风险的其他因素

影响企业营业杠杆系数，或者说影响企业营业杠杆利益和营业风险的因素，除了固定成本以外，还有其他因素。

1. 产品销售量的变动

在其他因素不变的情况下，产品销售量的变动会影响营业杠杆系数，产品销售量增加，营业杠杆系数会变小。现举例说明。

【例 3-21】 N 公司 2017 年度只产销一种产品丁产品。年度销售量为 100 000 件，销售单价为 1 000 元，变动成本率为 40%，年度固定成本总额为 4 000 万元。

$$营业杠杆系数\ DOL=\frac{1\ 000\times(1-40\%)\times 100\ 000}{1\ 000\times(1-40\%)\times 100\ 000-40\ 000\ 000}=3.0$$

若其他因素不变，丁产品销售量增加 50%，达到 150 000 件，其营业杠杆系数将变为：

$$营业杠杆系数\ DOL=\frac{1\ 000\times(1-40\%)\times 150\ 000}{1\ 000\times(1-40\%)\times 150\ 000-40\ 000\ 000}=1.8$$

2. 产品销售价格的变动

在其他因素不变的情况下，产品销售价格的变化会影响营业杠杆系数，产品销售价格上涨，营业杠杆系数会变小。

【例 3-22】 承例 3-21 的资料。若 2017 年度丁产品的销售价格上涨 50%，达到 1 500 元，其他因素不变，其营业杠杆系数将变为：

$$DOL=\frac{1\ 000\times(1+50\%)\times(1-40\%)\times 100\ 000}{1\ 000\times(1+50\%)\times(1-40\%)\times 100\ 000-40\ 000\ 000}=1.8$$

3. 产品单位变动成本的变动

在其他因素不变的情况下，单位变动成本升高，营业杠杆系数会变大。

【例 3-23】 承例 3-21 的资料，若 N 公司 2017 年度变动成本率升高到 50%，其他因素不变，则其营业杠杆系数：

$$DOL=\frac{1\ 000\times(1-50\%)\times 100\ 000}{1\ 000\times(1-50\%)\times 100\ 000-40\ 000\ 000}=5.0$$

4. 固定成本总额的变动

在一定产销规模范围内，固定成本总额保持相对不变，但如果产销量超出这一范围，固定成本总额也会发生变动。固定成本总额升高，营业杠杆系数会变大。

【例 3-24】 承例 3-21 的相关资料。若 N 公司 2017 年度固定成本总额增加到 5 000 万元，其他因素不变。则此时营业杠杆系数为：

$$DOL=\frac{1\ 000\times(1-40\%)\times 100\ 000}{1\ 000\times(1-40\%)\times 100\ 000-50\ 000\ 000}=6.0$$

上述计算分析表明，在上述因素发生变化的情况下，营业杠杆系数也会发生相应的变化，从而产生不同的营业杠杆利益和营业杠杆风险。营业杠杆系数影响着企业的息税前利润。

本章小结

本量利分析建立在成本性态分析和变动成本法基础上，着重研究销售数量、价格、成本和利润之间的数量关系，是企业进行规划、决策、控制和评价的重要工具。本量利分析的内容，从企业产品品种数量来看，包括单一产品本量利分析和多种产品本量利分析；从本量利分析的目的来看，包括盈亏平衡分析（盈亏平衡点、贡献毛益、变动成本率、盈亏平衡点作业率、安全边际、盈亏平衡图）、目标利润分析，以及本量利分析的敏感性分析（临界值、敏感系数）。在企业经营中，营业杠杆是客观存在的，营业风险也是客观存在的。企业应正确衡量营业杠杆利益和营业风险的大小,以便管理层合理利用杠杆利用、有效规避营业风险,以求得最大化的经营效益。

关键词

本量利分析	盈亏平衡	盈亏平衡点	贡献毛益总额
单位贡献毛益	贡献毛益率	变动成本率	盈亏平衡点作业率
安全边际	敏感性分析	盈亏平衡图	营业杠杆

即测即评

请扫描二维码,进行即测即评。

思考题

1. 本量利分析在企业经营管理中有何现实意义?
2. 为什么产品销售利润对于产品销售价格的变动最为敏感?
3. 依据本量利分析的基本原理,企业应如何提高盈利的安全性?

练习题

1. 某企业2017年度只产销一种产品——甲产品,若无年初年末存货,其他相关数据资料如表3-12所示。

表3-12 相关数据资料

项目	数量
生产量(件)	100 000
销售量(件)	90 000
直接材料成本总额(元)	4 000 000
直接人工成本(元)	2 000 000
制造费用	
其中:变动制造费用(元)	600 000
固定制造费用(元)	1 400 000
销售及管理费用	
其中:变动销售及管理费用(元)	800 000
固定销售及管理费用(元)	1 200 000

要求:(1) 分别计算如下指标:单位贡献毛益、贡献毛益总额、贡献毛益率、盈亏临界点、达到盈亏临界点作业率、安全边际率、销售利润率。

(2) 绘制盈亏平衡图。

(3) 进行敏感性分析。

2. 某公司只产销一种产品——乙产品,2017 年度相关数据如表 3–13 所示。

表 3–13 相关数据

单位售价(元)	单位变动成本(元)	固定成本总额(元)	销售量(件)
100	40	800 000	20 000

要求:(1) 计算该公司乙产品的经营杠杆系数。

(2) 若 2018 年该公司销售量将较 2017 年增长 30%,其销售利润将增长多少?

第二篇　管理会计操作实务——规划、决策、控制与评价

第4章 经营预测

学习目标

了解预测的意义；熟悉预测分析的基本原理和一般程序；掌握销售预测、成本预测、利润预测和资金需要量预测的基本方法。

本章知识结构图

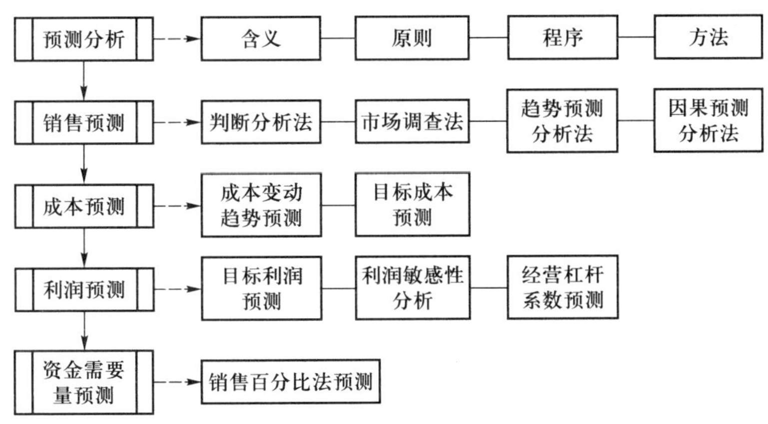

引例

天勤公司2017年实现利润5 000万元，2016年预计销售量增加15%，经营杠杆系数为1.5，你能测算出天勤公司2018年可实现的利润吗？

引言

现代经营管理离不开决策，决策正确与否关系到企业的生存与发展。而正确的决策需要科学的预测，预测分析是决策的前提和基础，是管理会计的重要内容。

本章主要介绍预测分析的基本概念、销售预测、成本预测、利润预测、资金需要量的预测等。

第一节 预测分析概述

一、预测分析的含义

（一）预测分析的概念

预测分析是人们根据过去和现在的资料信息，运用已有的知识、经验和科学的方法，对事物的未来发展趋势做出估计和推测的过程。企业经营预测分析是人们对企业未来经济活动可能产生的经济效益及其发展趋势进行的科学预见或估计。经营预测是企业规划活动细分到年度的体现，与全面预算共同构成规划的重要内容。

（二）预测分析的意义

1. 预测分析是进行经营决策的主要依据

企业的经营活动必须建立在正确的决策基础上，而科学的预测是进行正确决策的前提和依据。通过预测分析，可以科学地确定有关商品的品种结构、最佳库存结构等，合理地安排和使用现有的人力、物力和财力，全面协调整个企业的经营活动。

2. 预测分析是编制全面预算的前提

企业的生产经营活动必须有计划地进行，为了减少经济活动的盲目性，企业要定期编制全面预算。而预算与计划的前提，是必须首先做好预测工作，避免主观估计或任意推测，使企业计划与全面预算合理、科学、切实可行。

3. 预测分析是提高企业经济效益的手段

以最少的投入取得最大的收益是企业的经营原则。通过预测分析，及时掌握国内外市场信息、销售趋势和科学技术发展动态，合理组织和使用各种资源，必将降低消耗，增加销售收入，提高经济效益。

（三）预测分析的特点

由于未来充满了不确定性，加之人们认识事物发展规律的局限性，预测分析将表现出以下特点：第一，预测分析的依据具有一定的假定性；第二，预测分析的结果与事物实际发展结果之间存在一定的差异性；第三，预测分析过程将不可避免地渗入预测者的主观判断因素，即具有一定的主观性；第四，对同一预测对象，存在着多种可以使用的方法、技术和模型，即预测分析具有方法技术上的多样性。

（四）预测分析的应用

预测分析的应用范围极为广泛，涉及社会、经济、科学、技术、政治、军事等各个领域。其中的经济预测就其涉及的范围来看，又有宏观经济预测和微观经济预测之分。前者是全局性的预测，主要是对国家、地区、行业的经济发展速度和投资规模、自然资源的开发与利用效果、经济结构的变动、居民消费水平的变动以及财政收入与物价水平甚至世界经济的发展趋势等方面的预测;后者是局部性的,主要是对企、事业单位的经济预测。具体到一个企业,预测分析的内容主要包括销售预测、利润预测、成本预测和资金需要量预测等。

二、预测分析的基本原则

(一) 延续性原则

延续性原则是指企业的经营活动过程中,过去和现在的某种发展规律将会延续下去,并假设决定过去和现在发展的条件同样适用于未来。根据这条原则,就可以把未来视作历史的延伸,来进行推测。趋势预测分析法就是基于这条原则建立的。

(二) 相关性原则

相关性原则是指在企业的经营活动过程中,一些经济变量之间存在着相互依存、相互制约的关系。根据这条原则,就可以利用对某些经济变量的分析、研究来推测受它们影响的另一个(或另一些)经济变量发展的规律性。因果预测分析法就是基于这条原则建立的。

(三) 相似性原则

相似性原则是指企业的经营活动过程中,不同的(一般是无关的)经济变量的发展规律有时会出现相似的情况。根据这条原则,可以借用已知经济变量的发展规律类推出未知变量的发展趋势。判断分析法就是基于这条原则建立的。

(四) 统计规律性原则

统计规律性原则是指企业的经营活动过程中,对于某个经济变量所做出的一次观测结果,往往是随机的,但多次观测的结果却会出现具有某种统计规律的情况。根据这条原则,就可以利用概率分析及数理统计的方法进行推测,回归分析法就是基于这条原则建立的。

(五) 可控性原则

预测对象未来的发展变化是在内因和外因的共同作用下产生的,它有着自身的发展规律,在掌握其规律的情况下,可以发挥人的主观能动性和创造性的作用,使它朝着符合人们需要的方向发展。

三、预测分析的一般程序

(一) 确定预测目标

要进行预测分析,就要明确预测目标,这是进行预测分析的首要工作。预测目标是根据企业经营的总体目标来设计和确定的,既不能盲目随意,也不应面面俱到。确定预测目标是做好预测分析的前提,是制订预测分析计划、确定信息资料来源、选择预测方法及组织预测人员的依据。然后,根据确定的预测目标、具体内容和要求来确定预测的范围和时间。

(二) 收集分析资料

系统的、准确的原始资料和数据是开展预测分析的前提条件。因此,预测目标确定后，应着手收集有关经济、市场、技术等方面的资料。这些资料包括过去及现在的资料，内部与外部的资料。在占有大量资料的基础上，还要对这些资料进行整理、归纳、鉴别，去伪存真，去粗存精，尽量从中发现与预测目标有关的各因素之间的规律性和相互依存关系，从而为预测提供条件。

（三）选择预测方法

每种预测方法都有特定的用途，我们必须根据预测目标、内容、要求和所掌握的资料，选择相应的预测方法。对于那些可以量化并能建立数学模型的预测对象，应反复筛选比较，选择最恰当的定量预测分析法；对于那些缺乏定量资料无法开展定量分析的预测对象，应结合以往的经验，选择最佳的定性预测分析方法。

（四）进行预测分析

应用选定的预测分析方法，根据建立的数学模型和掌握的信息资料分别进行定量分析和定性分析，并提出实事求是的预测结果。这是一个反复进行信息数据处理和选择判断的过程，也是多次进行反馈的过程。

（五）分析预测误差，对预测值进行修正

计算预测中产生的误差，检验预测结论与当前实际是否符合，并分析差异产生的原因，以验证预测分析方法是否科学有效，并在本期预测过程中加以修正。

（六）评价预测结果

预测做出以后，随着时间的推移，应将实际的情况与预测结果及时地进行比较，分析其可能产生的差异，找出原因，以便及时修订预测数据和预测方法，提高预测的正确性和可靠性。

四、预测分析的方法

预测方法按其性质大体可分为两类，即定性预测分析法和定量预测分析法。

（一）定性预测分析法

定性预测分析法又称非数量分析法，是一种直观性预测方法。它是指借助有关专业人员的知识技能、个人经验和综合分析能力，在调查研究的基础上，结合预测对象的特点进行综合分析，对于某一未来事件发展趋势做出判断的一类预测方法。这种方法通常在统计数据、原始资料缺乏或影响因素复杂多变而无法进行定量分析的情况下采用。常用的定性预测分析法有市场调查法、集合意见法。

（二）定量预测分析法

定量预测分析法又称数量分析法，是指在掌握与预测对象有关的各种定量资料的基础上，运用现代数学方法进行数据处理，据以建立能够反映变量之间规律性联系的各类预测模型进行预测分析的方法。这种方法一般在历史资料比较完备、事物发展变化的环境和条件比较稳定的情况下采用。定量预测分析法根据具体做法不同，又分为以下两类。

1. 趋势预测分析法

趋势预测分析法又称时间序列分析法，是指根据研究对象过去的、按时间顺序排列的数据运用一定的数学方法进行加工处理，借以预测未来发展趋势的预测分析方法。常用的趋势预测分析法有算术平均法、移动加权平均法、指数平滑法和修正的时间序列回归分析法等。

2. 因果预测分析法

因果预测分析法是根据某项指标与其他有关指标之间的相互依存、相互制约的规律性联系，建立相应的因果数学模型所进行的一种预测方法。常用的因果预测分析法有本量利分析法、回归分析法等。

定量预测分析法与定性预测分析法并非相互排斥，而是相辅相成的，应将它们结合使用。只有把定量预测分析法和定性预测分析法正确地结合起来，相互补充，才能得出较正确的预测结论。

第二节　销售预测

一、销售预测的含义

销售预测是根据企业历史销售资料和市场上对产品需求的变化情况，对未来一定时期内有关产品的销售发展变化趋势所进行的科学预计和推测。

企业生产经营的最终目的是获利，只有将产品销售出去才有可能实现利润，可见，销售是企业整个生产经营活动过程的中心环节，是企业管理的源头。销售预测在企业经营管理中的重要作用表现在：第一，销售预测可以全面掌握产品市场需求的基本动态和产品销售变化的一般规律，从而正确地组织未来时期的生产经营，合理安排供应、生产、销售，从而使企业的各项经营管理活动得以顺利进行。第二，在市场经济“以需定销”“以销定产”的条件下，销售预测在企业预测体系中处于先导地位，是企业各项经营预测的基础和前提。企业只有认真准确地做好销售预测，才有可能正确开展成本预测，继而进行利润、资金等其他预测。第三，销售预测可以随时获得大量的关于经济、技术等企业外部环境变化的信息资料，这些资料是企业管理者科学制定各项经营决策的依据。

销售预测的直接目的是了解产品的社会需求量以及销售前景，掌握产品的销售状态和市场占有情况，而这些情况一般要受社会再生产中生产、分配、交换和消费等多种因素的综合影响，因此，开展销售预测，实际上就是对影响因素的变动情况进行分析。影响销售预测的因素很多，一般可分为外部和内部两类。影响销售预测的外部因素主要有国家政策、当前市场环境、企业的市场占有率、消费者的心理和习惯、经济发展趋势、竞争对手情况等；内部因素主要有产品的价格、产品的功能和质量、企业提供的配套服务、企业的生产能力、各种广告手段的应用、推销的方式等。

二、销售预测的主要方法

销售预测的方法很多，其中常用的方法有判断分析法、市场调查法、趋势预测分析法和因果预测分析法等。

(一) 判断分析法

判断分析法是指熟悉市场变化情况的人员对产品的销售量做出判断的一种方法。参加判断的人员可以是本企业熟悉销售业务的销售人员,可以是对市场将来发展变化趋势较为敏感的领导人,也可以是企业外的专家。判断分析法具体包括:

1. 集合意见法

集合意见法是指将本企业熟悉市场情况及相关变化信息的经营管理人员对市场的判断意见加以汇总、分析、整理,从而做出较为正确的预测的方法。这里的经营管理人员一般有企业的总经理、供销人员、生产部门负责人、财务人员等。综合这些管理人员的意见,可以对市场、生产、成本等方面的情况有一个比较客观的了解,预测的正确性也就有了一定的保证。

2. 德尔菲法

德尔菲法又称专家调查法,是一种客观判断法,由美国兰德公司在 20 世纪 40 年代首先倡导使用,后来为西方国家所广泛采用而久负盛名。它主要是采用函询调查方式向有关专家分别提出问题,征询意见,然后将专家回答的意见进行综合、整理,再通过匿名的方式反馈给各位专家,再次征询意见,如此反复综合、反馈,直至得出基本一致的意见为止的预测方法。它一般包括选择专家、设计调查表、发送调查表、处理调查意见和编写预测报告等工作程序。

采用这一方法,在征询意见时,各专家之间应尽量做到互不通气,以使各位专家能真正根据自己的经验、观点和方法进行预测,避免受到特别权威的专家的左右。有些复杂的问题涉及面较广,而每个专家所拥有的资料总是有限的,如果由各位专家单独预测,则难免带有一些片面性,这就需要进行重复征询。同时,在每次重复征询的过程中,都应注意把上次征询意见的结果加工整理后反馈给每位专家。特别要注意不应忽略少数人的意见,以使各专家在重复预测时能做出较全面的分析和判断。

【例 4-1】 得力电动摩托公司准备开发一款新型摩托车,因该产品没有销售记录,公司特聘请九位专家采用德尔菲法预测其一定时期内的销售量。经过这些专家连续三次预测,对该新产品最高、最低和最可能三种情况的销售量水平做出估计,预测所得数据如表 4-1 所示。

表 4-1 专家意见汇总表 单位:台

专家编号	第一次判断情况			第二次判断情况			第三次判断情况		
	最高	最可能	最低	最高	最可能	最低	最高	最可能	最低
1	2 500	2 000	1 500	2 200	2 100	2 000	2 400	1 900	1 700
2	1 700	1 500	1 000	1 800	1 500	1 100	1 700	1 500	1 200
3	2 000	1 600	1 200	2 100	1 900	1 500	2 000	1 900	1 700
4	3 400	2 300	2 000	3 500	2 500	1 700	2 900	2 000	1 800
5	3 000	2 500	1 800	3 200	2 600	1 500	2 000	1 500	1 300
6	2 000	1 500	1 100	2 000	1 500	1 100	1 800	1 700	1 400
7	1 600	1 400	1 200	1 500	1 300	1 000	1 700	1 500	1 300
8	1 300	1 000	800	1 500	1 300	900	2 000	1 500	1 300
9	1 800	1 500	1 000	2 000	1 500	1 200	1 900	1 600	1 200
平均值	2 144	1 700	1 289	2 200	1 800	1 333	2 044	1 678	1 433

要求：根据表 4–1 第三次判断情况的资料，分别采用算术平均法、加权平均法（最高 0.2，最可能 0.6，最低 0.2）和中位数据法，做出计划期新产品预计销售量的判断。

（1）算术平均法。按第三次判断的平均值计算：

$$预计销售量\ \overline{X}=\sum X_i/n=(2\,044+1\,678+1\,433)/3=1\,718（台）$$

（2）加权平均法。按第三次判断的平均值进行加权平均计算：

$$\begin{aligned}预计销售量\ \overline{X}&=2\,044\times 0.2+1\,678\times 0.6+1\,433\times 0.2\\&=408.8+1\,006.8+286.6=1\,702（台）\end{aligned}$$

（3）中位数法。首先，根据第三次判断，按预测值从高到低排列，然后求出各种情况下的中位数，如表 4–2 所示。

表 4–2　中位数计算表

销售情况	预测值从高到低排列	中位数
最高销售量	2 900、2 400、2 000、1 900、1 800、1 700	1 950
最可能销售量	2 000、1 900、1 700、1 600、1 500	1 700
最低销售量	1 800、1 700、1 400、1 300、1 200	1 400

其次，把表 4–2 中中位数进行加权平均：

$$\begin{aligned}预计销售量&=1\,950\times 0.2+1\,700\times 0.6+1\,400\times 0.2\\&=390+1\,020+280=1\,690（台）\end{aligned}$$

3. 专家小组法

专家小组法是由企业组织各有关方面的专家组成小组，运用专家们的集体智慧进行判断的方法。小组中的专家们，可以充分运用集体智慧，相互启发，取长补短，使问题的研究更加全面和深入。但是，在专家小组讨论时，要尽量避免由个别权威专家一锤定音的情况，要求每一位专家从企业的整体利益出发，充分表达自己的观点，不必受不同意见的约束和影响。

（二）市场调查法

市场调查法就是通过调查某种商品的市场供求情况、消费者购买意向以及本企业该商品的市场占有率等情况，来预测其销售量或销售额的方法。

市场调查法一般可以从以下四个方面进行：

1. 调查商品所处的寿命周期阶段

任何工业产品在市场上都有其产生、发展与衰亡的过程，我们把这个过程称为产品的寿命周期。它一般可分为投入期、成长期、成熟期和衰退期四个阶段，不同阶段的销售量或者销售额是不相同的。

2. 调查消费者的情况

调查消费者的经济情况，如选择供应者的标准、消费爱好、风俗、习惯、购买方式和购买力的变化情况，以及对本企业产品与商标的信任程度等因素对本企业产品销售所产生的影响。

3. 调查市场竞争情况

了解同行业，特别是主要竞争对手的同类产品在花色品种、质量、价格、服务、经营、技术等方面的特点及所采取的改进措施对销售的影响，还要了解竞争对手的市场占有率,掌握本企业产品在市场上的竞争地位。

$$市场占有率=\frac{本企业产品在市场上的销售量}{同类产品在市场上的总销售量}\times 100\%$$

4. 调查国内外和本地区经济发展的趋势

了解国内外和本地区的经济发展水平、发展趋势对产品销售可能产生的影响。

将上述几个方面的调查资料进行综合、整理、加工、计算,就可以对产品的销售做出预测。

企业也可以利用社会上的专门机构(如统计部门或同业协会的调研机构等)的调查资料。这些资料一般只提供产品的整个行业市场需求量。将需求量乘以本企业市场占有率,即为本企业的销售潜量。

【例 4–2】 某市有居民 1 000 万户,通过市场调查,把三种消费品所处的市场阶段与已拥有户数的资料列表,如表 4–3 和表 4–4 所示。

表 4–3 消费品的市场阶段划分

寿命周期	投入期	成长期		成熟期	衰退期
		前期	后期		
年数	1~3 年	1~2 年	3~5 年	1~5 年	1~5 年
商品普及率	0. 1%~10%	11%~50%	51%~80%	81%~95%	逐步减少

表 4–4 三种消费品所处市场阶段情况

产品名称	洗衣机	彩电	空调
所处寿命周期阶段	投入期(2 年)	成长前期(2 年)	成长后期(3 年)
已拥有户数(万户)	80	400	700

要求:做出该市对三种消费品平均每年需要量的预测。

分析:列表计算该市三种消费品的平均年需求量,见表 4–5。

表 4–5 某市三种消费品的平均年需求量预测计算表

产品名称	所处市场阶段	已拥有户数比重	各阶段的购买潜量(以每户 1 台计)	该市平均每年需求量
洗衣机	投入期(2 年)	8%	1 000×(10%–8%)=20(万台)	$\frac{20}{2}$=10(万台)
彩电	成长前期(2 年)	40%	1 000×(50%–40%)=100(万台)	$\frac{100}{2}$=50(万台)
空调	成长后期(3 年)	70%	1 000×(80%–70%)=100(万台)	$\frac{100}{3}$=33.33(万台)

(三) 趋势预测分析法

趋势预测分析法亦称时间序列分析法,是应用事物发展的延续性原则来预测事物发展的趋势的一种方法。这种方法是将历史数据按时间的顺序排列,作为未来的预测值。这种方法的优点是简便易行，缺点是对市场的供需情况的变动缺乏考虑。

趋势预测分析法根据所采用的具体数学方法不同，又可分为算术平均法、移动加权平均法、指数平滑法等。

1. 算术平均法

算术平均法是以过去若干期的销售量或销售额的算术平均数作为计划期的销售预测值。其计算公式为：

$$\text{计划期销售预测值} = \frac{\text{各期销售量（或销售额）之和}}{\text{期数}}$$

即：

$$\overline{X} = \frac{\sum X_i}{n}$$

【例 4–3】 某公司 2017 年下半年销售甲产品的六个月销售额资料见表 4–6。

表 4–6　甲产品销售资料

月份	7	8	9	10	11	12
销售额（万元）	14.8	14.6	15.2	14.4	15.6	15.4

要求：预测 2018 年 1 月份甲产品的销售额。

由算术平均法计算公式得：

$$\overline{X} = \frac{\sum X_i}{n} = \frac{14.8+14.6+15.2+14.4+15.6+15.4}{6} = 15（\text{万元}）$$

这种方法的优点是计算简单、方便易行，缺点是没有考虑近期（即 10 月、11 月、12 月）的变动趋势。这种方法适用于销售量或销售额比较稳定的商品，对于季节性不强的商品，如食品、文具、日常用品等，是一种比较有效的预测方法。

2. 移动加权平均法

移动加权平均法是对过去若干期的销售量或销售额，按其距离预测期的远近分别进行加权（近期所加权数大些，远期所加权数小些），然后计算其加权平均数，并以此作为计划期的销售预测值的一种方法。

应该注意的是，所谓“移动”，是指所取的观测值(历史数据)随时间的推移而顺延。另外，由于接近预测期的实际销售情况对预测值的影响较大，故所加权数应大些；反之，则应小些。移动加权平均法的计算公式为：

$$\text{计划期销售预测值} = \text{各期销售量（额）与其权数的乘积之和}$$

即：

$$\overline{X} = \sum X_i W_i$$

其中：

$$\sum W_i = 1$$

为了能反映近期的销售发展趋势，还可在上述公式的基础上，再加上平均每月的变动趋势值 b，以此作为计划期的销售预测值。因此，上述公式可修正为：

$$\overline{X} = \sum X_i W_i + b$$

$$b=\frac{\text{本季度平均每月实际销售量(额)}-\text{上季度平均每月实际销售量(额)}}{3}$$

【例 4-4】 承例 4-3，根据 10 月、11 月、12 月的观测值，取权数 $W_1=0.2$，$W_2=0.3$，$W_3=0.5$，按移动加权平均法预测 2018 年 1 月份的销售额。

$$2017\text{年三季度月平均实际销售额}=\frac{14.8+14.6+15.2}{3}=14.867\text{(万元)}$$

$$2017\text{年四季度月平均实际销售额}=\frac{14.4+15.6+15.4}{3}=15.133\text{(万元)}$$

$$b=\frac{15.133-14.867}{3}=0.089$$

$$\overline{X}=(14.4\times0.2+15.6\times0.3+15.4\times0.5)+0.089=15.349\text{(万元)}$$

3. 指数平滑法

指数平滑法是利用平滑指数(加权因子)，对过去不同期间的实际销售量或销售额进行加权计算，作为计划期的销售预测值。

D 表示实际值，F 表示预测值，下标 t 表示 t 期，a 表示平滑指数($0\leqslant a\leqslant1$)，有计算公式：

$$F_t=a\cdot D_{t-1}+(1-a)F_{t-1}$$

【例 4-5】 承例 4-3，该公司 12 月份甲产品实际销售额 15.4 万元，原来预测 12 月份的销售额为 14.8 万元，平滑指数为 0.7。

要求：按指数平滑法预测 2018 年 1 月份该产品的销售额。

2018 年 1 月份的预测值为：

$$\begin{aligned}F_{13}&=a\cdot D_{12}+(1-a)F_{12}\\&=0.7\times15.4+(1-0.7)\times14.8=15.22\text{(万元)}\end{aligned}$$

用指数平滑法进行预测分析时，平滑指数值通常根据过去销售实际数与预测值之间差异的大小来确定，因此确定平滑指数带有一定的主观因素。平滑指数越大，则近期实际数对预测结果的影响越大；反之，平滑指数越小，则近期实际数对预测结果的影响越小。因此，为使预测值能反映观测值的长期变动趋势，可选用较小的平滑指数，若为使预测值能反映观测值的近期变动趋势，则应选用较大的平滑指数。这个方法的优点是，采用一个平滑指数，在确定其数值时，可以考虑某些可能出现的偶然因素的影响，从而使预测值更符合实际。在实际工作中，也可以用不同数值作为平滑指数计算预测值，以预测值与实际值差异最小的平滑指数作为最佳数值。

(四) 因果预测分析法

因果预测分析法又称相关预测分析法，是利用事物发展的因果关系来推测事物发展趋势的方法。它是根据已掌握的历史资料，找出预测对象的变量与其相关事物的变量之间的依存关系，建立相应的因果预测的数字模型，据以预测计划期的销售量或销售额。

产品的销售一般总会与社会经济的某些因素相关，甚至有些因素对产品销售起决定性作用。例如，推土机销售量主要取决于基本建设的土方工作量。家具销售量则要考虑新结婚的人数、可自由支配的个人收入、可供分配的房屋数等相关因素的影响。利用这些变量间的函数关系，选择最恰当的相关因素建立起预测销售量或销售额的数学模型，往往会比采用趋势预测分析法获得更为理想的预测结果。需要注意的是，影响销售的因素应尽量选择官方公布的统计数字和预测数字的经济指标，有时也需要一些其他的经济因素。常用的经济指标有国民生产总值、个人可支配收入、人口、相关工业的销售量、价格及需求弹性等。

因果预测分析法中最常用而且比较简单的是一元线性回归分析法。这种方法的优点是简便易行。例如，某些工业品的销售在很大程度上取决于与其相关的工业品的销售，如玻璃与建筑、轮胎与汽车、纺织面料与服装等，而且都是前者的销售量取决于后者的销售量。在这种情况下，可利用后者现成的销售量预测前者的信息。以 y 表示预测对象的销售量或销售额，建立模型如下：

$$y=a+bx$$

通过最小平方法求得：

$$a=\frac{\sum y-b\sum x}{n}$$

$$b=\frac{n\sum xy-\sum x\sum y}{n\sum x^2-(\sum x)^2}$$

应用最小平方法，一般还应进行相关程度测定，即通过计算相关系数来检验预测变量与相关因素变量间的相关性，以判断预测结果的可靠性。相关系数 R 的计算公式如下：

$$R=\frac{n\sum xy-\sum x\sum y}{\sqrt{[n\sum x^2-(\sum x)^2]\cdot[n\sum y^2-(\sum y)^2]}}$$

相关系数 R 的取值范围为：$-1\leqslant R\leqslant 1$。$|R|$越接近 1，相关程度越高。一般可按如下标准加以判断：

$0.7\leqslant|R|\leqslant 1$，为较高程度相关。

$0.4\leqslant|R|<0.7$，为中等程度相关。

$0\leqslant|R|<0.4$，为较低程度相关。

【例 4-6】　某汽车轮胎厂专门生产汽车轮胎，而决定汽车轮胎销售量的主要因素是汽车销量。假设中国汽车工业联合会最近 5 年的实际销售量统计及该企业 5 年的实际销售量资料如表 4-7 所示。

表 4-7　汽车、轮胎销售量统计资料

年度	2013	2014	2015	2016	2017
汽车销售量（万辆）	10	12	15	18	20
轮胎销售量（万只）	64	78	80	106	120

假定计划期 2018 年汽车销售量根据汽车工业联合会的预测为 25 万辆，该轮胎生产企业的市场占有率为 35%，要求采取最小平方法预测 2018 年轮胎的销售量。

（1）编制计算表，见表 4-8。

表 4-8 回归预测计算表

年度	汽车销售量（x）（万辆）	轮胎销售量（y）（万只）	xy	x^2	y^2
2013	10	64	640	100	4 096
2014	12	78	936	144	6 084
2015	15	80	1 200	225	6 400
2016	18	106	1 908	324	11 236
2017	20	120	2 400	400	14 400
合计	$\sum x=75$	$\sum y=448$	$\sum xy=7\ 084$	$\sum x^2=1\ 193$	$\sum y^2=42\ 216$

（2）计算 a、b 的值，并计算预测值。

$$b=\frac{n\sum xy-\sum x\sum y}{n\sum x^2-(\sum x)^2}$$

$$=\frac{5\times 7\ 084-75\times 448}{5\times 1\ 193-75^2}=5.35$$

$$a=\frac{\sum y-b\sum x}{n}$$

$$=\frac{448-5.35\times 75}{5}=9.35$$

2018 年轮胎预计市场销售量 $y=a+bx$

$=9.35+5.35\times 25$

$=143.1$（万只）

2018 年该企业轮胎预计市场销售量 $=143.1\times 35\%=50.085$（万只）

（3）相关性检验。

$$R=\frac{n\sum xy-\sum x\sum y}{\sqrt{[n\sum x^2-(\sum x)^2]\cdot[n\sum y^2-(\sum y)^2]}}$$

$$=\frac{5\times 7\ 084-75\times 448}{\sqrt{(5\times 1\ 193-75^2)\times(5\times 42\ 216-448^2)}}=0.969$$

相关系数 $R=0.969>0.7$，即轮胎销售量与汽车销售量之间具有较高程度的相关性。

第三节 成本预测

一、成本预测概述

企业产品成本的水平是衡量企业工作质量的一个重要标志，产品成本的不断降低，也就意味着生产耗费的物化劳动和活劳动的节约与经营效益的提高。为了提高企业的竞争力和应变力，企业必须积极控制成本，努力降低成本，因而需要在生产经营活动开始前和进行中，科学地预测成本水平，为企业制定正确的经营决策和加强成本控制提供可靠的依据。可见，成本预测是成本管理的重要一环。

（一）成本预测的含义及意义

成本预测是根据企业未来的发展目标和现实条件，利用专门的方法对企业未来成本水平及其发展趋势所进行的推测与估算。企业搞好成本预测，对于正确制定成本计划，改善企业经营管理水平，挖掘降低成本的潜力以及正确进行生产经营决策都有十分重要的意义。

1. 成本预测是正确制定成本计划的前提条件

为了正确制定成本计划，明确降低成本的方向和途径，论证和评价各种方案、措施可能产生的经济效果，必须进行成本预测分析，以提供编制成本计划的科学依据。

2. 成本预测是改善企业经营的重要工具

成本预测可以帮助企业面向未来，以便把影响成本降低的不利因素消灭在萌芽状态，从而加强预防性管理。

3. 成本预测是正确进行经营决策的科学依据

企业成本会计由过去单纯的“算账型”向决策型转变是经济体制改革深化和企业转轨变型的要求，而正确的决策又以科学的预测为依据。

4. 成本预测是调动广大职工积极性的重要手段

通过成本预测，可以明确奋斗目标，可以计算出因为前期计划的偏差给职工利益带来的影响，增强职工主人翁责任感，充分调动他们的积极性。

（二）成本预测的步骤

1. 提出达到目标成本的初步方案

目标成本是指企业对自身的一些具体情况进行分析，通过建立相关的数学模型所计算和确定的成本目标。企业的目标成本往往受到很多复杂因素的影响，企业在预测时，一般要经过反复的测算才能够确定。

2. 进行成本预测

根据企业的实际情况和历史资料，通过计算分析建立相关的数学模型，对企业当前情况下产品成本能够达到目标成本的可能性和现实性进行分析，并算出企业能够达到的成本同目标成本之间的差距。

3. 拟订完成目标成本的各种可行性方案

对预测成本和目标成本之间的差距进行分析研究，通过各种可行的方法不断降低产品的成本，并在此基础上拟订出降低产品成本的多种备选方案，力求使预测成本与目标成本之间的差距缩短到最小。

4. 制定出切实可行的目标成本

对降低产品成本的多种备选方案进行研究和分析，从中选出最佳的方案，以此方案确定的成本作为正式的目标成本。

二、成本变动趋势预测

(一) 历史资料分析法

历史资料分析法是采用一定的方法对企业成本的历史资料进行相关处理,建立相关的数学模型 $y=a+bx$,利用销售量的预测值 x,预测出未来总成本和单位成本水平的方法。模型中的 a 表示固定成本总额,b 表示单位变动成本。可以采用高低点法、一元线性回归法对成本进行预测。

(二) 因素变动预测法

因素变动预测法是通过对影响成本的各项因素的具体分析,预测计划期成本水平的方法。

【例 4–7】 假定某企业从会计资料中得知,甲产品 2017 年 1—9 月实际产量为 1 000 件,实际总成本为 8 400 元,预计 10—12 月产量为 500 件,总成本为 2 800 元,则甲产品 2017 年预计平均单位成本为:(8 400+2 800)÷(1 000+500)=7.467 元;甲产品 2017 年预计平均单位成本和总成本的分项资料如表 4–9 所示。

表 4–9 甲产品 2017 年产品成本资料 单位:元

项目	材料	燃料及动力	工资及福利费	制造费用	合计
单位产品成本	4.450	0.737	0.960	1.320	7.467
总成本	6 675	1 105.5	1 440	1 980	11 200.5

假定材料、燃料及动力、工资及福利费为变动费用,制造费用为固定费用,并假定 2018 年影响产品的主要因素及影响程度为:产量增加 20%;材料成本降低 2%,材料消耗量降低 1%;燃料及动力消耗量降低 3%;制造费用增加 5%。

要求:用因素变动预测法预测 2018 年甲产品的总成本和单位成本。

预测期材料费用 =6 675×(1+20%)=8 010(元)

由于材料成本降低 2%,材料消耗量降低 1%,则:

预测期甲产品材料费用 =8 010×(1–2%)×(1–1%)=7 771.30(元)

预测期燃料及动力费用 =1 105.5×(1+20%)×(1–3%)=1 286.80(元)

预测期工资及福利费用 =1 440×(1+20%)=1 728(元)

预测期制造费用 =1 980×(1+5%)=2 079(元)

所以,预测期(2018 年)甲产品的总成本 =7 771.30+1 286.80+1 728+2 079

=12 865.10(元)

预测期的甲产品单位成本 =12 865.10÷[1 500×(1+20%)]=7.147(元)

三、目标成本预测

目标成本是指在确保实现目标利润的前提下,企业在成本方面应达到的目标。进行目标成本预测是为了控制企业生产经营过程中的物质消耗和活劳动消耗,降低产品成本，保证目标利润的实现。

目标成本预测一般可采用两种方法：

(1) 以某一先进的成本水平作为目标成本，它可以是本企业历史最高水平或国内外同类产品中的先进成本水平，也可以是标准成本或定额成本。

(2) 根据事先制定的目标利润和销售预测的结果，充分考虑价格因素，按照预计的销售收入扣除目标利润得到目标成本，即：

目标成本 = 预计单价 × 预计销量 − 目标利润 = 预计销售收入 − 目标利润

目标成本可以作为衡量产品成本、费用支出的标准，便于在生产过程中及时监督和分析脱离目标成本的偏差。所以目标成本的确定既要考虑到先进性，又要注意到可行性。这样才有利于调动各方面的积极性，从而保证目标利润实现。

【例 4-8】 企业生产甲产品，预测的全年预计销售收入为 10 000 万元，目标利润为 1 500 万元。

要求：预测该企业的目标成本。

目标成本 =10 000−1 500=8 500（万元）

第四节　利 润 预 测

一、目标利润的预测分析

所谓目标利润是指企业在未来一段期间内，经过努力应该达到的最优化利润控制目标。它是企业未来经营必须考虑的重要战略目标之一。

目标利润应体现如下原则：

(1) 可行性。它应该反映未来企业可能实现的最佳利润水平，既先进又合理。

(2) 客观性。为保证目标利润具有最大的可能性，在预测目标利润时必须以客观存在的市场环境、技术发展状况为背景，以现实参数为依据，不能脱离现实，想当然乱定目标。

(3) 严肃性。目标利润必须经过反复测算、验证调整后方能最终确定，确定后的目标利润应保持相对稳定，不得随意更改。

(4) 指导性。目标利润不应当是现有业务量、成本、价格的消极后果；相反，目标利润对上述因素的未来发展起着某种规定或约束作用，具有指导性。这一点体现在目标利润一经确定，就应及时组织落实在产量、成本、价格等方面，并作为编制全面预算的基础。

按上述原则，目标利润的预测步骤大致如下：

(一) 调查研究，确定利润率标准

确定利润率的标准时，可以从以下三个方面考虑：第一，从可供选择的利润率的计算口径上看，主要包括销售利润率和资金利润率等；第二，从可供选择的利润率指标的时间特征上看，主要包括近期平均利润率、历史最高水平利润率；第三，从可供选择的利润率指标的空间特征上看，主要包括国际、全国、同行业、本地区和本企业的利润率。

（二）计算目标利润基数

将选定的利润率标准乘以企业预期应达到的有关业务量或资金指标，便可测算出目标利润基数。基本公式是：

$$目标利润基数 = 有关利润率标准 \times 相关预计指标$$

如果按销售利润率计算，则：

$$目标利润基数 = 预定的销售利润率 \times 预计产品销售额$$

如果按资金利润率计算，则：

$$目标利润基数 = 预定的资金利润率 \times 预计资金平均占用额$$

（三）确定目标利润修正值

目标利润修正值是对目标利润基数的调整额。一般可先将目标利润基数与测算利润（即按传统方式预测出来的利润额）进行比较分析，并按本量利分析的原理分项测算为实现目标利润基数而应采取的各项措施（包括单项措施和综合措施），即分别计算各因素的期望值，并分析其可能性。

若期望与现实相差较大，则适当修改目标利润，确定目标利润修正值。这个过程可反复测算多次，直至各项因素期望值均具有现实可能性为止。

（四）下达目标利润，分解落实并纳入预算体系

最终下达的目标利润应该为目标利润基数与修正值的代数和。它应反映或能适应预算期企业渴望实现的生产经营能力、技术质量保证、物资供应、人力配备及资金流转水平以及市场环境等约束条件。按调整措施修订后的诸因素测算的期望利润应与目标利润口径一致。

目标利润一经确定就应立即纳入预算执行体系，层层分解落实，以此作为采取相应措施的依据。

【例 4–9】 某企业只生产经营一种产品，单价为 100 元 / 件，单位变动成本为 60 元 / 件，固定成本为 300 000 元。2017 年实现销售 10 000 件，获得利润 100 000 元。企业按同行业先进的资金利润率 20% 预测 2018 年企业的目标利润基数，预计 2018 年企业资金占用额为 800 000 元。

$$2018 年目标利润基数 =800\,000 \times 20\%=160\,000（元）$$

按本量利分析原理，可计算出 2018 年为实现 160 000 元利润应采取的单项措施（即在考虑某一因素变动时，假定其他因素不变）如下：

（1）增加销量。

$$保利量 = \frac{300\,000+160\,000}{100-60} =11\,500（件）$$

$$销量变动量 =11\,500-10\,000=1\,500（件）$$

$$销量变动率 = \frac{1\,500}{10\,000} \times 100\%=15\%$$

即应增加销量 1 500 件，增长率达到 15%。

（2）降低单位变动成本。

$$保利单位变动成本=100-\frac{300\ 000+160\ 000}{10\ 000}=54（元/件）$$

$$单位变动成本变动量=54-60=-6（元/件）$$

$$单位变动成本变动率=\frac{-6}{60}\times 100\%=-10\%$$

即应降低单位变动成本 6 元，降低率达到 10%。

（3）压缩固定成本。

$$保利固定成本=(100-60)\times 10\ 000-160\ 000=240\ 000（元）$$

$$固定成本变动额=240\ 000-300\ 000=-60\ 000（元）$$

$$固定成本变动率=\frac{-60\ 000}{300\ 000}\times 100\%=-20\%$$

即应压缩固定成本开支 60 000 元，降低率为 20%。

（4）提高单价。

$$保利价=\frac{300\ 000+160\ 000}{10\ 000}+60=106（元/件）$$

$$单价变动额=106-100=6（元/件）$$

$$单价变动率=\frac{6}{100}\times 100\%=6\%$$

即应提高单价 6 元，增长率为 6%。

可见，企业只要采取以上任何一项单项措施均可保证目标利润实现。

二、利润敏感性分析

（一）利润敏感性分析的概念

利润敏感性分析是研究当制约利润的有关因素发生某种变化时对利润所产生的影响的一种定量分析方法。它对于利润预测分析，尤其是对目标利润预测有十分积极的指导意义。

影响利润的因素很多，在现实经济环境中，这些因素又经常发生变动。即使它们的变动方向和变动幅度完全一样，对利润所产生的影响也可能不同。如有些因素增长会导致利润增长，而另一些因素只有降低才会使利润增长；有些因素只要略有变化就会使利润发生很大的变动，而有些因素虽然变动幅度较大，却有可能只对利润产生微小的影响。

我们称那些对利润影响大的因素为利润灵敏度高，反之则称为利润灵敏度低；从另一个角度也可以说利润对前者的敏感性高，对后者的敏感性低。显然，因素的利润灵敏度不同，人们对它们的重视程度也就应有所差别。对敏感性高的因素，应当给予更多的关注；敏感性低的因素则不必作为分析的重点。利润敏感性分析的主要任务是计算有关因素的利润灵敏度指标，揭示利润与因素之间的相对数关系，并利用灵敏度指标进行利润预测。

（二）利润敏感性分析的假定

利润敏感性分析应考虑以下假定条件：

1. 四个因素的假定

为了简化分析，假定利润只受到以下因素的影响，即单价 p、单位变动成本 b、销量 x 和固定成本总额 a，它们的序号 i 分别为 1，2，3，4。

2. 因素单独变动的假定

为了正确反映因素对利润的影响，假定上述因素中任一因素的变动均不会引起其他三项因素的变动。

3. 利润增长的假定

为了使分析的结论具有可比性，假定每项因素的变动最终都能够导致利润增加。这就要求属于正指标的单价与销量的变动率为增长率，属于反指标的两项成本的变动率为降低率。

（三）利润灵敏度指标的计算及其排列规律

1. 利润灵敏度指标的定义

计算利润灵敏度指标是利润灵敏度分析的关键。利润灵敏度指标又叫利润受有关因素变动影响的灵敏度指标。不同的因素有不同的利润灵敏度指标。特定因素的灵敏度指标是衡量该因素按有关假定单独变动后利润变动情况的指标。

2. 利润灵敏度指标的计算公式

利润灵敏度指标的计算公式为：

$$第\ i\ 个因素利润灵敏度指标\ S_i=\frac{该因素的中间变量基数}{利润基数}$$

各因素的中间变量如表 4–10 所示。

表 4–10 各因素的中间变量

第 i 个因素	中间变量	中间变量字母表示
单价	销售收入	$M_1=px$
单位变动成本	变动成本总额	$M_2=bx$
销售量	边际贡献总额	$M_3=Tcm$
固定成本	固定成本	$M_4=a$

中间变量是指同时符合以下两个条件的计算替代指标，即：

(1) 中间变量的变动率必须等于因素的变动率；

(2) 中间变量变动额的绝对值必须等于利润的变动额。

【例 4–10】 承例 4–9 的资料。

要求：(1) 计算各因素的灵敏度指标。

(2) 排列各因素的灵敏度大小。

分析：

(1) 已知利润基数 P =100 000 元，依题意计算各因素的中间变量如下：

$$M_1=px=100\times 10\ 000=1\ 000\ 000（元）$$

$$M_2=bx=60\times 10\ 000=600\ 000（元）$$

$$M_3=Tcm=(100-60)\times 10\ 000=400\ 000（元）$$

$$M_4=a=300\ 000\text{（元）}$$

分别将 M_i 和 P 代入公式，得：

$$\text{单价的灵敏度 } S_1=\frac{1\ 000\ 000}{100\ 000}=10$$

$$\text{单位变动成本的灵敏度 } S_2=\frac{600\ 000}{100\ 000}=6$$

$$\text{销售量的灵敏度 } S_3=\frac{400\ 000}{100\ 000}=4$$

$$\text{固定成本的灵敏度 } S_4=\frac{300\ 000}{100\ 000}=3$$

（2）该企业的单价的灵敏度指标最高，单位变动成本的灵敏度次之，然后是销售量的灵敏度，固定成本的灵敏度指标最低。即企业利润受单价的影响最大，受固定成本的影响最小。

3. 利润灵敏度指标的排列规律

在企业正常盈利的条件下，利润灵敏度指标的排列有如下规律：

（1）单价的灵敏度指标总是最高；

（2）销售量的灵敏度指标不可能最低；

（3）单价的灵敏度指标与单位变动成本的灵敏度指标之差等于销售量的灵敏度指标，即 $S_1-S_2=S_3$。

（4）销售量的灵敏度指标与固定成本的灵敏度指标之差等于 1，即 $S_3-S_4=1$。

（四）利润灵敏度指标的应用

1. 预测任一因素以任意幅度单独变动对利润的影响程度

当影响利润的任一因素（假设为第 i 个因素）以任意幅度向任意方向单独变动时，可以利用事先测算出来的因素利润灵敏度 S_i 指标很方便地预测出这种变动对利润所产生的影响。公式如下：

$$\begin{matrix}\text{第 } i \text{ 个因素变动时}\\ \text{利润的变动率}\end{matrix}=\text{变动方向}\times\begin{matrix}\text{该因素变动}\\ \text{百分比}\end{matrix}\times\begin{matrix}\text{该因素灵敏度}\\ \text{指标}\end{matrix}$$

$$\Delta P_i=D_i\cdot F_i\cdot S_i$$

式中：ΔP_i 为因素 i 变动引起的利润变动率；D_i 为因素 i 变动方向，$D_1=D_3=+1$，$D_2=D_4=-1$；F_i 为因素 i 变动百分比；S_i 为因素 i 灵敏度指标；$i=1,2,3,4$。

【例 4–11】 有关因素的利润灵敏度指标如例 4–10 的计算结果所示，假定 2018 年企业的单价和单位变动成本分别上升了 5%。

要求：计算这两个因素单独变动后对利润的影响。

依题意：

$$D_1=D_3=+1,\quad D_2=D_4=-1,\quad F_1=F_2=+5\%,\quad S_1=10,\quad S_2=6$$

当单价单独变动时：

$$\Delta P_1=(+1)\times 5\%\times 10=50\%$$

当单位变动成本单独变动时：

$$\Delta P_2=(-1)\times 5\%\times 6=-30\%$$

2. 测算为实现既定的目标利润变动率应采取的单项措施

为实现既定的目标利润变动率应采取的单项措施，就是在已知目标利润比基期利润增长百分比的基础上，测算有关因素分别应当变动的百分比。其计算公式为：

$$\frac{\text{为实现目标利润变动率的}}{\text{第 } i \text{ 个因素变动率}} = \frac{\text{因素 } i \text{ 的}}{\text{变动方向}} \times \frac{\text{目标利润变动率}}{\text{该因素灵敏度}}$$

$$F_i = D_i \times \frac{\Delta P'_i}{S_i}$$

式中：F_i 为因素 i 变动率；D_i 为因素 i 变动方向，$D_1=D_3=+1$，$D_2=D_4=-1$；$\Delta P'_i$ 为目标利润变动率；S_i 为因素 i 灵敏度指标；$i=1,2,3,4$。

【例 4-12】 有关因素的利润灵敏度指标如例 4-10 的计算结果所示，假定 2018 年目标利润比基期利润增长 60%。

要求：计算为实现该目标利润变动率企业应采取的单项措施。

依题意：

$$\Delta P'=60\%, S_1=10, S_2=6, S_3=4, S_4=3$$

$$\text{单价变动率 } F_1=(+1)\times\frac{60\%}{10}=6\%$$

$$\text{单位成本变动率 } F_2=(-1)\times\frac{60\%}{6}=-10\%$$

$$\text{销售量变动率 } F_3=(+1)\times\frac{60\%}{4}=15\%$$

$$\text{固定成本变动率 } F_4=(-1)\times\frac{60\%}{3}=-20\%$$

2018 年企业采取以上任何一个单项措施，都可以完成利润增长 60% 的任务，即单价增长 6%、单位变动成本降低 10%、销量增长 15% 或固定成本降低 20%，都可以使利润增长 60%。

3. 预测为确保企业不亏损的因素变动率极限

若将目标利润变动率设定为 -100%，就可以计算出确保企业不亏损的各项因素变动率极限。这对于判断企业经营风险十分必要。其公式为：

$$\frac{\text{为实现企业不亏损的}}{\text{第 } i \text{ 个因素变动率}} = \text{因素 } i \text{ 的变动方向} \times \frac{-100\%}{\text{该因素灵敏度}}$$

$$F'_i = D_i \times \frac{-100\%}{S_i}$$

式中：F'_i 是保证企业不亏损的因素 i 变动率，D_i 为因素 i 变动方向，$D_1=D_3=+1$，$D_2=D_4=-1$；S_i 为因素 i 灵敏度指标；$i=1,2,3,4$。

只要有关因素向不利方向单独变动的幅度不突破该因素的变动率极限，就可以保证企业不出现亏损。

【例 4-13】 有关因素的利润灵敏度指标如例 4-10 的计算结果所示。

要求：计算确保 2018 年该企业不亏损的各项因素变动率极限。

依题意：

$$S_1=10\%,\quad S_2=6\%,\quad S_3=4\%,\quad S_4=3\%$$

$$单价的变动率极限=(+1)\times\frac{-100\%}{10}=-10\%$$

$$单位变动成本的变动率极限=(-1)\times\frac{-100\%}{6}=16.67\%$$

$$销售量的变动率极限=(+1)\times\frac{-100\%}{4}=-25\%$$

$$固定成本的变动率极限=(-1)\times\frac{-100\%}{3}=33.33\%$$

在每一因素单独变动时，只要 2018 年该企业单价的降低率不超过 10%，销售量的降低率不超过 25%，单位变动成本的超支率不超过 16.67%，固定成本的超支率不超过 33.33%，企业就不会亏损。

三、经营杠杆系数在利润预测中的应用

经营杠杆系数即第 3 章中的营业杠杆系数，其在利润预测中的应用参见第 3 章相关内容，此处不再赘述。

第五节　资金需要量的预测

资金预测是会计预测的一项重要内容。保证资金供应，合理组织资金运用，提高资金利用效果，既是企业正常经营的前提，又是企业的奋斗目标之一。

资金需要量预测可以采用销售百分比预测法。此法是指以未来销售收入变动的百分比为主要参数，考虑随销量变动的资产负债项目及其他因素对资金的影响，从而预测未来需要追加的资金量的一种定量分析方法。

其基本公式是：

$$\Delta F=K\cdot(A-L)-D-R+M$$

在公式中，ΔF 为预计未来需要追加的资金数额；K 为未来销售收入增长率；A 为随销售额变动的资产项目基期金额；L 为随销售额变动的负债项目基期金额；D 为计划期提取的折旧摊销额与同期用于更新改造的资金的差额；R 为按计划期销售收入及基期销售净利润率计算的净利润与预计发放股利的差额；M 为计划期新增的零星资金开支数额。

销售百分比预测法的程序是：

(1) 确定未来销售收入增长率指标 K，公式为：

$$K=\frac{预期销售收入-基期销售收入}{基期销售收入}\times100\%$$

(2) 分析基期资产负债表有关项目，并注意以下两点。①A 的确定：周转中的货币资金、正常的应收账款、存货等项目，一般会随销售额的变动而变动，应列入 A；对固定资产则视基期生产能力是否还有潜力可利用而定，如果还有潜力，不需要追加资金投入则不予考虑，否则便应将其列入 A；长期有价证券投资和无形资产则一般不应列入

A 的范围。②L 的确定：应付账款、其他应付款等项目也会随销量增长而增长，应列入 L，其他项目一般不予考虑。

(3) 按折旧计划和更新改造计划确定可作为内部周转资金来源的折旧摊销额与同期将用于更新改造的资金数额，计算 D。

(4) 按照预计销售额和基期销售净利润率计算预期净利润，按计划期股利分配率测算预计发放股利，计算 R。

(5) 确定新增零星开支 M。

(6) 将 K,A,L,D,R 和 M 代入 ΔF 的计算公式，预测需要追加的资金额。

【例 4–14】 某企业 2017 年 12 月 31 日简略式资产负债表见表 4–11。

表 4–11 资产负债表 单位：万元

资产		负债及所有者权益	
1. 库存现金	5 000	负债：1. 应付账款	37 500
2. 应收账款	47 500	2. 长期负债	57 500
3. 存货	50 000		
4. 厂房设备（净值）	75 000	所有者权益：1. 股本	105 000
5. 无形资产	27 500	2. 留存收益	5 000
合计	205 000	合计	205 000

2017 年实现销售 200 000 万元，获净利润 10 000 万元并发放了 5 000 万元股利；2018 年计划销售额将达到 300 000 万元，假定其他条件不变，仍按基期股利分配率支付股利，按折旧计划提取 10 000 万元折旧，其中 50% 用于当年更新改造支出；厂房设备能力已经饱和；有关零星资金需要量为 5 000 万元。

要求：用销售百分比预测法预测 2018 年追加资金的需要量。

依题意：

$$K=\frac{300\ 000-200\ 000}{200\ 000}\times 100\%=50\%$$

$$A=5\ 000+47\ 500+50\ 000+75\ 000=177\ 500（万元）$$

$$L=37\ 500（万元）$$

$$D=10\ 000\times(1-50\%)=5\ 000（万元）$$

$$R=300\ 000\times\frac{10\ 000}{200\ 000}\times\left(1-\frac{5\ 000}{10\ 000}\right)=7\ 500（万元）$$

$$M=5\ 000（万元）$$

2018 年需要追加的外部资金量为：

$$\Delta F=(177\ 500-37\ 500)\times 50\%-5\ 000-7\ 500+5\ 000=62\ 500（万元）$$

本章小结

经营预测是企业制定发展规划的依据。在市场经济条件下，企业的生存和发展与市场息息相关，而市场又是瞬息万变的，只有通过预测，掌握大量的第一手市场动态和发展的数据资料，才能做出正确的决策。

经营预测的内容，主要包括：销售预测、成本预测、利润预测和资金需要量预测等。销售预测是指对未来特定时间内，全部产品或特定产品的销售数量与销售金额的估计，可以采用判断法、市场调查法、趋势预测分析法和因果预测分析法进行预测。通过一定的分析方法提出切实可行的销售目标。成本预测是指运用一定的科学方法，对未来成本水平及其变化趋势做出科学的估计，一般进行成本变动趋势预测和目标成本预测。利润预测是对公司未来某一时期可实现的利润的预计和测算，包括目标利润预测、利润敏感性分析和经营杠杆系数预测。资金需要量预测是指在销售预测、利润预测和成本预测的基础上，根据企业未来发展目标和影响资金的各项因素，运用专门法推测出企业在未来一定时期内所需要的资金数额、来源渠道、运用方向及其效果的过程。

关键词

预测分析	定性预测分析法	定量预测分析法	销售预测
判断分析法	市场调查法	趋势预测分析法	算术平均法
移动加权平均法	指数平滑法	因果预测分析法	成本预测
历史资料分析法	因素变动预测法	目标成本	目标利润
敏感性分析	经营杠杆	经营杠杆系数	

即测即评

请扫描二维码，进行即测即评。

思考题

1. 什么是经营预测？经营预测包括哪些基本内容？
2. 预测分析的基本方法有哪些？

练习题

1. 某汽车厂今年销售汽车 12 000 辆，每辆售价 130 000 元，单位变动成本 80 000 元，固定成本 200 000 000 元，若根据市场调查，明年预计可销售 12 500 辆。

要求：按今年销售利润率确定明年的目标利润。

2. 三河公司 2017 年 12 月 31 日的资产负债表见表 4–12。

表 4-12 三河公司简要资产负债表

2017 年 12 月 31 日 单位:元

资产		负债与所有者权益	
库存现金	16 000	应付账款	18 000
应收账款	18 000	应付票据	12 000
存货	28 000	长期借款	20 000
固定资产净值	48 000	实收资本	40 000
		留存收益	20 000
资产合计	110 000	负债与所有者权益合计	110 000

该公司 2017 年的销售收入为 160 000 元,但固定资产生产能力已经饱和。销售净利润率为 10%,其中的 60% 净利润分配给投资者。预计 2018 年销售收入将提高到 200 000 元,计提折旧额为 4 000 元,新增零星开支 3 000 元。

要求:假定 2018 年与 2017 年的税后销售净利润率和利润分配政策均相同,该公司 2018 年需要从外界追加的资金量为多少?

第5章　短期经营决策

学习目标

了解决策的基本理论；熟悉短期经营决策的一般方法；掌握基本方法在生产决策中的应用，掌握定价策略。

本章知识结构图

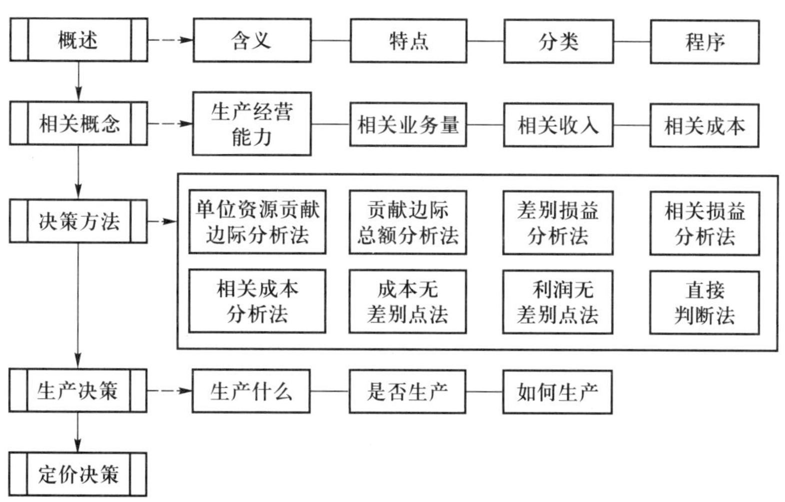

引例

天勤公司某事业部生产三种产品A、B和C，三种产品的单价、单位变动成本、月销售量如表5-1所示。

表 5-1 产品单价、单位变动成本和月销售量

产品	A	B	C
单价(元)	10	15	5
单位变动成本(元)	5	5	3
月销售量(件)	10 000	2 000	2 500

公司把每个月 60 000 元的制造费用通过平均分配的方法分配到各种产品,结果导致:先是亏损的 C 产品停产,然后是 B 停产,最后 A 也因亏损停产,最终该事业部关闭。

请分析事业部关闭的原因。

引言

在市场经济条件下,企业必须根据市场需求来决定应该如何组织生产、生产什么以及生产多少、价格怎样确定等经营方向与方针。企业应时刻注视市场动态,根据需求变化正确地进行决策,组织经营,合理安排人、财、物资源的投放与利用。经营决策的正确与否往往直接在企业效益上得到体现,甚至会影响企业未来的长期发展。因此,企业经营管理者面临的不是是否应该进行决策的问题,而是如何做出正确的决策、如何进行科学决策的问题。

第一节 决策分析概述

一、决策分析的含义

决策是指人们为了实现一定的目标,借助于科学的理论和方法,进行必要的计算、分析和判断,进而从可供选择的诸方案中选取最优方案的过程。

决策分析,是指为做出正确决策而对各种备选方案进行比较分析,权衡利弊,从中选优或决定取舍的整个过程。这个过程通常包括确定决策目标、收集各备选方案的数据资料、分析比较和选定最优方案等步骤。

二、决策分析的特点

(1) 决策分析是人(个人或集体)的主观能力的表现。

(2) 决策分析并非先验的臆断或单纯的空想,而要以对客观必然性的认识为

根据。

(3) 在进行决策分析之前,应至少有两种或两种以上的行动方案可供选择,决策是有选择地做出的。

(4) 决策分析是面向未来的,它只对未来实践有意义,过去的实践并没有什么决策问题,但决策分析会受到过去实践经验的影响。

(5) 决策分析本身正确与否,可通过比较决策的主观愿望符合实践的客观结果的程度来评价。

(6) 决策分析不是瞬间的决定,而是一个提出问题、分析问题、解决问题的系统分析过程。

三、决策的分类

(一) 按决策影响度分类

按决策影响度分类,分为战略决策和战术决策。

战略决策指直接关系到组织的生存和发展,涉及组织全局的长远性和方向性的决策。一般需要长时间才可看出战略决策结果。战略决策所需解决的问题复杂,环境变动较大,并不过分依赖数学模式和技术,定性、定量分析并重,对决策者的洞察力和判断力要求高。

战术决策又称管理决策,是指为达到预期的战略决策目标,对日常经营活动所采取的局部性决策,是组织内部范围贯彻执行的决策,属于战略决策过程的具体决策。战术决策不会直接决定组织命运,但会影响组织目标的实现。

(二) 按决策时期长短分类

按决策时期长短分类,分为短期决策和长期决策。

短期决策,一般是指在一个运营年度或运营周期内能够实现其目标的决策,主要包括生产决策和定价决策等内容。它的主要特点是充分利用现有资源进行战术决策,一般不涉及大量资金的投入,且见效快,因此短期决策又称短期经营决策。

长期决策,是指在较长时期内(超过一年)才能实现的决策。决策涉及金额大、时间长、见效慢;决策方案一旦执行,事后很难改变,并将在企业生产经营中较长期发挥作用;决策时必须考虑货币的时间价值和风险价值。因此长期决策又称长期投资决策,一般涉及固定资产扩建、改建和更新等投资决策。

(三) 按决策条件的肯定程度分类

按决策条件的肯定程度分类,决策可分为确定型决策、风险型决策和不确定型决策。

确定型决策,指所涉及的各种备选方案的各项条件都是已知的,且一个方案只有一个确定的结果。这类决策比较容易,只要进行比较分析即可。

风险型决策,指所涉及的各种备选方案的各项条件虽然也是已知的,但表现出若干种变动趋势,每一方案的执行都会出现两种或两种以上的不同结果,可以根据有关数据通过预测来确定其客观概率。这类决策由于结果的不唯一性,存在一定的风险。

不确定型决策,是指影响各种备选方案的决策相关因素的未来状况不仅不能确定,而且发生的概率也无法预计。做出这类决策难度较大,需要决策人具有较高的理论知识水平和丰富的实践经验。

(四) 按决策方案的类型分类

按决策方案的类型分类,分为独立方案决策、互斥方案决策和最优组合决策。

独立方案决策又称单一方案决策,是指只需要对一个备选方案做出接受或拒绝的选择,又称接受或拒绝方案的决策。如亏损产品是否停产、是否接受特殊价格追加订货的决策等。

互斥方案决策指在两个或两个以上的备选方案中选出唯一的一个方案的决策。如零部件取得方式的决策、开发新产品的品种决策、转产或增产某种产品的决策等。

最优组合决策是指有几个不同的方案可以同时采纳,但在资源总量受到一定限制的情况下,如何将这些方案进行优化组合,从而使综合经济效益达到最优的决策。

(五) 按决策的层次分类

按决策的层次分类,分为高层决策、中层决策和基层决策。

高层决策是指企业的最高阶层领导所做的决策,主要涉及企业全局性、长远性的大问题,属于战略决策。

中层决策是指由企业中级管理人员所做的决策。基本内容包括:使高层决策从更低的层次、更短的时间、更小的范围内具体化,并制定保证最高决策得以顺利实现的实施方案。

基层决策是指由企业生产第一线的员工所做的决策。在执行上级既定决策的过程中,存利除弊,妥善解决所遇到的问题。

四、决策分析的一般程序

(一) 确定决策目标

确定决策目标就是确定决策所要解决的问题,任何决策都是为了达到一定目的而进行的,因此,确定决策的目标是进行决策的前提。确定决策目标时,应力求做到可以计算其成果,可以规定其时间范围,可以确定其责任。只有这样,才能便于决策者考虑采用哪种措施实现这一目标。

(二) 拟订备选方案

决策的关键是选择,没有选择就没有决策。因此,确定了决策目标后,就应该根据决策的环境和要求拟订实现决策目标的各种备选方案。备选方案的拟订尽可能多且齐全。方案多,选择的余地才大;方案齐全,才能避免漏掉最优方案。方案之间还应具有互斥性,即不同方案应相互排斥,不能存在包含关系。

(三) 评价备选方案

各种备选方案提出了实现目标的各种方式和途径,而究竟哪一种方式和途径最优,需要对各种备选方案进行分析比较。评价是对各种备选方案的资料和条件进行排列对比,运用定量和定性相结合的方法,对各种可行方案进行科学鉴别和全面评比的过程。评价方案时不仅要定量地计算不同方案的产量、预期收入和成本等,而且要充分考虑到政治经济形势、消费心理及民情习俗等非定量因素的影响。

（四）确定最优方案

在综合比较各方案优缺点的基础上，全面权衡利弊得失，按一定的原则和要求，确定择优的标准及方法，直到选择出较为理想的相对最优的方案。

第二节　短期经营决策的相关概念

短期经营决策是指企业为有效地组织生产经营活动，合理利用经济资源，以期在不远的将来取得最佳经济效益而进行的决策。短期经营决策的决策结果只会影响或决定企业近期（一年或一个运营周期）运营实践的方向、方法和策略，侧重于从资金、成本、利润等方面对如何充分利用企业现有资源和经营环境进行决策，以取得尽可能大的经济效益。

进行短期经营决策时，必须考虑生产经营能力、相关业务量、相关收入和相关成本四大因素。

一、生产经营能力

生产经营能力是指在一定时期（通常为一年）内和一定生产技术、组织条件下，能够生产各类产品的产量或加工处理一定原材料的能力。它是企业生产经营活动的基本条件，是企业自身各种条件综合配置和平衡的结果，也是企业技术能力和管理能力的综合。生产经营能力具体包括以下几种表现形式：

（一）最大生产经营能力

最大生产经营能力又叫理论生产经营能力，是指企业在不追加资金投入的前提下，百分之百有效利用工程技术、人力及物力资源而可能实现的生产经营能力，它是生产经营能力的上限。

（二）正常生产经营能力

正常生产经营能力又叫计划生产经营能力，即已经纳入企业年度计划，充分考虑到现有市场容量、生产技术条件、人力资源状况、管理水平等情况的生产经营能力。

（三）剩余生产经营能力

剩余生产经营能力又分为绝对剩余生产经营能力和相对剩余生产经营能力两种情况。

(1) 绝对剩余生产经营能力，也称暂时未被利用的生产经营能力，它是指企业最大生产经营能力与正常生产经营能力之差，属于生产经营的潜力。

(2) 相对剩余生产经营能力，是指由于受市场容量或经济效益原因的影响，决策规划的未来生产经营规模小于正常生产经营能力而形成的差量，也可以理解为因临时转变经营方向而闲置的那部分生产经营能力。

（四）追加生产经营能力

追加生产经营能力是指根据需要和可能，通过追加资金投入等措施而增加的，超过最大生产经营能力的那部分生产经营能力，具体又包括临时性追加的生产经营能力和永久性追加的生产经营能力两种情况。

(1) 临时性追加的生产经营能力,是指通过临时性租赁而形成的生产经营能力。

(2) 永久性追加的生产经营能力,是指通过追加固定资产投资而形成的生产经营能力。永久性追加的生产经营能力会改变企业未来期间的最大生产经营能力。

二、相关业务量

相关业务量是指在短期经营决策中必须认真考虑的、与特定决策方案相联系的产量或销量。

相关业务量的正确确定会对相关收入和相关成本的准确确定产生影响。在半成品是否深加工的决策和是否接受特殊价格追加订货的决策中,都需要认真考虑相关业务量的问题,而不是考虑全部产量。相关业务量是短期经营决策中一个必须考虑的重要因素。

三、相关收入

相关收入是指与特定决策方案相联系的、能对决策产生重大影响的、在短期经营决策中必须予以充分考虑的收入。如果某项收入只属于某个经营决策方案,即若有这个方案存在,就会发生这项收入,若该方案不存在,就不会发生这项收入,那么,这项收入就是相关收入。相关收入的计算,要以特定决策方案的单价和相关销售量为依据。

与相关收入相对立的概念是无关收入。如果无论是否存在某决策方案,均会发生某项收入,那么就可以断定该项收入是上述方案的无关收入。在短期经营决策中,不考虑无关收入。

四、相关成本

相关成本是指与特定决策方案相联系的、能对决策产生重大影响的、在短期经营决策中必须予以充分考虑的成本。如果某项成本只属于某个经营决策方案,即若有这个方案存在,就会发生这项成本,若该方案不存在,就不会发生这项成本,那么,这项成本就是相关成本。相关成本包括增量成本、边际成本、机会成本、估算成本、重置成本、付现成本、专属成本、加工成本、可分成本、可延缓成本和可避免成本等。

(一) 增量成本

增量成本,即狭义的差量成本,在一定条件下,某一决策方案的增量成本就是该方案的相关变动成本,即等于该方案的单位变动成本与相关业务量的乘积。

在短期经营决策的生产决策中,增量成本是较为常见的相关成本。如在亏损产品的决策、是否转产或增产某种产品的决策和是否接受特殊价格追加订货的决策中,最基本的相关成本就是增量成本。

（二）边际成本

在管理会计中，边际成本是指业务量以一个最小经济单位变动所引起的成本差量，是增量成本的特殊形式。当业务量的增量为一个、一件或一台时，边际成本等于单位增量成本；当业务量的增量为一批或一套时，边际成本等于一批或一套的增量成本。在短期经营决策的定价决策中，边际成本也是经常被考虑的相关成本。

（三）机会成本

机会成本是指在经济决策中应由选中的最优方案负担的、按所放弃的次优方案潜在收益计算的那部分资源损失。以次优方案的可能收益作为最佳方案的“损失”，可以全面评价决策方案所得与所失的关系。

在短期经营决策的生产决策中，机会成本也是较为常见的相关成本。在进行亏损产品的决策、是否转产或增产某种产品的决策、是否接受特殊价格追加订货的决策、有关产品是否深加工的决策时，都会考虑到机会成本。

（四）估算成本

估算成本是机会成本的特殊形式，需要经过假定推断才能确定的机会成本就是估算成本。估算成本的典型形式就是利息。如在货币资金使用的决策中，不论该项资金是借入的还是自有的，也不管其是否真的存入银行，均可将可能取得的存款利息视为该项资金的机会成本，这种假设存在的利息就属于估算成本。

（五）重置成本

重置成本是指目前从市场上重新取得某项现有的资产所需支付的成本。在短期经营决策里的定价决策以及长期投资决策里以新设备替换旧设备的决策中，需要考虑以重置成本作为相关成本。

（六）付现成本

付现成本就是动用现金支付的有关成本。在企业现金短缺，支付能力不足，筹资又十分困难的情况下，对于急需上马的方案进行决策时，必须以付现成本而不是以总成本作为方案取舍的标准。因为在资金紧张的条件下，尽管付现成本较低的方案的总成本比较高，但可以用较少的资金及时取得急需的资产，把握住时机，提前取得收益，抵偿多支出的成本，甚至及时开发并占领市场，获得货币时间价值的好处。而总成本低的方案往往付现成本较高，若企业不能及时筹集到足够的现金，就无法使方案上马，导致错失良机。

（七）专属成本

专属成本是指那些能够明确归属于特定决策方案的固定成本或混合成本。它往往是为了弥补生产能力不足的缺陷，增加有关装置、设备、工具等长期资产而发生的。专属成本的确认与取得上述装置、设备、工具的方式有关。若采用租入的方式，则专属成本就是与此相关的租金成本。若采用购买的方式，则专属成本的确认还必须考虑有关装置、设备、工具本身的性质：如果取得的装备等是专用的，即只能用于特定方案，则专属成本就是这些装备的全部取得成本；如果取得的装备等是通用的，则专属成本就是与使用这些装备有关的主要使用成本（如折旧费、摊销费等）。

（八）加工成本

此处的加工成本是指在半成品是否深加工决策中必须考虑的、对半成品进行深加工而追加发生的变动成本。它的计算通常要考虑单位加工成本与相关的深加工业务量两大因素。

至于深加工所需要的固定成本,在经营决策中应当列作专属成本。

(九) 可分成本

可分成本是指在联产品生产决策中必须考虑的、由于对已经分离的联产品进行深加工而追加发生的变动成本。它的计算通常要考虑单位可分成本与相关的联产品深加工业务量两大因素。

(十) 可延缓成本

可延缓成本是指在短期经营决策中对其暂缓开支不会对企业未来的生产经营产生重大不利影响的那部分成本。由于可延缓成本具有一定弹性,在决策中应当充分予以考虑。

(十一) 可避免成本

可避免成本是指在短期经营决策中并非绝对必要的那部分成本。它与可延缓成本的不同之处在于,是否发生可避免成本完全取决于决策者,而可延缓成本只是在发生的时间上可以推迟,但将来注定要发生。酌量性成本属于可避免成本。

五、无关成本

与相关成本相对立的概念是无关成本。凡不受决策结果影响,与决策关系不大,已经发生或注定要发生的成本就是无关成本。如果无论是否存在某决策方案,均会发生某项成本,那么就可以断定该项成本是该方案的无关成本。在短期经营决策中,不考虑无关成本。

无关成本主要包括沉没成本、共同成本、联合成本、不可延缓成本和不可避免成本等。

沉没成本是指由过去决策结果引起并已经实际支付过款项的成本。企业大多数固定成本(尤其是其中的固定资产折旧费、无形资产摊销费)均属于沉没成本,但并不是说所有的固定成本或折旧费都属于沉没成本,如与决策方案有关的新增固定资产的折旧费就属于相关成本。另外,某些变动成本也属于沉没成本,如在半成品是否深加工的决策中,半成品本身的成本中的固定成本和变动成本均为沉没成本。

共同成本是与专属成本相对立的成本,是指应当由多个方案共同负担的、注定要发生的固定成本或混合成本。由于它的发生与特定方案的选择无关,因此,在决策中可以不予考虑,也属于比较典型的无关成本。

联合成本是与可分成本相对立的成本,是指在未分离前的联产品生产过程中发生的、应由所有联产品共同负担的成本。

不可延缓成本是与可延缓成本相对立的成本,是指在短期经营决策中若对其暂缓开支就会对企业未来的生产经营产生重大不利影响的那部分成本。由于不可延缓成本具有较强的刚性,因此必须保证对它的支付,没有什么选择的余地。

不可避免成本是与可避免成本相对立的成本,是指在短期经营决策中若削减其开支就会对企业未来的生产经营产生重大不利影响的那部分成本。约束性成本属于不可避免成本。

第三节　短期经营决策的一般方法

短期经营决策的一般方法包括单位资源贡献边际分析法、贡献边际总额分析法、差别损益分析法、相关损益分析法、相关成本分析法、成本无差别点法、利润无差别点法和直接判断法等方法。

一、单位资源贡献边际分析法

单位资源贡献边际分析法是指将有关方案的单位资源贡献边际指标作为决策评价指标的一种方法。

在企业生产只受到某一项资源(如某种原材料、人工工时或机器台时等)的约束,并已知备选方案中各种产品的单位贡献边际和单位产品资源消耗定额(如材料消耗定额、工时定额)的条件下,可考虑采用单位资源贡献边际分析法进行短期经营决策。该指标的计算公式为:

$$单位资源贡献边际=\frac{单位贡献边际}{单位产品资源消耗定额}$$

该指标是个正指标,哪个方案的指标大,哪个方案为优。

此方法比较简便易行,经常被应用于生产经营决策中的互斥方案决策,如新产品开发的品种决策。

二、贡献边际总额分析法

贡献边际总额分析法是指将有关方案的贡献边际总额指标作为决策评价指标的一种方法。

当有关决策方案的相关收入均不为零,相关成本全部为变动成本时,可以将贡献边际总额作为决策评价指标。其公式为:

$$贡献边际总额=相关的销售收入-相关的变动成本$$

该指标是个正指标,哪个方案的指标大,哪个方案为优。

贡献边际总额分析法经常被应用于生产经营决策中不涉及专属成本和机会成本的单一方案决策或多方案决策中的互斥方案决策,如亏损产品决策。

三、差别损益分析法

差别损益分析法是指在进行两个相互排斥方案的决策时,以差别损益指标作为评价方案取舍标准的一种决策方法。其公式为:

差别损益 = 差别收入 – 差别成本

差别损益分析法一般需要通过编制差别损益分析表求得差别损益。差别损益分析表的一般格式见表 5–2。

表 5–2 差别损益分析表

项目	方案 1	方案 2	差量
相关收入			
相关成本			
差别损益			

根据差别损益做出决策的判断标准是:若差别损益大于零,则选前一个方案,即方案 1;若差别损益等于零,则两个方案的效果相同;若差别损益小于零,则选后一个方案,即方案 2。

差别损益分析法比较简单、实用,能够直接揭示中选的方案比放弃的方案多获得的利润或少发生的损失(即差别损益的绝对值)。通常适用于单一方案决策或只有两个备选方案的互斥决策,但要按此法对两个以上互斥方案做出决策,就必须逐次进行筛选对比,两两对比,比较一次淘汰一个方案,直至最终确定最优方案,因此比较麻烦。

四、相关损益分析法

相关损益分析法是指在进行短期经营决策时,以相关损益指标作为决策评价指标的一种方法。相关损益的计算公式为:

相关损益 = 相关收入 – 相关成本

相关损益分析法一般可以通过编制相关损益分析表求得相关损益。相关损益分析表的一般格式见表 5–3。

表 5–3 相关损益分析表

项目	方案 1	方案 2	…	方案 n
相关收入				
相关成本				
相关损益				

相关损益指标是一个正指标,哪个方案的相关损益最大,哪个方案最优。

相关损益分析法可以同时用于两个以上方案的排队决策,但无法直接反映中选的方案比放弃的方案多获得的利润。

五、相关成本分析法

相关成本分析法是指在短期经营决策中,当各备选方案的相关收入均为零时,通过比较各方案的相关成本指标，做出方案选择的一种方法。该方法实质上是相关损益分析法的特殊形式。

相关成本是个反指标，哪个方案的相关成本最低，哪个方案最优。

相关成本分析法可以同时用于两个以上方案的决策，如业务量确定的零部件是自制还是外购的决策。

六、成本无差别点法

成本无差别点法，是指各备选方案的相关收入为零、相关业务量为某一不确定因素时，通过判断处于不同水平上的业务量与成本无差别点业务量之间的关系，做出互斥方案决策的一种方法。

这种方法要求各方案的业务量单位必须相同，方案之间的相关固定成本水平与单位变动成本水平恰好相互矛盾，即第一方案的相关固定成本若大于第二方案的相关固定成本，则第一方案的单位变动成本必须小于第二方案的单位变动成本，或者第一方案的相关固定成本若小于第二方案的相关固定成本，则第一方案的单位变动成本必须大于第二方案的单位变动成本。否则，无法使用该方法进行决策。

成本无差别点业务量是指能使两方案总成本相等的业务量，又叫成本分界点业务量，其基本计算方法如下：

假设方案一的总成本：

$$y_1=a_1+b_1x$$

方案二的总成本：

$$y_2=a_2+b_2x$$

成本无差别点为：

$$y_1=y_2$$

所以，成本无差别点的业务量为：

$$X=\frac{a_1-a_2}{b_2-b_1}=\frac{a_2-a_1}{b_1-b_2}$$

这种方法的评价标准是，当业务量小于成本无差别点业务量时，固定成本较低的方案为优；当业务量大于成本无差别点业务量时，固定成本较高的方案为优。

成本无差别点法通常被应用于业务量不确定的零部件取得方式的决策和生产工艺技术方案的决策。

七、利润无差别点法

利润无差别点法是指利用调价后可实现的销量与利润无差别点销量之间的关系进行调价决策的一种方法。

利润无差别点销量是指某种产品为确保原有盈利能力，在调价后应至少达到的销售量。其公式为：

$$利润无差别点销量=\frac{固定成本+调价前可获利润}{拟调单价-单位变动成本}=\frac{调价前可获边际贡献}{拟调单价-单位变动成本}$$

在应用利润无差别点法进行调价决策时,应遵循以下标准:若调价后可实现销量大于利润无差别点销量,则可考虑调价;若调价后可实现销量小于利润无差别点销量,则不能调价;若调价后可实现销量等于利润无差别点销量,则调价与不调价效果一样。

在调价决策中应当注意:如果调低价格,需要考虑是否追加专属成本投入以提高企业生产能力;如果调高价格,则需要考虑相关的相对剩余生产能力能否转移。

八、直接判断法

直接判断法是指通过比较方案是否具备有关判断条件直接做出决策的方法。这种方法以事先掌握的有关判断条件与决策结论之间的内在关系为应用的条件,往往不需要进行复杂的计算,比较简单,可以广泛应用于各类短期经营决策。但不同的决策方案判定的条件各不相同,在应用时,必须具体问题具体分析。

第四节 生产决策——生产什么

生产什么的决策,是指在生产决策中针对生产哪种产品的备选方案所做的选择。本节主要介绍新产品开发的品种决策、是否转产产品的决策、半成品是否深加工的决策等。

一、新产品开发的品种决策

新产品开发的品种决策,是指企业在利用现有的绝对剩余生产经营能力开发新产品的过程中,在两个或两个以上可供选择的多个新品种中选择一个最优品种的决策。它属于互斥方案决策的类型。

按照开发新产品是否需要压缩老产品的产量,新产品开发决策可分为不压缩老产品产量前提下开发新产品和压缩老产品产量前提下开发新产品(假设产销平衡)两种情况,下面分别加以说明。

(一) 不压缩老产品产量前提下开发新产品

1. 不需要追加专属成本

新产品的开发既不需要压缩老产品产量,又不需要追加专属成本,就是仅仅利用企业的剩余生产能力就可实施开发新产品。这时,可采用单位资源贡献边际分析法或贡献边际总额分析法进行决策。

【例 5-1】 天勤公司准备利用剩余生产能力开发一种新产品,其相关设备的成本为 200 000 元,剩余生产能力台时为 6 000 小时。现有 A、B 两种新产品可供选择,两种新产品的相关资料分别是:A 产品单位售价 100 元,单位变动成本 80 元,单位产品定额台时5小时;B产品单位售价60元,单位变动成本45元,单位产品定额台时3小时。无论是开发哪种产品都不需要压缩老产品的产量,也不需要追加专属成本。

要求:(1) 采用单位资源贡献边际分析法做出开发何种新产品的决策。

(2) 采用贡献边际总额分析法做出开发何种新产品的决策。

依题意:

(1) 根据已知条件,编制单位资源贡献边际分析表,如表5–4所示。

表5–4　单位资源贡献边际分析表

项目	开发A产品	开发B产品
单位贡献边际(元)	20(100–80)	15(60–45)
单位产品定额台时(小时)	5	3
单位资源贡献边际(元/小时)	4	5

根据计算结果,应当开发B产品,因为B产品的单位资源贡献边际大于A产品的单位资源贡献边际。

(2) 采用贡献边际总额分析法做出开发何种新产品决策。

A产品贡献边际总额 =(100–80)×(6 000 ÷ 5)= 24 000(元)

B产品贡献边际总额 =(60–45)×(6 000 ÷ 3)= 30 000(元)

根据计算结果,应当开发B产品。

值得注意的是,由于200 000元固定成本是沉没成本,属于无关成本,所以在决策中不予考虑。在新产品的开发决策中,不能仅以新产品的单位售价或单位贡献边际的大小作为方案取舍的标准,还要考虑现有生产能力的制约。

2. 需要追加专属成本

新产品的开发如果不需要压缩老产品的产量,但需要追加专属成本,就无法采用单位资源贡献边际分析法和贡献边际总额分析法,而应采用差别损益分析法进行决策。

【例5–2】 根据例5–1的资料。假定开发A、B两种新产品均不需要压缩老产品产量,A、B两种新产品的相关单价、单位变动成本、单位产品定额台时以及剩余生产能力均不变。但是,要开发A、B两种新产品另外需要装备不同的专用工具,即要发生专属成本,若生产A产品需要追加专属成本1 000元,生产B产品需要追加专属成本10 000元。

要求:采用差别损益分析法做出开发何种新产品的决策。

根据已知条件,编制差别损益分析表,如表5–5所示。

表5–5　差别损益分析表　　单位:元

项目	开发A产品	开发B产品	差量
相关收入	120 000	120 000	0
相关成本合计	97 000	100 000	–3 000
其中:增量成本	96 000	90 000	
专属成本	1 000	10 000	
差别损益			+3 000

根据计算结果,应当开发 A 产品,这样可使企业多获利润 3 000 元。

(二) 压缩老产品产量前提下开发新产品

在需要压缩老产品产量的情况下开发新产品,应把因压缩老产品产量而减少的收益作为开发新产品的机会成本来考虑。这时,可以采用差别损益分析法进行决策。

【例 5-3】 天勤公司现生产 X 产品,年正常销售量为 10 000 件,单位售价为 35 元,单位变动成本为 30 元。最新市场信息表明,X 产品的销售已呈下降趋势,同时,企业的现有生产能力还没有得到充分利用,因此,企业拟利用剩余生产能力开发 Y 产品或 Z 产品。若开发 Y 产品,预计年销售量可达 5 000 件,Y 产品的单位售价为 30 元,单位变动成本为 20 元,同时需追加专属成本 20 000 元,并压缩 X 产品销售量 10%。若开发 Z 产品,预计年销售量 4 000 件,Z 产品的单位售价为 20 元,单位变动成本为 15 元,同时需要追加专属成本 3 000 元,并压缩 X 产品销售量 5%。

要求:采用差别损益分析法做出开发何种新产品的决策。

根据已知条件,编制差别损益分析表,如表 5-6 所示。

表 5-6 差别损益分析表 单位:元

项目	开发 Y 产品	开发 Z 产品	差量
相关收入	150 000	80 000	70 000
相关成本合计	125 000	65 500	59 500
其中:增量成本	100 000	60 000	
专属成本	20 000	3 000	
机会成本	5 000	2 500	
差别损益			+10 500

根据计算结果,应当开发 Y 产品,这样可使企业多获利润 10 500 元。

二、是否转产产品的决策

转产是指在不改变企业经营方向的前提下,利用现有生产经营条件调整个别品种结构,停止某一产品的生产,将其生产能力用于开发其他新产品或增加其他老产品产量。这类决策一般可采用相关损益分析法。

【例 5-4】 天勤公司原来生产 A 、B、C 三种产品,它们的变动成本率分别为 80%、60% 和 50%;它们的年收入分别为 2 000 万元、3 000 万元和 4 000 万元。如果将生产 A 产品的生产能力转移,可分别用于以下用途:①增产现有产品 B 产品,可使其年收入总额达到 4 500 万元;②增产现有产品 C 产品,使其年收入增加 1 400 万元;③开发变动成本率为 40% 的 D 产品,每年可实现 1 350 万元收入。

要求:用相关损益分析法做出 A 产品是否转产其他产品的决策,并分析如果转产应当转产哪种产品。

编制相关损益分析表,见表 5-7。

表 5-7　相关损益分析表　　单位:万元

项目	继续生产 A 产品	增产 B 产品	增产 C 产品	开发 D 产品
相关收入	2 000	1 500	1 400	1 350
相关成本	2 000 × 80%=1 600	1 500 × 60%=900	1 400 × 50%=700	1 350 × 40%=540
相关损益	400	600	700	810

由表 5-7 可见,无论是增产 B 产品,还是增产 C 产品,还是开发 D 产品,都比继续生产 A 产品利润多,因此应当考虑转产。根据计算结果,应当转产开发 D 产品。

三、半成品是否深加工的决策

半成品是否深加工的决策,是指企业对于那种既可以直接出售,又可以经过深加工变成产成品之后再出售的半成品所做的决策。只有那些既可以深加工为产成品,又可以直接对外出售的半成品才属于本类决策的对象。如纺织厂生产的细纱既可以加工成棉布以后出售,也可以直接出售。

在半成品是否深加工决策中,深加工前的半成品成本,无论是变动成本还是固定成本,均属于沉没成本,是无关成本。这类决策的相关成本只包括与深加工有关的成本。而相关收入则包括直接出售和加工后出售的有关收入。这类决策问题一般采用差别损益分析法进行分析。

半成品是否深加工的决策属于“互斥方案”的决策类型,涉及“直接出售半成品”和“将半成品深加工为产成品”两个备选方案。在“直接出售半成品”方案中,相关成本为零。因为半成品的成本(无论是固定成本还是变动成本)属于与决策方案无关的沉没成本,不予考虑。在“将半成品深加工为产成品”方案中,需要考虑的相关成本包括按深加工业务量算的将半成品深加工为产成品的加工成本、为了形成深加工能力而追加的专属成本或与已经具备且可以转移的深加工能力有关的机会成本。

在认定相关业务量时,应充分考虑实际具备的深加工能力的大小和半成品与产成品的投入产出关系。

【例 5-5】 天勤公司在完成第一道工序后生产 B 产品 2 000 件,此时 B 产品可销售,单价为 30 元,单位变动成本为 22 元,固定成本总额为 40 000 元。该 B 产品也可继续深加工后再出售,单价为 38 元,单位变动成本为 29 元(即需追加单位变动成本 7 元)。

要求:就以下各不相关的四种情况做出 B 产品直接出售或深加工后再出售的决策。

(1) 企业现已具备深加工 2 000 件 B 产品的生产能力,且生产能力无法转移,不需追加专属成本。

(2) 企业深加工 2 000 件 B 产品需追加专属成本 8 000 元。

(3) 企业只具有深加工 1 000 件 B 产品的生产能力,但该生产能力可用于对外承揽加工业务，预计 1 年可获得贡献边际 5 000 元。

(4) 企业现已具备深加工 2 000 件 B 产品的生产能力，且生产能力无法转移，不需追加专属成本。半成品与产成品的投入产出比为 1∶0.8。

根据题意及已知条件，可采用差别损益法就四种情况进行决策分析如下：

(1) 若企业现已具备深加工 2 000 件 B 产品的生产能力，不需追加专属成本，且深加工能力无法转移，可编制差别损益分析表，如表 5-8 所示。

表 5-8 差别损益分析表

单位：元

项目	直接出售	进一步深加工	差量
相关收入	30 × 2 000=60 000	38 × 2 000=76 000	−16 000
相关成本 其中：加工成本	0	14 000 7 × 2 000=14 000	−14 000
差别损益			−2 000

差别损益小于 0，应该进一步深加工后再出售，这样可使公司多获利润 2 000 元。

(2) 若企业深加工 2 000 件 B 产品需追加专属成本 8 000 元，可编制差别损益分析表，如表 5-9 所示。

表 5-9 差别损益分析表

单位：元

项目	直接出售	进一步深加工	差量
相关收入	30 × 2 000=60 000	38 × 2 000=76 000	−16 000
相关成本 其中：加工成本 专属成本	0	22 000 7 × 2 000=14 000 8 000	−22 000
差别损益			6 000

差别损益大于 0，应该直接出售，这样可使公司多获利润 6 000 元。

(3) 若企业具备深加工 1 000 件 B 产品的生产能力，但该生产能力可以转移，即用于对外承揽加工业务，1 年可获贡献边际 5 000 元，可编制差别损益分析表，如表 5-10 所示。

表 5-10 差别损益分析表

单位：元

项目	直接出售	进一步深加工	差量
相关收入	30 × 1 000=30 000	38 × 1 000=38 000	−8 000
相关成本 其中：加工成本 机会成本	0	12 000 7 × 1 000=7 000 5 000	−12 000
差别损益			4 000

差别损益大于 0，应该直接出售，这样可使公司多获利润 4 000 元。

(4) 若企业现已具备深加工 2 000 件 B 产品的生产能力，不需追加专属成本，且深加工能力无法转移，半成品与产成品的投入产出比为 1 : 0.8。可编制差别损益分析表，如表 5-11 所示。

表 5-11　差别损益分析表　　单位：元

项目	直接出售	进一步深加工	差量
相关收入	30 × 2 000=60 000	38 × 1 600=60 800	-800
相关成本 其中：加工成本	0	11 200 7 × 1 600=11 200	-11 200
差别损益			10 400

差别损益大于 0，应该直接出售，这样可使公司多获利润 10 400 元。

第五节　生产决策——是否生产

是否生产的决策，是指在进行生产决策时，针对组织有关产品生产的方案和拒绝组织该产品生产的方案所做的选择。本节主要介绍是否继续生产亏损产品的决策、是否增产亏损产品的决策和是否接受低价追加订货的决策等。

一、是否继续生产亏损产品的决策

是否继续生产亏损产品的决策，又称亏损产品是否停产的决策，是指围绕亏损产品在未来一段时期内是否按照原有规模继续组织生产而进行的决策。它属于接受或者拒绝方案决策的类型。这里的亏损产品是按照完全成本法进行损益核算的亏损产品。

本决策的备选方案有两个：一个是"继续按原规模生产亏损产品"方案，简称"不停产"方案；另一个是"停止生产亏损产品"方案，简称"停产"方案。

（一）相对剩余生产经营能力无法转移时，亏损产品是否停产的决策分析

在相对剩余生产经营能力无法转移的条件下，是否继续生产亏损产品的决策应当首先考虑采用直接判断法。所谓相对剩余生产经营能力无法转移，就是指由于停产而导致的闲置能力无法被用于企业经营的其他方面，即既不能转产，也不能将有关设备对外出租。

直接判断法在相对剩余生产经营能力无法转移的条件下，需要判断亏损产品是否满足以下条件：

(1) 该亏损产品的单价大于其单位变动成本。

(2) 该亏损产品的单位贡献边际大于零。

(3) 该亏损产品的收入大于其变动成本。

(4) 该亏损产品的贡献边际大于零。

(5) 该亏损产品的贡献边际率大于零。

如果满足上述条件中的任何一个，就不应当停产。如果停产，作为沉没成本的固定成本仍然要发生，这就要转由其他产品负担，最终导致整个企业减少相当于该亏损产品所能提供的贡献边际那么多的利润。继续生产能够提供正的贡献边际的亏损产品则至少可以为企业补偿一部分固定成本。

【例 5-6】 天勤公司产销甲、乙、丙三种产品，其中，甲、乙两种产品盈利，丙产品亏损，有关资料见表 5-12。

表 5-12 利 润 表 单位：万元

项目	甲产品	乙产品	丙产品	合计
销售收入	6 000	8 000	4 000	18 000
生产成本：	3 100	4 400	3 500	11 000
直接材料	800	1 400	900	3 100
直接人工	700	800	800	2 300
变动制造费用	600	600	700	1 900
固定制造费用	1 000	1 600	1 100	3 700
非生产成本：	1 500	2 000	1 000	4 500
变动销售管理费用	900	1 200	600	2 700
固定销售管理费用	600	800	400	1 800
总成本	4 600	6 400	4 500	15 500
税前利润	1 400	1 600	-500	2 500

要求：分析评价丙产品应否停产（假定丙产品停产后生产能力无法转移）。

根据表 5-12 可以知道，丙产品亏损 500 万元。为正确决策，必须首先计算丙产品的边际贡献。

丙产品边际贡献 =4 000-（900+800+700+600）=1 000（万元）

丙产品创造的边际贡献是 1 000 万元，大于零，所以不应该停产丙产品。丙产品分摊的固定成本是 1 500 万元，所以亏损 500 万元。但如果丙产品停产，就不能提供 1 000 万元的边际贡献了，而它原来分摊的 1 500 万元固定成本就只有由甲、乙两种产品负担了，这将使该企业利润减少 1 000 万元。换句话说，不管丙产品是否生产，该企业 5 500 万元的固定成本都要发生，只不过是由三种产品分摊还是由两种产品分摊。所以，在生产能力不能转移的条件下，丙产品不应该停产，而应该继续生产。

（二）相对剩余生产经营能力可以转移时，亏损产品是否停产的决策分析

如果亏损产品停产以后，其闲置下来的生产能力可以转作他用，决策时就必须考虑相关的机会成本。确认生产能力转移有关的机会成本，应当具体问题具体分析。如果将闲置下来的生产能力用于转产或用于承揽零星加工业务，则与继续生产亏损产品方案有关的机会成本就是转产或承揽零星加工业务可获得的贡献边际；如果将闲置下来的生产设备用于对外出租，则与继续生产亏损产品方案有关的机会成本就是

可获得的租金收入。

直接判断法在相对剩余生产经营能力可以转移的条件下，需要判断亏损产品产生的贡献边际与相对剩余生产经营能力转移有关的机会成本之间的关系：

(1) 如果亏损产品的贡献边际大于相对剩余生产经营能力转移有关的机会成本，就应当继续生产。

(2) 如果亏损产品创造的贡献边际小于相对剩余生产经营能力转移有关的机会成本，就应当停止生产亏损产品。

(3) 如果亏损产品创造的贡献边际等于相对剩余生产经营能力转移有关的机会成本，则停止或继续生产该亏损产品都可以。

【例 5–7】 依例 5–6 资料，假设生产丙产品的设备可以转产丁产品，也可以将此设备出租。如出租每年可获利租金 800 万元；如转产丁产品，则丁产品销售收入 5 000 万元，变动生产成本 2 800 万元，变动销售管理费用 900 万元。

要求：对三个方案进行决策分析。

计算丁产品边际贡献如下：

丁产品边际贡献 =5 000–(2 800+900)=1 300(万元)

继续生产丙产品的边际贡献是 1 000 万元，转产丁产品的边际贡献是 1 300 万元，设备出租的租金是 800 万元。通过比较，转产丁产品的效益最好，所以，应停产丙产品而转产丁产品。

二、是否增产亏损产品的决策

是否增产亏损产品的决策，是指围绕亏损产品所做的在未来一段时期内是否按照扩大的规模组织生产而开展的决策，也属于接受或拒绝方案决策的类型。

在决定是否增产亏损产品时，应当考虑是否具备增产亏损产品的能力，且剩余生产能力能否转移。如果剩余生产能力可以转移，则需考虑相关的机会成本。

企业具有剩余生产能力用来增产亏损产品，且亏损产品创造的贡献边际大于与其生产能力转移有关的机会成本时，可以增产亏损产品。如果需考虑追加一定的专属成本，可以运用差别损益分析法，判断是否增产亏损产品。

【例 5–8】 天勤公司生产多种产品。2017 年 A 产品销售收入 100 000 元，发生亏损 60 000 元，该年度 A 产品的完全成本为 160 000 元，其变动成本率为 80%。假设 2018 年生产条件不变，但若停止 A 产品生产，其闲置下来的生产设备可以对外出租，一年可获得租金收入 22 000 元。假设天勤公司 2018 年尚有增产 A 产品 20% 的剩余生产能力，但需增加 1 000 元的专属成本。

要求：采用差别损益分析法对增产 A 产品方案和停产 A 产品并对外出租设备方案进行选择。

根据已知条件，编制差别损益分析表，如表 5–13 所示。

表 5-13 差别损益分析表 单位:元

项目	增产 A 产品	对外出租设备	差量
相关收入	100 000 × (1+20%) =120 000	22 000	98 000
相关成本 其中:加工成本 专属成本	97 000 80 000 × (1+20%) =96 000 1 000	0	97 000
差别损益			1 000

差别损益大于 0,应该增产 A 产品,这样可使公司多获利润 1 000 元。

三、是否接受低价追加订货的决策

是否接受低价追加订货的决策,是指企业在正常经营过程中对于是否安排低于正常订货价格的追加订货生产任务所做的决策。

企业应充分考虑低价追加订货是否冲击正常订货、企业有无剩余生产能力以及剩余生产能力是否可以转移等因素,来决定是否接受这种较低价格的追加订货。

当追加订货量小于或等于剩余生产能力时,企业可利用剩余生产能力完成追加订货的生产,不妨碍正常订货的完成,而且在接受追加订货不追加专属成本、剩余生产能力又无法转移时,只要特殊订货的单价大于该产品的单位变动成本,就可以接受该追加订货。

当追加订货量大于剩余生产能力时,接受追加订货必然会妨碍正常订货的完成,在决策分析时,应将因接受追加订货而减少的正常收入作为追加订货方案的机会成本。当企业剩余生产能力能够转移时,转产所能产生的收益也应作为追加订货方案的机会成本。若追加订货需要增加专门的固定成本,则应将其作为追加订货方案的专属成本。

【例 5-9】 天勤公司原来生产 A 产品,年生产能力 10 000 件,每年有 35% 的剩余生产能力。正常销售单价 70 元,有关成本数据见表 5-14。

表 5-14 A 产品成本资料 单位:元

项目	金额
直接材料费	20
直接人工费	16
制造费用	
其中:变动制造费用	8
固定制造费用	12
单位产品成本	56

要求:分别就以下各不相关情况做出应否接受特殊价格追加订货的决策分析。

(1) 现有一用户提出订货 3 000 件,每件定价 45 元,剩余生产能力无法转移,追加订货不需要追加专属成本。

(2) 现有一用户提出订货 3 500 件,每件定价 45 元,但该订货还有些特殊要求,需要购置一台专用设备,年增加固定成本 2 000 元。

(3) 现有一用户提出订货 4 000 件,每件定价 45 元,剩余生产能力无法转移。

(4) 现有一用户提出订货 5 000 件,每件定价 56 元,接受订货需追加专属成本 3 800 元;若不接受订货可将设备出租,可获租金 1 200 元。

与上述四种情况相对应的决策分析如下:

(1) 该企业现有 35% 的剩余生产能力,即每年有 3 500 件的剩余生产能力,用户提出的特殊订货量只有 3 000 件,小于企业剩余生产能力,剩余生产能力无法转移,也不需要追加专属成本。在这种情况下,只要定价大于该产品的单位变动成本就可以接受订货。因为特殊定价 45 元大于该产品的单位变动成本 44(20+16+8)元,所以可以接受此追加订货。

(2) 订货 3 500 件,等于企业剩余生产能力 3 500 件,不冲击正常订货,不需考虑相关的机会成本。需要考虑接收订货产生的 2 000 元专属成本,在此种情况下,可对接受订货和拒绝追加订货两个方案采用差别损益分析法,具体计算分析见表 5-15。

表 5-15　差别损益分析表　　单位:元

项目	接受追加订货	拒接追加订货	差异
相关收入	3 500 × 45=157 500	0	157 500
相关成本	156 000	0	156 000
其中:增量成本	3 500 × 44=154 000	0	
专属成本	2 000	0	
差别损益			1 500

差别损益 5 000 元,所以应接受订货,接受订货比拒接订货可多获利润 1 500 元。

(3) 订货 4 000 件,已经超过了企业的剩余生产能力 3 500 件,如果接受订货,将减少正常销售量 500 件,此 500 件的正常销售收入应作为接受订货方案的机会成本。另外,在计算增量成本(新增加的变动成本)时,应按纯增加的产量 3 500 件计算,而不应按追加订货量 4 000 件计算,因为不接受追加订货时的产量是 6 500 件,接受追加订货后的产量是 10 000 件,两者之差即为纯增加的产量。具体计算分析见表 5-16。

表 5-16　差别损益分析表　　单位:元

项目	接受追加订货	拒接追加订货	差异
相关收入	4 000 × 45=180 000	0	180 000
相关成本	189 000	0	189 000
其中:增量成本	3 500 × 44=154 000	0	
机会成本	500 × 70=35 000	0	
差别损益			−9 000

差别损益为 –9 000 元小于 0，意味着接受追加订货将使利润减少 9 000 元，所以，应拒绝接受追加订货。

(4) 订货 5 000 件，超过了剩余生产能力 3 500 件，如果接受订货，将减少正常销售量 1 500 件，此 1 500 件的正常销售收入应作为接受订货方案的机会成本，设备出租的租金也应作为接受订货方案的机会成本。同样，计算增量成本应按纯增加的产量 3 500 件计算，具体见表 5–17。

表 5–17 差别损益分析表 单位：元

项目	接受追加订货	拒接追加订货	差异
相关收入	5 000 × 56=280 000	0	280 000
相关成本	264 000	0	264 000
其中：增量成本	3 500 × 44=154 000	0	
专属成本	3 800	0	
机会成本 Ⅰ	1 200	0	
机会成本 Ⅱ	1 500 × 70=105 000	0	
差别损益			16 000

差别损益 16 000 元大于 0，说明接受订货将增加利润 16 000 元，所以应接受追加订货。

如果接受特殊价格订货冲击正常销量会产生违约滞纳金，则分析时应将其作为专属成本考虑。

第六节 生产决策——如何生产

如何生产的决策，是指在进行生产决策时，针对如何完成生产任务的备选方案所做的选择。本节主要介绍零部件自制或外购的决策和不同生产工艺加工方案的决策。

一、零部件自制或外购的决策

零部件自制或外购的决策，是指企业围绕既可自制又可外购的零部件的取得方式而开展的决策，又叫零部件取得方式的决策。

企业生产产品所需要的一些零部件，在既可以从市场上购买，又可以由本企业自行生产的情况下，企业就面临着外购或自制的选择问题。对这类问题的决策：

(1) 要分清自制时是否具备自制能力，是否需要新增加固定成本。如果自制需要追加专属固定成本，则追加的专属固定成本是与决策相关的成本，而原有的固定成本是沉没成本，是与决策无关的成本。自制的另一个相关成本是变动生产成本。如果外购，则自制能力可以转移的话，还需考虑机会成本。

(2) 要清楚外购方案的相关成本。外购方案的相关成本一般是指采购成本。

零部件只是企业生产产品的组成部分，不管是自制还是外购，一般都不会对产品销售收入产生影响，也就是说自制方案和外购方案的预期收入是相同的。在收入相同的前提下，就可以用成本指标来评价各方案的优劣。如果零部件需要量确定，可以采用相关成本分析法进行决策分析；如果零部件需要量不确定，就要采用成本无差别点法进行决策分析。

【例 5-10】 天勤公司 A 零件年需要量 1 000 件，可以自制也可以外购。外购单价 20 元，每件运费 1 元，外购一次的差旅费 1 000 元，每年采购两次。自制单位产品成本 22 元，自制年需要增加专属固定成本 3 000 元。如果外购，生产 A 零件的设备可以出租，每年可获租金 5 000 元。自制 A 零件的单位产品成本构成资料见表 5-18。

表 5-18　A 零件单位成本资料　　单位：元

项目	金额	项目	金额
直接材料费	8	固定制造费用	5
直接人工费	6	合计	22
变动制造费用	3		

要求：用相关成本分析法做出 A 零件自制还是外购的决策分析。

自制 A 零件的单位产品成本是 22 元，其中，直接材料费、直接人工费和变动制造费用三项之和为 17 元，属于相关成本。而 A 零件分摊的 5 元固定制造费用则属于无关成本，在决策时不应考虑。自制方案年增加的专属固定成本 3 000 元是相关成本，而出租设备可获得的租金 5 000 元则是自制方案的机会成本。外购方案的单价、运输费属于变动成本，外购的差旅费属于固定成本，此三项费用均是与决策相关的成本。

由于 A 零件的需要量是确定的，所以可采用相关成本分析法，见表 5-19。

表 5-19　相关成本分析法分析表　　单位：元

项目	自制	外购
变动成本 专属成本 机会成本	1 000 × 17=17 000 3 000 5 000	1 000 × (20+1)=21 000 1 000 × 2=2 000
相关成本合计	25 000	23 000

自制方案的成本比外购方案成本高 2 000 元，所以应选择外购方案。

【例 5-11】 天勤公司需要一种 B 零件，既可以自制，也可以外购。外购单价（含运费）50 元，外购的每年固定采购费用 20 000 元。自制的单位变动成本 38 元，自制每年需要追加专属固定成本 44 000 元。

要求：分析 B 零件在什么条件下应自制，什么条件下应外购。

外购的每年固定采购费用 20 000 元小于自制每年需要追加专属固定成本 44 000 元，而外购单价 50 元大于自制的单位变动成本 38 元，两个方案的固定成本和单位变动成本符合成本无差别点法的应用条件。

$$\text{B 零件成本平衡点业务量} = \frac{44\ 000-20\ 000}{50-38} = 2\ 000\text{（件）}$$

计算表明，当B零件年需要量在2 000件时，自制方案和外购方案的成本是相等的。由于外购方案的固定成本较低，所以当B零件需要量在2 000件以下时，外购方案总成本较低，应选择外购。自制方案的固定成本较高，但其单位变动成本较低，所以当B零件需要量在2 000件以上时，自制方案总成本较低，应选择自制。

二、不同生产工艺加工方案的决策

不同生产工艺加工方案的决策，是指企业在组织生产过程中，围绕不同的生产工艺加工方案所做的决策。

企业生产同一种产品，往往可以采用不同的生产工艺或生产设备进行。比如，同一种产品既可使用手工操作方式生产，也可以采用机械化方式生产；既可使用普通设备生产，也可以采用先进设备生产。一般情况下，选用先进设备或工艺组织生产，固定成本较高，但由于提高了生产效率和加工精度，从而降低了材料消耗，节约了人工费用，产品的单位变动成本则相对较低；若采用普通设备或工艺组织生产，固定成本降低，但单位变动成本较高。因此，生产一种产品对企业来说就存在一个选择何种设备和工艺组织生产较为合算的决策问题。此类决策一般可采用成本无差别点法分析。

【例5-12】 天勤公司生产C部件，可以采用普通车床和数控车床两种不同设备进行加工。普通车床加工时，单位变动成本为6元，每年固定成本为500元；数控车床加工时，单位变动成本为3元，年固定成本为5 000元。

要求：根据以下各不相关情况采用成本无差别点法做出采用何种设备组织生产的决策：

(1) 该C部件年销售量为1 000件时。

(2) 该C部件年销售量为2 000件时。

(3) 该C部件年销售量为1 500件，且C部件正处于销售成长期时。

根据题意和已知条件，计算成本无差别点业务量：

$$成本无差别点业务量=\frac{5\ 000-500}{6-3}=1\ 500(件)$$

计算结果表明，若C部件全年销售量小于1 500件，应采用单位变动成本较高而固定成本较低的方案加工；若C部件全年销售量大于1 500件，应采用单位成本变动较低而固定成本较高的方案加工；若C部件年销售量为1 500件，则两种方案任选其一。

因此，以上三种情况评价如下：

(1) 当C部件年销售量为1 000件时，应采用普通车床加工方案，这样可使企业节约成本：

$$(3\times1\ 000+5\ 000)-(6\times1\ 000+500)=8\ 000-6\ 500=1\ 500(元)$$

(2) 当C部件年销售量为2 000件时，应采用数控车床加工方案，这样可使企业节约成本：

$$(6\times2\ 000+500)-(3\times2\ 000+5\ 000)=12\ 500-11\ 000=1\ 500(元)$$

(3) 当C部件年销售量为1 500件时，采用普通车床加工方案与采用数控车床加

工方案的总成本相同,均为

$$3 \times 1\ 500+5\ 000=6 \times 1\ 500+500=9\ 500(元)$$

从计算结果看,任选一个方案均可,但考虑到该产品正处于销售成长期,所以应采用数控车床加工方案,以便随时扩大规模,满足市场需要,这样可相对节约成本。

第七节 定价决策

知识链接:定价策略与定价技巧

一、定价决策分析方法

(一)利润最大化定价法

此方法是在预测各种价格可能的销售量的情况下,计算各种价格方案的利润,选择利润最大的价格的方法。

【例5-13】 天勤公司生产的A产品准备投放市场,A产品单位变动成本20元,现时年最大生产能力为6 000件,年固定成本60 000元。如果要把年最大生产能力扩大到10 000件,每年将新增加固定成本20 000元。预测的A产品在各种价格下的销售量资料见表5-20。

表5-20 A产品销售量预测表

销售价格(元)	年预计销售量(件)	销售价格(元)	年预计销售量(件)
60	4 000	45	7 000
55	4 800	40	8 000
50	6 000	35	8 500

要求:为获取最大利润,计算A产品的销售价格应定为多少元。

根据资料,当A产品的价格在50~60元时,销售量为4 000~6 000件。不超过企业现时年最大生产能力6 000件,所以固定成本为60 000元。当A产品的价格在35~45元时,销售量为7 000~8 500件,已经超出了企业现时年最大生产能力,为达到这一生产能力,年固定成本将达到80 000(60 000+20 000)元。具体计算见表5-21。

表5-21 A产品利润计算表 单位:元

价格	销售量	销售收入	变动成本	固定成本	总成本	利润
60	4 000	240 000	80 000	60 000	140 000	100 000
55	4 800	264 000	96 000	60 000	156 000	108 000
50	6 000	300 000	120 000	60 000	180 000	120 000
45	7 000	315 000	140 000	80 000	220 000	95 000
40	8 000	320 000	160 000	80 000	240 000	80 000
35	8 500	297 500	170 000	80 000	250 000	47 500

从表5-21中看出，A产品价格在50元时获取的利润最大，所以把A产品定价为50元进行销售。

（二）全部成本加成定价法

它是在全部成本法计算的单位产品成本的基础上，加上一定的目标利润所确定的销售价格。销售价格的计算公式如下：

销售价格 = 单位产品全部成本 + 单位目标利润额

= 单位产品全部成本 ×（1+ 成本加成率）

【例5-14】 天勤公司拟采用全部成本加成法制定B产品的销售价格，B产品单位成本的有关资料见表5-22。该公司期望获得的B产品成本利润率为25%。

表5-22 B产品单位成本数据表 单位：元

项目	金额	项目	金额
直接材料费	40	变动销售及管理费用	12
直接人工费	30	固定销售及管理费用	13
变动制造费用	10	单位产品成本合计	120
固定制造费用	15		

要求：计算B产品的销售价格。

B产品销售价格 =120×（1+25%）=150（元）

根据计算，应把B产品的价格确定为150元。

（三）变动成本加成定价法

变动成本加成定价法是以单位变动成本为基础，加上一定数额的边际贡献来确定产品的销售价格的方法。采用这种定价方法，实质上就是把单位变动成本作为定价下限的基础。根据此方法计算的销售价格可能获得利润，也可能无法获得利润。能否获得利润取决于所确定的边际贡献总额的多少。在销售量相对稳定的前提下，如果确定的边际贡献总额大于固定成本，则能获得利润。

变动成本加成定价法的计算公式是：

$$\text{销售价格} = \text{单位变动成本} + \text{单位边际贡献} = \frac{\text{单位变动成本}}{1-\text{边际贡献率}}$$

【例5-15】 天勤公司生产的Y产品在市场上严重饱和，Y产品原来的市场售价为1 600元，其他企业纷纷降价30%左右，该企业希望保住原有的市场份额，每件Y产品的价格能有100元的边际贡献就可以降价销售。Y产品的单位成本数据见表5-23。

表5-23 Y产品单位成本表 单位：元

项目	金额	项目	金额
直接材料费	600	变动销售及管理费用	90
直接人工费	200	固定销售及管理费用	110
变动制造费用	100	单位产品成本合计	1 400
固定制造费用	300		

要求：采用变动成本加成定价法计算 Y 产品的销售价格。

Y 产品的单位变动成本 =600+200+100+90=990（元）

Y 产品的销售价格 =990+100=1 090（元）

根据计算，为保住市场占有份额，把 Y 产品价格降低为 1 090 元，可保证每件产品有 100 元的边际贡献。

二、调价决策分析方法

调价决策分析一般采用利润无差别点法。这种方法实质上就是通过计算调价后的利润能否增加来决定是否调价。如果调价后的利润能够增加，就可以调价；反之则不能调价。为了了解调价后的利润是否能够增加，就要计算为了确保原有利润，调价后应至少达到的销售量指标，这一销售量指标就是利润无差别点销售量。利润无差别点销售量的计算公式如下：

$$利润无差别点销售量=\frac{固定成本+调节前可获利润}{拟调单价-单位变动成本}$$

若调价后预计销售量大于利润平衡点销售量，就意味着调价后利润能有所增加，可以考虑调价；若调价后预计销售量小于利润平衡点销售量，就意味着调价后的利润会有所减少，则不能调价；若调价后的预计销售量等于利润平衡点销售量，就意味着调价前后的利润相同，价格可调可不调。

【例 5–16】 天勤公司生产一种 D 产品，现在市场销售价 250 元，可销售 500 件，D 产品的单位变动成本 130 元，每年固定成本 40 000 元，年最大生产能力为 600 件。D 产品的价格每变动 1% 可使销售量变动 4%，当产量超过企业最大生产能力时，扩大产量在 200 件以内将使固定成本增加 20%。

要求：采用利润无差别点法评价以下各不相关条件下的调价方案的可行性：

(1) 单价降低 5%。

(2) 单价降低 10%。

(3) 单价提高 8%。

依题意：

(1) 单价降低 5%，可使销售量提高 20%（5 × 4%），则：

预计销售量 =500 × (1+20%) =600（件）

调价前利润 =(250–130) × 500–40 000=20 000（元）

拟调单价 =250 × (1–5%) =237.5（元）

计算利润无差别点销售量：

$$利润无差别点销售量=\frac{40\ 000+20\ 000}{237.5-130}=558（件）$$

因为预计销售量 600 件大于利润无差别点销售量 558 件，又未超过企业最大生产能力 600 件，所以该调价方案可行。

(2) 单价降低 10%，可使销售量提高 40%（10 × 4%），则：

预计销售量 =500 × (1+40%) =700（件）

预计销售量超过企业最大生产能力，如果要扩大生产，则固定成本为：

固定成本 =40 000×(1+20%)=48 000(元)

拟调单价 =250×(1−10%)=225(元)

计算利润无差别点销售量：

$$利润无差别点销售量=\frac{48\ 000+20\ 000}{225-130}=716(件)$$

因为预计销售量 700 件小于利润无差别点销售量 716 件，所以该调价方案不可行。

(3) 单价提高 8%，使销售量降低 32%(8×4%)，则：

预计销售量 500×(1−32%)=340(件)

拟调单价 =250×(1+8%)=270(元)

计算利润无差别点销售量：

$$利润无差别点销售量=\frac{40\ 000+20\ 000}{270-130}=429(件)$$

因为预计销售量只有 340 件，小于利润无差别点销售量 429 件，所以该调价方案不可行。

本章小结

短期经营决策，一般是指在一个运营年度或运营周期内能够实现其目标的决策，主要包括生产决策和定价决策等，生产决策又包括生产什么的决策、是否生产的决策和如何生产的决策。在进行短期经营决策时，必须考虑生产经营能力、相关业务量、相关收入和相关成本四大因素。

在具体进行生产决策和定价决策时，要熟悉单位资源贡献边际分析法、贡献边际总额分析法、差别损益分析法、相关损益分析法、相关成本分析法、成本无差别点法、利润无差别点法和直接判断法等方法的应用条件。

关键词

决策分析	最大生产经营能力	正常生产经营能力
绝对剩余生产经营能力	相对剩余生产经营能力	追加生产经营能力
相关业务量	相关收入	相关成本
增量成本	边际成本	机会成本
估算成本	重置成本	付现成本
专属成本	加工成本	可分成本
可延缓成本	可避免成本	无关成本
沉没成本	共同成本	联合成本
不可延缓成本	不可避免成本	单位资源贡献边际分析法
贡献边际总额分析法	差别损益分析法	相关损益分析法

相关成本分析法　　成本无差别点法　　利润无差别点法
直接判断法

即测即评

请扫描二维码，进行即测即评。

思考题

1. 短期经营决策分析必须考虑的因素有哪些？
2. 短期经营决策的相关成本有哪些？
3. 短期经营决策的分析方法有哪些？各种方法适用于什么决策？

练习题

1. 某企业现有设备生产能力 30 000 个机器工时，其利用率为 80%，现准备利用剩余生产能力开发新产品 A、B 或 C，三种产品的资料见表 5-24。

表 5-24　A、B、C 三种产品的资料　　金额单位：元

项目	A 产品	B 产品	C 产品
单位产量定额（小时）	2	3	5
单位销售价格	15	25	35
单位变动成本	5	15	20

另外，生产 C 产品时，需增加价值 2 000 元的设备，假设三种产品市场销售不受限制。

要求：试对开发哪种产品进行决策。

2. 某公司生产一种化工产品甲 10 000 千克，进一步加工可以生产高级化工产品乙。甲、乙两种产品在市场的售价分别是 50 元 / 千克和 120 元 / 千克，但乙产品的生产每年需追加固定成本 20 000 元，加工出 1 千克乙产品的加工成本为 20 元。若每 1 千克甲产品可以加工成 0.6 千克乙产品。

要求：试对甲产品是否加工成乙产品进行决策。

3. 某厂生产 A 产品，其中零件下年需要 18 000 个。外购每个进价 60 元；自制每个零件直接材料费 30 元，直接人工费 20 元，变动制造费用 8 元，固定制造费用 6 元。若该车间的设备不接受自制任务，也不会做其他安排。

要求：试对该零件是自制还是外购进行决策。

第 6 章　存货决策

学习目标

了解存货决策需要考虑的成本因素；了解经济订购批量基本模型和扩展模型的原理和基本应用；了解零存货管理和物料需求计划的存货控制方法，并思考其存在的问题及相应对策。

本章知识结构图

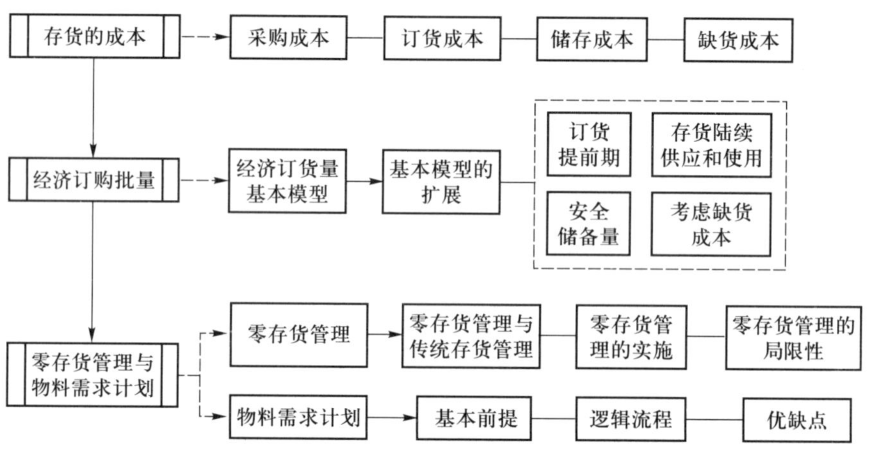

引例

戴尔计算机公司采用直销模式后，比其他计算机零售商节省了 25%~40% 的费用，降低了产品价格。直销模式的主要特点是零库存和接单生产及适时生产。戴尔的装配车间不设置任何仓储空间，原配件由供应商直接运送到装配线上，生产出来的产品直接运送到指定客户处，原配件和成品均实行零库存制。这一先进的生产管理方式极大地降低了库存成本，显著提升了公司的盈利水平和竞争力。

装配线则根据顾客的需求安排生产，在减少订货提前期的同时，提高了客户的满意度和忠诚度。

在供应端，戴尔则将零库存与适时采购相结合，并致力于打造与供应商的强势结盟。强调只与较少的供应商建立紧密的关系，供应商的数目越少，意味着错误越少、成本越低、困惑越少，从而一致性越高。戴尔公司依赖先进的网络信息技术，与供应商实施共享一切重要的客户与生产信息，让对方知道戴尔的存货状况与补货需求，也让对方明确戴尔的需要。戴尔公司所到之处，供应商必然在其附近落户，可以根据供应商提供的不同部件迅速转变成计算机，然后发送到客户手中。因此戴尔既没有原材料库存，也没有产成品库存，实际上是库存的转移。

资料来源：根据郭晓梅．高级管理会计理论与实务．北京：中国财政经济出版社，2005改编。

引言

戴尔公司的零存货管理为企业节约了大量成本，也提高了资金使用效率。是否所有企业都适合使用零存货管理呢？对于存货的控制，订货量、储存量为多少时是最优的呢？还需要考虑缺货和安全储备的问题吗？本章将对这些问题进行讨论。

第一节　存货的成本

存货是指企业在生产经营过程中为销售或者耗用而储备的物资，包括材料、燃料、低值易耗品、在产品、半成品、产成品、协作件、商品等。

如果工业企业能在生产投料时随时购入所需的原材料，或者商业企业能在销售时随时购入该项商品，就不需要存货。但实际上，企业总有储存存货的需要，并因此占用或多或少的资金。存货成本是指一切与存货有关的费用支出，一般来说包括采购成本、订货成本、储存成本和缺货成本。

一、采购成本

采购成本是指采购一定数量的存货所耗费的实际成本，由买价和运杂费组成。采购成本的多少与采购物资的品种、数量和采购地点等因素有关，与订货次数的多少无关。其公式为：

$$采购成本=单价\times 采购数量=p\cdot D$$

二、订货成本

订货成本是指订货过程中耗费的成本，包括采购部门的管理费，采购人员的工资、采购部门的日常经费(如办公费、水电费、折旧费、取暖费等)，以及进行订货而发生的业务费(如差旅费、邮电费等)。订货成本按其与订货次数的关系可分为固定订货成本和变动订货成本两部分。固定订货成本是维持采购部门的一定采购能力而发生的费用(如采购人员的工资、常设采购机构的办公室租金等)，这部分费用在一定期间内不随订货次数变动，具有相对稳定性；变动订货成本是每次订货发生的费用，随订货次数的变动而变动(如每次订货所需的差旅费用，以及传真、打印、复印费用等)，它与每次订货量没有直接联系。订货成本(指变动订货成本)的计算公式为：

$$年订货成本=A\cdot\frac{D}{Q}$$

式中，A 为每次订货成本，D 为全年的需要量，Q 为每次订货批量。

三、储存成本

知识链接：
从存货出入库管理看存货储存成本

储存成本是指存货在储存过程中发生的费用。储存成本按其与储存量的关系也可以分为固定储存成本与变动储存成本。仓库房屋、机械设备的折旧费、修理费、照明费、仓库管理人员的工资、办公费等仓库管理费用，在一定储存量范围内相对稳定，为固定储存成本；搬运费、保险费、占用资金的利息等费用随储存量的变动而变动，属于变动储存成本。储存成本(指变动储存成本)的计算公式为：

$$年储存成本=C\cdot\frac{Q}{2}$$

式中，C 为单位存货年储存成本，$\frac{Q}{2}$为平均储存量。

四、缺货成本

缺货成本是指由于库存数量不能及时满足生产和销售的需要而给企业带来的损失。例如，因停工待料造成的损失；因延期交货而缴纳的违约赔偿金；临时追加购买而造成的超额费用等。它可以表示为每单位缺货或每短缺一个单位期间所花费的费用。短缺成本与存货水平的高低、订货次数的多少没有直接关系，故在建立经济订货量基础模型时可以不予考虑。缺货成本的计算公式为：

$$缺货成本\ C_s=计算期平均缺货量\times单位缺货成本$$

因此，持有存货的总成本的计算公式为：

$$\begin{aligned}持有存货总成本&=采购成本+订货成本+储存成本+缺货成本\\&=D\cdot p+A\cdot\frac{D}{Q}+FC_1+C\cdot\frac{Q}{2}+FC_2+C_s\end{aligned}$$

式中，FC_1 为固定订货成本，FC_2 为固定储存成本，其他符号含义同前。

第二节　经济订购批量

每次进货都要发生一定的订货费用，每年订货费用的多少取决于年内订货次数。一般来说，订货次数越少，订货费用也就越低，但订货次数减少，会使每次订货量增加，因而订货量与订货费用呈反比；另一方面，每次订货量增加后，存货的平均储存量也会增加，从而会使储存费用增大，因而订货量与储存费用呈正比。

经济订货量（Economic Order Quantity）就是使存货的订货费用和储存费用最低时的订货量。需要注意的是，由于存货的采购费用不随存货水平的高低或订货次数的多少而变动，不能成为决定在存货上所耗费的总成本高低的因素，因而在计算经济订货量时可以不予考虑。

一、经济订货量基本模型

经济订货量的基本模型是一种理想的市场状况，建立在以下假设的基础之上：

(1) 企业能够适时补充存货，需要存货时便可立即取得存货，即不需要订货提前期。

(2) 能集中到货，而不是陆续入库。

(3) 不允许缺货，即无缺货成本。

(4) 全年需求量、一次订货的订货费用、单位存货的年储存费用、固定订货成本以及固定储存成本都是常数。

(5) 存货单价不变，不考虑批量折扣，因此在年需求量已知的情况下，购买成本也是决策的无关成本。

(6) 企业现金充足，不会因现金短缺而影响进货。

(7) 所需存货市场供应充足，不会因买不到需要的存货而影响其他因素。

在以上假设条件下，材料存货项目上的总变动费用由两部分组成，即年变动订货费用和年变动储存费用。

设 Q 表示每次订货量，D 表示年需要量，A 表示一次订货的订货成本，C 表示单位存货的年储存成本，则：

$$\text{年订货成本}=\frac{D}{Q}\times A$$

$$\text{年储存成本}=\frac{Q}{2}\times C$$

式中，$\frac{Q}{2}$表示平均储存量。每次采购存货到达时，最高储存量为 Q，第二次采购存货到达前，储存量为 0，则平均储存量为$\frac{0+Q}{2}=\frac{Q}{2}$。

$$年存货总成本\ T=\frac{D}{Q}\times A+\frac{Q}{2}\times C(不考虑其他常数成本)$$

从数学意义上讲，经济订货量问题就是以每次订货量 Q 为自变量，当 Q 取何值时，年存货总成本 T 能取得极小值，此时 Q 的取值即为经济订货量(Q^*)。根据函数极值的必要条件理论，首先，令函数 $T(Q)$ 的一阶导数为零，即：

$$令\frac{\mathrm{d}T}{\mathrm{d}Q}=-\frac{DA}{Q^2}+\frac{C}{2}=0,从而$$

$$\frac{DA}{Q^2}=\frac{C}{2}$$

$$即\ Q^2=\frac{2AD}{C}$$

$$Q=\sqrt{\frac{2AD}{C}}$$

这就是基本经济订货量模型。

其次，由于函数 $T(Q)$ 的二阶导数大于零，即：

$$\frac{\mathrm{d}^2T}{\mathrm{d}Q^2}=\frac{2AD}{Q^3}>0$$

因此 $Q=\sqrt{\frac{2AD}{C}}$ 能使函数 $T(Q)$ 在此处获得极小值，即 $\sqrt{\frac{2AD}{C}}$ 就是所求的最佳订货量，公式表示为：

$$Q^*=\sqrt{\frac{2AD}{C}}$$

将经济订货量 Q^* 代入年存货总成本 T 的公式，得：

$$T=\sqrt{2ADC}$$

另外，还可得到最优订购批数的公式：

$$P=\frac{D}{Q^*}=\sqrt{\frac{DC}{2A}}$$

式中，P 为最优订购批数。

注意，只有当采购达到最优经济批量时，年存货总成本 T 才可以用上述公式计算。

【例 6-1】 甲公司每年使用乙材料 3 600 吨，乙材料储存成本中的付现成本为每吨 4 元，单位采购成本为 120 元。甲公司的资本成本为 10%，订购乙材料一次的成本为 1 800 元。则：

单位储存成本 $C=4+120\times10\%=16$(元)

经济订货量 $Q^*=\sqrt{\frac{2AD}{C}}=\sqrt{\frac{2\times1\ 800\times3\ 600}{16}}=900$(吨)

最低年存货总成本 $T=\sqrt{2ADC}=\sqrt{2\times1\ 800\times3\ 600\times16}=14\ 400$(元)

经济订购批数 $P=\frac{D}{Q^*}=\frac{3\ 600}{900}=4$(次)

二、基本模型的扩展

（一）订货提前期

货物从订货到货物运抵投入生产需要一段时间。为了保证生产能顺利进行，理想的情况是在存货刚刚用完时，订货恰好运到，不影响生产的持续进行。这样，就要求订货提前进行。在提前订货的情况下，企业再次发出订货单时，尚有存货的库存量称为再订货点，用 R 表示。它的数量等于订货提前期（t）和每日平均需用量（d）的乘积，即：

$$R=t\times d$$

订货提前期（平均交货时间）一般是通过对过去各次订购实际需要的时间进行平均计算得出的。其计算公式为：

$$t=\frac{\sum_{t=1}^{n}t_i}{n}$$

式中，t 为订货提前期；t_i 为过去各次订货所需时间，n 为订货次数。

【例 6-2】　乙企业从订货日期到到货日期的时间为 5 天，每日存货需要量为 20 千克，那么 $R=t\times d=5\times 20=100$ 千克。即企业在尚存 100 千克存货时，就应该再次订货，等到下批订货到达时，其原库存刚好用完。

（二）存货陆续供应和使用模型

在基本经济订货量模型中，存货是一次全部入库的，所以存货增加时存量变化为一条垂直的直线。事实上，存货可能分批入库，使储存量陆续增加。尤其是产成品入库和在产品转移的情况，几乎总是陆续供应和陆续耗用的。在这种情况下，需要对基本模型做一些修改。

设 Q 表示每次订货量，P 表示每日送货量，该批货全部送达所需天数为$\frac{Q}{P}$。因存货每日耗用量为 d，故送货期内存货耗用量为$\frac{Q}{P}\cdot d$。由于零件边送边用，因此每批送完时，最高储存量为 $Q-\frac{Q}{P}\cdot d$，平均储存量为$\frac{1}{2}\left(Q-\frac{Q}{P}\cdot d\right)$。

此时，年存货总成本为：

$$T=\frac{D}{Q}\times A+\frac{1}{2}\left(Q-\frac{Q}{P}\cdot d\right)\times C$$

$$=\frac{D}{Q}\times A+\frac{Q}{2}\left(1-\frac{d}{P}\right)\times C$$

当订货变动成本与储存变动成本相等时，T 有最小值，故存货陆续供货和使用的经济订货量公式为：

$$\frac{D}{Q}\times A=\frac{Q}{2}\left(1-\frac{d}{P}\right)\times C$$

$$Q^*=\sqrt{\frac{2AD}{C}\times\frac{p}{p-d}}$$

$$T^* = \sqrt{2ADC\left(1 - \frac{d}{p}\right)}$$

还可以得到最优订购批数为：

$$P^* = \frac{D}{Q^*} = \sqrt{\frac{DC}{2A}\left(1 - \frac{d}{p}\right)}$$

【例 6-3】 丙企业对某零件的年需要量 D 为 7 200 件，每日送货量 P 为 60 件，每日耗用量 d 为 20 件。一次订货成本 A 为 54 元，单位储存变动成本 C 为 4 元。则：

经济订货批量 $Q^* = \sqrt{\frac{2AD}{C} \times \frac{p}{p-d}} = 540$（件）

最低成本 $T^* = \sqrt{2ADC\left(1 - \frac{d}{p}\right)} = \sqrt{2 \times 54 \times 7\,200 \times 4 \times \left(1 - \frac{20}{60}\right)} = 1\,440$（元）

最优订购批数 $P^* = \frac{D}{Q^*} = \sqrt{\frac{DC}{2A}\left(1 - \frac{d}{p}\right)} = \frac{7\,200}{540} = 13.33$（次）

因此，需要订货 14 次。

（三）安全储备量

安全储备量又称保险储备，是为了预防在订货过程中出现意外情况而建立的储备。安全储备在一般情况下不使用，只有在特殊情况下才使用。例如，如果突然需要扩大生产量或采购材料不能按时到达，企业的生产势必会因材料短缺而面临困境，安全储备量就是为了应付这类情况的发生而预留的保险量。安全储备量通常是根据历史资料和计划期的预测情况而做的经验估计量。其计算公式为：

$$安全储备量 = 平均每日需要量 \times 保险储备天数$$

保险储备天数是指在平均每日需要量大致不变的情况下，从动用安全储备到订货到达所需的时间，一般根据上期平均误期天数来确定。

保险储备天数的计算方法有两种：一种是算数平均法。它是从进货历史统计资料中，找出并计算若干次误期天数（超过平均供应间隔期的天数），然后加总平均。其计算公式为：

$$保险储备天数 = \frac{\sum 各次误期天数}{误期次数}$$

$$误期天数 = 两次进货间隔天数 - 平均进货间隔天数$$

$$平均进货间隔天数 = \frac{\sum 每次进货间隔天数}{进货次数}$$

另一种是加权平均法。它是从进货历史统计资料中，找出并计算误期天数，将每次误期天数与该次进货量相乘，然后除以误期进货总量。其计算公式为：

$$保险储备天数 = \frac{\sum (误期天数 \times 进货数量)}{误期进货总量}$$

$$误期天数 = 两次进货间隔天数 - 平均进货间隔天数$$

$$平均进货间隔天数 = \frac{\sum (每次进货间隔天数 \times 每次进货数量)}{进货总量}$$

【例 6-4】 丁企业某零件的年需要量为 7 200 件，每日平均耗用量为 20 件，平均交货时间为 10 天。若该企业设置保险储备天数 8 天，则：

安全储备量 =20 × 8=160（件）

再订货点 =20 × 10+160=360（件）

（四）考虑缺货成本

在实际工作中，企业生产常常会受到缺货的影响，原因有：一是客观上从订货到货物运抵需要一段时间；二是企业内部生产不稳定或外部供应误期。要解决这个问题，企业有两种方法：一是加大安全储备量，尽可能地消除缺货现象；二是允许缺货现象存在。从经济的角度讲，只有在缺货造成的损失较小，或者加大保险储备的成本大于因缺货造成的损失时，才能允许缺货。因此，应针对允许缺货的情况相应地确定经济订货量，以帮助企业做出科学决策。

1. 已知订货批量和允许缺货量，计算平均储存量和平均缺货量

在此情况下，材料的最高储存量是经济订货量 Q 减去允许缺货量 L，材料的平均储存量可按下列方式计算：

设 t 代表两次采购间隔时间，t_1 代表储存量为正数的时间，t_2 代表储存量为零的时间，d 代表材料的日需要量，则：

$$t=t_1+t_2=\frac{Q}{d}$$

$$t_1=\frac{(Q-L)}{d}$$

$$t_2=\frac{L}{d}$$

t_1期间平均储存量$=(Q-L)/2$

t_2期间平均储存量$=L/2$

$$t\text{ 期间平均储存量}=\frac{\frac{(Q-L)}{2}\times t_1+0\times t_2}{t}=\frac{(Q-L)^2}{2Q}$$

$$t\text{ 期间平均缺货量}=\frac{0\times t_1+\frac{L}{2}\times t_2}{t}=\frac{\frac{L}{2}\times\frac{L}{d}}{\frac{Q}{d}}=\frac{L^2}{2Q}$$

2. 允许缺货情况下经济订货量和最大允许缺货量的计算

上述已知订货量和允许缺货量，并不是在允许缺货情况下的经济订货量和最大允许缺货量。我们可以通过对年储存成本求导的方法，计算在允许缺货的情况下的经济订货量和最大允许缺货量。

假定 H 为单位缺货成本，则在允许缺货情况下的总成本 $T_{缺}$的计算公式如下：

$$T_{缺}=\frac{AD}{Q}+\frac{(Q-L)^2}{2Q}\times C+\frac{L^2H}{2Q}$$

对 $T_{缺}$求一阶偏导数，当$(T_{缺})'_Q=0$，$(T_{缺})'_L=0$ 时，所求出的 Q 即为使 $T_{缺}$最小的经济订货量，即：

$$Q=\sqrt{\frac{2AD}{C}\times\frac{C+H}{H}}$$

$$L=Q\times\frac{C}{C+H}=\sqrt{\frac{2AD}{H}\times\frac{C}{C+H}}$$

$$T_{缺}=\sqrt{2ADC\times\frac{H}{C+H}}$$

【例 6–5】 戊企业某零件的年需要量 D 为 3 600 件，一次订货成本 A 为 49 元，单位储存变动成本 C 为 3 元，单位缺货成本 H 为 6 元。则：

$$经济订货量\ Q=\sqrt{\frac{2AD}{C}\times\frac{C+H}{H}}=\sqrt{\frac{2\times49\times3\ 600}{3}\times\frac{3+6}{6}}=420（件）$$

$$缺货量\ L=Q\times\frac{C}{C+H}=420\times\frac{3}{3+6}=140（件）$$

$$缺货情况下的成本T_{缺}=\sqrt{2ADC\times\frac{H}{C+H}}=840（元）$$

【例 6–6】 戊企业对某材料的年需要量 D 为 3 600 件，单位储存变动成本 C 为 3 元，单位缺货成本 H 为 4 元，平均交货时间 t 为 10 天；已知戊企业对该材料的经济订货量 Q 为 300 件，每年订货次数 P 为 12 次。交货期内的存货需要量及其概率分布如表 6–1 所示，试建立合理的保险储备量。

表 6–1 存货需要量的概率分布

需要量（$t\times d$）	70	80	90	100	110	120	130
概率	0.01	0.04	0.20	0.50	0.20	0.04	0.01

建立保险储备量，虽然可以使企业避免因缺货或中断造成的损失，但存货平均储备量加大会使储备成本升高。因此，合理的保险储备量应该使保险储备量的缺货成本和储备成本之和最小。

（1）不设置保险储备量时。

R=70 × 0.01+80 × 0.04+90 × 0.2+100 × 0.5+110 × 0.2+120 × 0.04+130 × 0.01
=100（件）

在此情况下，需要量大于 100 件时，会产生缺货成本，此时：

缺货的期望值 =（110–100）× 0.2+（120–100）× 0.04+（130–100）× 0.01=3.1（件）

总成本 TC=3.1 × 4 × 12+0 × 3=148.8（元）

（2）保险储备量为 10 件时。

再订货点 R=100+10=110（件）

缺货的期望值 =（120–110）× 0.04+（130–110）× 0.01=0.6（件）

总成本 TC=0.6 × 4 × 12+10 × 3=58.8（元）

（3）保险储备量为 20 件时。

再订货点 R=100+20=120（件）

缺货的期望值 =（130–120）× 0.01=0.1（件）

总成本 $TC=0.1\times4\times12+20\times3=64.8$（元）

(4) 保险储备量为30件时。

再订货点 $R=100+30=130$（件）

缺货的期望值 =0

总成本 $TC=0\times4\times12+30\times3=90$（元）

因此建立10件的保险储备量总成本最低，为最优方案。

第三节　零存货管理与物料需求计划

存货控制对于建立长期的企业竞争优势有着不可或缺的作用。持有较高的存货量会给企业带来较多的储存成本、机会成本等相关成本，使企业在竞争中处于不利的地位。零存货管理和物料需求计划是不同于传统存货控制的存货控制方法。

一、零存货管理

（一）零存货管理与传统存货管理

适时制（JIT）是一种综合性的生产和存货控制方法，即在每个生产阶段，需要多少材料就购进多少。适时制的目标是减少乃至消除资源浪费，进行精益生产，即按照需要量生产生产线零件，而不是持有大量安全存货。适时制要求零存货管理。

传统存货管理是以承认存货存在的合理性为前提的，认为企业为了保证生产持续进行，必须准备足够的原材料以防止供应短缺；留有一定量的在产品以防止生产发生意外而引起的停工；储存相当数量的产成品以防止顾客急需。此外，传统存货管理认为，存货可以调节市场对产品需求的不稳定性，以及避免存货未来价格上升带来的不利影响等。

零存货管理与传统存货管理在理念上是冲突的。传统存货管理提倡持有一定水平的存货，以达到相关成本最低；而零存货管理的最终目的是消除存货，以达到总成本最低。在适时制下，存货被认为对企业的经营存在负面影响。

（二）零存货管理的实施

零存货管理要想顺利实施，达到理想效果，必须先解决两个问题：

第一，如何能够实现较低的存货水平，甚至是零存货。如果企业不能有效地降低存货水平，实施零存货管理就失去了意义。

第二，在存货水平很低，甚至是零存货的情况下，如何能保持生产的连续性。这是实施零存货管理的前提条件。如果在生产需要时不能保证供应足够的原材料、在产品，或不能按销售合同规定的时间交付合格的产成品，将置企业于很不利的境地，企业实施零存货管理就会得不偿失。

所以，既能降低存货水平，又不影响企业生产的均衡进行，是零存货管理实施的关键。

因此，零存货管理实施的条件有：单元式弹性制造方式；多技能工人；全面质量管理,减少生产准备时间;与供应商和客户的密切联系,以保证原材料存货与产成品存货的无缝连接。

(三) 零存货管理的局限性

(1) 没有缓冲存货。如果生产过程需要待料就可能增加停工时间。

(2) 依赖供应商来维持足够的存货以满足难以预料的需求。

(3) 可能发生供应商某产品缺货的情况。重要部件的缺乏可能会使整条生产线瘫痪。

(4) 收到非预期订单时会产生潜在的费用。

二、物料需求计划

随着企业中相关需求物料的种类和数量增多,采用传统的库存管理方法,在处理相关需求问题时,存在很大的局限性。对于相关需求物料来说,必须以最终产品的生产计划作为主要依据制定生产和库存计划,而物料需求计划(Material Requirement Planning, MRP)正是基于这一思路产生的。

(一) 物料需求计划的基本前提

(1) 需求预测。

(2) 材料订货单,标明用于生产最终产品的材料、零件和部件等。

(3) 生产通知单,标明为满足需求预期,所需材料、零件、部件和产品存货的数量。

(二) 物料需求计划的逻辑流程

MRP 系统是根据主生产计划、物料清单、存货单等资料,经过计算而制定的物料生产与采购计划,同时提出各种订单补充的建议,并对已开工订单进行修正的一种技术。根据这一定义,它的逻辑流程图如图 6-1 所示。

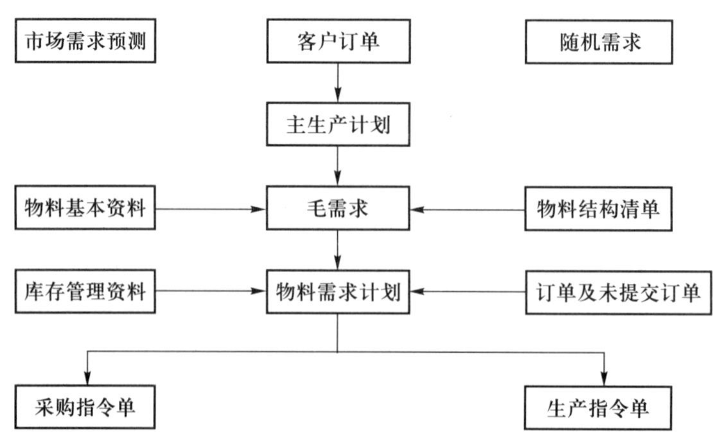

图 6-1 MRP 系统逻辑图

资料来源:潘飞. 管理会计[M]. 北京:清华大学出版社,2007.

在 MRP 系统里,主生产计划明确了生产的各个部件的数量和时间安排。一旦安排好的生产运行开始启动,不管产出是否被需要,各部门都在整个系统中推动产出。

（三）物料需求计划的优缺点

1. 物料需求计划的优点

(1) 对各职能领域之间的协调性要求不是那么高，所有人只需遵照物料清单。

(2) 有计划地改善，即使需求不确定或相对不可预测时，产能也能达到均衡。

(3) 原材料需求可预测，可以利用大宗购买或者梯度价格进行预测。

(4) 存货控制更有效，可以计划如何用完原材料或生产最终产品。

(5) 一旦产品在向客户运输的过程中受损或丢失，手头仍然有多余的存货来满足订单要求。

(6) 能快速应对新的客户需求，可以直接向新客户供应现有存货，而不必等接到订单后才开始生产产品。

2. 物料需求计划的缺点

物料需求计划的主要缺点在于可能造成存货积压。

本章小结

存货决策是企业生产经营决策中的重要组成部分，目前对存货的决策主要包括最优存货量决策和存货管理方法的选择（如适时制存货管理）。本章在分解了存货相关成本概念（采购成本、订货成本、储存成本、缺货成本）的基础上，介绍了经济订货量基本模型，并扩展介绍了订货提前期、存货陆续供应和使用模型、安全储备量及缺货成本模型等。最后介绍了存货管理方法的新领域——零存货管理与物料需求计划。

关键词

存货成本　　经济订购批量　　安全储备量　　零存货管理

物料需求计划

即测即评

请扫描二维码，进行即测即评。

思考题

1. 简述存货决策需要考虑的相关成本。
2. 简述存货经济订货量基本模型的假设前提。
3. 简述零存货管理与传统存货管理的区别。
4. 简述零存货管理的实施条件。
5. 简述物料需求计划的产生思路。

练习题

1. 假设甲公司只生产一种产品甲产品，该产品所耗用的主要原料为乙材料，每制造一个甲产品需要消耗乙材料 2.4 千克。假定该公司每年生产 12 000 个甲产品，且年度内需求量稳定，公司采购乙材料每次的变动订货成本为 400 元，单位材料的年储存成本为 16 元。

要求：(1) 计算乙材料的经济订货量。

(2) 计算存货总成本。

(3) 计算每年最佳订货次数。

2. 假设乙公司每年需外购零件 3 600 千克，该零件的单价为 10 元，单位储存变动成本 40 元，一次订货成本 50 元，单位缺货成本 100 元，一年按 360 天计算。企业目前建立的保险储备量是 30 千克。在交货期内的需要量及其概率如表 6-2 所示。

表 6-2 需要量及其概率

需要量	概率
50	0.10
60	0.20
70	0.40
80	0.20
90	0.10
合计	1.00

要求：(1) 计算经济订货量、年最佳订货次数（计算结果保留整数）。

(2) 按企业目前的保险储备标准，存货水平为多少时应补充存货？

(3) 企业目前的保险储备标准是否恰当？如不恰当，请确定合理的保险储备（以一天的材料消耗量为最小单位）。

(4) 按合理保险储备标准，存货平均占用多少资金？

第 7 章　长期投资决策

学习目标

了解长期投资的分类、决策的原则与长期投资决策过程分析；理解投资决策应考虑的货币时间价值、风险与成本等因素；掌握现金流量的构成与计算，掌握各种投资决策指标的计算方法和决策准则，掌握各种投资决策方法的具体应用。

本章知识结构图

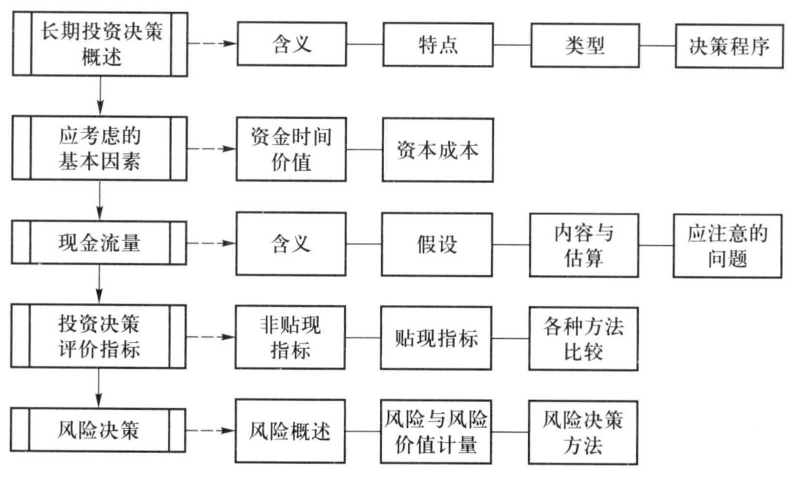

引例

对于一个经营良好的公司来说，时常关注市场上出现的新的投资机会是非常重要的。华新印刷公司的管理者们正在考虑一个设备更新方案，他们打算购买新型高效的激光印刷机来替代现在使用的设备。现在使用的设备的账面净值为 2 200 万元，如果不替换的话，还可以使用 10 年。购买激光印刷机的成本是 130

万元，预计使用年限同样是10年。使用激光印刷机能够降低公司的营运成本，增加公司的营业收入，从而增加每年的现金流量。秦刚是华新印刷公司的财务经理，在高管会上给出了使用激光印刷机对每年收益和现金流量的预计影响，如表7–1所示。

表7–1 年现金流量预计增加额 单位：元

项目	金额
增加的收入	140 000
节约的成本（扣除折旧因素）	110 000
小计	250 000
现用设备的折旧	220 000
激光印刷机的折旧	130 000
年折旧费用减少额	90 000
缴纳所得税前预计收益增加额	340 000
年缴纳所得税增加额（40%）	136 000
年净收益预计增加额	204 000
年净现金流量预计增加额	114 000

唐世宇是华新印刷公司的一位董事，提出了自己的看法："这些预计数字看上去不错，但问题是要使用新的激光印刷机，我们就得出售现在使用的旧设备，我们是否考虑一下公司会因此而蒙受的损失呢？既然现在发明了激光印刷机，我怀疑我们的旧设备能卖上多少钱。"为了回答唐世宇先生的质疑，秦刚又给出了表7–2中的资料，来说明出售现存的旧设备可能会发生的损失。

表7–2 出售旧设备的损失 单位：元

项目	金额
现存旧设备的账面价值	2 200 000
预计市场价格（扣除清理费用的净值）	200 000
缴纳所得税前预计出售损失	2 000 000
作为损失抵减本年度所得税额（40%）	800 000
出售现有设备的净损失（考虑节税后）	1 200 000

唐世宇禁不住叫起来：我们的损失竟然跟激光印刷机的成本差不多，激光印刷机的成本是130万元，加上这120万元的损失，那么，如果我们要使用新设备就得投入250万元。130万元的成本我们还可以接受，但250万元无论如何也不行。"

引言

华新印刷公司是否应该进行设备更新决策？进行投资决策时应考虑哪些因素？应以什么为判断标准？现金净流入和会计利润回报是否一样？考虑税收和不考虑税收对投资决策的判断会有什么样的影响？投资决策的流程如何？本章将从投资决策的概述、投资决策应考虑的因素、投资现金流量的测算、投资决策评价指标及投资决策应用等方面进行阐述，通过对本章的学习，相信能够回答上述问题。

第一节 长期投资决策概述

一、长期投资决策的含义

（一）长期投资决策的概念

广义地理解，投资是任何将导致企业使用资源的活动，是企业在市场竞争中持续发展、为股东创造价值的关键而又具有风险的活动。狭义地看，企业投资是指企业对现在所持有资金的一种投放和运用，如购置各种经营性资产或购买各种金融资产，或者是取得这些资产的权利，其目的在于在未来一定时期内获得相应的投资回报。

长期投资指需要投入大量资金、对获取收益的持续期间超过1年的长期资产的投资，是影响企业长期经营范围、经营能力和盈利能力的投资，既包括对内的项目投资，也包括对外的金融或实体投资。长期投资的支出在会计中属于资本性支出。

长期投资决策指拟订长期投资方案，用科学的方法分析、评价、选择最佳长期投资方案的过程。管理会计中的长期投资决策通常指企业内部投资，包括增加固定资产，或对现有固定资产进行改建、扩建和更新改造等规划企业未来发展方向、规模的决策。

（二）长期投资的意义

长期投资对企业的稳定与发展、未来盈利能力、长期偿债能力都具有十分重要的意义。

在市场经济条件下，企业能否将资金投放到回报高、风险小、回收快的长期项目上去，对于企业的生存和发展具有十分重要的意义。

1. 长期投资是企业稳定与发展的基本前提

长期投资的目标是不断提高企业未来盈利能力，提升企业价值，为股东创造财富。而长期投资由于寄望于未来，对未来经营能力进行提前谋划布局，对企业长期发展与稳定具有重要意义。

2. 长期投资是实现企业发展战略的必要手段

企业发展战略的实现依赖于将愿景分解为长期计划、中期计划、年度计划与岗位经济责任目标。而长期计划的开展主要是通过长期投资进行的,因此,选择合适的符合发展战略的长期投资项目,是实现企业发展战略的必要手段。

3. 长期投资是企业降低经营风险的重要方法

企业把资金投放到生产经营的薄弱环节或关键环节,可以促进各种经营能力配套、平衡,形成更大的综合生产能力。如把资金投向多个行业、多个领域,实现经营多元化,则更能够拓展企业的市场销售和增加企业盈余的稳定性。这些都是降低企业经营风险的重要方法。

二、长期投资的特点

与企业其他类型的投资相比,长期投资具有如下几个特点:

1. 影响时间长

长期投资发挥作用的持续时间较长,可以达几年、十几年甚至几十年。因此,投资对企业未来的生产经营活动将产生重大影响。

2. 投资数额大

投资,特别是战略性的扩大生产力投资,一般都需要较多的资金,其投资数额往往在企业总资产中占有相当大的比重。因此,投资对企业的融资、未来的现金流量和投资状况都会产生深远的影响。

3. 不经常发生

投资一般不会频繁发生,特别是大规模、具有战略意义的投资,一般要几年甚至几十年才发生一次,因此,必然要求企业对投资做出慎重决策。

4. 变现能力差

长期投资的回收期较长,在短期内变现的能力很差。因此,投资一旦完成,具有不可逆转性,要想改变是很困难甚至要付出很大代价的。

5. 投资风险大

投资的上述特点,也就决定了投资的风险大。因此,必然要求企业在投资决策过程中认真做好风险评估以及在投资运行寿命期内做好风险控制,尽可能降低风险,提高投资效益。

三、长期投资的类型

按照不同标准,长期投资可以分为不同的类型。

(一) 按照投资对企业的影响,分为战略性投资和战术性投资

1. 战略性投资

战略性投资是指对企业全局产生重大影响的投资,如并购其他企业、扩大企业生产经营规模、开发新产品等。战略性投资可能是为了实现多元化经营,也可能是为了实现对被投资企业施加重大影响甚至控制。其特点在于所需资金一般较多、

回收时间较长、投资风险较大。

2. 战术性投资

战术性投资即只关系到企业某一局部的具体业务投资，如设备的更新改造、原有产品的升级换代、产品成本的降低等。战术性投资主要是为了维持企业现有生产能力、维持企业现有市场份额，或者是利用闲置生产能力增加企业收益，因此其投资所需资金较少、回收时间较短、风险相对较小。短期性投资一般属于战术性投资。

（二）按照投资对象不同，分为固定资产投资、无形资产投资和其他资产投资

1. 固定资产投资

固定资产投资即将资金投放于房屋建筑物、机器设备、运输设备、工器具等固定资产。

2. 无形资产投资

无形资产投资即将资金投放于专利权、非专利技术、商标权等无形资产。

3. 其他资产投资

其他资产投资即将资金投放于上述资产之外的其他长期性资产，如土地使用权、商誉、开办费等。

（三）按照投资的顺序与性质，分为先决性投资和后续性投资

1. 先决性投资

先决性投资是指必须对某项目进行投资，才能使其后或同时进行的其他投资实现收益。例如，企业为了扩大生产能力引进新的生产线，为使新的生产线能够正常运转，就必须有电力保障，这里的电力投资就属于先决性投资。

2. 后续性投资

后续性投资是指在原有基础上进行的投资，投资建成后将发挥同样作用或更有效地发挥同一作用或性能，能够完善或取代现有的投资。

（四）按照投资的时序与作用，分为创建企业投资、简单再生产投资和扩大再生产投资

1. 创建企业投资

创建企业投资是指为创建一个新企业的投资。投入资金为新建企业的原始资产。如新建一个分公司或子公司。

2. 简单再生产投资

简单再生产投资是指为更新生产经营中已经不再满足生产经营需要的过时设备所进行的投资。其特点是把原来的生产经营过程中回收的资金重新再投入生产经营过程中，维持原有的生产经营规模。

3. 扩大再生产投资

扩大再生产投资是指为了扩大企业现有的生产经营规模所进行的投资。这时企业需要追加投入资金，从而扩大企业的资产规模。

（五）按照增加利润的途径，分为增加收入的投资和降低成本的投资

1. 增加收入的投资

增加收入的投资是指通过扩大企业生产经营规模或营销活动来增加企业的收

入,进而增加利润的投资。其投资决策规则是评价投产后所产生的现金流入量是否增加。

2. 降低成本的投资

降低成本的投资是指维持企业现有生产经营规模,通过降低生产经营成本间接增加企业利润的投资。其投资决策规则是评价投产后企业在降低成本中所获得的收益情况。

(六) 按照投资之间的关系,分为独立性投资、相关性投资和互斥性投资

1. 独立性投资

独立性投资是指当采纳或放弃某一方案时,并不影响另一方案的采纳或放弃。

2. 相关性投资

相关性投资是指当采纳或放弃某一方案时,会显著影响另一项投资。如投资建设一工业生产厂房和相关生产设备的投资就属于相关性投资。

3. 互斥性投资

互斥性投资是指接受某一投资就必须放弃另一投资,简言之,就是非此即彼,几个可行方案中只能选其一。如某开发商在同一块土地上要么开发普通的高层住宅,要么开发高档别墅,要么开发写字楼,在这几个方案中只能选其一,就属于互斥性投资。

研究投资的分类,可以更好地掌握投资的性质和彼此之间的相互关系,有利于投资决策者抓住重点,分清主次。明确投资的分类,有利于企业投资决策者做出正确的决策。

四、长期投资决策程序

企业投资决策一般按下列步骤进行:

(一) 确定投资目标

投资决策首先要弄清楚投资所要达到的目的或者需要解决的问题。如企业扩张是内涵扩张还是外延扩张?若是外延扩张,是专业化扩张还是多元化扩张?

(二) 提出备选方案

投资决策目标确定以后,就要提出备选方案。有时只有一个备选方案,有时可能提出多个备选方案。提出备选方案是投资决策分析的重要环节,决策分析是建立在备选方案的基础之上的。

(三) 收集可计量信息

在提出备选方案后,要就每一方案尽可能多地收集可计量的信息,如投资的未来现金流入量、流出量等。这些信息可以从本企业以及其他企业以前同类或类似投资中获取,再根据具体情况进行适当的调整。

(四) 比较分析

在完成信息收集的基础上,选择并利用适当的投资评价方法,计算分析各备选方案的相关评价指标,判断各方案是否可行。

（五）最终决策

在对各备选方案的比较分析的基础上，充分考虑各种可计量和不可计量信息，然后最终提出最优方案。

第二节 投资决策应考虑的基本因素

在正式介绍长期投资决策的分析、评价标准和方法之前，首先应了解以下几个影响投资决策分析的重要因素。

一、资金时间价值

（一）资金时间价值的含义

资金时间价值，又称货币时间价值，是指资金经历一定时间的投资和再投资所增加的价值，是一定量的资金在不同时点上价值量的差额。

资金投入生产经营过程后，其数额随着时间持续不断增长。资金时间价值的本质是在资金周转使用过程中产生的，资金的循环和周转以及因此实现的货币增值，需要或多或少的时间，每完成一次循环，货币就增加一定数额，周转的次数越多，增值额也越大。因此，随着时间的延续，货币总量在循环和周转中以几何级数增长，使得货币具有时间价值。资金的时间价值相当于没有风险和没有通货膨胀条件下的社会平均资金利润率。每个企业在进行投资决策时，都希望至少要取得符合社会平均资金利润率的回报。因此，资金时间价值成为评价投资方案的基本标准。

货币随时间的延续而增值，现在的 1 元钱与将来的 1 元钱在经济上是不等效的。由于不同时间单位货币的价值不相等，所以，不同时间的货币收入不宜直接进行比较，需要把它们折算到相同的时间基础上，然后才能进行大小的比较和比率的计算。长期投资的投资金额大、投资回收期长。长期投资支出的资金既可能是一次性的，也可能是分期分次的。而这些投资支出将会在固定资产整个寿命期内分期分次逐渐收回，不同时间收付的资金其时间价值大小是不同的。因此，企业在进行长期投资决策时必须考虑货币时间价值的影响，即将不同时间所发生的资金收付按统一口径计算其时间价值，这样得出的结论才能更客观、可靠。

（二）资金时间价值在投资决策中的作用

资金时间价值是进行投资决策的重要依据。

在短期投资决策中，资金时间价值的计算通常用机会成本来反映。比如，现金的持有量决策、信用政策决策、存货最佳采购批量决策等都存在机会成本的计算问题。只有考虑资金时间价值，正确地计算机会成本，才能正确地进行短期投资决策。

在长期投资决策中，考虑资金时间价值的动态分析方法（贴现现金流量法）已经居于主导地位。不论是分析项目投资在经济上是否可行，还是比较各项目投资方案在经济上的优劣，都需要将项目投资的现金流量按时间价值率（及附加的风险补偿率）

换算成现值，才能做出进一步的经济评价。

（三）资金时间价值的原理及计算

要正确进行投资决策，就必须弄清楚在不同时点上收付的资金价值之间的数量关系，掌握各种时间价值的计算原理。

资金时间价值有相对数和绝对数两种表现形式，绝对数叫资金时间价值额，相对数叫资金时间价值率。一般用“终值”和“现值”两个概念来表示不同时点的价值。终值是指现在收到或付出一定数量的资金经过一定时间后的价值，数额上包括本金和时间价值，又称“本利和”或“到期值”。现值是指以后某一个时点收到或付出一定数量的资金的现在价值，又称“本金”。

进行现值和终值的换算，目前有单利和复利两种利息计算方法。收（付）款方式又可以分为一次性收（付）款、等额系列收（付）款和不等额系列收（付）款三种方式。由于资金随时间推移的增长过程跟复利的计算过程在数学上相似，因此，在换算时广泛使用复利计算的各种方法。一次性收（付）款的终值和现值也称复利终值和复利现值。

除非特别指明，在计算利息时，给出的利率都是年利率，年利率在换算成月利率和日利率时，一般按一年 12 个月、每个月 30 天折算。

以下是在资金时间价值计算中常用的符号：

P——现值；

F——终值；

A——年金；

I——利息；

i——利率、折现率；

n——折现期。

1. 单利终值与现值的计算

在单利方式下，本金能带来利息，利息必须在提出以后再以本金形式投入才能生利，否则不能生利。

（1）单利终值。单利终值的一般计算公式为：

$$F = P + P \cdot i \cdot n = P \cdot (1+i \cdot n)$$

【例 7–1】 某企业于 2017 年 1 月 1 日从银行借入一笔固定资产购建贷款，本金 5 000 万元，年利率 9%，期限 3 年，到期一次还本付息，利息按单利计算。则该企业到期应归还的本利和为多少？

$$F=5\,000 \times (1+9\% \times 3)=6\,350\text{（万元）}$$

（2）单利现值。单利现值的计算同单利终值的计算是互逆的。由终值计算现值，叫作贴现（或折现）。单利现值一般计算公式为：

$$P = F/(1+i \cdot n)$$

【例 7–2】 某企业预计在 4 年后购置一房屋，需要资金 7 000 万元。若年利率 10%，在单利计息方式下，现在应一次性存入银行多少资金？

$$P = 7\,000 \div (1+10\% \times 4)=5\,000\text{（万元）}$$

2. 复利终值与现值的计算

在复利计息方式下，本金能生利，利息在下期则转列为本金，与原来的本金一起计算。

(1) 复利终值。复利的终值是一定量的本金按复利计算若干期后的本利和。复利终值一般计算公式为：

$$F = P\cdot(1+i)^{n}=P\cdot(F/P,i,n)$$

式中：$(F/P,i,n)$表示年利率为 i，复利年限为 n 的复利终值系数，可以在复利终值系数表中查询其数值。

【例 7–3】 某企业在银行存入 5 年期定期存款 20 000 000 元，年利率为 7%，按复利计算，5 年后的本利和为多少？

$$20\,000\,000\times(1+7\%)^{5}=20\,000\,000\times1.403=28\,060\,000\text{（元）}$$

(2) 复利现值。复利现值是复利终值的逆运算，它是指今后某一特定时间收到或付出一笔款项，按折现率 i 所计算的现在时点的价值。其计算公式为：

$$\begin{aligned}P &= F\cdot(1+i)^{-n}\\ &= F/(1+i)^{n}\\ &= F\cdot(P/F,i,n)\end{aligned}$$

式中：$(P/F,i,n)$表示年利率为 i，复利年限为 n 年的复利现值系数。

【例 7–4】 某企业一项目投资 4 年后可得收益 40 000 万元，年回报率为 7%，其现在应一次性投入多少？

$$40\,000\times(1+7\%)^{-4}=40\,000\times0.763=30\,520\text{（万元）}$$

3. 年金终值与年金现值的计算

年金是指在一定时期内每期期末（或期初）收、付款相等的金额。按其每次收付发生的时点不同，可分为普通年金、即付年金、递延年金、永续年金等。如折旧、租金、保险金等。

(1) 普通年金。普通年金，是指在每期期末收到或支付相等金额的年金形式，又称为后付年金。它的基本特征是从第一期期末起各期末都发生系列等额的款项。由于期末收付款项在日常生活中比较普遍，故称普通年金。

① 普通年金终值的计算。普通年金终值是一定时期内每期期末收付款项的复利终值之和。其计算方法如图 7–1 所示。

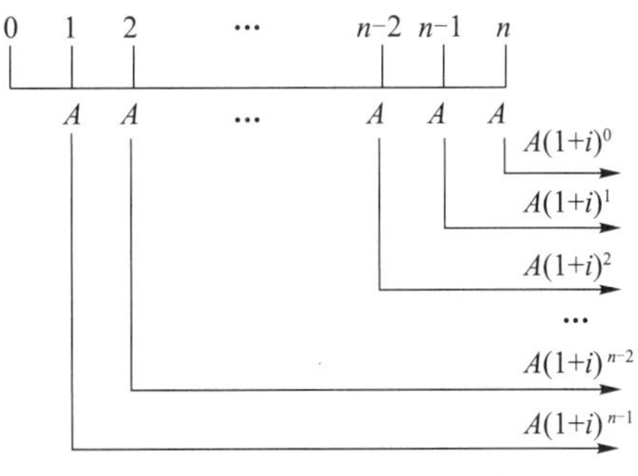

图 7–1　普通年金终值计算原理

由图 7–1 可知，年金终值的计算公式为：

$$F= A\cdot(1+ i)^{0}+ A\cdot(1+ i)^{1} + A\cdot(1+ i)^{2} + \cdots+ A\cdot(1+i)^{n-2}+A\cdot(1+i)^{n-1} \quad (1)$$

将 (1) 式两边同时乘以 $(1+i)$ 得：

$$F\cdot(1+ i) = A\cdot(1+ i)^{1}+ A\cdot(1+ i)^{2} + \cdots+ A\cdot(1+i)^{n-1}+A\cdot(1+i)^{n} \quad (2)$$

将 (2) 式减去 (1) 式得：

$$F\cdot i=A\cdot(1+ i)^{n}-A\cdot(1+ i)^{0}=A\cdot[(1+ i)^{n}-1]$$

即：

$$F=A\times\frac{(1+i)^{n}-1}{i}=A\times(F/A,i,n)$$

式中:$(F/A,i,n)$表示年利率为 i,复利年限为 n 的年金终值系数。

【例 7–5】 某企业对另一企业每年年末等额投资 1 000 万元,连续 5 年,年回报率 10%。则 5 年期满后可累计收回本利和为:

第 5 年年末投资的终值 $=1\ 000\times(1+10\%)^{0}=1\ 000$(万元)

第 4 年年末投资的终值 $=1\ 000\times(1+10\%)^{1}=1\ 100$(万元)

第 3 年年末投资的终值 $=1\ 000\times(1+10\%)^{2}=1\ 210$(万元)

第 2 年年末投资的终值 $=1\ 000\times(1+10\%)^{3}=1\ 331$(万元)

第 1 年年末投资的终值 $=1\ 000\times(1+10\%)^{4}=1\ 464$(万元)

5 年期满后可得本利和为 6 105 万元。

或直接按普通年金终值计算公式计算:

$$5\text{ 年期满后可得本利和}=1\ 000\times\frac{(1+10\%)^{5}-1}{10\%}=6\ 105(\text{万元})$$

还可以通过查找年金终值系数表求得:

5 年期满后可得本利和 $=1\ 000\times(F/A,10\%,5)=1\ 000\times6.105=6\ 105$(万元)

② 普通年金现值的计算。普通年金现值是一定时期内每期期末支付款项的复利现值之和。其计算方法如图 7–2 所示。

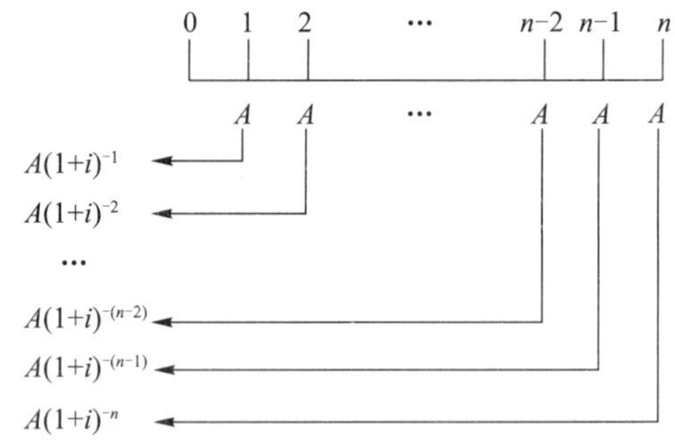

图 7–2 普通年金现值计算原理

原理如前,由图 7–2 可推导出年金现值计算公式为:

$$P=A\times\frac{1-(1+i)^{-n}}{i}=A\times(P/A,i,n)$$

式中:$(P/A,i,n)$表示年利率为 i,复利年限为 n 的年金现值系数。

【例 7–6】 某投资项目于 2017 年年初动工,设当年投产,从投产之日起每年可得收益 4 000 万元。按年利率 6 % 计算,则预期 10 年收益的现值为:

$$P=4\ 000\times\frac{1-(1+6\%)^{-10}}{6\%}=4\ 000\times7.360=29\ 440(\text{万元})$$

(2) 即付年金。即付年金是指在每期期初收到或支付相等金额的年金形式,又称为先付年金或预付年金。

① 即付年金终值的计算。根据普通年金终值计算原理,即付年金终值计算公式为:

$$\begin{aligned}F&=A\times(1+i)^{1}+A\times(1+i)^{2}+\cdots+A\times(1+i)^{n}\\&=A\times\left[\frac{(1+i)^{n+1}-1}{i}-1\right]\\&=A\times[(F/A,i,n+1)-1]\end{aligned}$$

式中:$[(F/A,i,n+1)-1]$为即付年金终值系数。

【例 7-7】 某企业连续六年于每年年初对甲公司等额投资 3 000 万元,年回报率为 5%。则 5 年后可收回本利和:

$$
\begin{aligned}
F&=A\times[(F/A,i,n+1)-1]\\
&=3\,000\times[(F/A,5\%,7)-1]\\
&=3\,000\times(8.142-1)\\
&=21\,426(\text{万元})
\end{aligned}
$$

②即付年金现值的计算。根据普通年金现值计算原理,即付年金现值计算公式为:

$$
\begin{aligned}
P&=A\times\frac{1-(1+i)^{-n}}{i}\times(1+i)\\
&=A\times\left[\frac{1-(1+i)^{-(n-1)}}{i}+1\right]\\
&=A\times[(P/A,i,n-1)+1]
\end{aligned}
$$

式中:$[(P/A,i,n-1)+1]$为即付年金现值系数。

【例 7-8】 某企业拟采用分期付款方式购买一栋写字楼,每年年初等额付款 1 500 万元,分 10 年付清。若银行利率为 6 %,该项分期付款相当于一次现金支付的购价是多少?

$$
\begin{aligned}
P&=A\times[(P/A,i,n-1)+1]\\
&=1\,500\times[(P/A,6\%,9)+1]\\
&=1\,500\times(6.802+1)\\
&=11\,703(\text{万元})
\end{aligned}
$$

(3) 递延年金。递延年金是指最初若干期没有收付款,而随后若干期等额的系列收付款项。递延年金是普通年金的特殊形式,凡不是从第一年开始的年金都是递延年金。递延年金的终值实际上就是普通年金的终值之和。

递延年金的终值计算原理如下:

假设没有年金的期限为 m 期,有年金的期限为 n 期,则递延年金现值的计算方法有两种:

方法一:把递延年金视为 n 期的普通年金,求出递延期末的现值,然后再将此现值调整到第一期期初。其计算公式为:

$$P=A\times(P/A,i,n)\times(P/F,i,m)$$

方法二:假设递延期也进行支付,先求出 n 期的年金现值,然后,扣除实际未支付的递延的年金现值,即可求出结果。其计算公式为:

$$P=A\times(P/A,i,n)-A\times(P/A,i,m)=A\times[(P/A,i,n)-(P/A,i,m)]$$

(4) 永续年金。永续年金是指无限期等额收付的特种年金。可视为普通年金的特殊形式,即期限趋于无穷大的普通年金。在现实工作中,符合永续年金的例子比较少,如存本取息、购买优先股定期取得的固定股利等。由于永续年金持续期无限,故没有终值,只能计算现值。永续年金现值的公式可通过普通年金现值的计算公式导出:

$$P=A\times\frac{1-(1+i)^{-n}}{i}$$

当 $n\to\infty$ 时，$(1+i)-n$ 的极限为零，故上式可写成：

$$P=A/i$$

【例 7–9】 某企业拟建立一项永久性的奖学金，每年计划颁发 200 万元奖学金。若利率为 10%，则现在应存入多少钱？

$$P=200\div10\%=2\ 000\text{（万元）}$$

4. 名义利率与实际利率

在复利计算中，当一年内不止复利一次时，就出现了名义利率和实际利率的概念。

（1）名义利率。计息周期短于一年，而使用的利率又是年利率时，给出的年利率是名义利率。若计息周期的利率为 i，则名义利率 r 等于计息周期利率 i 乘以一年内计息周期个数 m，即：

$$r=i\times m$$

如月利率为 0.8%，则年利率为 9.6%，即此处计息周期为月，计息周期的利率 i 为 0.8%，一年内计息周期个数 m 为 12。很显然，计算名义利率时忽略了前面各期利息再生的因素，这与单利的计算相同。

（2）实际利率。实际利率指按照计息周期的利率和一年内计息周期的次数进行复利计算得到的年利率，是真实反映资金时间价值的利率，又称有效利率。

已知名义利率为 r，一年内计息 m 次，则计息周期的利率 i 为 r/m，在计息期初有资金 P，根据一次支付终值公式可得实际年利率 F，即：

$$F=P\times\left(1+\frac{r}{m}\right)^{m}$$

则实际年利息 I 为：

$$I=F-P=P\times\left(1+\frac{r}{m}\right)^{m}-P=P\times\left[\left(1+\frac{r}{m}\right)^{m}-1\right]$$

即实际年利率 $ieff$ 为：

$$ieff=\frac{I}{P}=\left(1+\frac{r}{m}\right)^{m}-1$$

现设名义年利率 r=10%，则分别按年、半年、季、月、日计息的实际年利率如表 7–3 所示。

表 7–3 实际利率与名义利率的关系

名义年利率（r）	计息周期	年计息次数（m）	计息周期利率（$i=r/m$）	实际年利率（$ieff$）
10%	年	1	10%	10%
	半年	2	5%	10.25%
	季	4	2.5%	10.38%
	月	12	0.833%	10.47%
	日	365	0.027 4%	10.52%

从表 7-3 可以看出，每年计息次数 m 越多，实际利率 $ieff$ 与名义利率 r 相差越大；另一方面，名义利率为 10%，按季度利率 2.5% 计息与按年利率 10.38% 计息，二者是等价的。所以，在工程经济分析中，如果各方案的计息期不同，就不能简单地使用名义利率来评价，而必须换算成有效利率进行评价，否则会得出不正确的结论。

二、资本成本

（一）资本成本的含义

资本成本是指企业为筹集和使用资金而付出的代价。广义地讲，资本成本指企业筹集和使用所有资金所付出的代价，包括长期资金的成本和短期资金的成本。狭义的资本成本仅指筹集和使用长期资金（包括自有资本和借入长期资金）的成本。由于长期资金也被称为资本，所以通常资本成本采用狭义的概念，即长期资金的成本。

资本成本包括资金筹集费和资金占用费两部分。资金筹集费指在资金筹集过程中支付的各项费用，如发行股票、债券支付的印刷费、发行手续费、律师费、资信评估费、公证费、担保费、广告费等。资金占用费指占用资金支付的费用，如股票的股息、银行借款和债券利息等。相比之下，资金占用费是筹资企业经常发生的，而资金筹集费通常在筹集资金时一次性发生，因此在计算资本成本时可作为筹资金额的一项扣除。

资本成本可以用绝对数表示，也可以用相对数表示。通常情况下以相对数的形式表示资本成本，即资本成本率。其计算公式如下：

$$\text{资本成本率}=\frac{\text{资金占用费}}{\text{筹资总额}-\text{筹资费}}\times 100\%$$
$$=\frac{\text{资金占用费}}{\text{筹资总额}(1-\text{筹资费率})}\times 100\%$$

资本成本可有多种计量形式。在比较各种筹资方式中，使用个别资本成本，包括普通股成本、留存收益成本、长期借款成本、债券成本；在进行资本结构决策时，使用加权平均资本成本；在进行追加筹资决策时，则使用边际资本成本。

公司成本受多种因素影响，主要包括总体经济环境、证券市场条件、企业内部的经营和融资状况、项目融资规模。

（二）公司资本成本和项目资本成本

公司资本成本，是指组成公司资本结构的各种资金来源的成本的组合，也就是各种资本要素成本的加权平均数。公司资本成本是投资人针对整个公司要求的报酬率，或者说是投资人针对企业全部资产要求的最低报酬率。投资项目的资本成本是指项目本身所需投资资本的机会成本。项目资本成本也是公司投资与资本支出项目所要求的最低报酬率。

每个项目有自己的机会资本成本。因为不同投资项目的风险不同，所以它们要求的最低报酬率不同。风险高的投资项目要求的报酬率高，风险低的投资项目要求的报酬率较低。项目资本成本的高低主要取决于资金运用于什么样的项目，而不是资金的来源。

考虑风险时，如果公司新的投资项目的风险与企业现有资产平均风险相同，则项目资本成本等于公司资本成本；如果新的投资项目的风险高于企业现有资产的平均风险，则项目资本成本高于公司资本成本；如果新的投资项目的风险低于企业现有资产的平均风险，则项目资本成本低于公司的资本成本。因此，每个项目都有自己的资本成本，它是项目风险的函数。

（三）资本成本的作用

资本成本在投资决策中具有重要作用。当采用净现值法评价投资项目时，项目资本成本是计算净现值的折现率；当采用内含报酬率法评价投资项目时，项目资本成本是其“取舍率”或最低报酬率。因此，项目资本成本是项目投资评价的基础。而加权平均资本成本则是投资决策的依据，一方面它是平均风险项目要求的最低报酬率，一般情况下只有当投资回报高于加权平均资本成本时才能获利，才能进行投资；另一方面它也是其他风险项目资本成本的调整基础。因此在进行投资决策时，资本成本是重要的考虑因素。

（四）资本成本的计算

1. 个别资本成本

（1）债务资本成本。

① 不考虑资金时间价值的债务资本成本。债务资本成本包括利息的支付和融资费用等，由于利息作为投资费用计入所得税前成本费用内，有抵税作用，因此，企业实际负担的成本应为税后成本。其计算公式为：

$$K_b=\frac{L(1-T)}{B(1-f)}\times 100\%$$

式中：K_b 表示债务资本成本；L 表示各年支付的债务利息额；T 代表所得税税率；B 代表债务总额；f 表示债务融资费率。

【例 7–10】 某企业平价发行一批面值为 100 万元的债券，票面利率为 12%，融资费率为 2%，公司所得税税率为 25%。试求该债券的成本。

根据债务资本成本计算公式有：

$$K_b = 100\times 12\%\times(1-25\%)/[100\times(1-2\%)]\times 100\% = 9.18\%$$

② 考虑资金时间价值的债务成本。考虑资金时间价值的债务成本即债务的到期收益率，可以用到期收益率法计算债务的税前成本。

$$P_0=\sum_{t=1}^{n}\frac{I_t+P_t}{(1+k_d)^t}$$

式中：P_0 为期初债务资本；I_t 为第 t 期支付的利息；P_t 为第 t 期偿还的本金；k_d 为债务到期收益率，即税前债务成本率；n 为债务期数。

则债务的税后成本为：$k_L=k_d(1-T)$，T 为公司的所得税税率。如果考虑到债务的融资费用，则企业债务融资的实际融资额为 $P=P_0(1-f)$。债务的实际成本为：

$$k_L=k_d(1-T)/(1-f)$$

（2）权益资本成本。

① 普通股成本。普通股成本是指筹集普通股资金所需的成本。确定普通股成本的基本方法有三种，分别是资本资产定价模型（CAPM）、股利增长模型和债券收益加

风险报酬法(即风险溢价法)。

在估计权益成本时,使用最广泛的方法是资本资产定价模型。按照资本资产定价模型,权益成本等于无风险利率加上风险溢价。

$$K_S=K_F+K_R\times\beta$$

式中:K_S 为权益成本;K_F 为无风险报酬率;K_R 为市场风险报酬率;β 为个别股票相对于证券市场平均风险的风险程度。

这种方法的难点在于要求事先获得股票的 β 系数。

【例 7–11】 假设市场无风险报酬率为 10%,平均风险股票报酬率为 14%,某公司普通股 β 值为 1.2,则普通股的成本为:

$$K_S=10\%+1.2\times(14\%-10\%)=14.8\%$$

股利增长模型法是依照股票投资的收益率不断提高的思路计算权益资本成本。一般假定收益以固定的年增长率递增,则权益成本的计算公式为:

$$K_S=\frac{D_1}{V_0(1-f)}+g$$

式中:K_S 为权益成本;D_1 为预期第一年的股利;V_0 为普通股当前市价;f 为普通股融资费率;g 为股利的年增长率。

【例 7–12】 某公司普通股的现行市价为每股 15 元,第一年支付为每股 1.5 元,预计每年股利增长率为 6%,普通股融资费率 3%,则普通股成本为多少?

$$K_S=1.5/[15\times(1-3\%)]+6\%=16.31\%$$

这种方法的难点在于股利增长率的预计,另外,上述公式是假定股利每年以固定率持续增长,如果股利增长率是变动的或者股利呈间歇增长,则需对上式做相应的修正。

根据投资"风险越大,要求的报酬率越高"的原理,普通股股东对企业的投资风险大于债券投资者,因而会在债券投资者要求的收益率上再要求一定的风险溢价。依照这一理论,权益的成本公式为:

$$K_S=K_{dt}+RP_c$$

式中:K_S 为权益成本;K_{dt} 表示税后债务成本;RP_c 表示股东比债权人承担更大风险所要求的风险溢价。

RP_c 主要以普通股相对于债券而言的风险程度大小而定,一般只能从经验获得信息。资本市场经验表明,公司普通股的风险溢价对公司的债券而言,绝大部分在 3% 到 5% 之间。对风险较高的股票用 5%,风险较低的股票用 3%。

② 优先股资本成本。与债券相同,优先股的股利通常是固定的,因此,优先股成本与债券成本计算有相同之处。不同之处在于,优先股无届满期限,另外,优先股股利在所得税后支付,不涉及税款扣减问题。因此,优先股成本计算公式为:

$$K_p=\frac{D_p}{P_0(1-f)}\times100\%$$

式中:K_p 代表优先股资金成本率;D_p 代表优先股每年股利支出;P_0 代表优先股股金总额;f 代表融资费率。

【例 7–13】 某公司发行 100 万元优先股，发行费率为 5%，每年支付 10% 的股利。试计算该公司优先股成本。

$$K_p = 100 \times 10\% / [100 \times (1-5\%)] \times 100\% = 10.53\%$$

2. 加权平均资本成本

加权平均资本成本是公司各类资本成本与该类资本在企业全部资本中所占比重的乘积之和。其计算公式为：

$$WACC = \sum_{i=1}^{n} w_i k_i$$

式中：$WACC$ 表示加权平均资本成本；k_i 代表资本 i 的个别成本；w_i 代表资本 i 在全部资本中所占的比重；n 代表资本的种类。

【例 7–14】 某企业资本成本构成及加权平均资本成本如表 7–4 所示，计算加权平均资本成本。

表 7–4 某企业资本成本构成及加权平均资本成本计算表

项目	金额（万元）	个别成本（%）	比重（%）	加权成本（%）
债务	3 000	6.6	30	1.98
优先股	1 000	10.2	10	1.02
普通股	6 000	14.0	60	8.40
总计	10 000	—	100	11.40

根据加权平均资本成本的计算公式，可以计算得出该企业的加权平均资本成本 $WACC$ 为 11.40%。

三、投资风险价值

在长期投资中，由于其投资寿命期一般较长，在此期间技术水平、劳动力及材料价格以及社会经济环境、自然地理环境等都具有不确定性，长期投资的经济效果存在着不确定因素，不可能十分精确地估算其收益，因此，长期投资是具有风险的。本章将在第六节讲解风险对投资决策的影响，故此处不详述。

第三节 投资现金流量的测算

一、投资现金流量的含义

在投资决策中，现金流量指投资项目在计算期内因资本循环而可能或应该发生的各项现金流入量和流出量的统称。长期投资决策应以现金流入作为投资的收入，以现金流出作为投资的支出，以现金流入量与现金流出量的差额，即净现金流量作为投资的净收益，并以此作为评价该投资经济效益的基本依据。若现金流入量大于现金流出量，则净现金流量为正值；反之，若现金流入量小于现金流出量，则净现金流量为负值。

二、估算投资现金流量的假设

为简化现金流量的估算过程，在投资现金流量估算时，需要做出如下假设：

（一）投资的类型假设

假设投资只包括完整工业投资、单纯固定资产投资和固定资产更新改造投资三种类型。

（二）投资可行性分析假设

假设投资决策是从企业投资者立场出发，投资决策者确定现金流量就是为了进行投资的可行性分析研究，已经具备技术可行性和国民经济可行性。

（三）投资假设

假设在确定投资现金流量时，是站在企业自身立场上，考虑全部投资的运动情况，而不具体区分自有资金和借入资金等具体形式的现金流量。即使存在借入资金也将其作为自有资金对待（但在计算固定资产原值和总投资时，还需考虑建设期资本化利息因素）。在本假设下，长期投资的投资者是企业，而不是企业的投资者。

（四）运营期和折旧年限一致假设

假设投资主要固定资产的折旧年限或使用年限与其运营期相同。

（五）时点指标假设

为了便于使用时间价值的方法，不论现金流量具体内容所涉及的价值指标实际上是时点指标还是时期指标，均假设按照年末或者年初的时点指标处理。其中，建设所需投资均在建设期内年初或年末发生，流动资金投资则在年初发生；运营期内各年的收入、成本、折旧、摊销、利润、税金等的确认均在年末发生；最终报废或清理均发生在最终点（但更新改造除外）。在计算期数轴上，0表示第1年年初，1表示第1年年末或第2年年初，余下以此类推。

（六）确定性因素假设

假定与投资现金流量有关的价格、产销量、成本、所得税税率等因素均为已知常数。

（七）产销平衡假设

在投资决策中，假定运营期同一年的生产量等于该年的销售量。在这一假设下，假定按成本计算的当年成本费用等于按费用要素计算的成本费用。

三、现金流量的内容与估算

现金流量的内容可以从现金流入与现金流出的角度理解，也可以从发生时间的角度理解。

（一）从现金流入与现金流出的角度理解

我们分别从完整工业投资、单纯固定资产投资和固定资产更新改造投资三种投资类型来理解现金流入与现金流出。

1. 完整工业投资的现金流量

完整工业投资，简称新建投资，它是以新增工业生产能力为主的投资，其投资涉及内容比较广泛。

(1) 现金流入的内容。现金流入量是指能够使投资的现实货币增加的资金流入量，简称现金流入。完整工业投资的现金流入量主要包括以下内容：① 营业收入，是指投资建成投产后每年实现的全部销售收入或业务收入，它是投资运营期主要的现金流入。② 补贴收入，是指与投资运营期收益有关的政府补贴。③ 回收固定资产余值，是指投资的固定资产在终结点报废清理或中途变价转让处理时所回收的价值。④ 回收流动资金，主要是指新建投资在计算期完全终结时因不再发生新的替代投资而回收的原垫付的全部流动资金投资额。

(2) 现金流出的内容。现金流出量是指能够使投资的现实货币减少的资金流出量，简称现金流出。完整工业投资的现金流出量主要包括以下内容：① 建设投资，是指投资建设期内发生的主要现金流出量。② 流动资金投资，指在投资中发生的用于生产经营期周转使用的营运资金投资，又称为垫支流动资金。它是在投产前后分次或一次投放于流动资产的投资增加额。③ 经营成本，是指在投资建成投产后的运营期内为满足正常生产经营而动用现实货币资金支付的成本费用，又被称为付现的经营成本(简称付现成本)，它是运营期内最主要的现金流出量。④ 税费，包括税附和所得税。税附是指在营运期内应缴纳的消费税、资源税、城市维护建设税和教育费附加。所得税，是指计算所得税后净现金流量时必须考虑的现金流出。⑤ 维持运营投资，是指矿山、油田等为维持正常运营而需要在运营期投入的长期投资。

2. 单纯固定资产投资的现金流量

新建中的单纯固定资产投资，是指只涉及固定资产投资而不涉及其他长期资产投资和流动资金投资的项目。它往往以新增生产能力、提高生产效率为特征，现金流量比完整工业投资简单。

(1) 现金流入量增量的内容。其主要包括：① 增加的营业收入，是指固定资产投入使用后每年增加的全部销售收入或业务收入。② 回收固定资产余值，指该固定资产在终结点报废清理时所收回的价值。

(2) 现金流出量增量的内容。其主要包括：① 固定资产投资。② 新增经营成本，是指该固定资产投入使用后的运营期内每年增加的经营成本。③ 增加的税附，是指该固定资产投入使用后的运营期内因收入增加而每年增加的消费税、资源税、城市维护建设税和教育费附加。④ 增加的所得税，是指该固定资产投入使用后，因利润增加而增加的所得税。

3. 固定资产更新改造投资的现金流量

固定资产更新改造，包括以全新的固定资产替换原有同型号的旧固定资产的更新和以一种新型号的固定资产替换旧型号固定资产的改造两类。前者可以恢复固定资产的生产效率，后者则可以改善企业的经营条件。总之，它们都可能达到增产或降低成本的目的。固定资产更新改造投资的现金流量也常以增量方式进行计算，其内容比完整工业投资简单，但比单纯固定资产投资复杂。

(1) 现金流入量增量的内容。其主要包括:① 因使用新固定资产而增加的营业收入。② 处置旧固定资产的变现净收入,指在更新改造时因处置旧设备、厂房发生的变价收入与清理费用之差。③ 使用新固定资产的成本费用节约。④ 新旧固定资产回收固定资产余值的差额,指按照旧固定资产原定报废年份计算的,新固定资产当时余值大于旧固定资产设定余值形成的差额。

(2) 现金流出量增量的内容。其主要包括:① 新固定资产的购置成本。② 新固定资产需要增加的成本费用。如果使用新固定资产产生成本费用节约,则属于现金流入。③ 新固定资产需要流动资金投资。④ 增加的税附及所得税,包括使用新固定资产增加的消费税、资源税、城市维护建设税和教育费附加及因利润增加而增加的所得税。

4. 净现金流量

前面分别从完整工业投资、单纯固定资产投资和固定资产更新改造投资三种投资类型介绍了现金流入与现金流出的内容,而每年净现金流量(Net Cash Flow,NCF)则等于每年现金流入减去现金流出,净现金流量也称为现金净流量,用公式表示为:

$$\text{年净现金流量}(NCF)=\text{年现金流入量}-\text{年现金流出量}$$

年净现金流量分析是进行投资决策的基础,将在下节的投资决策评价指标中得到运用。

(二) 从现金流量发生的时间角度理解

按照现金流量发生的时间,投资的现金流量可以分为初始阶段现金流量、营业阶段现金流量和终结阶段现金流量。因为这种分类方法方便现金流量的计算,因此,一般在进行投资决策分析时,对现金流量的计算分析,往往是以该种划分为基础进行的。

1. 初始阶段现金流量

初始阶段现金流量一般包括以下几个方面:

(1) 投资前期费用。投资前期费用是指正式投资之前为投资准备工作而花费的各种费用,主要包括勘察设计费、技术资料费、土地购置费以及其他费用,属于现金流出。投资前费用总额在综合考虑以上费用的基础上,合理加以预测确定。

(2) 设备购置费用。设备购置费用是指为购买投资所需各项设备而花费的费用,属于现金流出。企业投资人员应根据所需设备的数量、规格、型号、性能、价格水平、运输费用等预测确定设备购置费用的多少。

(3) 设备安装费用。设备安装费用是指为安装各种需要安装的设备所需的费用,属于现金流出。这部分费用主要是根据需要安装设备的多少、安装的难度、安装的工程量、当地的建筑安装造价标准进行预测确定。

(4) 营运资金的垫支。在投资决策中,垫支的营运资金是指在运营期内长期占用并周转使用的资金。这部分营运资金的垫支一般要到寿命终结时才能收回,所以这种投资应看作是长期投资,而不属于短期投资。垫支的营运资金也属于现金流出。

某年营运资金投资额(垫支数)= 本年营运资金需用数 - 截至上年的营运资金投资额

本年营运资金需用数 = 该年流动资产需用数 - 该年流动负债需用数

上式中的流动资产需要考虑存货、货币资金、应收账款和预付账款等内容;流动负债需要考虑应付账款和预收账款等。

【例 7-15】 A 企业某项投资投产第一年预计流动资产需用额为 3 500 万元,流动负债可用额为 1 500 万元;投产第二年预计流动资产需用额为 4 000 万元,流动负债可用额为 2 000 万元。

① 投产第一年的营运资金需用数 = 第一年流动资产需用数 - 第一年流动负债可用数

=3 500-1 500

=2 000(万元)

② 第一年营运资金投资额 = 第一年的营运资金需用数 - 截至上年的营运资金投资额

=2 000-0

=2 000(万元)

③ 投产第二年的营运资金需用数 = 第二年流动资产需用数 - 第二年流动负债可用数

=4 000-2 000

=2 000(万元)

④ 第二年营运资金投资额 = 第二年的营运资金需用数 - 截至上年的营运资金投资额

=2 000-2 000

=0(万元)

现在垫支的营运资金为 2 000 万元,投资终结点则回收营运资金 2 000 万元。

(5) 原有固定资产的变价收入扣除相关税费后的净收益。变价收入主要是指固定资产更新时变卖原有固定资产所得的现金收入,属于现金流入。

(6) 不可预见费。不可预见费是指在投资正式进行之前不能完全估计到但又可能发生的一系列费用,如设备价格的上涨、自然灾害的出现,等等,属于现金流出。这些因素也要合理预测确定,以便为现金流量的预测留有余地。

2. 营业阶段现金流量

营业现金流量一般以年为单位进行计算。在这里,现金流入一般是指营业现金收入,现金流出一般是指营业现金支出和税费的缴纳。一个投资每年的销售收入等于营业现金收入,付现营业成本等于营业现金支出。付现成本,是指在经济期内为满足正常生产经营而动用货币资金支付的成本费用,而累计折旧、累计摊销等则不属于需要支付现金的成本。付现成本是所有类型的投资在经营期都要发生的主要现金流出量,它与融资方案无关。其估算公式如下:

某年付现成本

= 该年外购原材料、燃料和动力费 + 该年工资及福利费 + 该年修理费 + 该年其他费用

= 该年不包括投资费用的总成本费用 - 该年折旧额 - 该年无形资产和开办费的摊销额

其中，该年其他费用不包括折旧费和摊销费用，即付现成本不包括折旧费和摊销费。则每年营业现金净流量（NCF）可按如下公式计算：

每年营业现金净流量（NCF）

= 年营业收入 – 年付现营业成本 – 所得税

= 年营业收入 –（年所有成本费用 – 年折旧及摊销费用）– 所得税

=（年营业收入 – 年所有成本费用 – 所得税）+ 年折旧及摊销费用

= 税后净利 + 年折旧及摊销费用

【例 7–16】 A 企业某项投资投产后第 1—5 年每年可预计外购原材料、燃料和动力费为 50 万元，工资及福利费为 30 万元，其他费用为 10 万元，每年折旧费为 20 万元，无形资产摊销为 5 万元；第 6—10 年每年不包括投资费用的总费用不变，年折旧费为 20 万元，无形资产摊销费为 0 万元。请问第 1—5 年和第 6—10 年的付现成本分别是多少？

投产后第 1—5 年付现成本

= 该年外购原材料、燃料和动力费 + 该年工资及福利费 + 该年修理费 + 该年其他费用

=50+30+10=90（万元）

则第 1—5 年的总费用 =90+20+5=115（万元）

投产后第 6—10 年付现成本 =115–20–0=95（万元）

【例 7–17】 A 公司准备购入一条生产线以扩大生产能力，现有甲、乙两个方案可供选择。甲方案需投资 15 000 元，一年后建成投产。使用寿命为 6 年，采用直线法计提折旧，6 年后设备无残值。6 年中每年的销售收入为 6 000 元，每年的付现成本为 2 500 元。乙方案需投资 18 000 元，一年后建成投入运营，该方案生产线的使用寿命也是 6 年，采用直线法计提折旧，6 年后有残值 3 000 元。6 年中每年销售收入为 8 500 元，付现成本第一年为 3 000 元，以后每年将增加修理费 300 元。假设所得税税率为 25%，试计算两方案营业阶段各年的现金流量。

(1) 首先，计算两方案每年的折旧额：

甲方案每年的折旧额 =15 000/6 =2 500（元）

乙方案每年的折旧额 =（18 000–3 000）/6 =2 500（元）

(2) 计算两个方案各年的营业现金流量，见表 7–5。

表 7–5　两个方案的营业现金流量表　　单位：元

项目	第 2 年	第 3 年	第 4 年	第 5 年	第 6 年	第 7 年
甲方案：						
销售收入①	6 000	6 000	6 000	6 000	6 000	6 000
付现成本②	2 500	2 500	2 500	2 500	2 500	2 500
折旧③	2 500	2 500	2 500	2 500	2 500	2 500
税前利润④ = ① – ② – ③	1 000	1 000	1 000	1 000	1 000	1 000
所得税⑤ = ④ × 25%	250	250	250	250	250	250
税后利润⑥ = ④ – ⑤	750	750	750	750	750	750

续表

项目	第 2 年	第 3 年	第 4 年	第 5 年	第 6 年	第 7 年
营业现金流量⑦ = ③ + ⑥	3 250	3 250	3 250	3 250	3 250	3 250
乙方案:						
销售收入①	8 500	8 500	8 500	8 500	8 500	8 500
付现成本②	3 000	3 300	3 600	3 900	4 200	4 500
折旧③	2 500	2 500	2 500	2 500	2 500	2 500
税前利润④ = ① - ② - ③	3 000	2 700	2 400	2 100	1 800	1 500
所得税⑤ = ④ × 25%	750	675	600	525	450	375
税后利润⑥ = ④ - ⑤	2 250	2 025	1 800	1 575	1 350	1 125
营业现金流量⑦ = ③ + ⑥	4 750	4 525	4 300	4 075	3 850	3 625

3. 终结阶段现金流量

终结阶段现金流量主要包括:

(1) 固定资产残值收入或变价收入(扣除所需上缴的税费之后的净收入)。

(2) 原有垫支在各种流动资产上的资金的收回。

(3) 停止使用的土地的变价收入等。

终结点现金流量 = 收回的垫支营运资金 + 固定资产及其他资产变现收入

【例 7–18】 A 企业某项投资垫付的营运资金为 2 500 万元,终结点固定资产变现收入为 1 000 万元。

终结点现金流量 = 收回的垫支营运资金 + 固定资产变现收入
=2 500+1 000=3 500(万元)

四、估算现金流量应注意的问题

现金流量的估算以对多种变量的估计为基础,例如售价、销售量、成本费用额、资本成本等,而这些变量会受到内外因素的影响。外部因素包括政治因素、经济因素、社会因素和技术因素等。内部因素包括企业的经营管理、生产流程再造、成本控制、营销策划等。只要上述因素中的一项或几项发生变化,就可能对现金流量产生重大影响。因此,在实际工作中,估算现金流量要综合考虑众多因素的影响,是投资中最耗时耗力的一个环节。

在估算现金流量时主要应注意以下几个问题:

(一) 计算增量现金流量时应考虑的问题

在确定与投资方案相关的现金流量时,应遵循的最基本原则是:只有增量现金流量才是与决策相关的现金流量。所谓增量现金流量,是指接受或拒绝某个投资方案后,企业总现金流量因此而发生的变动。即对于两方案相同的现金流量不予考虑,只考虑引起变化的现金流量。这时需要考虑如下问题:

1. 区分相关成本和非相关成本

相关成本是指与特定决策相关的、在分析评价时必须加以考虑的成本。例如,差额成本、未来成本、重置成本、机会成本等都属于相关成本。与此相反，与特定决策无关的、在分析评价时不必加以考虑的成本是非相关成本。例如，沉没成本、账面成本等往往是非相关成本。

例如，新世纪能源总公司在2015年曾经提出一项新建新能源的项目建议，并请一家会计公司做过可行性分析，支付咨询费8 500万元。后来由于本公司有了更好的投资机会，该项目被搁置下来，该笔咨询费作为费用已经入账了。2018年旧事重提，在进行投资分析时，不管本公司是否采纳新建这个新能源项目的方案，它都无法收回，所以该费用与公司未来的总现金流量无关，属于沉没成本。

如果将非相关成本纳入投资方案的总成本，则一个有利的方案可能因此变得不利，一个较好的方案可能变成较差的方案，从而造成决策错误。

2. 考虑机会成本

在投资方案的选择中，如果选择了一个投资方案，则必须放弃投资于其他项目的机会。其他投资机会可能取得的最大收益是实行本方案的一种代价，被称为这项投资方案的机会成本。机会成本是相关成本，应予考虑。

例如，上述公司新建新能源的投资方案，需要使用公司拥有的一块土地。在进行投资分析时，因为公司不用动用资金去购置土地，可否不将此土地的成本考虑在其中呢？答案是否定的。因为若该公司不利用此土地进行新能源项目建设，则可将这块土地移做他用，并取得一定的收入。只是由于在这块土地上进行新能源项目建设才放弃了这笔收入，而这笔收入代表投资新能源项目使用土地的机会成本。假设出售这块土地可净得8.5亿元，它就是投资新能源的一项机会成本。值得注意的是，不管该公司当初是以1亿元还是以20亿元购进这块土地，都应以现行市价作为这块土地的机会成本。

机会成本不是我们通常意义上的“成本”，它不是一种支出或费用，而是失去的最大收益。这种收益不是实际发生的，而是潜在的。机会成本总是针对具体方案的，离开被放弃的方案就无从计量确定。

机会成本在决策中的意义在于，它有利于全面考虑可采取的各种方案，以便为既定资源寻求最为有利的使用途径。

3. 考虑投资方案对公司其他方面的影响

我们采纳一个新的方案后，可能对公司的其他方面造成有利或不利的影响，这也是潜在成本，如果不采取该方案，则此成本不会发生，因此也属于相关成本，应予考虑。

例如，若新能源的产品上市后，原有其他产品的销售量可能减少，而且整个公司的销售额可能不增加反而减少。因此，公司在进行投资分析时，不应该将新能源的销售收入作为增量收入来处理，而应将扣除因实施此项目而减少的其他产品的销售收入后的销售收入，即增量销售收入作为考量标准。当然，也可能发生相反的情况，新产品上市后将促使其他产品销售量增长。这要看新产品和原产品间是竞争关系还是互补关系。

当然，诸如此类的交互影响，事实上很难准确计量。但决策者在进行决策分析时仍要将其考虑在内。

4. 考虑投资方案对净营运资金的影响

在一般情况下，当公司开办一个新业务并使销售额扩大后，对于存货和应收账款等经营性流动资产的需求也会增加，公司必须筹措新的资金以满足这种额外需求；另外，应付账款与一些应付费用等经营性流动负债也会同时增加，从而降低公司流动资金的实际需要。进行投资决策应考虑这两方面对现金流量的影响。

（二）考虑所得税对现金流量的影响

在决策分析中，我们预测的是税后现金流量。因此，所得税支出是一种现金流出。此外，企业发生的费用支出，也会使所得税支出减少。因此，发生的费用支出会产生减少所得税税负的作用，即税收抵免效应或称税盾效应。所以，当判断某项费用支出对企业现金流量的影响时，还应考虑其税收抵免作用。所得税的大小取决于利润大小和税率高低，而折旧是影响利润大小的重要因素。因此，讨论所得税的问题必然会涉及折旧问题。

1. 所得税对投资现金流量的影响

投资现金流量包括投资于固定资产和流动资产上的资金两部分。由于投资于流动资产的资金一般在结束时全部收回，不涉及企业的损益，因此不受所得税的影响。

如果企业以原有旧设备进行长期投资，在计算投资现金流量时，一般是以该设备的变现价值作为其现金流出量。此外还必须注意企业由此而可能支付或减免的所得税。即：

$$\text{变卖固定资产的现金流量}=\text{固定资产的变现价值}-\left(\text{固定资产的变现价值}-\text{固定资产的账面价值}\right)\times\text{所得税税率}$$

【例 7–19】 假设某企业要进行固定资产更新与否的决策，若更换旧设备，则可获得旧设备的出售收入 8 万元，若此时旧设备的账面净值为 6 万元，则企业出售旧设备的净所得为 2 万元，需为此支付的所得税为 0.5 万元（所得税税率为 25%）。因此出售旧设备所产生的现金流入量是 8–0.5=7.5 万元。但是，若假设旧设备出售时的账面净值是 10 万元，则企业会产生亏损 2 万元。这 2 万元可以作为一项费用支出在税前利润中扣除，因此会产生税收抵免 0.5 万元。此时出售旧设备所产生的现金流入量是 8+0.5=8.5 万元。

2. 所得税对营业现金流量的影响

考虑所得税的影响，计算年营业现金流量时，企业实际得到的现金流入是税后收入，实际支付的现金流出是抵税后的税后成本。将前面的营业现金净流量计算公式以所得税税率的形式表示，有：

$$\begin{aligned}\text{营业现金净流量}&=\text{净利润}+\text{折旧额、摊销额}\\&=\text{税前利润}\times(1-\text{所得税税率})+\text{折旧额、摊销额}\\&=(\text{收入}-\text{总成本})\times(1-\text{所得税税率})+\text{折旧额、摊销额}\\&=(\text{收入}-\text{付现成本}-\text{折旧额、摊销额})\times(1-\text{所得税税率})+\text{折旧额、摊销额}\\&=\text{收入}\times(1-\text{所得税税率})-\text{付现成本}\times(1-\text{所得税税率})-\text{折旧额、摊销额}\times(1-\text{所得税税率})+\text{折旧额、摊销额}\end{aligned}$$

= 收入 ×（1– 所得税税率）– 付现成本 ×（1– 所得税税率）+ 折旧额、摊销额 × 所得税税率

可以看出，

税后收入 = 收入 ×（1– 所得税税率）

税后成本 = 总成本 ×（1– 所得税税率）

折旧的税负减少额 = 折旧额 × 所得税税率

3. 所得税对终止阶段现金流量的影响

终止阶段现金流量包括固定资产的残值收入和营运资金的收回。营运资金的收回由于不涉及利润的增减，因此也不受所得税的影响。固定资产的残值收入如果等于预定的固定资产残值，那么也不受所得税的影响。如果两者不等，它们之间的差额会引起企业的利润增加或减少，因此在计算现金流量时，就要考虑这部分的影响。

终止现金流量 = 固定资产残值收入 + 预计垫付的营运资金 –（固定资产残值收入 – 预计残值）× 所得税税率

下面以例题说明所得税对投资项目生命周期内各年净现金流量的影响。

【例 7–20】 某企业拟投资甲项目，经过可行性分析，有关资料如下：

(1) 该项目需长期投资 100 万元，其中第 1 年年初和第 2 年年初分别投资 55 万元和 45 万元，第 1 年年末部分竣工并投入生产，第 2 年年末全部竣工交付使用。

(2) 该项目经营期预计为 6 年，固定资产按直线法计提折旧，预计残值为 10 万元。

(3) 甲项目需征用土地 7 000 平方米，支付土地 10 年使用费共计 60 万元，于建设第 1 年年初支付。

(4) 该项目投产时需垫付营运资金 60 万元，用于购买原材料、支付工资以及存货增加占用等。其中第 1 年年末垫支 35 万元，第 2 年年末又增加垫支 25 万元。

(5) 根据有关部门的市场预测，该项目投产后第 1 年销售收入为 70 万元，以后 5 年每年销售收入均为 95 万元。第 1 年付现成本为 35 万元，以后 5 年每年的付现成本均为 46 万元。

(6) 投资终止时固定资产实际变价收入为 8 万元；土地仍有 3 年使用权，若变卖收入为 24 万元。

(7) 该企业适用的所得税税率为 25%。

要求：计算该企业投资甲项目 6 年的预计现金流量。

(1) 首先，计算甲项目的每年折旧额和摊销额：

固定资产年折旧额 =（1000 000–100 000）÷ 6=150 000（元）

每年土地使用费的摊销额 =600 000 ÷ 10=60 000（元）

(2) 其次，计算各年营业现金流量。计算过程如表 7–6 所示。

表 7–6 营业现金流量计算表 单位:元

年份	2	3	4	5	6	7
销售收入	700 000	950 000	950 000	950 000	950 000	950 000
付现成本	350 000	460 000	460 000	460 000	460 000	460 000
折旧	150 000	150 000	150 000	150 000	150 000	150 000
摊销土地使用费	60 000	60 000	60 000	60 000	60 000	60 000
税前利润	140 000	280 000	280 000	280 000	280 000	280 000
所得税	35 000	70 000	70 000	70 000	70 000	70 000
税后利润	105 000	210 000	210 000	210 000	210 000	210 000
营业现金流量	315 000	420 000	420 000	420 000	420 000	420 000

(3) 最后,计算全生命周期的现金净流量。

第一年土地摊销费用为 6 万元,但由于当年无利润,故不交纳所得税,因此也不涉及抵税效应,不对现金流量产生影响。

回收投资时,固定资产变价收入为 8 万元,低于残值,损失产生抵税效应,故固定资产变价收入引起的现金流量 =8–(8–10)× 25%=8.5 万元。

回收投资时,无形资产变价收入为 24 万元,高于账面价值 18 万元,产生缴纳所得税现金流出,故无形资产变价收入引起的现金流量 =24–(24–18)× 25%=22.5 万元。

将该项目的投资现金流量和终止现金流量也考虑进来,通过计算得到全部现金流量,计算过程如表 7–7 所示。

表 7–7 现金流量计算表 单位:元

年份	第 1 年年初	第 1 年年末	第 2 年年末	第 3—6 年年末(每年)	第 7 年年末
固定资产投入	–550 000	–450 000			
土地使用权投入	–600 000				
营运资金投入		–350 000	–250 000		
营业现金流量			315 000	420 000	420 000
固定资产变价净流入					85 000
无形资产变价净流入					225 000
营运资金回收					600 000
现金流量合计	–1 150 000	–800 000	65 000	420 000	1 330 000

(三) 通货膨胀对现金流量的影响

前面的计算均只计算了各年的现金净流量,并未考虑各年现金净流量折现到投资期初的总现金净流量。考虑时间价值和通货膨胀时,通货膨胀对总现金净流量也会造成影响。

通货膨胀是指在一定时期内,物价水平持续、普遍上涨的经济现象。通货膨胀会导致货币购买力下降,从而影响投资价值。通货膨胀对资本预算的影响通常表现在对折现率和现金流量的估计两个方面，此处讲讲对现金流量估算的影响。

如果企业对未来的现金流量的预测是基于预测年度的价格水平，并除去了通货膨胀的影响，那么这种现金流量称为实际现金流量。包含了通货膨胀影响的现金流量就是名义现金流量。两者的关系为：

$$名义现金流量 = 实际现金流量 \times (1+ 通货膨胀率)^n$$

式中：n 表示相对于基期的期数。

在资本预算的编制过程中，应遵循一致性原则。名义现金流量用名义折现率进行折现，实际现金流量用实际折现率进行折现。这是评价指标计算的基本原则。

【例 7–21】 假设某方案的实际现金流量如表 7–8 所示，名义折现率为 12%，预计一年内的通货膨胀率为 8%，求该方案的净现值。

表 7–8　实际现金流量　　单位：万元

时间	第 0 年	第 1 年	第 2 年	第 3 年
实际现金流量	–100	45	60	40

解法一：将名义现金流量用名义折现率折现。此时需要将实际现金流量调整为名义现金流量，然后用 12% 的折现率进行折现。具体计算过程如表 7–9 所示。

表 7–9　净现值的计算　　单位：万元

时间	第 0 年	第 1 年	第 2 年	第 3 年
实际现金流量	–100	45	60	40
名义现金流量	–100	$45 \times 1.08=48.6$	$60 \times 1.08^2=69.98$	$40 \times 1.08^3=50.39$
现值(按 12% 折现)	–100	48.6×0.893 =43.40	69.98×0.797 =55.77	50.39×0.712 =35.88
净现值	–100+43.40+55.77+35.88=35.05			

解法二：将实际现金流量用实际折现率进行折现。此时需要将名义折现率换成实际折现率，然后再计算净现值。具体计算过程如表 7–10 所示，其中，实际折现率计算公式为：

$$实际折现率 = \frac{1+名义折现率}{1+通货膨胀率} - 1 = \frac{1+12\%}{1+8\%} - 1 = 3.7\%$$

表 7–10　净现值的计算　　单位：万元

时间	第 0 年	第 1 年	第 2 年	第 3 年
实际现金流量	–100	45	60	40
现值(按 3.7% 折现)	–100	$45 \div 1.037=43.39$	$60 \div 1.037^2=55.79$	$40 \div 1.037^3=35.87$
净现值	–100+43.39+55.79+35.87=35.05			

可以看到，两种计算方法所得到的结果是一样的。注意实际折现率近似等于 12% 的名义利率与 8% 的通货膨胀率的差额。如果用 4% 来折现，得到 NPV=34.3 万元，这个数字虽不完全正确，但也比较接近上面的计算结果，所以有时可以用名义利率与通货膨胀率的差额作为实际折现率来近似计算。

第四节 投资决策评价指标和评价方法

一、投资决策评价指标及其类型

投资决策就是对各个方案进行可行性评价以及对各个可行方案进行分析和评价,并从中选择最优方案。在分析与评价时需要运用一些专门评价指标和评价方法,这就是投资决策评价指标和评价方法。

投资决策评价指标是指用于衡量和比较投资可行性,据以进行方案决策的定量化标准和尺度。

按照是否考虑资金的时间价值,投资决策的评价指标可分为两类:一类是贴现指标,即考虑了时间价值的指标,主要包括净现值、净现值率、获利指数、内含报酬率和动态投资回收期等;另一类是非贴现指标,即没有考虑时间价值的指标,主要包括静态投资回收期、平均投资报酬率等。

按绝对数和相对数区分,投资决策评价指标可分为绝对值指标和相对值指标,绝对值指标不考虑原始投资额,如净现值;而相对值指标要考虑原始投资额,如净现值率、获利指数、平均投资报酬率等。

按数量特征分类,投资决策的评价指标可分为正指标和负指标。正指标意味着指标值的大小与投资的好坏成正相关关系,即指标值越大,越值得投资,如平均投资报酬率、净现值、获利指数、内含报酬率。负指标意味着指标值的大小与投资的好坏成负相关关系,即指标值越小,越值得投资,如静态投资回收期和动态投资回收期。

二、非贴现现金流量法

非贴现现金流量法又称非折现现金流量法、静态评价法,是指在对长期投资决策评价时,不考虑资金时间价值,对现金流量不折现,从而对长期投资经济效益做出评价的方法。这类指标主要包括静态投资回收期、平均投资报酬率等。

(一) 静态投资回收期

1. 静态投资回收期的计算

静态投资回收期(Payback Period, PP),就是不考虑资金时间价值时收回全部投资所需时间。它是从时间上反映投资回收能力的指标,代表回收全部投资所需的时间。

静态投资回收期越短,资金回笼越快,受未来不确定性因素的影响就越小,对投资方案越有利。

在投资评价过程中,当静态投资回收期短于基准回收期时,投资上才是可行的;若是对多个可行方案择优,则静态投资回收期越短的方案越优。

静态投资回收期指标的基本计算原理如下:当累计净现金流量 =0,即累计现金净流入 - 累计原始投资 =0 时,所需时间就是投资回收期。

其具体计算原理包括以下两种情况：

(1) 原始投资成本在启动时一次投出，且各期营业净现金流量（*NCF*）相等。

其静态投资回收期的计算公式如下：

静态投资回收期 = 原始投资额 / 每年净现金流量

【例 7-22】 某公司某投资原始投资 1 000 万元，各年净现金流量为 250 万元，则其静态投资回收期计算如下：

$$PP=1\ 000 \div 250=4（年）$$

(2) 各年的净现金流量（*NCF*）不相等。这种情况下其静态投资回收期要根据每年末尚未收回的投资额来确定。设静态投资回收期 $PP=n$，则有：

$$\sum_{t=0}^{n} I_t = \sum_{t=0}^{n} O_t$$

式中：n 表示投资涉及的年限；I_t 表示第 t 年的现金流入量，O_t 表示第 t 年的现金流出量。

【例 7-23】 某公司投资 A 项目，原始投资额为 3 000 万元，投资寿命期 8 年，各年净现金流量分别为 400 万元、400 万元、500 万元、700 万元、700 万元、600 万元、500 万元、400 万元，其静态投资回收期计算如下：

投资净现金流量计算如表 7-11 所示。

表 7-11　投资现金流量计算　　单位：万元

年份	年净现金流量	累计净现金流量
第 0 年	−3 000	−3 000
第 1 年	400	−2 600
第 2 年	400	−2 200
第 3 年	500	−1 700
第 4 年	700	−1 000
第 5 年	700	−300
第 6 年	600	+300
第 7 年	500	+800
第 8 年	400	+1 200

由上表可知，该投资回收期在第 5 年和第 6 年之间，采用插值法（内插法）原理计算如下：

$$\begin{array}{cc} 5 & -300 \\ PP & 0 \\ 6 & +300 \end{array}$$

则有：

$$(5-6)\div(5-PP)=(-300-300)\div(-300-0)$$

$PP=5.5$，即该静态投资回收期为 5.5 年。

2. 静态投资回收期法的优缺点

其优点在于，静态投资回收期的概念容易理解，计算也比较简单。但其缺陷也是显而易见的：① 它忽视了资金时间价值；② 没有考虑回收期以后的现金流量状况。在企业投资实务中，往往一些战略性投资前期收益较低而后期收益较高。采用静态投资回收期指标评价投资会鼓励决策者优先考虑急功近利的投资。因此，静态投资回收期仅仅作为辅助方法使用，主要用于评价投资的流动性而非盈利性。

以下案例可以印证静态投资回收期作为投资评价指标的缺陷。

【例 7-24】 若某企业有甲、乙两个投资方案，其预计现金流量如表 7-12 所示。

表 7-12 甲、乙方案预计现金流量表 单位：万元

项目	第 0 年	第 1 年	第 2 年	第 3 年	第 4 年	第 5 年	第 6 年
甲方案	-2 000	800	1 200	1 200	1 200	1 200	1 200
乙方案	-2 000	800	1 000	1 800	1 800	1 800	1 800

由表 7-12 可知，甲方案的静态投资回收期为 2 年，乙方案的静态投资回收期稍长于 2 年，若根据静态投资回收期指标来评价，则甲方案更优，而事实上，从投资回收期后的现金流量来看，乙方案明显优于甲方案。

（二）平均投资报酬率

平均投资报酬率（Average Rate of Return，ARR），是指投资寿命期内平均的年投资报酬率，是年均投资回报与原始投资额的比值。根据对年均投资报酬和原始投资额的定义不同，该指标有多种计算方法。其中，最常用的计算公式为：

$$\text{平均投资报酬率}(ARR)=\frac{\text{年平均现金流量}}{\text{原始投资额}}\times 100\%$$

平均投资报酬率指标可以揭示一个投资的盈利性。在进行投资决策时，一般会根据企业的基本情况确定一个要求达到的必要报酬率，在利用平均投资报酬率进行投资决策时，只要平均投资报酬率高于必要报酬率，就可以接受；若是有多个可行方案进行比较，平均投资报酬率越高的方案越优。

【例 7-25】 A 公司拟进行某项投资，现有甲、乙、丙三个方案可供选择。公司要求必要报酬率为 10%。有关三个方案各年投资回报数据如表 7-13 所示。

表 7-13 某投资相关数据 单位：元

年份	方案甲	方案乙	方案丙
0	-35 000	-30 000	-40 000
1	10 000	13 000	16 000
2	15 000	15 000	19 000
3	20 000	16 000	20 000
4	20 000	15 000	19 000
5	15 000	14 000	13 000
合计	45 000	43 000	47 000

各方案平均投资报酬率计算如下：

$$ARR(\text{甲})=\frac{\dfrac{(10\ 000+15\ 000+20\ 000+20\ 000+15\ 000)-35\ 000}{5}}{35\ 000}\times 100\%=25.71\%$$

$$ARR(\text{乙})=\frac{\dfrac{(13\ 000+15\ 000+16\ 000+15\ 000+14\ 000)-30\ 000}{5}}{30\ 000}\times 100\%=28.67\%$$

$$ARR(\text{丙})=\frac{\dfrac{(16\ 000+19\ 000+20\ 000+19\ 000+13\ 000)-40\ 000}{5}}{40\ 000}\times 100\%=23.50\%$$

三个方案的平均投资报酬率均高于企业要求的必要报酬率,因此选择平均投资报酬率最高的乙方案。

三、贴现现金流量法

贴现现金流量法,又称折现现金流量法、动态法,是指在进行投资决策评价时,要考虑资金时间价值,对各年现金流量要按照一定的折现率(贴现率)折现,从而对投资经济效益做出评价。这类指标主要包括动态投资回收期、净现值、现值指数及内含报酬率等。

(一) 净现值与净现值率

净现值指标分为净现值(绝对数指标)和净现值率(相对数指标)两种指标。

1. 净现值

所谓净现值(Net Present Value,NPV),是指投资的未来现金净流入量的现值与原始投资额的现值之间的差额,也可以用投资期所有现金流入量的现值减去所有现金流出量的现值的差额表示。若净现值大于 0,说明该投资的回报大于投入,该投资能够为企业带来财富的增加,方案可行;若净现值为 0,说明该投资的回报等于投入,需要综合考虑企业其他情况定夺;若净现值小于 0,说明该投资的回报小于投入,该投资会折损企业的财富,方案不可行。

净现值的计算公式为:

净现值 = 未来现金净流量的现值 − 原始投资额的现值

　　　= 投资期各期现金流入量的现值 − 投资期各期现金流出量的现值

即:

$$\begin{aligned} NPV &= \sum_{t=1}^{n} NCF_t \times (P/F,i,t) - P_0 \\ &= \sum_{t=0}^{n} NCF_t \times (P/F,i,t) \\ &= \sum_{t=0}^{n} \frac{I_t}{(1+i)^t} - \sum_{t=0}^{n} \frac{O_t}{(1+i)^t} \end{aligned}$$

式中:NPV 表示净现值; t 表示投资的第 t 年;NCF_t 表示第 t 年的现金净流量;$(P/F,i,t)$ 表示折现率为 i,年限为 t 的复利现值系数;P_0 表示时期为 0 时的原始投资额;I_t 表示

第 t 年的现金流入量；O_t 表示第 t 年的现金流出量。

净现值指标的基本原理在于，任何企业进行投资，总是希望投资未来的现金流入量能够超过其现金流出量，从而获得投资报酬。但是，作为投资，其特点在于投资寿命期长，现金流入量和现金流出量在时间上和数量上是不相同的。因此不能将其现金流入量和现金流出量进行简单的比较，而是需要将其现金流入量和现金流出量均按一定的折算系数（折现率、贴现率）折算成现值，然后再进行比较，其差额即为净现值。由于净现值指标是将不同时间的现金流入量和现金流出量先折现然后再进行比较，考虑了资金的时间价值，因此使发生在不同时间的现金流量具有了可比性。

采用净现值指标进行长期投资评价，其步骤一般如下：

(1) 测定各个投资方案各年的现金流入量和现金流出量。

(2) 确定各个投资方案的折算系数（贴现率）。贴现率的确定方法如下：① 以实际发生的资金成本作为贴现率。② 以投资者的预期投资报酬率作为贴现率。③ 以行业同类方案的平均投资报酬率或先进投资报酬率作为贴现率。

(3) 按上述方法确定的贴现率，分别将每年的现金流入量和现金流出量按复利方法折算为现值。

(4) 将现金流入量的现值与现金流出量的现值进行比较，确定出净现值，若净现值大于或等于零，方案可行；若净现值小于零，则方案不可行。

【例 7-26】 某投资方案的原始投资为 10 000 万元，寿命期 5 年，贴现率 10%，计算该投资的净现值并判断方案是否可行。各年现金净流量如表 7-14 所示。

表 7-14 某投资各年现金流量 单位：万元

项目	各年现金流量	累计现金流量
第 0 年	-1 000	-1 000
第 1 年	200	-800
第 2 年	300	-500
第 3 年	500	0
第 4 年	400	400
第 5 年	200	600

则该投资的净现值计算如下：

$$NPV=-1\,000+200\times(1+10\%)^{-1}+300\times(1+10\%)^{-2}+500\times(1+10\%)^{-3}+400\times(1+10\%)^{-4}+200\times(1+10\%)^{-5}$$

$$=-1\,000+181.82+247.93+375.66+273.21+124.18$$

$$=202.80\text{（万元）}$$

上述计算结果表明，该投资净现值为 202.80 万元，大于 0，该投资可行。

2. 净现值率

净现值率（Net Present Value Rate，NPVR）是净现值与全部投资现值之比，可以理解为单位原始投资的现值所创造的净现值，是一个相对数指标。用公式表示为：

$$净现值率=\frac{项目净现值}{原始投资的现值}\times 100\%$$

用符号表示为：

$$NPVR=\frac{NPV}{P_0}\times 100\%$$

式中：$NPVR$ 代表净现值率；NPV 代表净现值；P_0 代表原始投资的现值。

利用净现值率进行决策时，只要投资方案的净现值率为正，就意味着其能为公司带来财富，在投资上就是可行的。如果存在多个互斥方案，应选择净现值率为正且最大的。其决策原则与净现值的原则相同。

【例 7–27】 承例 7–26 的资料，该投资的净现值率是：

$$NPVR=\frac{202.80}{1\ 000}\times 100\%=20.28\%$$

可见，该投资净现值率为 20.28%，大于 0，表明该投资方案可行。

（二）现值指数

所谓现值指数（Present Value Index，PVI），指未来（投产后）现金净流量现值与原始投资额现值的比率，亦称现值比率、获利指数、折现后收益 – 成本比率等。

计算现值指数的公式为：

$$现值指数=\frac{未来现金净流量的现值}{原始投资的现值}$$

用符号表示为：

$$\begin{aligned} PVI &= \frac{\sum_{t=1}^{n} NCF_t \times (P/F,i,t)}{P_0} \\ &= \frac{NPV + P_0}{P_0} \\ &= 1 + NPVR \end{aligned}$$

式中：PVI 代表现值指数；t 代表第 t 年；NCF_t 代表第 t 年的现金净流量；$(P/F,i,t)$ 代表年限为 t，折现率为 i 的复利现值系数；P_0 代表原始投资的现值；$NPVR$ 代表净现值率。

利用现值指数进行决策时，只要现值指数大于 1，就意味着其能为公司带来财富，在投资上就是可行的。若现值指数小于 1，则该拒绝。如果存在多个互斥方案，应选择现值指数超过 1 且最大的。

【例 7–28】 承例 7–26 的资料，计算该投资的现值指数。

$$现值指数=(202.80+1\ 000)\div 1\ 000=1.20$$

或：

$$现值指数=1+NPVR=1+0.20=1.20$$

该投资的获利指数大于 1，说明其收益超过成本，即该投资能够获益，投资可行。

【例 7–29】 某企业有 A、B、C 三个投资方案。原始投资额分别为 400 万元、400 万元和 200 万元，经测算三方案的净现值分别为 100 万元、80 万元和 50 万元。请问企业应该如何决策?

从净现值看,应选择 NPV 最大的 A 方案。

但由于三方案的原始投资不同,计算三方案的 PVI,有:

$$PVI_A=1+100/400=1.25$$

$$PVI_B=1+80/400=1.20$$

$$PVI_C=1+50/200=1.25$$

可见,A 方案和 C 方案具有相同的现值指数(也有相同的净现值率),高于 B 方案,说明 A、C 方案优于 B 方案。比较 A、C 方案,如果资金不受限制,则应选择 A 方案,如果资金受限,则应选择 C 方案。

(三) 内含报酬率

1. 内含报酬率的概念

内含报酬率(Internal Rate of Return,IRR),又称内部报酬率,是指能够使未来现金流入量现值等于未来现金流出量现值的折现率,或者说是使投资方案净现值为零的折现率,其表达式为:

$$NPV=\sum_{t=0}^{n}NCF_t\times(P/F,IRR,t)=0$$

或:

$$NPV=\sum_{t=1}^{n}NCF_t\times(P/F,IRR,t)-P_0=0$$

式中:IRR 表示内含报酬率,其他符号的含义同前。

内含报酬率是反映实际收益率的一个动态指标,该指标越大越好。一般情况下,内含报酬率不小于基准收益率时可行。当存在投资规模不同的互斥项目时,由于内含报酬率法不能反映总的报酬的大小,故不宜用于决策,此时应使用净现值法。

净现值法和现值指数法虽然考虑了时间价值,可以说明投资方案高于或低于某一特定的投资报酬率,但没有揭示方案本身可以达到的具体的报酬率是多少。内含报酬率是根据方案的现金流量计算的,是方案本身的投资报酬率。

2. 内含报酬率的计算

内含报酬率的计算有如下两种情况:

(1) 每年的净现金流量相等情况下的计算。若每年净现金流量相等,可按如下步骤计算:

第一步:计算年金现值系数。

$$年金现值系数=\frac{原始投资额}{每年净现金流量}$$

第二步:查年金现值系数表,在相同的期数内,找出与上述年金现值系数邻近的两个折现率 $A\%$ 和 $B\%$。

第三步:根据上述两个临近的折现率和已求得的年金现值系数,采用内插法计算该投资方案的内含报酬率。

【例 7–30】 某企业拟进行一投资。总投资为 2 100 万元,均为开始时一次投入,投资寿命期 5 年,期满无残值。预计该投资各年净现金流量为 600 万元。计算其内部收益率。

第一步，计算年金现值系数 =2 100/600=3.500。

第二步，查表可知，当贴现率 i=13% 时，年金现值系数 =3.517；i=14% 时，年金现值系数 =3.433。

第三步，根据内插法的原理可得：

i=13%	3.517
IRR	3.500
i=14%	3.433

计算可得：

$$IRR=13\%+\frac{3.500-3.517}{3.433-3.517}\times 1\%=13.20\%$$

即该投资的内含报酬率为 13.20%。

(2) 每年的现金净流量不等情况下的计算。可按如下步骤计算其内含报酬率：

第一步，按估计的贴现率计算投资的净现值。

第二步，估计内含报酬率的可能区间。由于内含报酬率是净现值等于零时的贴现率。因此，若第一步估计的贴现率计算的净现值大于零，则应提高贴现率，再计算净现值；反之，若第一步估计的贴现率计算的净现值小于零，则应降低贴现率，再计算其净现值。经过如此反复测算，务必使得再次测算的净现值与第一步测算的净现值相反，即找出使得净现值为一正一负的两个贴现率。

第三步，采用内插法的原理计算内含报酬率。

【例 7-31】 承例 7-26，已知该投资的净现值为正数，说明它的内含报酬率大于 10%，因此，应提高折现率进一步测试。假设以 18% 为折现率进行测试，其净现值为 -17.00 元。净现值出现负数，说明折现率已经高于内含报酬率，下一步降低到 16% 重新测试，结果净现值为 31.83 元，已接近于零。再升高到 17% 进行测试，净现值为 6.96 元。这就说明内含报酬率在 17%~18%。之后用内插法进行估算，设内含报酬率为 x，则：

$$\frac{18\%-x}{18\%-17\%}=\frac{-17.00-0}{-17.00-6.96}$$

计算可得：x=17.29%，即内含报酬率 =17.29%。

计算出方案的内含报酬率以后，可以根据企业的资本成本或要求的最低投资报酬率对方案进行取舍。如果本例中的资本成本为 10%，那么，投资方案内含报酬率高于资本成本，方案应采纳。

(四) 动态投资回收期

动态投资回收期，也称累计折现回收期，是在考虑资金时间价值的情况下，以未来净现金流量抵偿全部投资所需要的时间，也即各年净现金流量现值累计和为零的年限，是使累计净现金流量值从负变正的临界点。它是从时间上反映投资回收能力的指标。可使下式成立的 n 为动态投资回收期：

$$\sum_{t=0}^{n}\frac{I_t-O_t}{(1+i)^t}=0$$

式中：n 表示投资涉及的年限；I_t 表示第 t 年的现金流入量，O_t 表示第 t 年的现金流出量；i 表示折现率。

直观地理解，动态投资回收期可用如下公式计算：

$$动态投资回收期=\frac{累计净现金流量}{开始为正的年份数}-1+\frac{上年累计净现金流量现值的绝对值}{当年净现金流量现值}$$

【例 7-32】 某企业投资甲项目有三个备选方案，各方案的现金流量资料如表 7-15 所示，假设各年折现率为 10%，计算各方案的动态回收期。

表 7-15 某投资现金流量及动态投资回收期的计算 单位：元

方案	净现金流量	净现金流量现值	累计净现金流量现值
A 方案			
第 0 年	-40 000		-40 000
第 1 年	23 600	21 455	-18 545
第 2 年	26 480	21 884	3 339
B 方案			
第 0 年	-18 000		-18 000
第 1 年	2 400	2 182	-15 818
第 2 年	12 000	9 917	-5 901
第 3 年	12 000	9 016	3115
C 方案			
第 0 年	-18 000		-18 000
第 1 年	6 900	6 273	-11 727
第 2 年	6 900	5 702	-6 025
第 3 年	6 900	5 184	-841

动态投资回收期（A）=2-1+18 545/21 884=1.85（年）

动态投资回收期（B）=3-1+5 901/9 016=2.65（年）

动态投资回收期（C）>3（年）

可见，A 方案的动态投资回收期最短，该方案最优。

四、投资决策各种评价方法的比较

静态投资回收期法比较容易理解，计算简便，可以反映风险的大小。但是它没有考虑投资回收期以后的收益，有可能把后期效益好、整体效益也不错的方案舍弃掉，进而导致错误的决策。事实上，有战略意义的长期投资往往初期收益较低，而后期收益较高。静态投资回收期法优先考虑急功近利的项目，可能导致放弃长期成功的方案。平均投资报酬率法易懂易算，能够反映盈利水平，与静态投资回收期相比，它能够全面考察整个寿命期内的现金流量。但是，非折现评价方法都存在一个致命的缺陷，就是未能考虑资金的时间价值。因此，一般在决策过程中，只将其作为辅助评价方法。比如，静态投资回收期主要用于测定方案的流动性而非盈利性。

净现值法具有广泛的适用性,在理论上也比其他方案更完善,是目前应用最多的一种投资决策评价方法。此法考虑了资金的时间价值,能够反映各种投资方案的净收益。净现值法应用的主要问题是如何确定折现率,一种办法是根据资本成本来确定,另一种办法是根据企业要求的最低资金利润率来确定。尽管净现值应用较多,但是它也存在着不能揭示各个投资方案本身可能达到的实际报酬率的缺陷;另外,当存在多个原始投资额不同的方案时,不能单独以净现值来决定是否进行投资。

净现值率法适用于投资额相等或相差不大的互斥方案之间的比较。它是相对指标,反映了1元原始投资额的现值所能实现的整个投资期净现值的大小,是扣除了原始投资后的单位净回报率。对于独立方案,净现值率说明了运用资金的效率,便于同行业之间的比较。

现值指数法的主要优点是,可以进行独立投资机会获利能力的比较。如果方案之间是互斥的,当然选择净现值大的。如果是独立的,哪一个应优先予以考虑,可以根据现值指数来选择。现值指数可以看成是1元原始投资可望获得的包含投资额在内的现值净回报。与净现值比较,现值指数是一个相对指标,反映投资的效率;而净现值指标是绝对数指标,反映投资的效益。与净现值率比较,现值指数是包含了原始投资额在内的单位投资回报,而净现值率则是扣除了原始投资额的单位投资回报,所以现值指数在数量上等于净现值率加1。

内含报酬率法考虑了资金的时间价值,反映了投资的真实报酬率,概念也易理解。但这种方法的计算过程比较复杂,一般要经过多次测算才能得出结果。内含报酬率不适于互斥方案的分析评价,因为内含报酬率是相对量指标,只能说明报酬率的相对水平,反映不出未来全部报酬规模的大小。因此,内含报酬率大的不一定获得的总报酬就大,这时需要用净现值法进行决策。另外,在非常规项目中,如果未来现金流量在不同年度有正有负,就会出现多个内含报酬率,此时也不宜使用内含报酬率法。

动态投资回收期法弥补了静态投资回收期没有考虑资金的时间价值的缺陷,也是一种常用的方法。

总的来看,企业在进行投资决策时,以折现评价方法为主,非折现评价方法为辅。折现评价方法中,净现值法和内含报酬率法应用最广,但内含报酬率法不适用于互斥方案。对互斥方案进行评价时,应以净现值法及第五节提到的差额投资内含报酬率法、年均净回收额法及平均年成本法为主要方法。对独立方案进行评价时,应利用多种评价方法,考虑企业的实际情况,进行综合评定。

第五节　长期投资决策典型案例

一、固定资产更新决策

固定资产更新是对技术上或经济上不宜继续使用的旧资产,用新的资产更换,或用先进的技术对原有设备进行局部改造。固定资产更新决策主要研究三个问题:

① 决定是否更新;② 决定选择什么样的资产来更新;③ 何时更新。其中选择什么样的资产来更新主要是比较何种新资产带来的净现值更大或现值指数更高,此处不再赘述,本节主要讲是否更新决策和何时更新决策。

(一) 固定资产是否更新决策

是否更新决策不同于一般的投资决策。通常,设备更新并不改变企业的生产能力,不会增加企业的现金流入,主要是现金流出,这样我们基本上就不能用贴现现金流量指标进行分析评价了,而必须求助于其他方法。若新旧设备投资寿命期相等,可采用差额分析法,先求出对应的现金流量差额,再用净现值法或内含报酬率法对差额进行分析、评价;如果新旧设备的投资寿命不相等,分析时主要采用平均年成本法,以年成本较低的方案作为较优方案。

1. 投资寿命期相等时的更新决策——差额分析法

在新、旧设备投资寿命期相同的情况下,一般普遍运用的分析方法是差额分析法,用以计算两个方案(出售旧设备并购置新设备和继续使用旧设备)的现金流量之差以及净现值差额,如果净现值差额大于零,则购置新设备,否则继续使用旧设备。

【例 7–33】 某公司考虑更新设备。旧设备原始投资额为 40 000 元,已使用 5 年,预计还可使用 5 年,已提折旧 20 000 元,预计无残值。如果销售可得变价收入 10 000 元。该公司现准备用一台新设备替代旧设备,新设备原始投资额为 60 000 元,估计可使用 5 年,预计残值 10 000 元。用新设备每年付现成本可降低 20 000 元。资金成本为 10%,所得税税率 25%。

更新方案与原方案剩余寿命相同,可以使用差额分析法。

(1) 计算差量初始现金流量。

差量初始现金流量 =60 000–10 000=50 000(元)

(2) 计算差量营业现金流量。

差量年折旧额 =(60 000–10 000)/5–(40 000–20 000)/5=6 000(元)

差量营业现金流量计算结果如表 7–16 所示。

表 7–16 差量营业现金流量 单位:元

项目	1—5 年
差量付现成本①	–20 000
差量折旧②	6 000
差量税前利润③ =0– ① – ②	14 000
差量所得税④ = ③ × 25%	3 500
差量税后利润⑤ = ③ – ④	10 500
差量营业净现值流量⑥ = ⑤ + ②	16 500

(3) 计算差量终结现金流量。差量终结现金流量是更新设备后的残值收入 10 000 元。

(4) 计算全部差量净现金流量及差量净现金流量的现值,如表 7–17 所示。

表7-17 差量净现金流量及其现值计算表 单位:元

项目	第1年年初	第1—5年年末	第5年年末
差量净现金流量	-50 000	16 500	10 000
折现系数	1	3.791	0.621
差量净现金流量现值	-50 000	62 552	6210

所以差量净现值=-50 000+62 552+6210=18 762(元)

即更新设备可以获得正的差量净现值18 762元,大于零,故应更新。

此例也可以分别计算两个项目的净现值来进行比较,结论是一致的。

2. 投资寿命不等的更新决策——平均年成本法

固定资产的平均年成本是指该资产引起的现金流出的年平均值,即平均每年的现金流出。如果不考虑时间价值,它是未来使用年限内的现金流出总额与使用年限的比值;如果考虑资金的时间价值,它是未来使用年限内现金流出总现值与年金现值系数的比值。

在使用平均年成本法时要注意两点:

(1) 平均年成本法是把继续使用旧设备和购置新设备看成是两个互斥的方案,而不是一个更换设备的特定方案。因此,不能将旧设备的变现价值作为购置新设备的一项现金流入。

(2) 平均年成本法的假设前提是将来设备再更换时,可以按照原来的平均年成本找到可代替的设备。

【例7-34】 某公司正在考虑用一台效率更高的新机器取代现有的旧机器。旧机器的账面价值为10万元,市场价值为6万元;预计尚可使用4年,预计4年后净残值为0;税法规定的折旧年限尚有4年,税法规定无残值。购买和安装新设备需要50万元,预计可以使用5年,预计清理净残值为2万元。按税法规定可按4年折旧,并采用双倍余额递减法计算应纳税所得额,法定残值为原值的1/10。使用该机器每年可以节约付现成本16万元。公司的所得税税率为25%。如果在任何一年出现亏损,公司将会得到按亏损额的25%计算的所得税抵免。假设公司的必要报酬率为10%,公司应做何决策?

将节约的付现成本作为旧机器的现金流出,分别计算两个方案的现金流出总现值,再求出净现值,之后计算平均年成本。具体计算过程如表7-18、表7-19所示。

表7-18 继续使用旧设备的现金流量 金额单位:元

项目	现金流量	时间	折现系数	现值
旧设备变现价值	-60 000	0年	1	-60 000
变现损失减税	(60 000-100 000)×25% = -10 000	0年	1	-10 000
每年付现成本	-160 000×(1-25%)=-120 000	1-4年	3.170	-380 400
每年折旧减税	25 000×25%=6 250	1-4年	3.170	19 812.5
旧设备流出现值合计				-430 587.5
平均年成本	430 587.5÷(P/A,10%,4)=430 587.5÷3.170=135 832			

表 7-19 使用新设备的现金流量 金额单位:元

项目	现金流量	时间	折现系数	现值
投资	-500 000	0 年	1	-500 000
第 1 年折旧减税	250 000 × 25%=62 500	1 年	0.909	56 812.5
第 2 年折旧减税	125 000 × 25%=31 250	2 年	0.826	25 812.5
第 3 年折旧减税	37 500 × 25%=9 375	3 年	0.751	7 040.6
第 4 年折旧减税	37 500 × 25%=9 375	4 年	0.683	6 403.1
残值净收入	20 000	5 年	0.621	12 420
残值净损失减税	(50 000-20 000) × 25% = 7 500	5 年	0.621	4 657.5
新设备流出现值合计				-386 853.8
平均年成本	386 853.8 ÷ (*P/A*, 10%, 5)=386 853.8 ÷ 3.791=102 045			

计算结果说明使用新设备的平均年成本为 102 045 元,小于使用旧设备的 135 832 元,因此应当更新设备。

(二) 固定资产何时更新决策

大多数固定资产在使用初期,一般效率较高,维修保养费等运行成本较低,随时间的推移,维护成本变高,使用效率变低。与此同时,固定资产的价值随折旧逐渐减少,因此固定资产持有成本(即年平均折旧费用)呈递减趋势,即运营成本与持有成本呈反方向变化,则共同成本会呈 U 形曲线变化,因此存在一个最经济的使用年限,使得总成本最小,此时就是更新的最佳时机。一般固定资产年平均成本(Average Per-year Cost,APC)达到最低的使用年限就是固定资产的经济寿命,计算出经济寿命,就能决定固定资产何时更新最佳。

年平均成本的计算公式如下:

$$APC=\frac{P+\sum_{t=1}^{n}C_t\times(P/F,i,t)-S_n\times(P/F,i,n)}{(P/A,i,n)}$$

式中:APC 代表固定资产年平均成本;P 为固定资产原值;C_t 为第 t 年运行成本;S_n 为 n 年后固定资产残值;i 为折现率;n 为固定资产使用年限。

【例 7-35】 某公司有一条生产线,原始投资为 140 000 元。从技术上看可以使用 7 年,有关资料如表 7-20 所示。设资本成本为 10%,要求计算最佳更新时机。

表 7-20 生产线资料 单位:元

项目	1	2	3	4	5	6	7
S_n	100 000	76 000	60 000	46 000	34 000	24 000	16 000
C_t	20 000	22 000	25 000	30 000	36 000	42 000	50 000

按照上述资料列表计算 APC,如表 7-21 所示。

表 7–21　固定资产年平均成本计算表　　单位:元

项目	1	2	3	4	5	6	7
P ①	140 000	140 000	140 000	140 000	140 000	140 000	140 000
C_t ②	20 000	22 000	25 000	30 000	36 000	42 000	50 000
$(P/F,i,t)$ ③	0.909	0.826	0.751	0.683	0.621	0.564	0.513
④ = ② × ③	18 180	18 172	18 775	20 490	22 356	23 688	25 650
⑤ = Σ④	18 180	36 352	55 127	75 617	97 973	121 661	147 311
S_n ⑥	100 000	76 000	60 000	46 000	34 000	24 000	16 000
⑦ = ⑥ × ③	90 900	62 776	45 060	31 418	21 114	13 536	8 208
$(P/A,i,t)$ ⑧	0.909	1.736	2.487	3.170	3.791	4.355	4.868
APC_n ⑨	74 015	65 424	60 341	58 107	57 204	56 975	57 334

从上表结果可知,APC_6 最小,故第 6 年末为最佳更新时间。

二、互斥方案的决策

在多个互斥方案的比较中,一般情况下我们可以利用投资回收期、投资报酬率、净现值、内含报酬率及现值指数等方法做出正确的决策。但当投资之间的投资总额或寿命期不相等时,仅利用上述指标就可能做出错误的决策。

当备选方案的投资总额或寿命期不相同时,决策的目的是要保证投资年收益最大。这时,可以采用差额投资内含报酬率法或年均净回收额法进行决策,后一种方法尤其适用于寿命期不同的多方案比较决策。

(一) 差额投资内含报酬率法

差额投资内含报酬率法,指在比较不同方案的差量净现金流量的基础上,再计算出差额内含报酬率,并据以判断方案优劣的方法。差额投资内含报酬率法适用于寿命期相同但原始投资额不同的情形。采用该方法时,当差额内含报酬率指标大于或等于基准报酬率或设定的折现率时,原始投资额大的方案较优;反之,则投资少的方案为优。

差额投资内含报酬率法的原理是:

假定有 A、B 两个投资方案,A 方案的投资额 >B 方案的投资额,我们将 A 方案拆分为 B 方案和 C 方案之和,则 C 方案的净现金流量就是差额净现金流量。计算出 C 方案的内含报酬率 IRR_C,IRR_C 就是差额内含报酬率,只要 $IRR_C>$ 基准折现率或必要报酬率,说明 C 方案可行,则 A 方案优于 B 方案;反之,如果 $IRR_C<$ 基准折现率或必要报酬率,说明 C 方案不可行,则 B 方案优于 A 方案。

【例 7–36】 某企业现在有两个互斥投资:方案 A 和方案 B,其现金净流量如表 7–22 所示。

表 7-22 方案 A 和方案 B 现金净流量 单位:元

年份	方案 A	方案 B	差量
第 0 年	-10 000	-15 000	-5 000
第 1 年	15 000	21 000	6 000

企业所要求的投资报酬率为 10%,问企业应选择哪个方案?

(1) 非增量分析。通过计算,可以确定方案 A 和方案 B 的净现值和内含报酬率如下:

NPV_A=3 636 元,IRR_A=50%

NPV_B=4 091 元,IRR_B=40%

从净现值指标看,B 方案净现值 >A 方案净现值,B 方案优于 A 方案。

从内含报酬率指标看,两方案的 *IRR* 均大于必要报酬率,故两方案均可,但 A 方案的 *IRR*>B 方案的 *IRR*,A 方案更优。

故非增量分析不利于分析出最优方案。

(2)增量分析。

$$增量投资的净现值 =6\,000\times0.909\,1-5\,000=454.6(元)$$

另外可以计算出差额内含报酬率 =20%。

从净现值指标来看,增量分析得到的净现值为 454.6 元,大于零,投资额大的方案 B 较优;反之,如果增量分析得到的净现值小于零,则投资额小的方案 A 较优。

从差额内含报酬率指标来看,差额内含报酬率 20% 大于企业所要求的投资报酬率 10%,投资额大的方案 B 较优;反之,如果差额内含报酬率小于企业所要求的投资报酬率,投资额小的方案 A 较优。

故在不考虑投资资金限制的情况下,通过增量分析,B 方案较优。

(二) 年均净回收额法

当投资寿命周期不同时,更宜采用年均净回收额法。年均净回收额法是指根据所有投资方案的年均净现值大小来选择最优方案的决策方法。年均净回收额的计算公式为:

$$年均净回收额 =NPV\div(P/A,i,n)$$
$$=NPV\times(A/P,i,n)$$

式中:*NPV* 代表方案的净现值;$(P/A,i,n)$ 代表折现率为 i,投资周期为 n 年的年金现值系数;$(A/P,i,n)$ 是资本回收系数,也称资本回收因子,数值上等于年金现值系数的倒数。

采用这种方法时,所有方案中年均净回收额最大的方案即为最优方案。

【例 7-37】 方案 C 和方案 D 为两个互斥方案,相关数据如表 7-23 所示。企业要求的最低报酬率为 10%,要求做出决策。

表 7-23 方案 C 和方案 D 的现金流量 金额单位:元

年份	现金净流量	
	方案 C	方案 D
0	-4 000	-7 000
1	2 000	300

续表

年份	现金净流量	
	方案 C	方案 D
2	3 000	500
3	4 500	4 000
4		1 500
5		12 000

(1) 计算方案 C 与方案 D 的净现值。

$$NPV_C=2\ 000\times0.909\ 1+3\ 000\times0.826\ 4+4\ 500\times0.751\ 3-4\ 000$$
$$=3\ 678.25(\text{元})$$
$$NPV_D=300\times0.909\ 1+500\times0.826\ 4+4\ 000\times0.751\ 3+1\ 500\times0.683\ 0+12\ 000\times0.620\ 9-7\ 000$$
$$=5\ 166.43(\text{元})$$

(2) 计算方案 C 与方案 D 的年均净回收额。

方案 C：

$$3\ 678.25\div(P/A,10\%,3)=3\ 678.25\div2.486\ 9=1\ 479.05(\text{元})$$

方案 D：

$$5\ 166.43\div(P/A,10\%,5)=5\ 166.43\div3.790\ 8=1\ 362.89(\text{元})$$

由计算结果可知，方案 C 的年均净回收额 1 479.05 元大于方案 D 的年均净回收额 1 362.89 元，方案 C 较优。利用差量分析，也能得出同样的结果。

三、资本限量决策

资本限量决策是指在企业投资资金数额已定的情况下所进行的投资决策。尽管存在很多有利的投资，但由于企业无法筹集到足够的资金，故只能在已有资金的限制下进行决策。大公司的一个部门只能在某一个特定的预算上限之内进行资本投资，超过此上限该部门无决策权，这是资本限量的一个例子。资本限量条件下的目标是：在预算限额内选择能提供最大净现值的投资方案组合，并争取将预算限额全部用完。在进行资本限量决策时，管理人员应该同时考虑几个期间。因为有些投资可以在早期产生大量的现金净流量，这些现金流量可以减少早期的预算控制，为其他方案融通资金。实践中，如果不同方案是可拆分的，可将方案以获利指数由高到低的顺序排列来选取组合；如果是不可拆分的，就要选取能产生最大净现值的方案组合。

【例 7-38】 假设甲企业目前正在评价三个可能的投资，每个方案的相关资料如表 7-24 所示。若该年的投资预算限额为 2 000 万元，考虑如下两种情况下，公司应实施哪些投资？

(1) 假定每个方案均可拆分(即如果需要的话可以执行其中的一部分，且能取得对应的回报)。

(2) 假定每个方案不可进行拆分。

表 7-24 甲企业三个投资方案的相关资料 单位:万元

方案	原始投资	净现值	净现值率
A	800	240	30%
B	1 000	400	40%
C	1 200	420	35%

分析:

(1) 当不考虑投资限额时,最优的投资组合应按照 C、B、A 的顺序进行投资。

(2) 当考虑预算限额时,如果方案可拆分,则应按照净现值率从高到低进行排序,即按照 B、C、A 的顺序进行投资。可投资于 B 方案 1 000 万元,取得净现值 400 万元;投资于 C 方案 1 000 万元,取得净现值 350(420 × 1 000/1 200)万元,共可取得净现值 750 万元。

(3) 当考虑预算限额时,如果方案不可拆分,则优先满足能全额投资的方案,放弃净现值率高但无法拆分的方案,故投资于 B 和 A 方案。投资于 B 方案,取得净现值 400 万元,投资于 A 方案,取得净现值 240 万元,共可取得净现值 640 万元,优于仅投资于 B 方案。

四、投资开发时机决策

净现值是正的,并不见得立即投资就是最好的选择。也许将来再启动还能产生更大的价值。类似的,当前净现值为负值的也许等待一段时间,就能变成有价值的投资机会。因此,任何投资都有相互排斥的两种选择:立即行动或者等待未来。此时的判断方法是选择未来年限中收益净现值最大的年份作为投资时机。

【例 7-39】 某林场有一片可供采伐的森林,但通道不畅。为了便于伐木,需要投入大量资金,铺设道路,购置伐木设备。采伐等待的时间越长,所需要的投资就越大。另一方面,在等待的日子里,木材的价格将有较大幅度的上升,而且树木也会长得更好,若预计采伐活动的净收益如表 7-25 所示,资本成本为 10%,何时采伐最好?

表 7-25 采伐活动的净收益表 单位:万元

采伐年度	0	1	2	3	4	5
净收益	7 015	9 000	11 000	12 800	14 500	15 516
净收益增长率(%)		28	22	16	13	7

显然,采伐越迟,净收益越大。但是还必须将不同伐木时间的净收益折算成净现值,再比较哪年伐木能带来最大的净现值。各期采伐的净现值如表 7-26 所示。

表 7-26 不同伐木时间的净现值表 单位:万元

采伐年度	0	1	2	3	4	5
净现值	7 015	8 182	9 090	9 617	9 904	9 634

由于第 4 年采伐的净现值最大，故应在第 4 年开始采伐。在第 4 年之前，收入的增长率均大于资本成本，投资者应继续等待。第 4 年后收入的增长率 7% 低于资本成本 10%，应进行采伐。将收入的增长率看作是等待的边际收益率，那么资本成本就是等待的边际成本。显然，最佳投资的时机应该是边际收益率等于边际成本之时。

第六节　风险和不确定性条件下的投资决策

一、风险概述

（一）风险的含义

风险是指某一事件的预期结果与实际结果的差异程度，这种差异程度越大，风险越大。风险不仅包括负面效应，也包括正面效应。如果企业的一项活动存在多种可能的结果，其未来的投资结果是不确定的，这就认为有风险。若某项活动只有一种结果，就认为没有风险。

如前文所述，在长期投资中，由于其投资寿命期一般较长，在此期间技术水平、劳动力及材料价格以及社会经济环境、自然地理环境等都具有不确定性，长期投资的经济效果存在着不确定因素，不可能十分精确地估算其收益，因此，长期投资是具有风险的。

投资者之所以愿意冒风险投资高风险项目，是因为其要求的报酬率足够高，能够补偿其可察觉的投资风险。很明显，如果投资高科技项目的期望报酬率与投资短期国债的报酬率一样的话，就没人愿意投资高科技项目了。

对于大多数企业而言，当前投入资金是因为期望在未来赚取更多的资金。企业投资活动是在一定条件下进行的，未来的投资活动相对于现在来说存在一定的不确定性，因此存在一定的风险性。国家的产业政策、金融环境、技术发展、市场竞争、建设工期、建设资金、通货膨胀等因素的变化，都会对未来的工程建设产生影响，从而使得未来的经济效果具有不确定性。由此可见，风险在投资活动中是广泛存在的，并且对企业实现投资目标有着重要影响。在投资活动中考虑风险报酬原理，正确地揭示风险与报酬的关系，是投资管理的一项基础工作。

企业的投资决策几乎都是在包含风险和不确定性的情况下做出的。离开了风险，企业无法正确评价企业投资报酬的高低。风险是客观存在的，按风险的程度，可以把企业的投资决策分为以下三类：确定性决策、风险性决策和不确定性决策。

1. 确定性决策

决策者对未来的情况是完全确定的或者已知的决策，称为确定性决策。例如，投资者购买短期国债，由于国家实力雄厚，到期得到约定报酬几乎是肯定的，因此一般认为这种决策为确定性决策。

2. 风险性决策

决策者虽然对未来的情况不能完全确定，但不确定情况出现的概率的具体分布是已知的或可以合理估计,这类决策就是风险性决策。

3. 不确定性决策

决策者不仅对未来的情况不确定,而且对不确定性出现的可能性——概率也不确定或不能合理估计,这种情况下的决策称为不确定性决策。

从理论上讲,不确定性是无法计量的,但在投资管理中,通常为不确定性规定了一些主观概率,以便进行定量分析研究。不确定性在被规定了主观概率以后,就与风险十分近似了。因此,在投资管理实务中,对风险和不确定性并不作严格的区分,一般当谈到风险时,可能是风险,但更可能是不确定性。

(二) 风险的分类

1. 就个别投资主体而言,包括市场风险和公司特有风险

(1) 市场风险。市场风险是指那些影响所有公司的因素所引起的风险。如通货膨胀、经济衰退、战争等。其不能通过多元化投资予以分散,故称为不可分散风险或系统风险。

(2) 公司特有风险。公司特有风险是指发生于个别公司的特有事件造成的风险。如工人罢工、新产品开发失败、某投资项目失败等。其可以通过多元化投资予以分散,故称为可分散风险或非系统风险。

2. 就公司本身而言,包括经营风险和财务风险

(1) 经营风险。经营风险是指生产经营的不确定性带来的风险,它是任何商业活动都有的,故又称商业风险。它主要是由市场销售因素、生产成本因素、生产技术因素引起的,它使企业的报酬变得不确定。

(2) 财务风险。财务风险是指因借款而增加的风险,是筹资决策带来的风险,也叫筹资风险。如果企业全部使用股东的资本,也就没有财务风险,只有经营风险。财务风险大小受债务资金与权益资金比例的影响。债务资金所占比例越大,财务风险程度越大;债务资金所占比例越小,财务风险程度越小。

二、风险与风险价值的计量

(一) 风险的计量

衡量风险大小不仅要考虑损失或负偏离发生的大小范围,更要综合考虑其发生的可能性大小,即概率。投资项目的风险可用项目某一经济指标的负偏离发生的概率来度量。

概率分为客观概率和主观概率。客观概率是指用科学的数理统计方法,推断、计算随机事件发生的可能性大小,是对大量历史先例进行统计分析得到的。主观概率是当某些事件缺乏历史统计资料时,由决策人自己或借助于咨询机构或专家凭经验进行估计得出的。

风险测度主要是确定随机变量的概率分布以及期望值和方差等参数,一般方差越大,说明波动幅度越大,即经济指标偏离均值的状况越不稳定,则风险越大。

对风险的衡量通过如下三步进行:

1. 计算指标期望值

当变量可能值为有限个数,这种随机变量称为离散随机变量,其概率密度为间断函数。在此分布下指标期望值为:

$$\overline{R}=\sum_{i=1}^{n}(R_i \times p_i)$$

式中:$\overline{R}$表示指标的期望值;p_i表示第i种状态下的概率;R_i表示第i种状态下的指标值;n表示可能的状态数。

2. 计算指标的标准离差

标准离差,简称标准差,是用以衡量随机变量脱离其期望值的离散程度的指标。一般用希腊字母δ表示。标准离差越大,说明随机变量脱离其期望值的离散程度越大,投资项目的风险越高。对两个投资项目的风险程度进行比较时,当两个投资项目的期望报酬率相等时,标准离差越大,其风险程度越大;反之,标准离差越小,风险程度就越小。指标的标准离差(均方差、标准差)δ为:

$$\delta=\sqrt{\sum_{i=1}^{n}(R_i-\overline{R})^2 \times p_i}$$

公式中符号的含义同前。

3. 计算指标的风险变异系数

风险变异系数以指标的标准离差率来表示,就是标准差同期望值的比值,通常用符号q来表示。标准离差率是一个相对指标,它以相对数反映决策方案的风险程度。其计算公式如下:

$$q=\frac{\delta}{\overline{R}}$$

公式中符号的含义同前。

(二) 风险价值的计量

1. 风险报酬率

变异系数(标准离差率)仅计量了风险的大小,没有计量风险的报酬。风险和报酬的基本关系是风险越大,要求的报酬率越高。风险报酬率与风险程度的关系如下:

风险报酬率 = 风险报酬斜率 × 风险程度

即:

$$R_R=bq$$

式中:R_R表示风险报酬率;b表示风险报酬斜率;q表示风险程度。

风险报酬斜率取决于全体投资者的风险回避态度,可用统计方法来测定,如果投资者都愿意冒险,风险报酬斜率就小,反之则大;风险程度用前面提到的标准差率q来衡量。

2. 风险报酬斜率

风险报酬斜率,又称风险报酬系数,其确定方法通常有以下两种。

方法一:根据以往同类项目的相关数据确定。

【例7-40】 A企业投资甲项目的报酬率与同类丙项目的风险报酬斜率相同,投资乙项目的报酬率与同类丁项目的风险报酬斜率相同。丙投资项目的实际报酬率为

25%，标准离差率为 30%，丁项目的实际报酬率为 22%，标准离差率为 20%，无风险报酬率为 10%。则该项目的风险报酬斜率计算如下：

$$b_{甲}=(R_R-R_F)/q=(25\%-10\%)/30\%=0.5$$

$$b_{乙}=(R_R-R_F)/q=(22\%-10\%)/20\%=0.6$$

方法二：根据决策者的主观经验确定。

在没有同类投资项目可供参考的情况下，可由决策者根据主观经验加以确定。这时风险报酬斜率的确定在很大程度上受到决策者个性特征及其对风险的态度的影响。因此，在确定风险报酬斜率时，风险厌恶者会定得高一些，也就是在面对高风险决策时，要求得到更多的风险补偿。反之，风险偏好者就会把风险报酬斜率定得低一些，也就是在面对高风险决策时要求得到的风险报酬更低。

3. 包含风险的投资报酬率

如果不考虑通货膨胀因素，进行风险投资所要求的投资报酬率为：

期望投资报酬率 = 无风险报酬率（时间价值率）+ 风险报酬率

用符号表示为：

$$R=R_F+R_R=R_F+bq$$

式中：R 表示含风险在内的投资报酬率；R_F 表示无风险报酬率；R_R 表示风险报酬率；b 表示风险报酬斜率；q 表示风险程度。

风险与风险报酬的关系如图 7-3 所示。

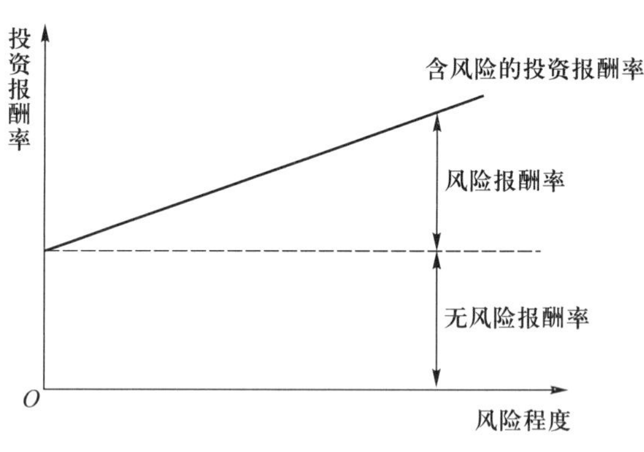

图 7-3　风险与报酬的关系

无风险报酬率与风险大小无关。如购买国库券的收益率，由于政府信用良好，到期肯定可以按发行时的约定足额还本付息，所以可以将其视为无风险报酬率。无风险报酬率的实质是最低的社会平均报酬率。

风险报酬率与风险的大小有关，风险越大则要求的报酬率就越高，风险报酬率与风险程度成正比。

三、风险投资决策方法

考虑了影响投资的不确定性因素的投资决策叫作不确定性投资决策，又叫风险投资决策。风险投资决策的方法主要包括期望值决策法、风险因素调整法、决策树法、敏感性分析法、盈亏平衡分析法、场景概况分析法以及蒙特卡罗模拟分析法等方法。本章主要讲期望值决策法、风险因素调整法和决策树法。

（一）期望值决策法

期望值决策法，又称概率决策法，是在不确定条件下进行投资决策的方法。它以用概率分析法确定的投资期望现金流量作为实际值的代表，计算投资决策指标的期望值的大小。

期望值决策法的步骤遵循风险计量的步骤，需要注意的是在实际决策中应将各年的期望值折现并计算净现值，同时也应计算折现后的风险变异系数。

【例 7–41】 A 企业有两个投资项目甲和乙。甲、乙项目都受未来经济发展状况的不确定性的影响。而未来的经济发展状况有三种可能情况：繁荣、一般和衰退，有关概率分布和预计报酬率如表 7–27 所示。

表 7–27　甲、乙投资项目净现金流量概率分布

时间	甲项目		乙项目	
	净现金流量	概率	净现金流量	概率
1	60 000	0.3	50 000	0.3
	30 000	0.5	40 000	0.5
	10 000	0.2	20 000	0.2
2	60 000	0.3	40 000	0.2
	30 000	0.4	30 000	0.6
	10 000	0.3	20 000	0.2
3	60 000	0.4	55 000	0.3
	30 000	0.4	45 000	0.4
	10 000	0.2	35 000	0.3

如资本成本为 12%，判断应投资哪个项目。

1. 确定概率分布

确定概率分布时需注意，概率分布必须符合以下两个要求：

(1) 出现每种结果的概率在 0~1。

(2) 所有结果的概率之和应等于 1。

概率越大，表明所有可能出现的结果的可能性越大。

设 p_i 为第 i 个结果出现的概率，n 为所有可能出现的结果的个数，则概率分布必须符合下列条件：

$$0<p_i<1$$

$$\sum_{i=1}^{n} p_i = 1$$

将随机事件各种可能结果按照一定的规则进行排列，同时列出各种结果出现的相应概率，这一完整的描述称为概率分布。

此例已给出了各年各种不确定情况的概率分布。

2. 计算期望报酬率

根据如下公式计算项目各年的期望报酬率：

$$\overline{R} = \sum_{i=1}^{n} (R_i \times p_i)$$

(1) 项目甲:

$\overline{NCF_1}=60\ 000\times0.3+30\ 000\times0.5+10\ 000\times0.2=35\ 000$

$\overline{NCF_2}=60\ 000\times0.3+30\ 000\times0.4+10\ 000\times0.3=33\ 000$

$\overline{NCF_3}=60\ 000\times0.4+30\ 000\times0.4+10\ 000\times0.2=38\ 000$

$\overline{NPV_{甲}}=35\ 000\times0.893+33\ 000\times0.797+38\ 000\times0.712=84\ 612$

(2) 项目乙:

$\overline{NCF_1}=50\ 000\times0.3+40\ 000\times0.5+20\ 000\times0.2=39\ 000$

$\overline{NCF_2}=40\ 000\times0.2+30\ 000\times0.6+20\ 000\times0.2=30\ 000$

$\overline{NCF_3}=55\ 000\times0.3+45\ 000\times0.4+35\ 000\times0.3=45\ 000$

$\overline{NPV_{乙}}=39\ 000\times0.893+30\ 000\times0.797+45\ 000\times0.712=90\ 777$

从两个项目净现值的期望值的角度来看,乙项目的净现值的期望值大于甲项目,应投资乙项目。

但两项目的风险还未确定,应结合风险情况予以考虑。

3. 计算风险变异系数

根据风险变异系数的计算公式及净现值标准差的计算公式计算出两项目各年风险变异系数及净现值标准差。

(1) 项目甲:

$$\delta_1=\sqrt{(60\ 000-35\ 000)^2\times0.3+(30\ 000-35\ 000)^2\times0.5+(10\ 000-35\ 000)^2\times0.2}=18\ 028$$

同理可计算出:

$\delta_2=19\ 519$, $\delta_3=19\ 391$

净现值标准差的计算公式为:

$$\delta=\sqrt{\sum_{t=1}^{n}[\delta_t\times(P/F,i,t)]^2}$$

故:

$\delta_{甲}=26\ 302$

(2) 项目乙:

根据公式可得:

$\delta_1=10\ 440$, $\delta_2=6\ 325$, $\delta_2=7\ 746$, $\delta_{乙}=11\ 947$

则根据风险变异系数公式 $q=\dfrac{\delta}{NPV}$,有:

$$q_{甲}=\frac{\delta_{甲}}{NPV_{甲}}=\frac{26\ 302}{84\ 612}=0.31$$

$$q_{乙}=\frac{\delta_{乙}}{NPV_{乙}}=\frac{11\ 947}{90\ 777}=0.13$$

甲项目的风险变异系数大于乙项目，可见，甲项目的风险大于乙项目。同时，由于乙项目的期望净现值大于甲项目，故应投资乙项目。

（二）风险因素调整法

为了有效地考虑风险对投资价值的影响，可以按照投资风险的大小适当地调整折现率或投资的净现金流量，然后再按照确定性的情况进行投资分析。风险调整有两种基本方法：一是风险调整折现率法；二是风险调整现金流量法。前者是根据风险的程度调整净现值模型的分母；后者是根据风险的程度调整净现值模型的分子。

1. 风险调整折现率法

将特定投资的风险报酬，加入到资本成本或企业要求达到的报酬率中，构成按风险调整的折现率，并据以进行投资决策分析的方法，叫作风险调整折现率法或风险调整贴现率法。风险调整折现率法是更为实际、更为常用的风险处置方法。这种方法的基本思路是对高风险的项目，应当采用较高的折现率计算净现值。

按风险调整的折现率有如下几种确定方法：

(1) 用资本资产定价模型来调整折现率。特定投资按风险调整的折现率可按下式来计算：

$$r_j = r_f + \beta_j \times (r_m - r_f)$$

其中，r_j 表示投资 j 按风险调整的折现率或必要报酬率；r_f 表示无风险利率；β_j 表示投资 j 的 β 系数；r_m 表示所有投资的平均折现率或必要报酬率。

(2) 按投资的风险等级来调整折现率。这种方法是对影响投资风险的各种因素进行评分，根据评分来确定风险等级，并根据风险等级来调整折现率的一种方法。

【例 7–42】 按投资的风险等级来调整折现率的方法可通过表 7–28 和表 7–29 来加以说明。

表 7–28　得分对应折现率表

分数分段	风险等级	调整后的折现率
0~8	很低	7%
9~16	较低	9%
17~24	一般	12%
25~32	较高	15%
33~40	很高	17%
40 分以上	最高	25% 以上

表 7–28 的分数分段、风险等级、折现率的确定都由企业的管理人员根据以往的经验来设定，表 7–29 所列的具体的评分工作则由销售、生产、技术、投资等部门组成专家小组来进行。实践中所列的影响风险的因素、风险状况都可能会更多。

表 7-29 投资的风险状况及得分表

项目	因素 A		因素 B		因素 C		因素 D		因素 E	
	状况	得分	状况	得分	状况	得分	状况	得分	状况	得分
市场竞争	无	1	较强	2	一般	5	较强	8	很强	11
战略上的调整	很好	1	较强	2	一般	5	较差	8	很差	11
投资回收期	1.5 年	5	1 年	1	2.5 年	8	3 年	9	4 年	13
资源供应	一般	7	很好	1	较好	4	很差	15	较差	11
总分		14		6		22		40		46
折现率		9%		7%		12%		17%		25%以上

(3) 按投资的类型调整折现率。有些企业为经常发生的特定类型的风险，预先根据经验按风险大小规定了高低不等的折现率，以供决策之需。

【例 7-43】 某公司对不同类型的折现率规定如表 7-30 所示。

表 7-30 投资类别对应折现率表

投资类别	风险调整折现率 （边际资本成本 + 风险补偿率）
重置型	10%+2%=12%
改造、扩充现有产品生产	10%+5%=15%
增加新生产线	10%+8%=18%
研究开发	10%+15%=25%

将企业涉及的常规投资活动进行适当分类，并按风险越高风险调整折现率越高的规律明确各类的折现率，操作较为简单。

按风险程度调整折现率以后，具体的评价方法与无风险时基本相同。这种方法，对风险大的采用较高的折现率，对风险小的采用较低的折现率，简单明了，便于理解，因此，被广泛采用。但这种方法把时间价值和风险价值混在一起，人为地假定风险一年比一年大，这是不合理的。

2. 风险调整现金流量法

由于风险的存在，使得各年的现金流量变得不确定，为此，就需要按风险情况对各年的现金流量进行调整。这种先按风险调整现金流量，然后进行决策的方法，叫作风险调整现金流量法。其具体调整方法有很多，最主要的是肯定当量法。

肯定当量法是指把不肯定的现金流量期望值按肯定当量系数折算为相当于肯定的现金流量，再用无风险折现率评价风险投资项目的决策分析方法。

肯定当量系数，又称约当系数，是将不肯定（不确定）的现金流量期望值换算成相当于使投资者满意的肯定的现金流量系数。以 a_t 表示肯定当量系数，有：

$$a_t = \text{肯定的现金流量} / \text{不肯定的现金流量期望值}$$

即：

$$肯定的现金流量 = a_t \times 不肯定的现金流量期望值$$

因此，风险调整后净现值的计算公式如下：

$$风险调整后净现值 = \sum_{t=0}^{n} \frac{肯定的现金流量期望值}{(1+无风险报酬率)^t}$$

$$= \sum_{t=0}^{n} \frac{a_t \times 不肯定的现金流量期望值}{(1+无风险报酬率)^t}$$

一般依据风险变异系数（即标准离差率）来确定肯定当量系数，因为风险变异系数较好地衡量了风险的大小。肯定当量系数的选取因人而异，风险偏好者会选用较高的肯定当量系数，风险厌恶者可能选用较低的肯定当量系数。风险变异系数与肯定当量系数的经验对照表如表 7–31 所示。

表 7–31　风险变异系数与肯定当量系数的经验对照关系

风险变异系数	肯定当量系数	风险变异系数	肯定当量系数
0.00~0.07	1	0.33~0.42	0.6
0.08~0.15	0.9	0.43~0.54	0.5
0.16~0.23	0.8	0.55~0.70	0.4
0.24~0.32	0.7		

当肯定当量系数确定后，决策分析就比较容易了。

【例 7–44】 假设某公司准备进行一项投资，其各年的现金流量和分析人员确定的肯定当量系数已列示在表 7–32 中，无风险报酬率为 10%，试判断此项投资是否可行。

表 7–32　现金流量和肯定当量系数表

时间	0	1	2	3	4
现金净流量	–20 000	7 000	9 000	8 000	8 000
肯定当量系数	1.0	0.95	0.9	0.85	0.8

根据以上资料，利用净现值法进行评价。

$$风险调整后净现值 = \sum_{t=0}^{n} \frac{a_t \times 不肯定的现金流量期望值}{(1+无风险报酬率)^t}$$

$$=0.95\times7\ 000\times0.909+0.9\times9\ 000\times0.826+0.85\times8\ 000\times 0.751+0.8\times8\ 000\times0.683-20\ 000$$

$$=2\ 213.45（元）$$

按风险程度对现金流量进行调整后，计算出的净现值为正数，故可以进行投资。

肯定当量法解决了风险调整折现率法夸大远期风险的问题，但如何准确、合理地确定肯定当量系数是一个十分困难的问题。因为风险变异系数与肯定当量系数之间的对照关系，并没有公认的客观标准。

3. 风险调整贴现率法与肯定当量法的比较

肯定当量法和风险调整贴现率法的主要区别在于:二者在分析过程中根据风险调整计算的位置不同,肯定当量法直接调节预期税后现金流量,而风险调整贴现率法并不调低预期税后现金流量,而是调高所要求的回报率,以此来补偿超额风险。两种方法都能降低净现值。两种方法的计算步骤如表 7-33 所示。

表 7-33 肯定当量法和风险调整贴现率法的计算步骤比较

步骤	肯定当量法	风险调整贴现率法
第一步	用肯定当量系数乘以预期税后现金流量,以消除现金流量中的风险,从而换算成无风险现金流量	确定风险调整贴现率
第二步	用无风险贴现率将无风险现金流量折现为风险调整净现值	用风险调整后的贴现率将预期现金流量折现为风险调整净现值
第三步	与资本预算标准进行比较分析。注意:采用内部收益率法分析时,应把项目的内部收益率与无风险收益率进行比较而不是与公司所要求的收益率进行比较	与资本预算标准进行比较分析。注意:采用内含报酬率法分析时,应把项目的内含报酬率与风险调整贴现率比较而不是与公司所要求的收益率比较

除了计算调整的位置不同外,风险调整贴现率法还暗示风险随着时间的推移而增大,未来时期的现金流量采用的贴现率应更高。尽管这个假设不一定正确,但还是有必要理解和认真对待它。

只要使用得当,两种方法均可有效地处理风险。但在实际投资决策中,处理风险最常用的方法是风险调整贴现率法。因为肯定当量法更依赖于决策分析人员的主观感觉和经验判断。

(三) 决策树法

决策树法,又称网络分析法,它是在事件发生概率的基础上,使用简单的树枝图形,明确说明投资各方案的情况,完整反映决策过程的一种决策方法。这种方法适用于长期或分阶段的投资决策问题。由于不确定性投资的一大特征是分阶段投资,各阶段的决策互相关联和影响,因此需要应用该方法。

应用决策树法基本上分两个阶段,首先要根据决策目标从左向右分析作图,然后从右向左逐步分析判断,进行决策。主要步骤如下:

1. 画出决策树图形

决策树图形将对某个决策问题的分析和计量过程反映出来,主要包括以下几个部分:

(1) 决策点。它是对几种可能方案选择的结果,即最后选择的决策方案,一般以方框(□)表示。

(2) 方案枝。它是由决策点从左向右的若干条直线,一条直线代表一种备选方案。

(3) 机会点。代表备选方案的经济效果,是在方案枝末端的一个圆圈(○)。

(4) 概率枝。代表各备选方案不同状态的概率,是由机会点向右的若干条直线。

2. 预计各种状态可能发生的概率 P_i

将各状态的概率 P_i 和现金流量标于概率枝端。

3. 计算期望值

根据机会点的原始投资额和概率枝各状态的现金流量计算期望净现值。

4. 选择最佳方案

分别将各方案期望净现值与投资总额之差标在机会点上方，并对各机会点的备选方案进行比较权衡，选择权益最大的方案为最佳方案。

【例 7-45】 甲公司拟开发一种新产品，预计市场情况为：畅销的概率 P_1=0.6，滞销的概率 P_2=0.4。备选方案有：A 方案，建造一个新车间，使用期为 10 年；B 方案，对现有资产进行技术改造，既维持原来生产，又组成新产品的生产线，使用期为 10 年；C 方案，前期与 B 方案相同，如果市场情况好，3 年后进行扩建，扩建使用期为 7 年。该企业要求收益率为 10%，有关数据如表 7-34 所示。

表 7-34　甲公司开发新产品相关数据　　单位：万元

方案	投资额		年收益			
	当前	3 年后	前 3 年		后 7 年	
			畅销	滞销	畅销	滞销
A	240	0	80	–20	80	–20
B	120	0	30	20	30	20
C	120	180	30	20	90	20

首先，绘制决策树图形，如图 7-4 所示。

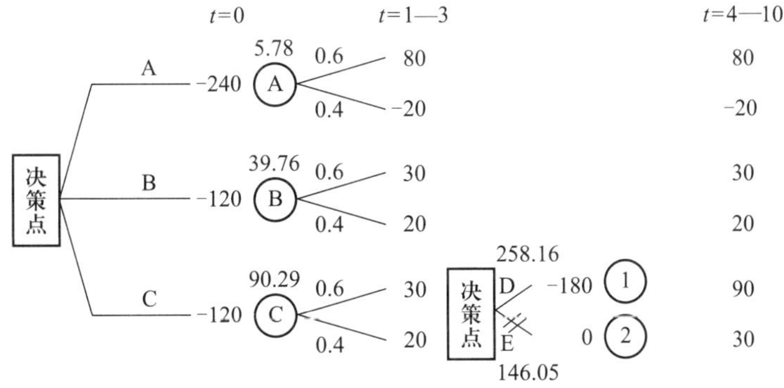

图 7-4　决策树图

然后计算各机会点的期望净现值。机会点期望净现值为该方案全部使用期内期望收益现值与相应投资总额之差。

机会点 A 的期望净现值 $=80\times(P/A,10\%,10)\times0.6+(-20)\times(P/A,10\%,10)\times0.4-240$

$=80\times6.145\times0.6+(-20)\times6.145\times0.4-240$

$=5.8$（万元）

机会点 B 的期望净现值 $=30\times(P/A,10\%,10)\times0.6+20\times(P/A,10\%,10)\times0.4-120$

$=30\times6.145\times0.6+20\times6.145\times0.4-120$

$=39.77$（万元）

机会点 C 的期望净现值的计算：

先计算 D 点和 E 点期望净现值：

D 点的期望净现值 $=90\times(P/A,10\%,7)-180$

$=90\times4.868-180$

$=258.12$（万元）

E 点期望净现值 $=30\times(P/A,10\%,7)-0$

$=30\times4.868-0$

$=146.04$（万元）

比较 D 和 E 的期望净现值，除去方案②。

因此：

机会点 C 的期望净现值 $=[258.12\times(P/F,10\%,3)+30\times(P/A,10\%,3)]\times0.6+$

$20\times(P/A,10\%,10)\times0.4-120$

$=90.23$（万元）

因各方案的经营期一致，故可直接比较每个方案期望净现值的大小，除去期望净现值较小的方案 A 和 B，选择期望净现值较大的方案 C。

本章小结

企业投资是指企业对现在所持有资金的一种投放和运用，如购置各种经营性资产或购买各种金融资产，其目的在于期望在未来一定时期内获得相应的投资回报。在市场经济条件下，企业能否将资金投放到回报高、风险小、回收快的项目上去，对于企业的生存和发展具有十分重要的意义。

在企业的全部投资中，长期投资具有十分重要的地位。对企业的稳定与发展、未来盈利能力、长期偿债能力都具有十分重要的意义。与企业其他类型的投资相比，长期投资具有如下特点：影响时间长、投资数额大、不经常发生、变现能力差、投资风险大。

企业投资决策一般按下列步骤进行：确定投资目标、提出备选方案、收集可计量信息、比较分析、最终决策。

长期投资决策要考虑的基本因素包括资本成本、时间价值、投资风险和现金流量。

长期投资决策的评价方法按是否考虑货币时间价值可分为非贴现现金流量法和贴现现金流量法。非贴现现金流量法，又称非折现现金流量法、静态评价法，主要包括投资回收期法和平均投资报酬率法；贴现现金流量法，又称折现现金流量法、动态评价方法，主要包括净现值法、现值指数法和内含报酬率法。

不确定性投资决策，又称为风险投资决策，是在考虑影响投资决策的不确定因素的基础上所进行的投资决策。其主要方法包括期望值决策法、风险因素调整法、决策树法、敏感性分析法、盈亏平衡分析法等方法。

特殊情况下的项目投资决策主要包括互斥方案的决策、资本限量决策、固定资产更新决策、投资开发时机决策等。

关键词

长期投资决策	资金时间价值	单利终值	单利现值
复利终值	复利现值	年金终值	年金现值
普通年金	即付年金	递延年金	永续年金
资本成本	资本成本率	债务资本成本	权益资本成本
加权平均资本成本	现金流入	现金流出	净现金流量
营业现金净流量	非贴现现金流量法	静态回收期法	平均投资报酬率
贴现现金流量法	净现值	净现值率	现值指数
内含报酬率	动态回收期法	风险	风险变异系数
风险报酬斜率	期望值决策法	风险因素调整法	决策树法

即测即评

请扫描二维码,进行即测即评。

思考题

1. 投资决策中为何使用现金流量? 为什么使用贴现现金流量指标更为合理?

2. 贴现现金流量指标有哪几个? 运用这些指标决策的规则是什么? 这些决策方法各有什么优缺点?

3. 对于常规的互斥项目,为何净现值法和内含报酬率法所得出的结论有时会不一致? 此时应如何进行决策?

练习题

1. 某公司准备购置一生产设备,以扩充生产能力。经测算,固定资产投资 200 万元,项目有效年限 5 年,采用直线法折旧,期末无残值。5 年中每年实现销售收入 600 万元,付现成本 200 万元。该项目开始时垫支流动资金 50 万元,公司资本成本为 8%,所得税税率为 25%,要求的投资回收期为 4 年,要求的会计收益率为 12%。

要求:计算该项目的静态及动态投资回收期、平均投资报酬率、净现值、现值指数和内含报酬率,并做出投资决策。

2. A 企业急需一种生产设备,若通过购买获得,需花费 100 000 元,此生产设备使用寿命为 10 年,预计净残值率为 5%;若通过租赁获得,每年需支付 20 000 元的租赁费,租赁期 10 年。假设贴现率 10%,所得税税率 40%。

要求:判断 A 企业应该购买还是租赁?

第 8 章　标准成本控制

学习目标

了解标准成本的含义、作用、种类；理解标准成本的制定；掌握标准成本差异的计算与分析。

本章知识结构图

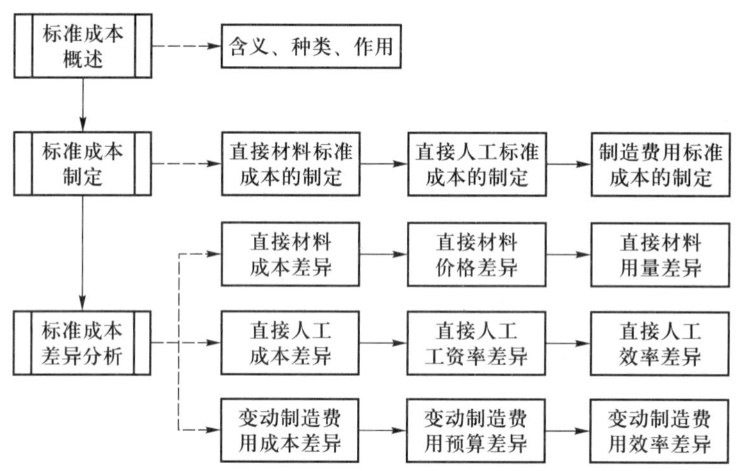

引例

AB 公司是个文化产品生产企业。2017 年生产销售“书之”牌 0.5 mm 的签字笔，该签字笔制造成本为 1.2 元 / 支（其中直接材料为 0.5 元 / 支，直接人工为 0.4 元 / 支，制造费用为 0.3 元 / 支），销售单价为 1 元。销售价格一般来说是由市场决定，而公司能做的就是控制签字笔的制造成本。AB 公司通过对签字笔的各明细成本项目制定标准成本，并对以往各项成本的情况与标准成本进行差异分析后，找到了压缩成本空间的方法，使其最终实际制造成本控制在标准成本之内，实现利润目标。

引言

成本控制的一种方法是制定标准成本，实行标准成本制度。那么标准成本控制主要包括对哪些明细成本进行控制？控制的方法是什么？控制过程中要考虑哪些相关因素呢？本章将围绕这些问题展开。

第一节　标准成本概述

一、标准成本的含义

标准成本是指在正常的生产技术水平和有效的经营管理条件下，企业经过努力应达到的产品成本水平。标准成本法，是指企业以预先制定的标准成本为基础，通过比较标准成本与实际成本，计算和分析成本差异，揭示成本差异动因，进而实施成本控制、评价经营业绩的一种成本管理方法。企业常常将标准成本作为控制成本开支、考核评价实际成本、衡量工作效率和尺度的标准。

标准成本不同于预算成本，标准成本是一种单位的概念，它与单位产品相联系；而预算成本则是一种总额的概念，它与一定的业务量相联系。但两者都不是实际发生的成本，而是一种预定的成本目标。用标准成本乘以一定的业务量，即为预算总成本，因此二者实际上是相同的。

二、标准成本的种类

制定标准成本，首先应确定选择什么水平的成本目标作为现行标准成本。可供选择的标准成本的种类很多，主要包括理想标准成本、正常标准成本和现实标准成本三种。

（一）理想标准成本

理想标准成本是根据最少的耗用量、最低的价格水平和可能实现的最高生产经营能力的利用程度条件而制定的，也就是在排除一切失误、浪费和耽搁的基础上制定的。

由于这类标准成本要求过高，不考虑在生产中可能发生的上述实际情况，如果用它们来计算成本的话，实际上往往无法达到。因此，这种标准成本在实际工作中很少采用。

（二）正常标准成本

正常标准成本是根据正常的耗用水平、正常的价格和正常的生产经营能力利用程度而制定的，也就是根据过去一段时期实际成本的平均值，剔除其中生产经营活动中的异常因素，并考虑今后的变动趋势而制定的。在国内外经济形势稳定的条件下和生产发展比较平稳的情况下，可以使用正常标准成本作为现行标准成本。

（三）现实标准成本

现实标准成本是根据企业最可能发生的生产耗用量、生产要素价格和生产经营能力利用程度而制定的。由于这种标准成本包含企业一时还不能避免的某些不应有的低效、失误和超量消耗，因此它是一种经过努力可以达到的既先进又合理、最切实可行且接近实际的成本，因而被广泛采用。

三、标准成本法的作用

标准成本法对于加强企业成本管理有着重要的意义，其主要表现在如下方面。

（一）加强成本控制

在标准成本法下，可以预先制定企业在一定时期内应达到的成本标准，及时反映和分析成本差异及其原因，使成本计算和成本控制有机结合起来。由于成本差异是按原因反映，并按责任单位归集，它不仅能说明成本升降的原因，而且能直接说明成本升降是由哪些责任单位的工作好坏所致。这就为正确评估各个责任单位的工作成绩提供了可靠的依据，既加强了经济责任制，又有利于成本控制。

（二）为决策提供依据

在影响经营决策的诸多要素中，成本是其重要因素之一。标准成本法中制定的标准成本，是通过科学的分析、预测得到的企业成本目标，它剔除了很多不合理因素，可以作为确定产品售价和估算产品未来成本的依据，也可以作为本量利分析的原始数据资料。因此不论是进行长期投资决策还是短期经营决策，都是衡量经济效益的一个重要参考和依据。

（三）简化成本核算

在日常的成本核算中，可将标准成本和成本差异分别列示，可使日常的成本核算不受实际干扰，对于各项成本差异可以另外设置账户进行归集，在期末一次性调整，从而大大简化了日常的成本核算工作。

（四）便于编制预算和考核

由于标准成本是一种预计成本，可以作为编制预算的依据，明确企业在预算期的目标。另外，标准成本是事先制定的、在正常生产经营条件下应当发生的成本，通过对实际成本背离标准成本的差异分析，可以评价各有关部门和工作人员的业绩，分清他们的管理责任，确定经济活动的效果，并进一步采取相应的改进措施。

四、标准成本法的优缺点

标准成本法的主要优点为：一是能及时反馈各成本项目不同性质的差异，有利于考核相关部门及人员的业绩；二是标准成本的制定及其差异和动因的信息可以使企业预算的编制更为科学和可行，有助于企业的经营决策。

标准成本法的主要缺点为：一是要求企业产品的成本标准比较准确、稳定，在使用条件上存在一定的局限性；二是对标准管理水平要求较高，系统维护成本较高；三是标准成本需要根据市场价格波动频繁更新,导致成本差异可能缺乏可靠性,降低成本控制效果。

第二节　标准成本制定

制定标准成本有利于指导和控制企业的日常经济活动,通过每个成本项目的差异分析,可以分清各部门的责任,并寻找降低成本的途径,以进一步加强成本控制。

产品成本是由直接材料、直接人工和制造费用三个成本项目组成的,应按照这些成本项目的特点分别制定其标准成本。每个项目标准成本的基本形式是价格标准乘以数量标准。

一、直接材料标准成本的制定

直接材料标准成本是由直接材料价格标准和直接材料耗用量标准两个因素所决定的。

直接材料标准成本 = 某种材料的价格标准 × 该种材料的耗用量标准

某种产品所耗用的各种材料标准成本 =∑(某种材料的价格标准 × 该种材料的耗用量标准)

(一) 直接材料价格标准的制定

材料价格标准是指以订货合同中的合同价格为基础,考虑未来各种变动因素所确定的购买材料应当支付的价格,即标准单价。材料价格标准的制定一般包括材料买价、运杂费、检验费和正常损耗等成本,还应注意考虑以下几方面的问题:确定最佳采购批量获得的价格优惠;实现最低成本所采用的装运和储藏的最佳方法;使用商业信用可能节约的成本和降低的价格。

材料价格标准是企业编制的计划价格,通常是由采购部门负责,会同财务、生产、信息等部门,在考虑市场环境及其变化趋势、订货价格以及最佳采购批量等因素的基础上综合确定。

材料按计划成本核算的企业,材料的价格标准可以采用材料计划单价。

(二) 直接材料耗用量标准的制定

直接材料耗用量标准是指企业在现有生产技术条件下,生产单位产品应当耗用的原料及主要材料数量,通常也称为材料消耗定额,一般包括构成产品实体应耗用的材料数量、生产中的必要消耗,以及不可避免的废品损失中的消耗等。

材料耗用量标准的制定应根据企业产品的设计、生产和工艺的现状,结合企业的经营管理水平的情况和成本降低任务的要求,考虑材料在使用过程中发生的必要损耗(如切削消耗、边角余料等),并按照产品的零部件来制定各种原料及主要材料的消耗定额。

材料耗用量标准一般由生产部门负责,会同技术、财务、信息等部门制定,定额制度健全时,也可依据材料消耗定额来制定。

二、直接人工标准成本的制定

直接人工标准成本包括直接人工标准工资率和直接人工标准工时两方面。直接人工价格标准即直接人工标准分配率，直接人工用量标准即直接人工标准工时。

单位产品直接人工标准成本 = 直接人工标准工资率 × 直接人工标准工时

在制定直接人工标准成本时，首先要对产品生产过程加以研究，研究有哪些工艺；其次要对企业的工资形式、制度进行研究，以便结合实际情况来制定标准。

（一）标准工资率的制定

标准工资率往往受劳动力的平均经验、操作情况变化、人工结构比例等因素的影响，采用不同的薪金制度同样影响标准工资率的制定。采用计时工资制，工资率在当期较少变动，标准较易制定。采用计件工资制，可以将计件工资的数额作为产品直接人工成本。

制定直接人工的标准工资率，一般由人力资源部门负责，根据企业薪酬制度等制定。

（二）标准工时的制定

标准工时即直接生产工人生产单位产品所需要的直接人工用量标准，也称工时消耗定额，是指在企业现有的生产技术条件下，生产单位产品所需要的工作时间，包括对产品的直接加工工时、必要的间歇和停工工时以及不可避免的废品耗用工时等。人工工时用量标准通常需要由生产部门负责，会同技术、财务、信息等部门，根据技术测定和统计调查资料来确定。

三、制造费用标准成本的制定

制造费用的标准成本包括制造费用价格标准和制造费用用量标准两方面。

单位产品制造费用标准成本 = 制造费用价格标准 × 制造费用用量标准

制造费用用量标准即标准工时，与上述直接人工用量标准的制定相同。制造费用价格标准即制造费用标准分配率，其公式为：

$$制造费用标准分配率=\frac{制造费用预算总额}{生产量标准}$$

制造费用标准成本通常分变动制造费用和固定制造费用两部分。在全部成本法下，固定制造费用预算可参照历史资料并考虑预算期生产能力利用程度加以估算，相应的生产量标准通常应选择预算产量标准工时。在变动成本法下，固定制造费用属于期间成本，不存在标准分配率的问题。无论在哪种成本法下，变动制造费用标准分配率均可按上式计算，此外还可参考历史资料考虑变动制造费用的变化趋势，估算确定。

制造费用的标准成本需要按部门分别编制。如果某种产品需要经过几个部门生产加工，应将各部门加工的该产品的单位产品制造费用加以汇总，计算出该产品制造费用的标准成本。

四、标准成本卡

标准成本一经确定就应编制标准成本卡。在变动成本法下，标准成本卡只包括直接材料、直接人工和变动制造费用三项内容。在全部成本法下，标准成本卡还要包括固定制造费用。由于大多数企业在对外报告中仍使用全部成本法，所以，标准成本卡大都填写直接材料、直接人工、变动制造费用和固定制造费用四个项目的有关数字。

企业通常要为每一产品设置一张标准成本卡，并在该卡中分别列明各项成本的价格标准与用量标准，通过直接汇总的方法求得单位产品的标准成本。

【例 8–1】 2018 年年初天勤企业制定的 A 产品的标准成本卡见表 8–1。

表 8–1　A 产品的标准成本卡

项目	价格标准	用量标准	标准成本
直接材料			
甲材料	50 元 / 千克	10 千克 / 件	500 元 / 件
乙材料	20 元 / 千克	30 千克 / 件	600 元 / 件
小计	—	—	1100 元 / 件
直接人工	2 元 / 小时	200 小时 / 件	400 元 / 件
变动制造费用			
动力费	0. 5 元 / 小时	200 小时 / 件	100 元 / 件
人工费	1 元 / 小时	200 小时 / 件	200 元 / 件
小计	—	—	300 元 / 件
固定制造费用	0. 7 元 / 小时	200 小时 / 件	140 元 / 件
单位 A 产品标准成本			1 940 元 / 件

第三节　标准成本差异分析

成本差异，是指在标准成本制度下，企业在一定时期生产一定数量的产品所发生的实际成本与相关的标准成本之间的差额。

一、成本差异的种类

根据差异形成的原因及性质，成本差异可分为以下不同差异：

（一）价格差异与数量差异

对于直接材料、直接人工和变动制造费用而言，成本差异分为价格差异和数量差异两个部分。

1. 价格差异

价格差异是指实际价格脱离标准价格所产生的成本差异。价格差异在直接材料成本差异中称材料价格差异，在直接人工成本差异中称工资差异，在变动制造费用成本差异中称变动制造费用预算差异。

其基本计算公式为：

价格差异 =（实际价格 – 标准价格）× 实际产量下的实际用量

= 价格差异 × 实际产量下的实际用量

在计算直接材料价格差异时，价格是指直接材料的单价，用量是指直接材料的耗用量；在计算直接人工价格差异时，价格是指直接人工工资率，用量是指生产产品所需人工小时；在计算变动制造费用价格差异（变动制造费用预算差异）时，价格是指变动制造费用分配率，用量是指生产产品所需人工小时。

2. 数量差异

数量差异是指实际的单位耗用量脱离标准单位耗用量所产生的成本差异。数量差异在直接材料成本差异中称材料用量差异，在直接人工成本差异中称人工效率差异，在变动制造费用成本差异中称变动制造费用效率差异。

其基本计算公式为：

用量差异 = 标准价格 ×（实际产量的实际用量 – 实际产量的标准用量）

= 标准价格 × 实际产量下的量差

在分别计算材料用量差异、人工效率差异和变动制造费用效率差异时，公式中的价格和用量与计算价格差异公式中的含义相同。

（二）预算差异与能量差异

固定制造费用成本差异可分为预算差异与能量差异。

1. 预算差异

由于固定制造费用不随业务量的变动而变动，所以，只要实际发生的固定制造费用与固定制造费用预算额不同，就认为产生了固定制造费用成本差异。这种成本差异就是预算差异。

2. 能量差异

能量差异是指预算产量标准工时与实际产量标准工时不同所产生的成本差异，可进一步分解为能力差异和效率差异。能力差异是指预算产量标准工时与实际产量工时不同所产生的成本差异。效率差异是指实际耗用总工时与实际产量应耗用的标准工时不同所产生的成本差异。

（三）有利差异与不利差异

成本差异按其数量特征可分为有利差异与不利差异。有利差异是指因实际成本低于标准成本而形成的节约差，用 F 表示。不利差异则是因实际成本高于标准成本而形成的超支差异，用 U 表示。企业应采取相应的措施，消除不利差异，发展有利差异，以实现对成本的有效控制，不断降低成本，提高经济效益。

二、标准成本差异的计算与分析

标准成本是分别按直接材料、直接人工和制造费用制定的，而制造费用又分为变动制造费用和固定制造费用，所以标准成本差异也从四个方面进行计算与分析。

（一）直接材料成本差异的计算与分析

1. 直接材料成本差异计算

直接材料成本差异是指在实际产量下直接材料实际总成本与其标准总成本之间的差额。它可分解为直接材料价格差异和直接材料用量差异两部分。有关计算公式如下：

$$\begin{array}{l}\text{直接材料成本差异}=\text{实际产量直接材料实际成本}-\text{实际产量直接材料标准成本}\\ \qquad=\text{直接材料价格差异}+\text{直接材料用量差异}\end{array}$$

$$\text{直接材料价格差异}=\left(\text{直接材料实际价格}-\text{直接材料标准价格}\right)\times\text{实际产量直接材料实际用量}$$

$$\text{直接材料用量差异}=\text{直接材料标准价格}\times\left(\text{实际产量直接材料实际用量}-\text{实际产量直接材料标准用量}\right)$$

【例 8-2】 承例 8-1 的资料，假设该企业 2018 年 1 月份生产 A 产品 100 件，实际耗用甲材料 11 千克 / 件，甲材料实际单价为 48 元 / 千克。计算甲材料成本差异。

甲材料成本差异 $=100\times48\times11-100\times50\times10=2\,800$（元）

进一步计算得到：

甲材料价格差异 $=(48-50)\times11\times100=-2\,200$（元）

甲材料用量差异 $=50\times(100\times11-100\times10)=5\,000$（元）

甲材料成本差异 = 甲材料价格差异 + 甲材料用量差异

$=-2\,200+5\,000=2\,800$（元）

2. 直接材料成本差异分析

影响直接材料价格变动的因素是多方面的，如市场环境、价格变动情况、材料采购方式、批量和运输方式，以及材料供应商的选择等。只要其中任何一个因素脱离了制定标准成本时的预定要求，就会产生价格差异。对价格变动的原因和责任，还需要根据具体情况做进一步的分析。也就是说，其中某些差异可能是由采购部门所造成的，如供应商的变化；也可能是由生产上的原因所引起的，如为适应生产上的要求对某项材料进行小批量的紧急订货而形成的不利差异，应由生产部门负责。

影响直接材料消耗数量的因素也是多种多样的，如工人的技术熟练程度、加工设备的完好程度、产品质量控制制度、材料的质量和规格、材料的安全保管工作等。一般地说，生产中直接材料用量差异应由生产部门负责，但有时也可能是采购部门的工作所引起的，如果采购部门购进的材料质量较差，不适合原定的生产需要，就会引起耗用量的增长，由此而形成的直接材料用量的不利差异，就应由采购部门负责。

（二）直接人工成本差异的计算与分析

1. 直接人工成本差异的计算

直接人工成本差异是指在实际产量下直接人工实际总成本与其标准成本总额的差额。它可分解为直接人工工资率差异与直接人工效率差异两部分。有关计算公式如下：

$$\text{直接人工成本差异}=\text{实际产量直接人工实际成本}-\text{实际产量直接人工标准成本}$$

$$=\text{直接人工工资率差异}+\text{直接人工效率差异}$$

$$\text{直接人工工资率差异}=\left(\text{直接人工实际工资率}-\text{直接人工标准工资率}\right)\times\text{实际产量直接人工实际工时}$$

$$\text{直接人工效率差异}=\text{直接人工标准工资率}\times\left(\text{实际产量直接人工实际工时}-\text{实际产量直接人工标准工时}\right)$$

【例 8-3】 承例 8-1 的资料，假设该企业 2018 年 1 月份生产 A 产品 100 件，实际工时用量为 20 200 小时，实际工资分配率为 1.9 元 / 小时。计算直接人工成本差异。

直接人工成本差异 =1.9 × 20 200−2 × 100 × 200=−1 620（元）

其中：

直接人工工资率差异 =（1.9−2）× 20 200=−2 020（元）

直接人工效率差异 =2 ×（20 200−100 × 200）=400（元）

直接人工成本差异 = 直接人工工资率差异 + 直接人工效率差异

=−2 020+400=−1 620（元）

2. 直接人工成本差异分析

直接人工工资率通常不会变动，如果变动，主要原因是工人工资结构和工资水平变动，比如将技术熟练、工资级别较高的工人安排在不需要高技术的工作岗位上，就会出现工资率差异。

影响直接人工工时用量差异的因素包括工人的劳动生产率、加工设备的完好程度、动力供应情况、材料半成品供应保证程度、材质规格等。如果是由于生产安排不当，把技术不熟练的工人安排去做复杂的工作，必然会造成实际工作超过标准工时，这应由生产部门负责。如果是采购了不适用的材料，加工时花了较多的工时，或由于生产工艺过程的改变，需延长或缩短加工时间等，这都不是生产部门所能控制的因素，应由有关部门承担责任。

（三）变动制造费用成本差异的计算与分析

1. 变动制造费用成本差异的计算

变动制造费用成本差异是指在实际产量下，变动制造费用实际发生总额与其标准发生总额之间的差额。它又可以分解为变动制造费用预算差异和变动制造费用效率差异两部分。有关计算公式如下：

$$\text{变动制造费用成本差异}=\text{实际产量实际变动制造费用}-\text{实际产量标准变动制造费用}$$

$$=\text{变动制造费用预算差异}+\text{变动制造费用效率差异}$$

$$\text{变动制造费用预算差异}=\left(\text{变动制造费用实际分配率}-\text{变动制造费用标准分配率}\right)\times\text{实际产量实际工时}$$

$$\text{变动制造费用效率差异}=\text{变动制造费用标准分配率}\times\left(\text{实际产量实际工时}-\text{实际产量标准工时}\right)$$

【例 8-4】 承例 8-1 的资料，假设该企业 2018 年 1 月份生产 A 产品 100 件，实际工时 20 200 小时，实际动力费分配率是 0.48 元 / 小时。计算动力费成本差异。

动力费成本差异 =0.48×20 200−0.5×100×200=−304（元）

进一步计算得：

动力费预算差异 =（0.48−0.5）×20 200=−404（元）

动力费效率差异 =0.5×（20 200−100×200）=100（元）

动力费成本差异 = 动力费预算差异 + 动力费效率差异

=−404+100=−304（元）

变动制造费用成本差异计算可以按其费用项目分别计算再汇总，也可以按各项费用合计计算。但为便于成本差异分析，一般要按费用项目具体计算成本差异。其他项目成本差异计算同理，就不再重复。

2. 变动制造费用成本差异分析

在计算出全部变动制造费用成本差异的基础上，应结合实际进行具体分析，以查清费用超支或节约的原因，并明确责任。

（四）固定制造费用成本差异的计算与分析

1. 固定制造费用成本差异的计算

固定制造费用与变动制造费用不同，具有在相关范围内固定不变的特点，因此，对于固定制造费用，通常编制固定预算而非弹性预算。按全部成本法制定标准成本时，固定制造费用标准分配率是按下式进行计算的：

$$\text{固定制造费用标准分配率}=\frac{\text{固定制造费用预算总额}}{\text{预算产量标准总工时}}$$

固定制造费用成本差异是指在实际产量下固定制造费用实际发生总额与其标准发生总额之间的差额，用公式表示如下：

$$\begin{aligned}\begin{matrix}\text{固定制造费用}\\\text{成本差异}\end{matrix}&=\begin{matrix}\text{实际产量实际}\\\text{固定制造费用}\end{matrix}-\begin{matrix}\text{实际产量标准}\\\text{固定制造费用}\end{matrix}\\&=\begin{matrix}\text{固定制造费用}\\\text{实际分配率}\end{matrix}\times\begin{matrix}\text{实际产量}\\\text{实际工时}\end{matrix}-\begin{matrix}\text{固定制造费用}\\\text{标准分配率}\end{matrix}\times\begin{matrix}\text{实际产量}\\\text{标准工时}\end{matrix}\end{aligned}$$

固定制造费用总差异的分解具体有两种方法：一种是两差异法；另一种是三差异法。

（1）两差异法。两差异法是将总差异分解为预算差异和能量差异两部分，它们的计算公式分别是：

$$\begin{matrix}\text{固定制造费用}\\\text{预算差异}\end{matrix}=\begin{matrix}\text{实际产量实际}\\\text{固定制造费用}\end{matrix}-\begin{matrix}\text{预算产量标准}\\\text{固定制造费用}\end{matrix}$$

$$\begin{matrix}\text{固定制造费用}\\\text{能量差异}\end{matrix}=\begin{matrix}\text{固定制造费用}\\\text{标准分配率}\end{matrix}\times\left(\begin{matrix}\text{预算产量}\\\text{标准工时}\end{matrix}-\begin{matrix}\text{实际产量}\\\text{标准工时}\end{matrix}\right)$$

（2）三差异法。三差异法是将固定制造费用成本总差异分解为预算差异、能力差异和效率差异三种，其计算公式分别是：

$$\text{固定制造费用预算差异} = \text{实际产量实际固定制造费用} - \text{预算产量标准固定制造费用}$$

$$\text{固定制造费用能力差异} = \text{固定制造费用标准分配率} \times \left(\text{预算产量标准工时} - \text{实际产量实际工时}\right)$$

$$\text{固定制造费用效率差异} = \text{固定制造费用标准分配率} \times \left(\text{实际产量实际工时} - \text{实际产量标准工时}\right)$$

显然，将两差异法中的能量差异进一步区分为能力差异与效率差异（即固定制造费用能力差异 + 固定制造费用效率差异 = 固定制造费用能量差异），就成为三差异法。

【例 8–5】 承例 8–1 的资料，假设该企业 2018 年 1 月份生产 A 产品 100 件，实际工时 20 200 小时，预算产量 110 件，固定制造费用预算总额 15 400 元，固定制造费用实际支付 15 000 元。分别用两差异法和三差异法计算固定制造费用成本差异。

两差异法：

固定制造费用成本差异 =15 000–140 × 100=1 000（元）

其中：

固定制造费用预算差异 =15 000–0.7 × 110 × 200=–400（元）

固定制造费用能量差异 = 0.7 ×（110 × 200–100 × 200）=1 400（元）

固定制造费用成本差异 = 固定制造费用预算差异 + 固定制造费用能量差异

=–400+1 400=1 000（元）

三差异法：

固定制造费用成本差异 =15 000–100 × 140=1 000（元）

其中：

固定制造费用预算差异 =15 000–0.7 × 110 × 200=–400（元）

固定制造费用能力差异 =0.7 ×（110 × 200–20 200）=1 260（元）

固定制造费用效率差异 =0.7 ×（20 200–100 × 200）=140（元）

显然，在两差异法中：

固定制造费用能量差异 =1 400（元）

在三差异法中：

固定制造费用能量差异 = 固定制造费用能力差异 + 固定制造费用效率差异

=1 260+140=1 400（元）

将能量差异分为能力差异和效率差异，便使两差异法进一步成为三差异法。

2. 固定制造费用成本差异分析

对固定制造费用预算差异来说，其产生的原因可能是，因管理上的决策而使约束性固定成本和酌量性固定成本有所增减，以及部门领导有的会延缓资本支出，有的怕实际支出过少会削减下期经费预算，而增加不必要的开支等。所有这些，应分别根据具体情况采取相应的对策。

对于固定制造费用能量差异，从理论上说，只反映计划生产能量的利用程度，一般不能说明固定制造费用超支或节约。若预算产量标准总工时等于实际产量应耗标准工时，即反映该企业的生产能量已得到充分利用。若预算产量标准总工时大于实际产量应耗标准工时，即说明该企业的生产能量未被充分利用，应进一步查明原因，以便确定由谁负责；反之，若实际产量应耗标准工时大于预算产量标准总工时，即表示该企业的生产能量已得到超额利用，应总结经验，发扬成绩。

知识链接：
标准成本跟踪分析

为更好地进行标准成本控制，企业应在实施标准成本控制中对各成本项目进行跟踪管理。

本章小结

标准成本是指在一定的生产技术条件下，通过有效的经营管理活动应该实现的单位产品成本目标，企业通常将其作为控制成本开支、考核评价实际成本、衡量工作效率和尺度的一种目标成本。标准成本的种类主要包括理想标准成本、正常标准成本和现实标准成本三种。标准成本的制定包括直接材料标准成本的制定、直接人工标准成本的制定、制造费用标准成本的制定，在对实际成本与相关的标准成本之间的差额进行分析时，需要分别对价格差异、数量差异、预算差异、能力差异和效率差异等进行分析。

关键词

标准成本	理想标准成本	正常标准成本
现实标准成本	直接材料标准成本	直接人工标准成本
制造费用标准成本	价格差异	数量差异
预算差异	能量差异	直接材料差异
直接人工差异	变动制造费用差异	固定制造费用差异
两差异法	三差异法	

即测即评

请扫描二维码，进行即测即评。

思考题

1. 标准成本的种类有哪些？
2. 标准成本的制定包括哪些内容？

练习题

A 产品本期预算产量为 100 台，每台标准工时为 9 小时，直接材料用量标准为 10 千克，直接材料价格标准为 100 元。本期固定制造费用预算为 45 000 元，本期实际产量为 120 台，每台实际工时为 10 小时，实际耗用材料 1 250 千克，直接材料成本为 137 500 元,实际发生固定制造费用 42 000 元。

要求:(1) 计算材料价格差异、用量差异及总差异。

(2) 利用三差异法计算固定制造费用各种差异及总差异。

第 9 章　作业成本计算法

学习目标

了解传统成本法的缺陷和作业成本法产生的背景；理解作业成本法的基本原理，理解作业成本的分析与控制；掌握作业成本法的计算过程，能够进行作业分析和作业成本动因分析，能够使用作业成本法计算成本对象成本。

本章知识结构图

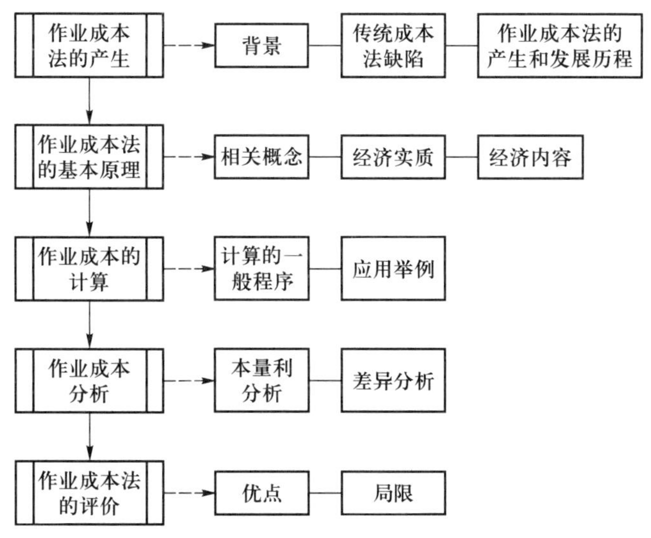

引例

惠普是世界上管理最完善、最富创新精神的企业之一。它的成功部分归功于它不断地重新评估自身的控制机制和分权式的组织结构，这为惠普公司带来许多竞争优势，能够经常为各种市场问题提供多样化的解决方案。然而，这种多样化解决方案在实施作业成本控制（Activity Based Costing，ABC）的过程中，带来的绩效好坏不一。惠普科罗拉多斯普林斯厂在实施 ABC 时却未见成效。事情经过如下：

惠普科罗拉多斯普林斯厂规模较大，生产示波器和逻辑分析器等测试设备。它的产品种类多但每种产品的产量都很少，销售对象主要是通信及计算机行业的设计工程师。它实施 ABC 方案的一个目标是更好地了解自己的生产和支持流程，以找出成本产生的前因后果，并据此确定产品的成本，做出更妥善的定价决策。在充分了解自身的各个流程后，该厂试图找出各种成本因素。此处的成本因素是指一个流程中影响该流程成本的所有因素。成本因素一旦确定，信息技术小组就会帮助成本会计组采取各种方法利用计算机应用软件跟踪这些因素。然后对用来跟踪物料、车间工作和衡量资源利用情况的应用软件进行修改以加入新的成本因素。此处略举一例，对物料软件系统加以修改的目的是识别首选零件和非首选零件。该厂在确定其所购零件的优先顺序时采取如下 5 个标准：技术（Technology）、质量（Quality）、可靠度（Reliability）、交货（Delivery）和成本（Cost），简称 TQRDC 标准。然后，根据 TQRDC 标准的评估结果，将各种零件分为首选、中等和非首选 3 类。这一程序也让研发部门参与了有关零件评估的工作。由于每类零件所引起的间接费用不同，因此对 3 类部件的区分是很重要的。

然而，由于成本因素过多、缺少适当管理、没有及时跟进、过分强调共识等原因，该 ABC 系统于 1989 年开始实施，于 1992 年夭折。

资料来源：摘自 Management Accounting 杂志（1997，3），杨志强译。

引言

任何理论和方法的产生都不是偶然的，而是诸多因素综合作用的结果。作业成本法的产生也不例外。那么作业成本法的产生背景是什么？作业成本法的核心思想和理念是什么，其流程如何，依靠哪些因素获得成功呢？

第一节 作业成本法的产生

作业成本法的基本思想早在 20 世纪 30 年代末 40 年代初就已经形成。但到了 20 世纪 80 年代才真正引起人们的关注。因为进入 20 世纪 80 年代后，电子计算技术、信息处理技术的发展和应用，为多元化制造费用分配标准的作业成本法的运用奠定了坚实的技术基础。

一、作业成本法产生的时代背景

（一）技术背景

20 世纪 70 年代以来，世界科学技术发生了日新月异的发展。在高新技术迅速发展的新形势下，以美国和日本为代表的发达国家的企业面对日趋激烈的全球竞争压力，纷纷将高新技术应用于生产领域。建立在高新技术基础上的现代化生产，其基本特征是在电子技术革命基础上形成的生产高度计算机化、自动化，包括计算机数控机床、机器人、计算机辅助设计、计算机辅助制造的广泛应用，以至计算机一体化制造系统的形成。它从产品订货开始，直到设计、制造、销售等所有生产经营阶段，所使用的各种自动化系统综合成一个整体，由计算机统一进行调控。上述高新技术在生产领域的广泛应用改变了企业产品成本结构，使得直接材料成本、直接人工成本所占比重下降，而制造费用所占比重却大幅度上升。这样，如何科学合理地分配制造费用、计算产品成本，从而为成本核算与控制提供更为准确的成本信息，就成为一个重要问题。

（二）社会背景

高新技术在生产领域的广泛应用，极大地提高了社会生产力，促进了社会经济的发展，随着经济的发展，当今西方发达国家已经进入富裕社会。在富裕社会中，人们可支配收入大大增加，对消费提出越来越高的要求，从而使消费者的行为变得更具有选择性，表现为从过去的崇尚时尚转向标新立异、突出个性。这种社会需求的重大变化必然要对企业产品生产提出更新的、更高的要求，要求企业具有较高的灵活反应能力，及时向消费者提供能够满足他们多样化且富有个性需求、日新月异的产品，以适应消费者多样化和快速多变的消费需求。为了满足消费者多样化、日新月异的需求，一种能够快速反应的顾客化生产——柔性制造系统应运而生。柔性制造系统就是在计算机的控制下，将仔细挑选过的设备、机器人和原材料处理系统有机地组合在一起，并同步协调地工作，使得企业可以迅速地从生产某种产品转向生产另一种产品以应付产品需求多样化变化及小批量生产。

（三）新的生产方式呼吁新的成本计算方法

适时生产法（Just In Time，JIT）的推广为作业成本法的应用创造了条件。适时生产法由日本丰田公司在 20 世纪 70 年代首创，改变了传统生产系统的运作顺序。传统系统是一种由前向后推动的生产方式，即仓库发出原材料→第一道生产工序加工成半成品→第二道生产工序继续加工，并推送至下一环节→…→完成生产，转入产成品库待销。这种生产方式，后面的生产程序是被动地接受前一道程序转移过来的加工对象，导致生产环节的不同工序消耗、堆积大量原材料、在产品、半成品，从而增加成本，造成浪费。而适时生产法则采用从后向前拉的生产方式。企业将顾客订单的要求作为生产的起点，由后向前推移制定和安排生产计划，前一道工序生产什么、生产多少、质量要求和交货时间都只能严格按照后一道工序要求来进行。同时，要求原材料、外购零件能在需要时“适时”到达生产现场，生产好的产品能“适时”转交客户，所以无须建立原材料、产成品仓库。因此，适时生产法要求整个企业生产经营的各环节无缝连接，互相协调、准确无误地进行运转。

适时生产法要求成本计算要揭示与生产成本有关的成本动因，而这一点，是传统成本计算方法不能满足的，这就为作业成本法的应用提供了应用环境。

上述技术背景、社会背景和生产方式的变革为作业成本法提供了环境土壤。

二、传统成本法面临的挑战

1. 制造费用分配方法面临的挑战

传统成本法的基本特征是以“产品”为中心，进行产品成本计算，直接材料、直接人工等是成本的主要构成要素。在高新技术环境下，产品成本的构成中，制造费用的数额和构成的重要性大幅提高，这对传统成本法下制造费用的分配方法提出了挑战。传统成本法下，通常以直接人工小时、机器工时或直接人工成本作为制造费用分配标准。这对于成本会计发展初期的劳动密集型企业是适用的，由于生产技术水平较低、生产工艺较为简单，产品成本构成中直接人工成本是主要组成部分，制造费用数额及所占产品成本的比例较小，且与制造费用的发生相关的直接人工成本、直接人工工时、机器工时等数据容易取得，因而直接人工成本、直接人工工时、机器工时等便成为制造费用的分配标准。然而，到了 20 世纪 70 年代之后，高新技术的发展，生产过程高度自动化、计算机化，使得生产成本中的直接人工成本数额及所占比重大大降低，而制造费用数额及所占比重则大大增加，更为重要的是制造费用的发生与直接人工成本的相关性渐渐消失。因此，无论是从提高产品成本计算结果的准确性来看，还是从成本控制的有效性来看，都必然要求把产品成本计算的重点放在制造费用的分配上。

传统成本法下采用单一分配标准分配制造费用，就会导致产品批量大、技术水平低的产品成本偏高，而产品批量较小、技术水平高的产品成本偏低，形成不同产品之间成本的严重扭曲，从而造成生产经营决策的失误。

2. 产品成本与期间成本划分方法面临的挑战

变动成本法的出现并取代完全成本法，曾经是成本会计的一大进步，这样可以有效进行成本决策与成本控制。在变动成本法下，产品成本只包括变动生产成本，而将固定成本全部计入期间成本。而在完全成本法下，产品成本不仅包括直接材料、直接人工和变动制造费用，还包括固定制造费用。在新的制造环境下，产品成本中直接材料、直接人工、变动制造费用等变动成本的数额及所占比重越来越小，而固定成本却占了绝大部分。这种情况下，按照传统成本法把固定制造费用作为期间成本归集处理就不合理了，不能为控制日益增长的固定制造费用提供有用的成本信息。从而，变动成本法失去了存在的基础，实务界开始对变动成本法的适应性和其存在的理论基础——成本性态分析进行反思。

为与新的经营条件相适应，人们重新肯定完全成本法，认为产品成本中应包括固定成本，但如果仍按照传统制造费用分配方法（以生产数量与材料、人工工时的关系为基础）分配固定成本则会使产品成本明显失实。在这种背景下，作业成本法试图用影响成本的因素来解释成本性态，有效弥补了传统成本法的缺陷。

传统成本计算方法面临的挑战催生了新的成本计算方法——作业成本法的诞生。

三、作业成本法的产生和发展历程

在前述背景下,作业成本法逐步产生并获得了越来越多的应用。作业成本法起源于美国,较有影响力的主要有以下几位学者的观点:

(一) 科勒(Kohler,E. L.)的作业会计思想

科勒的作业会计思想,主要来自于对 20 世纪 30 年代的水力发电活动的思考。在水力发电生产过程中,直接人工和直接材料(这里指水源)成本都很低廉,而间接费用所占的比重相对很高,这就从根本上冲击了传统的会计成本核算方法——按照工时比例分配间接费用的方法。其原因是,传统的成本计算方法预先假定了一个前提,即:直接成本在总成本中所占的比重很高(如工业革命以来,机器大生产中大量的劳动力投入和原料消耗一直是成本的主体)。科勒提出的会计思想,主要有以下观点:

(1) 作业(Activity),指的是一个组织单位对一项工程、一个大型建设项目、一个规划或重要经营事项的具体活动所做的贡献,或者说某一个部门的某一类活动;作业在现实生产活动中是一直存在的,只是此时才第一次被运用到成本核算和生产管理之中。

(2) 作业账户(Activity Account),对每一项作业设置一个作业账户,对其相关的作用(贡献)和费用进行核算,作业的责任人对作业进行控制,即同一个责任人控制的作业活动才是一项独立的作业。

(3) 作业账户的设置方法是,从最低层、最具体、最详细的作业开始,逐级向上设置,一直到最高层的作业总账,类似于传统科目的明细账、二级账和总账。

(4) 作业会计的假设是,所有的成本都是变动的,所有的成本都能够找出具体责任人,控制由责任人实施。

在会计史上,科勒的作业会计思想第一次把作业的观念引入会计和管理之中,被认为是作业成本法的萌芽。

(二) 斯拖布斯(Staubus,G. T.)的作业会计思想

斯拖布斯是第二位研究作业成本法的学者,他分别在 1954 年的《收益的会计概念》、1971 年的《作业成本计算和投入产出会计》和 1988 年的《服务与决策的作业成本计算——决策有用框架中的成本会计》等著作中提出了一系列的作业成本观念。其理论要点有:

(1) 会计是一个信息系统,而作业会计是一个与决策有用性目标相联系的会计,同时,研究作业会计首先应该明确其基本概念,如作业、成本、会计目标(决策有用性)。

(2) 要揭示收益的本质,首先必须揭示报表目标。报表目标是履行托管责任或受托责任,为投资决策提供信心,减少不确定性。报表中的收益和利润,与成本密切相关。ABC 揭示的成本不是一种存量,而是一种流量。

(3) 要较好地解决成本计算和分配问题,成本计算的对象就应该是作业,而不是某种完工产品或其对应的工时等单一标准。成本不应该硬性分为直接材料、直接人工和制造费用,更不是根据每种产品的工时来计算分配全部资源成本(无论直接的还是间接的),而是应该根据资源的投入量和消耗额,计算消耗的每种资源的“完全消耗

成本”。关注的核心应该是在从资源到完工产品的各个作业和生产过程中，资源是如何被一步步消耗的，而不是完工产品这一结果。

（三）卡普兰（Robert S. Kaplan）的作业会计思想

如前文所述，技术的进步使得直接成本比例降低，间接成本比例增加，产品依据变动成本法计算的成本严重扭曲了成本的真实价值；传统制造费用分配方法所依据的数量、工时等因素由于相关性大大减弱，对实践的反映和指导意义不大。在这种背景下，哈佛大学的卡普兰教授在其著作《管理会计相关性消失》一书中提出，传统管理会计的相关性和可行性下降，应有一个全新的思路来研究成本，即作业成本法。卡普兰教授等关于作业成本的研究很快上升为系统化的成本和管理理论并得到广泛宣传推广。其理论观点有：

(1) 产品成本是制造和运输产品所需全部作业的成本总和，成本计算最基本的对象是作业，作业成本赖以存在的基础是产量耗用作业，作业耗用资源。即：对价值的研究着眼于“资源→作业→产品”的过程，而不是传统的“资源→产品”的过程。

(2) 作业成本法的本质就是以作业作为确定分配间接费用的基础，引导管理人员将注意力集中在成本发生的原因及成本动因上，而不仅仅是关注成本计算结果本身，通过对作业成本的计算和有效控制，就可以较好地克服传统制造成本法中间接费用责任不清的缺点，并且使以往一些不可控的间接费用在作业成本系统中变为可控。所以，作业成本法不仅仅是一种成本计算方法，更是一种成本控制和企业管理手段。在其基础上进行的企业成本控制和管理，称为作业管理法（Activity Based Management, ABM）。作业成本虽然是“完全消耗成本”，但是并不同于“完全成本法”的成本，因为作业成本法的成本强调的是“消耗”的成本，未必包括全部生产能力成本，即不一定等于“投入成本”。比如，如果一台机器每月正常产量是 100 件产品（代表了生产能力和投入成本），但是如果企业只投产了 80 件，就存在着 20 件（100 件减 80 件）产品所对应的“未利用生产能力成本”，而作业成本法下产品的成本就不包括“未利用生产能力成本”，仅包括全部投入成本的 80%。相反“完全成本法”核算的是经济学意义上的全部投入成本，指运输费用和生产、管理、财务费用等全部支出项目，包含了“已利用”和“未利用”生产能力成本。

第二节 作业成本法的基本原理

与传统成本计算方法相比，作业成本法更注重成本信息对决策的有用性，因此，两者之间存在较大的理论差异。

一、作业成本法的基本概念

（一）作业成本法

作业成本法，是指把企业消耗的资源按资源动因分配到作业，并把作业归集的成本按作业动因分配到成本计算对象的成本核算与成本管理方法。

作业成本计算(Activity Based Compute,ABC)就是运用作业成本法计算作业与产品成本的过程。常常用ABC的说法替代作业成本法。

(二) 资源

如果把整个制造中心(作业系统)看成一个与外界进行物质交换的投入产出系统,则所有进入该系统的人力、物力、财力等都属于资源范畴。但需要注意的是,进入该系统的资源,并不是全部都会被消耗,就算是被消耗,也不一定会构成对最终产出的形成有意义的消耗。因此,作业成本法把资源作为成本计算对象,是要在价值形成的最初形态上反映被最终产品吸纳的有意义的资源耗费价值。也就是说,在这个环节上,成本计算要先解决好以下两个问题:一是区分所有资源消耗中的有用资源消耗和无用资源消耗;二是区分所消耗资源的作业状况,看看这些资源是如何被消耗掉的,找到资源动因,看资源动因把资源耗费价值分解计入吸纳这些资源的不同作业当中去。所有资源消耗,一般可分为货币资源消耗、材料资源消耗、人力资源消耗、动力资源消耗等。

(三) 作业

作业是作业成本法中的最基本的概念,是进行作业成本计算的核心和基础。一般认为,作业是企业为了提供一定产量的产品或劳务所消耗的人力、技术、原材料、方法和环境的集合体。通俗地讲,作业就是基于一定目的、以人为主体、消耗一定资源的特定范围内的工作。

从管理角度看,作业就是指企业生产过程中的各工序和各环节,但从作业成本计算角度看,作业是基于一定的目的,以人为主体、消耗一定资源的特定范围内的工作。从成本分配角度看,作业是成本分配的对象,资源耗费是成本被汇集到各作业的原因,而作业是汇集资源耗费的对象。

1. 作业应具备的特征

(1) 人是作业的主体。虽然现代制造业机械化、自动化程度很高,但仍然离不开人的参与——人掌握并操纵各种机械设备,也就是说,人仍然是现代制造业中各项具体作业的主体。

(2) 作业消耗资源。现代制造业在完成各项作业的过程中,必然会消耗各种资源,不仅要消耗人力资源,还要消耗各种物质资源,如原材料、机械设备等。

(3) 各项作业的区别在于作业目的不同。一般来说,在一个完备的制造业中,其机械化、现代化程度越高,生产程序的设计和人员分工也就越合理,企业生产经营过程的可区分性也就越强。这样,就可以把整个企业制造过程按照每一部分工作的目的不同区分为若干个不同的作业,每项作业各司其职、各尽其责、互补且互斥,从而构成一个完整的作业链(经营过程)。需要注意的是,作业目的与某一项具体工作的目的是有所区别的。如机械设备采购作业负责适时为生产提供机械设备。但从机械设备采购作业内部来看,又可进一步包括若干项具体工作,比如,有人专门负责与供应商进行采购谈判,有人专门负责与供应商进行货款结算,有人专门负责机械设备的交接,有人专门负责机械设备的运输,等等。在作业成本法下,之所以把上述工作确定为一项作业,是因为作业动因,即是这些工作均是因为该作业动因而发生的。

(4) 作业的范围可以被限定。从企业生产经营管理角度,企业往往基于某一特定生产状况而设定作业，既可以做粗略的划分，也可以作细致的划分，至于具体如何区分，要视企业生产经营管理的要求而定。从作业成本计算来看，虽然期望为成本管理与控制提供更为精细的成本信息，但是具体需要精细到何种程度并没有客观统一的标准，但由于区分作业的依据均是作业动因，而对于特定企业来说，作业动因是客观的，因而作业范围是可以得到本质上的限定的。

2. 作业的分类

(1) 按照成本层次分类可以分为：① 单位作业（Unit Activity），是指单位产品受益的作业。此类作业是重复性的，每生产一定单位产品就需要作业一次，所消耗成本将随产品数量变动而变动，与产品产量成比例变动。例如直接材料、直接人工等。② 批别作业（Batch Activity），是指使一批产品受益的作业。例如，对每批产品的检验、机器设备准备、原材料处理、订单处理等。这些作业的成本与产品的批别成比例变动。③ 产品作业（Product Activity），是指使某种产品的每个单位都受益的作业。例如，对每种产品编制数控规划、材料清单，这种作业的成本与产品产量及批别数量无关，但与产品项目成比例变动。④ 维持性作业（Sustaining Activity），是指使某个机构或某个部门受益的作业，它与产品的种类和某种产品的多少无关。

(2) 按照可归属性分类可分为专属作业和共同作业。① 专属作业，指专门使某产品或顾客受益的作业。对于某一产品的专属作业，只需把该作业成本汇集到该特定产品中即可。② 共同作业，即多种产品的共同作业，在把各作业中心成本分配给作业后，要借助作业动因把共同作业成本分配给不同产品。

(3) 按照是否增值可以分为增值作业和不增值作业。对于一个生产流程或管理流程不尽合理的企业而言，作业可以区分为增值作业和不增值作业。不增值作业和增值作业一样，均要消耗资源，但其与增值作业的区别在于，不增值作业的资源消耗并不产生效益，是不合理的资源消耗，对于产品制造并不能做出价值贡献，诸如一个企业内部将产品从一个地方搬运到另一个地方的作业，因为其搬运距离作为其动因消耗资源，但并不因此而带来产品价值的增加。因而，作业成本法认为，这种产品的搬运作业可以采用缩短搬运距离以减少资源消耗，进而逐步予以消除。也就是说，作业成本法下，应以尽可能紧凑经营过程的方式压缩不增值作业并进而予以逐步消除，以达到减少资源消耗并最终降低产品成本的目的。

(四) 作业中心

所谓作业中心，是指在企业生产过程中负责完成某一项特定产品制造功能的一系列相关联作业的集合。作业中心是成本计算的对象，既是成本汇集中心，也是成本责任考核中心。一般而言，作业中心是基于管理目的而不是以成本计算为目的设置的。在传统制造业，其经营过程习惯地划分成材料采购、产品生产加工和产品销售(供、产、销）三个主要环节。但是，作业成本法下上述三个环节不能简单地称为三个作业中心，这是因为：

(1) 在适时制生产方式下，材料采购并不能构成独立的生产环节，此时材料采购的目的非常明确，就是确保每一个作业中心产品生产对材料物资的适时需要，材料物资的采购工作就由制造环节外的工作演化成制造环节内的工作，每一作业中心都有材料物资供应工作的人员和手段。

(2) 依据工作组合的可独立性和工作组合内容的可分解性,可以并且只能据此把一个制造中心划定为若干个作业中心。正是因为可独立,作业中心也就可以成为作业责任考核的对象;而可分解性则反映了制造中心包含若干作业中心的状况。

需要说明的是,强调作业中心作为成本计算对象,是基于作业考核的需要。因为作业成本计算法既是一种成本计算方法,同时也是一种成本控制和成本考核方法。

还有,将作业中心作为成本计算对象,还有利于汇集资源耗费。由于管理手段的限制,也由于成本核算本身的需要,从成本－效益原则角度来看,及时地将资源耗费汇集到每项作业既无必要也不可能。这样,作业中心就成为计算资源耗费必不可少的环节。

(五) 制造中心

制造中心也是一种成本计算对象。

一个大型制造企业,总可以划分成若干制造中心。划分制造中心的依据是各个制造中心只生产一种产品或一系列多种产品。如某服装厂,按照产品类别可以划分为男装、女装、童装、西装、休闲装、运动装等多个制造中心,等等。制造中心所生产产品只是相对于该制造中心而言,未必是企业的最终产品。如多步骤生产的大型制造企业就可以按照生产步骤划分制造中心,如大型棉纺企业,就可以按照生产步骤划分为梳棉、纺纱、织布、印染等多个制造中心。此时,这些制造中心前后相接、共同构成一个完整的制造过程,前一个制造中心只是为后一个制造中心生产供进一步加工的半成品而已。

如果某一制造中心只生产某一特定型号的标准产品,则其成本计算过程就很简单,只需要把该制造中心所有作业中心汇集的资源耗费价值全部计入该产品的生产成本,在期末完工产品与在产品之间分配即可。

相对于传统成本计算法,作业成本法在间接费用的分配上更为符合实际情况而且更为合理,因而,作业成本法更适合同时生产多种产品的制造中心。因为,在适时制生产方式下,企业一般会成立专门的机构进行生产组织程序设计,因而,无论是从设计上安排,还是从经济效益上看,由某制造中心生产同一系列产品(生产工艺相似、制造手段一致、结构和用途有明显差异的各种产品,如塑料制品中心所生产的塑料桶等)是合理的。由于一个制造中心又包含若干个作业中心,为满足顾客需要,该制造中心可能生产很多类型的系列产品,若数量并不大,且在生产中所消耗的作业又各不相同,结构简单的产品包含较少的作业,而结构复杂的产品则包含较多的作业,显然,按传统成本计算法把间接费用按同一标准分配给这些复杂程度不同的产品是不合适的。此时,作业成本法就显示出其独特的优势。

(六) 成本动因

作业成本法的核心在于把"作业量"与传统成本计算系统中的"数量"(可以是实物量,如产品产量;也可以是劳动量,如人工小时、机器工时等)区别开来,并主张以"作业量"作为分配大多数间接成本的基础(或依据)。

所谓成本动因,是指影响或决定成本发生的那些重要的活动或者事项。成本动因可以是一个事件、一项活动或一种作业,它支配成本行为,决定成本的发生。所以,要把间接成本分配到各产品中,就必须了解成本行为,识别恰当的成本动因。根据成本动因在资源流动中所处的位置，通常可以分为资源动因和作业动因。

1. 资源动因

所谓资源动因，是指资源被各种作业消耗的方式和原因，它反映作业中心(作业成本库)对资源的消耗情况，是资源成本分配到作业中心的标准。例如，如果人工方面的费用主要是与从事各项作业的人数多少相关，就可以根据人数多少向各作业中心分配人工费用。在这里，从事各项作业的人数，就是一个资源动因。

2. 作业动因

所谓作业动因，是指各项作业被最终产品或劳务消耗的方式和原因。它反映产品消耗作业的方式和原因，是作业中心的成本分配到产品中的标准。例如，如果在各种产品或劳务的每份订单上所消耗的费用基本相当，就可以按照订单份数向各种产品或劳务分配订单作业成本。在这里，订单的份数就是一项作业动因。

知识链接：
价值链

(七)“作业链”和“价值链”

“作业链”和“价值链”是与“作业”密切相关联的概念。

作业成本法认为，企业管理深入作业层次以后，现代企业实质上是一个为了满足顾客需要而建立起来的一系列有序的作业的集合体，这样就形成了一个由此及彼、由内向外的“作业链”。“作业链”如图 9-1 所示。每完成一项作业都要消耗一定量的资源，而作业的产出又形成一定的价值，转移给下一项作业，按此逐步推移，直至把最终产品提供给企业外部的顾客。最终产品作为企业内部一系列需要的总产出，凝聚了在各项作业上形成并最终转移给顾客的价值。因此，“作业链”又同时表现为“价值链”，作业的推移也同时表现为价值在企业内部的逐步积累和转移，最后形成转移给外部顾客的总价值，这个总价值即是产品的成本。

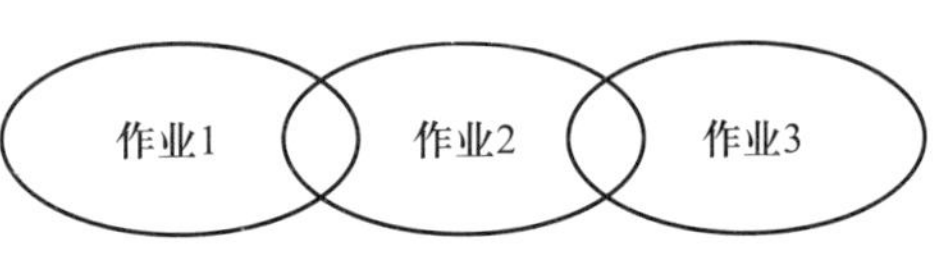

图 9-1 “作业链”

二、产品成本的经济实质

传统成本法下，认为成本是生产经营过程中所耗费的生产资料转移价值和劳动者为自己劳动所创造价值的货币表现，即 $C+V$。

作业成本法认为，成本是生产经营过程中为生产产品所消耗资源的货币表现。从投资角度来看，对所有部门、工作、人员都应进行成本效益分析。

三、产品成本的经济内容

在传统成本法下，产品成本是指其制造成本，只包括产品制造过程中所发生的与制造产品直接有关的费用，而用于组织和管理生产的费用支出则作为期间费用处理。在计算产品成本时，需要按经济用途设置成本项目。

而在作业成本法下，产品成本则是真正意义上的完全成本，其多少取决于产品所耗费的作业种类、每种作业的数量以及每种作业的单位成本。作业成本法认为，就某一制造中心而言(相当于一个集供、产、销于一体的小型工厂),该制造中心所有的费用支出,只要是合情合理的、有效的,就是对最终产出有益的支出,因而都应计入产品成本。也就是说,作业成本法强调费用支出的合理性和有效性,而不管其是否与产出直接相关。虽然在作业成本法下也使用期间费用的概念,但此时的期间费用汇集的是所有无效的、不合理的支出,而不是与产品生产无直接关系的支出。之所以这样处理,是因为作业成本法认为,并非所有资源耗费都是有效的资源耗费,也并非所有作业都可以增加转移给顾客的价值。企业将无效资源耗费和非增值作业耗费均计入期间费用,旨在通过作业管理消除这些耗费。另外,作业成本法下在计算产品成本时,是按作业类别来设置成本项目的。

第三节　作业成本法的一般程序和应用举例

一、作业成本法的一般程序

(一) 作业成本计算对象

作业成本计算的对象是多层次的,大体上可以分为资源、作业、作业中心和制造中心这几个层次,如图 9-2 所示。

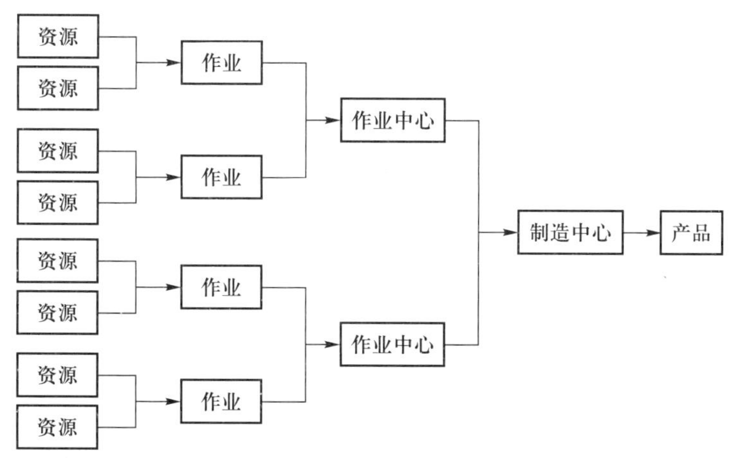

图 9-2　作业成本计算体系图

(二) 作业成本计算的一般程序

1. 确认作业、作业中心、成本动因,建立作业成本库

确认作业是作业成本法的第一步,通过对企业生产经营过程进行详细的作业及其资源消耗分析,确认作业与主要作业,以便构建作业中心。在实务中常采用的作业分类是单位作业、批次作业、品种作业、顾客作业和维持性作业。

确认作业和主要作业后需要建立作业中心,当一个职能部门被分解为多项作业时，作业中心显得特别有用，可以正确反映经营过程的成本。每个作业中心将归集本作业中心涉及各职能部门发生的资源耗费。

分析成本动因是为了更好地分配间接成本。成本动因与成本之间存在因果关系，因此为识别出真正的成本驱动因素，首先要了解成本行为，再分析成本动因层次。成本动因一般可分为四个层次：① 单位产出成本，即单位产品或劳务所消耗的资源，属于混合成本；② 批数成本，即产品组或劳务而不是单位的产品或劳务所消耗的资源，这类成本有设备调试成本、订货成本、材料处理成本等，受调试次数、交货次数、处理批数等影响，不受设备使用时间、订货总额、处理数量影响；③ 产品维持成本，即为支持特定的产品或劳务而消耗的资源，它不能追溯到产品的单位个数或批数，其成本动因极其复杂；④企业运行成本，即无法分配到特定产品或劳务，用于支持整个组织运作所消耗的资源，期间费用的大部分属于这类成本。

通过前面三步可以建立起作业成本库。这一步的实施是作业成本计算的关键。这是因为，进行这样的分析，才能描述企业的"作业链"，发现同质作业及其作业动因，从而将同质作业合并为作业中心，并按作业中心建立作业成本库；同时，也只有进行这样的分析，才能充分揭示资源被作业消耗的方式和原因，即资源动因。

2. 确定资源动因，将各类资源价值耗费按资源动因分配到各作业成本库

将各类资源的价值耗费向各作业成本库分配的过程中，如果某项耗费可以直接归属于某项作业（在此情况下，该类资源的价值耗费属于专属耗费），则可以进行直接分配；否则，就需要以相对科学、合理的量化依据为标准，即按照资源动因，进行计算分配。

3. 确定作业动因，将作业成本库的成本分配至产品或劳务

将各作业成本库归集的成本按作业动因分配计入最终产品或劳务，计算出各种产品或劳务应负担的作业成本。在这一步骤中，作业动因是将作业成本库中所归集的成本向各产品或劳务进行分配的标准。其所体现的原则是，产出量的多少决定着作业耗用的多少，而作业耗用的多少又决定着应负担的作业成本的多少。

上述 2、3 步中制造费用的分配如图 9-3 所示。

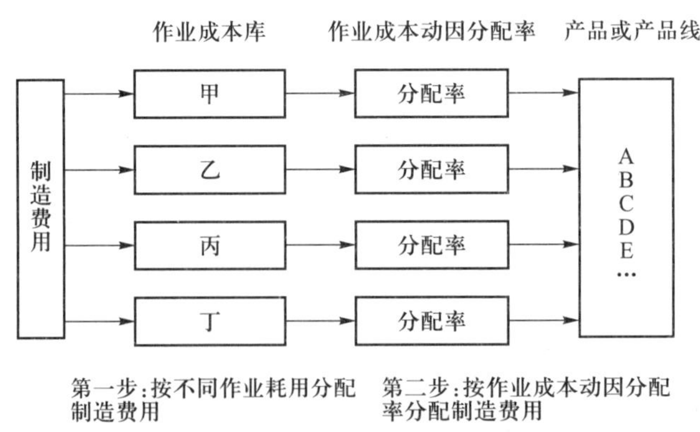

图 9-3 制造费用分配过程图

4. 计算出各种产品成本

将各种产品发生的直接成本和作业成本加以汇总，从而计算出各产品和劳务的

总成本和单位成本。

二、作业成本法应用举例

下面举例说明作业成本法的基本程序及其应用。

【例 9–1】 利用作业成本法计算成本。

某企业第一车间本月生产甲、乙两种产品。其中,甲产品工艺技术过程较为简单,生产批量较大;乙产品工艺技术过程较为复杂,生产批量较小。根据企业成本管理的要求,企业决定对该车间的制造费用按作业成本法的原理进行归集与分配,并在此基础上计算甲、乙两种产品成本。本月甲产品、乙产品均无月初月末在产产品。本月甲、乙产品的产量、直接成本(直接材料、直接人工)及制造费用(其归集与分配过程,此处略)如表 9–1 所示。

表 9–1　甲、乙产品本月产量、生产工时、直接成本及制造费用表

项目	甲产品	乙产品
产量(件)	50 000	10 000
直接人工工时(小时)	20 000	5 000
单位产品直接人工成本(元)	50	40
单位产品直接材料成本(元)	100	100
制造费用总额(元)	1 500 000	

经过对形成制造费用的资源耗费进行分析,其构成可归为:人工薪酬、折旧、电费、办公及其他费用。形成制造费用的各项资源的金额如表 9–2 所示。

表 9–2　形成制造费用的资源项目及其金额表　　单位:元

项目	金额	项目	金额
人工薪酬	500 000	办公及其他费用	100 000
折旧	800 000	合计	1 500 000
电费	100 000		

经过作业分析,将形成制造费用的作业划分为:订单处理、调整准备、生产协调、质量检验、存货搬运、机器运转及维护六项。将本月各项资源耗费向各项作业成本库分配的依据,即资源动因分别如下:

(1) 各项作业的人员基本固定,因此,各项作业的人工薪酬可以按专属费用处理。

(2) 该车间发生的折旧费,按作业所用设备的原价比例进行分配。

(3) 由于各项作业虽然未单独装有电费计量仪表,但其耗电量可以根据其所用设备、电器的功率以及使用时间的长度等数据来计算。因此,电费按照各项作业的耗电度数进行分配。

(4) 办公及其他费用按照作业人员的人数比例进行分配。

本月各项作业的资源动因数量如表 9–3 所示。

表 9–3 本月各项作业资源动因及其数量表 金额单位:元

资源类别	资源动因	资源动因数量						
		合计	订单处理	调整准备	生产协调	质量检验	存货搬运	机器运转及维护
人工薪酬	专属费用	—	—	—	—	—	—	—
折旧	设备原价	4 000 000	10 000	100 000	200 000	200 000	500 000	2 990 000
电费	用电度数	200 000	4 000	5 000	5 000	8 000	8 000	170 000
办公及其他费用	员工人数	100	10	15	10	20	20	25

本月甲、乙两种产品消耗的各项作业的数量如表 9–4 所示。

表 9–4 甲、乙产品消耗作业数量表

作业	甲产品	乙产品	合计
订单处理(份数)	120	80	200
调整准备(次数)	20	20	40
生产协调(次数)	30	20	50
质量检验(次数)	40	40	80
存货搬运(次数)	60	40	100
机器运转及维护(机器工时)	3 000	2 000	5 000

根据表 9–3、表 9–4 的资料可以计算编制出本月资源耗费分配表,如表 9–5 所示。

表 9–5 本月资源耗费分配表 金额单位:元

资源类别	资源价值	资源动因	资源动因合计	分配率	作业成本库					
					订单处理	调整准备	生产协调	质量检验	存货搬运	机器运转及维护
工资	500 000	专属费用	—	—	80 000	80 000	80 000	100 000	80 000	80 000
折旧	800 000	设备原价	4 000 000	0.2	2 000	20 000	40 000	40 000	100 000	598 000
电费	100 000	用电度数	200 000	0.5	2 000	2 500	2 500	4 000	4 000	85 000
办公及其他费用	100 000	工人人数	100	1 000	10 000	15 000	10 000	20 000	20 000	25 000
作业成本合计	1 500 000	—	—		94 000	117 500	132 500	164 000	204 000	788 000

根据表 9–4 相关数据资料及表 9–5 相关资料，可以编制出作业成本分配率计算表，如表 9–6 所示。

表 9–6　作业成本分配率计算表

作业成本库（作业中心）	作业成本（元）	作业成本动因	作业量			成本费用分配率（元）
			甲产品	乙产品	合计	
订单处理	94 000	订单份数	120	80	200	470
调整准备	117 500	调整准备次数	20	20	40	2 937.5
生产协调	132 500	协调次数	30	20	50	2 650
质量检验	164 000	检验次数	40	40	80	2 050
存货搬运	204 000	搬运次数	60	40	100	2 040
机器运转及维护	788 000	机器小时	3 000	2 000	5 000	157.6
合计	1 500 000	—	—	—	—	—

根据表 9–4 相关资料和表 9–6 相关资料，可以编制出两种产品作业成本计算表（产品应负担的制造费用），如表 9–7 所示。

表 9–7　产品作业成本计算表

作业成本库（作业中心）	成本费用分配率（元）	作业成本动因	甲产品		乙产品		作业成本（制造费用）（元）
			作业量	作业成本（元）	作业量	作业成本（元）	
订单处理	470	订单份数	120	56 400	80	37 600	94 000
调整准备	2 937.5	调整准备次数	20	58 750	20	58 750	117 500
生产协调	2 650	协调次数	30	79 500	20	53 000	132 500
质量检验	2 050	检验次数	40	82 000	40	82 000	164 000
存货搬运	2 040	搬运次数	60	122 400	40	81 600	204 000
机器运转及维护	157.6	机器小时	3 000	472 800	2 000	315 200	788 000
合计	—	—	—	871 850	—	628 150	1 500 000

下面再根据以上相关资料，分别计算传统成本计算方法下和作业成本计算法下甲、乙两种产品的成本并进行比较。

按传统成本计算法两种产品的成本计算如下：

制造费用按人工工时比例分配：

制造费用分配率 =1 500 000 ÷ (20 000+5 000)=60（元）

甲产品应负担制造费用 =60 × 20 000=1 200 000（元）

甲产品单位产品制造费用 =1 200 000 ÷ 50 000=24（元）

乙产品应负担制造费用 =60 × 5 000=300 000（元）

乙产品单位产品制造费用 =300 000 ÷ 10 000=30(元)

甲产品单位成本 =100+50+24=174(元)

以产品单位成本 =100+40+30=170(元)

按作业成本法计算:

甲产品单位产品制造费用 =871 850 ÷ 50 000=17.437(元)

乙产品单位产品制造费用 =628 150 ÷ 10 000=62.815(元)

甲产品单位成本 =100+50+17.437=167.437(元)

乙产品单位成本 =100+40+62.815=202.815(元)

根据以上计算结果,汇总编制产品单位成本比较表,如表 9-8 所示。

表 9-8 产品单位成本比较表 金额单位:元

产品	传统成本计算法	作业成本计算法	差异额	差异率
甲产品	174	167.437	6.563	3.77%
乙产品	170	202.815	-32.815	-19.30%

通过上述计算比较可以得出如下结论:与作业成本法相比,在传统成本法下,批量越大、技术越简单的产品,其成本信息被高估的可能性就越大;反之,批量小、技术越复杂的产品,其成本信息被低估的可能性就越大。事实上,上述是就产品全部成本进行的比较,其中包括各批产品所耗费的原材料费用和直接人工费用这一不可比因素。如果仅就制造费用这一因素进行比较的话,这一现象就会显得更加突出。以下就甲产品、乙产品在不同成本计算法下应分配的制造费用进行分析比较。

相对于作业成本法(以作业成本法的计算结果为基准),传统成本计算法的偏离情况:

甲产品:(24-17.437) ÷ 17.437 × 100%=37.64%

乙产品:(30-62.815) ÷ 62.815 × 100%=-52.24%

以上计算分析结果表明,如果仅就制造费用这一可比因素进行比较,按传统成本计算法计算分配制造费用造成的成本信息的歪曲程度就显得更为清楚了。这一比较结果说明,传统成本计算法所计算得出的成本信息在很大程度上已经失去了决策的相关性。由此可以看出,传统成本计算法与作业成本计算法在制造费用分配结果上之所以产生如此大的差异,其根本原因就在于这两种成本计算法在分配基础的选择上存在重大差别。也就是说,传统成本计算法是以生产产品、劳务数量为基础来分配制造费用;而作业成本计算法是以作业量为基础来分配制造费用,即为不同的作业耗费选择相应的成本动因来向产品、劳务分配制造费用,从而使成本计算结果的准确性大大提高。

第四节 作业成本分析

新制造环境对传统的成本核算、管理与控制方法形成巨大冲击,利用作业成本法的原理对制造费用进行分析,将有助于企业进行科学决策。作业成本法的目的在于通过计算作业的成本,来确认作业是否缺乏效率以及是否存在浪费。采用作业成本分析方法,将使企业从简单地计算直接材料、直接人工及制造费用的成本差异转向作业分析,包括分析作业的增值性;分析和控制各项作业的效率和效益,而不是简单地分析和控制各项费用的节约或超支。这不仅大大拓宽了成本分析和控制的视野,也大大地丰富了成本控制的内容,显著增强了成本控制的有效性。可以说,按作业成本原理应用标准成本法,计算作业成本差异,可以避免传统成本法的粗放型弊端。

以作业作为成本动因来分析成本,成本性态也会发生相应的变化,这将对制造费用的分析产生重要影响。通过引入作业成本理念,传统的按成本与产量之间的关系进行制造费用分析的模型将拓展为同时考虑总成本与产量、单位产品变动成本、作业量、单位作业成本以及固定成本之间的关系的新型制造费用分析模型。因而,可以将制造费用分析模型修正如下:

$$Y=V_1\times X_1+V_2\times X_2+F$$

式中:Y——制造费用总额,V_1——单位产量变动制造费用,X_1——产量,V_2——单位作业变动成本,X_2——作业量,F——固定成本总额。

一、作业成本法的本量利分析

【例 9-2】 XYZ 公司采用经营租赁方式租入机器设备一台进行生产,每年支付租金 2 000 万元。每生产一件产品需要消耗各种机物料 20 元,本年度共生产 100 000 件产品,机器设备检修费 200 000 元 / 次,本年度共检修 12 次。则本年度制造费用为:

$$\begin{aligned}设备使用费&=20\,000\,000+20\times 100\,000+200\,000\times 12\\&=24\,400\,000(元)\end{aligned}$$

制造费用性态模型的变化,将直接导致成本分析结果发生巨大变化,从而影响企业的决策过程和决策结果。以下举例说明。

【例 9-3】 XYZ 公司拟生产一种新产品,预计该产品单位售价为 200 元,每生产一件该产品需要耗费的变动成本为 100 元(包括:直接材料 30 元,直接人工 60 元,变动制造费用 10 元),固定成本总额为 1 000 000 元。若目标利润为 200 000 元,则实现该目标利润的该产品销售量的计算如下:

(1) 采用传统成本法下的本量利分析方法:

$$\begin{aligned}目标销售量&=(目标利润+固定成本总额)\div(单位售价-单位变动成本)\\&=(200\,000+1\,000\,000)\div(200-100)\\&=12\,000(件)\end{aligned}$$

上述计算结果表明,在传统成本法下要实现目标利润,XYZ 公司需要实现该产品销售量 12 000 件。但是,市场调查结果表明,该公司该产品目前市场销售还实现不了这一销售目标,最多只能实现 10 000 件产品销售。为此,公司只好决定通过降低成本的方式来实现这一利润目标。然而,技术人员却提出了一种耗费更少人工费的新设计方案。若依此新设计方案,每件产品的直接人工成本可降低 20 元(从 60 元降低至 40 元),直接材料、变动制造费用保持不变。在新设计方案下,产品单位变动成本为 40+30+10=80 元。如果销售 10 000 件,预计可实现利润计算如下:

$$200 \times 10\,000-80 \times 10\,000-1\,000\,000=200\,000\text{(元)}$$

但是,该公司按新设计方案实施后,不仅没有达到预定的盈利目标,反而出现了亏损。其原因何在呢?以下试图通过作业成本法的本量利分析方法找到答案。

(2) 采用作业成本法的本量利分析方法:

从作业角度进行分析,生产该产品的原设计方案所涉及的作业如表 9–9 所示。

表 9–9 该产品原设计方案作业分析

成本动因	作业量(次)	成本动因分配率(元 / 次)
调整准备次数	20	10 000
质量检验次数	1 000	300
固定成本(与作业量无关的成本)	500 000	

根据前面所述作业成本法下的制造费用性态模型,初始设计方案下的总成本为:

总成本 =500 000+100 × 产量 +10 000 × 调整准备次数 +300 × 质量检验次数

经作业分析,新设计方案下,虽然单位变动成本由 100 元降低至 80 元,但需要更为复杂的调整准备作业。假设如果将每次调整准备费用由 10 000 元增加到 16 000 元,同时质量检验次数也要增加到 1 500 次(增加 50%)。则新设计方案下的成本构成如下:

总成本 =500 000+80 × 产量 +16 000 × 调整准备次数 +300 × 质量检验次数

此时的保本销售量测算如下:

$$\text{保本销售量}=\frac{500\,000+16\,000 \times 20+300 \times 1\,500}{200-80}=10\,583\text{(件)}$$

计算表明,在新设计方案下,需要至少销售 10 583 件才能保本,若仅销售 10 000 件,则会出现亏损。具体测算如下:

销售收入	200 × 10 000=2 000 000(元)
减:产量基础变动成本	80 × 10 000=800 000(元)
贡献毛益	1 200 000(元)
减:作业基础变动成本	
调整准备成本	16 000 × 20=320 000(元)
质量检验成本	300 × 1 500=450 000(元)
可追溯贡献毛益	430 000(元)
减:固定成本总额	500 000(元)
利润(亏损)	–70 000(元)

那么,为什么会出现上述情况呢?这是因为该公司是从传统成本计算方法出发来考虑问题,以为既然人工作业水平不影响固定成本总额,在不影响材料成本或变动制造费用的情况下,任何人工成本的降低都将导致总成本的降低,却没有注意到新的

设计方案会导致与作业相关的成本增加。从上例中我们可以清楚地看到,从作业成本计算法出发进行成本分析,更有利于公司的决策科学化。

二、作业成本法的固定制造费用差异分析

根据制造费用与作业和作业量之间的关系,可以将制造费用划分为以下几种类型:

(1) 与作业时间相关的变动制造费用。如与人工作业时间相关的费用(照明费、劳动保护费、检验费等)、与机器作业时间相关的费用(动力费、机器设备维护保养费等)。由于这类作业的作业时间通常与产品产量相关,因而这类变动制造费用也与产品产量相关。

(2) 与作业次数相关,同时也与产品产量相关的变动制造费用。如材料准备费用等。

(3) 与作业次数相关但与产品产量无关的制造费用。如设计制图费、产品生产流程编制费等。

(4) 与作业量和产品产量均不相关的固定制造费用。如厂房折旧费、机器设备按直线法折旧的折旧费、固定资产租赁费等。这类制造费用也可理解为与生产作业相关但与作业关联度不大的费用,属于不随作业变动而变动的固定费用。

(一) 与作业相关的变动制造费用的分析

与作业相关的变动制造费用随作业时间(人工工时或机器工时)的变动而变动,受单位产品作业时间与单位时间费用分配率两个因素的影响,其差异分为消耗量差异(量差、效率差异)和单位作业时间分配率差异(价差、价格差异)两种。这两种差异的计算原理如下:

消耗量差异 =(实际作业小时 – 标准作业小时)× 标准小时费用率
= 实际产量 ×(单位产品实际作业小时 – 单位产品标准作业小时)×
标准小时费用率

【例 9–4】 XYZ 公司为一食品加工企业,在产品生产过程中,需要对产品和设备进行消毒除菌处理,消毒除菌费用预算为 100 元 / 小时,实际发生的消毒除菌费用为 90 元 / 小时。本月实际耗用生产工时为 18 000 小时,实际产量为 2 000 件,单位产品预算工时为 10 小时 / 件。

根据上述资料,该公司本月制造费用差异分析如下:

本月制造费用总差异 =90 × 18 000–100 × 2 000 × 10
=–380 000(元)(节约差异、顺差、有利差异)

消耗量差异 =(18 000–2 000 × 10)× 100
=–200 000(元)(节约差异、顺差、有利差异)

小时费用分配率差异 =18 000 × (90–100)
=–180 000(元)(节约差异、顺差、有利差异)

上述计算分析表明,该公司本月制造费用实际比预算节约 380 000 元,主要是由于产品作业工时降低,节约制造费用 200 000 元,其次是由于单位工时作业费用率降

低，节约制造费用 180 000 元。

（二）与作业次数相关同时也与产品产量相关的变动制造费用分析

作业量差异 =（实际作业次数 − 标准作业次数）× 每次作业标准费用

作业费用率差异 = 实际作业次数 ×（每次作业实际费用 − 每次作业标准费用）

式中，标准作业次数由实际总产量和事先确定的每次作业应完成的产量标准确定，即：

标准作业次数 = 实际总产量 ÷ 每次作业应完成的产量标准

【例 9–5】 EFG 公司为一家食品加工企业，在食品加工过程中，需要对食品加工所需各种主要材料进行整理准备，经测算，整理准备费预算为 5 000 元 / 次，每次原材料整理准备应能够满足生产加工 100 件产品所需。本月实际生产加工产品 500 件，实际进行原材料整理准备 4 次，平均每次整理准备费用为 4 800 元。

根据上述资料，本月制造费用差异计算分析如下：

材料标准整理准备次数 =500 ÷ 100=5（次）

本月制造费用总差异 =4 800 × 4−5 000 × 5
=−5 800（元）（节约差异）

作业量差异（量差）=（4−5）× 5 000
=−5 000（元）（节约差异）

作业费用率差异 =4 ×（4 800−5 000）
=−800（元）（节约差异）

上述计算分析表明，本月原材料整理准备费用实际比标准节约 5 800 元，主要是因为作业次数减少，节约整理准备 5 000 元，其次是因为每次作业费用降低，节约整理准备费用 800 元。

（三）与作业次数相关但与产量无关的制造费用分析

这类制造费用的分析可参照上述“与作业次数相关同时也与产品产量相关的变动制造费用分析”原理中的计算公式进行，但需要注意的是，式中的“作业次数”完全由预算确定而不涉及产品产量因素。

【例 9–6】 OPQ 公司是一家农药生产企业，新引进一台检测设备，用于生产现场空气中毒害成分及含量检测。每车间每月检测次数不超过 5 次，每次检测费预计为 2 000 元。本月实际为第一生产车间检测 6 次，每次实际检测费用 1 800 元。

根据上述资料，本月第一生产车间制造费用差异计算分析如下：

本月制造费用总差异 =1 800 × 6−2 000 × 5=800（元）（不利差异）

其中：

作业量差异 =（6−5）× 2 000=2 000（元）

作业费用率差异 =6 ×（1 800−2 000）=−1 200（元）

上述计算表明，本月第一生产车间制造费用实际比预算超支 800 元，主要是由于作业次数超预计 1 次，使制造费用超支 2 000 元，而每次作业费用降低 200（2 000−1 800）元，使制造费用节约 1 200 元。

（四）与作业量及产量均不相关的固定制造费用分析

这类制造费用的特点是在正常生产能力范围内，其费用额与作业量及产品产量都没有直接关系，不会随作业量及产品产量的变动而变动。例如，生产用机器设备采用直线折旧法所计提的折旧费、生产管理人员的薪酬等。因而，这类制造费用的差异分析应从以下几个角度进行：

1. 预算差异

$$\text{预算差异}=\text{固定制造费用实际数额}-\text{固定制造费用预算数额}$$

预算差异可以揭示该项固定制造费用实际发生额与预算额之间的差异，以检查固定制造费用预算的执行情况。

2. 生产能力利用差异

$$\text{生产能力利用差异}=\left(1-\frac{\text{实际机器总工时}}{\text{正常生产能力下可供利用的机器总工时}}\right)\times\text{固定制造费用预算数额}$$

生产能力利用差异主要可以揭示在可供利用的生产能力中，未能利用的生产能力的成本。生产能力的利用程度说明了该项费用发挥效能的程度。

3. 生产效率差异

$$\text{生产效率差异}=\left(\frac{\text{实际机器总工时}}{\text{正常生产能力下可供利用的机器总工时}}-\frac{\text{实际产量}}{\text{正常生产能力下可以生产的产量}}\right)\times\text{固定制造费用预算数}$$

【例9-7】 某公司生产加工乙产品，预计正常生产能力下需要机器总工时100 000小时，预计可生产乙产品10 000件。2017年7月份实际机器总工时99 000小时，实际生产乙产品11 000件，实际发生机器设备折旧费、生产管理人员薪酬等固定制造费用共计435 600元，预算数额为400 000元。

根据上述数据资料，2017年7月份固定制造费用差异计算分析如下：

$$\text{固定制造费用总差异}=435\,600-11\,000\times\frac{100\,000}{10\,000}\times\frac{400\,000}{100\,000}$$

$$=-4\,400（元）$$

其中：

$$\text{预算差异}=435\,600-400\,000=35\,600（元）（超支差异）$$

$$\text{生产能力利用差异}=\left(1-\frac{99\,000}{100\,000}\right)\times 400\,000$$

$$=4\,000（元）（超支差异）$$

$$\text{生产效率差异}=\left(\frac{99\,000}{100\,000}-\frac{11\,000}{10\,000}\right)\times 400\,000$$

$$=-44\,000（元）（节约差异）$$

上述计算分析表明，该公司2017年7月份固定制造费用实际比预算节约4 400元，主要是因为生产效率提高节约44 000元。而预算差异超支35 600元、生产能力利用差异超支4 000元。

第五节 作业成本法的评价

一、作业成本法的优点

相比传统的成本计算方法,作业成本法有如下几个方面的优点:

(一) 拓宽了成本核算的范围

作业成本法把作业、作业中心、顾客和市场纳入成本核算的范围,形成了以作业为核心的成本核算体系,不仅核算产品成本,而且还核算作业成本和动因成本。这种以作业为核心而建立起来的由多维成本核算对象组成的成本核算体系,可以抓住资源向成本对象流动这一关键,便于更为合理地计算成本,有利于全面分析企业在特定产品、劳务、顾客和市场及其组合方面的成本,以及各相应作业在盈利上的差别。

(二) 提供了相对准确的成本信息

传统成本计算法下,是将成本对象所耗费的资源按单一标准(如产品数量、人工工时、机器工时等)分配到成本对象,假定所有间接费用的发生都与产品或劳务所消耗的直接人工、机器工时或产出物数量相关,进而以这些项目的数量多少作为在各产品、劳务之间分配间接费用的依据。然而需要注意的是,这种假定并不能反映成本对象和资源耗费之间的本质联系,因而造成了成本信息的较大扭曲。尤其是在现代制造业自动化程度不断提高、人工工时日益减少的情况下,这种分配方法将导致间接费用的分配结果脱离实际情况、严重失真,使得产量高、复杂程度低的产品的成本高于其实际发生的成本;反之,产量低、复杂程度高的产品成本又低于其实际发生的成本。而作业成本法就能够改变传统成本计算法中背离实际成本的情况。它从成本对象与资源耗费的因果关系入手,根据资源动因将间接费用分配到作业,再按作业动因将作业成本分配计入成本对象,从而揭示了资源与成本对象真正的"一对一"的本质联系,克服了传统成本计算假定的缺陷。作业成本法分配基础的广泛化,使得间接费用的分配更加精确、合理,克服了传统成本计算法按单一的分配标准分配间接费用所造成的对成本信息的严重歪曲,提供了相对准确的成本信息。

(三) 有利于促使企业有效利用资源、杜绝浪费,提高经济效益

作业成本法通过对成本动因的分析,解释了资源耗费和成本发生之间的因果关系,指明了深入到作业水平、对企业供产销各环节的基本活动进行不断改进与提高的途径,从而有利于消除一切可能形成的浪费,全面提高企业生产经营整体的经济效益。

(四) 提供了便于不断改进的业绩评价体系

传统成本计算方法忽视了可供资源与实际需用资源之间的差异,将未使用资源和非增值作业耗费的资源也计入成本对象的成本,严重影响了业绩评价的客观性。作业成本法则关注那些使成本增加和复杂化的因素,揭示在产品、劳务之间分配间接费用时"苦乐不均"所产生的后果。在评价作业时,作业成本法的宗旨就是利用具体的

作业信息,提高增值作业的效率,尽量避免非增值作业,作业成本法下业绩评价清晰地反映了作业、资源在增加顾客价值中所起的作用,解释了增值作业、非增值作业以及可供资源、实际使用资源和实际需用资源之间的差别,可为改进作业管理、优化资源配置提供有用信息。

(五) 便于调动各部门挖掘盈利潜力的积极性

作业成本法的成本计算过程实际上是贯穿于资源流动始终的因果分析过程,便于明确与落实各部门的岗位责任,揭露存在的问题,从而推动各部门不断挖掘盈利潜力、优化资源消耗、优化经营管理与决策,使整个企业处于不断改进的环境中。

(六) 作业成本信息可以有效地促进企业战略决策

在作业成本法下,由于间接费用不是均衡地在各产品、劳务之间进行分配,而是通过成本动因追踪到产品,因而有助于改进产品定价决策,并为是否停产老产品、引进新产品和指导销售提供更为准确有用的信息。除了定价、资源分配及优化产品组合决策,作业成本信息也有助于对竞争对手的“价格——产量”决策做出适时反应。所以有人说作业成本法不仅是一种先进的成本计算方法,也是一种管理咨询服务的工具,而且还是管理会计师提高企业发展能力、获利能力、工作效率的技术。

二、作业成本法的局限

作业成本法同样存在诸多方面的局限性,主要表现在以下几个方面:

(一) 在成本动因的选择上存在一定的主观性

由于作业成本法的主要目的在于更为全面、精细、准确地将各项作业耗费分配到消耗这些作业的产品、劳务成本中去,因而在成本计算过程中,需要确认资源和作业,设立作业成本库,并为每一作业成本库选择最佳的成本动因。在选择成本动因这一过程中,难免带有主观性和一定程度的武断性,尤其是所选择的成本动因并不总是客观的和可验证的,有些成本动因甚至很难进行恰当选择。例如,制造车间的厂房租金和一些维持性成本就很难选择合适的成本动因。这不仅为作业成本法的有效实施增加了难度,同时也为管理层人为地操作成本提供了可能,导致对这种操纵结果进行审计变得更加困难。

(二) 实施作业成本计算的费用较高

如上所述,作业成本法的优点是可以为企业管理层提供更为准确、更为有用的成本信息。但是,全面实施作业成本法对于企业来说无疑是一项相当庞大且复杂的系统工程。尤其是在企业业务量较大、生产经营过程较为复杂的情况下,不仅成本计算过程变得相当复杂,而且需要做许多基础性的工作,并且随着企业生产经营环节的变化、技术的创新以及产品结构的调整,还需要重新进行作业划分或调整工作,其费用将是较为高昂的。

(三) 作业成本法的实施将会降低甚至失去成本信息的纵向和横向可比性

相比传统成本计算法,作业成本法无论是在产品成本所包括的内容上还是在费用分配的原理上都存在很大的差别。传统成本计算法下,产品成本包括直接材料、直接人工和制造费用,而作业成本法下,产品成本内涵要广泛得多,可以包括一切为生产该产品所发生的费用,即产品成本是“完全成本”的概念(为了便于比较,本章中在作业成本法举例说明时,假设产品成本只包括直接材料、直接人工和制造费用)。至于在费用分配原理上的差别,则不必多说。因此,在两种成本核算方法下,不仅同一企业(或制造车间)所获得的成本信息存在着很大差别,而且同一产品、劳务的成本信息也会大不相同。这种成本信息上的差别,必然会使企业相关资产价值的计量以及企业损益的计量发生变化,而成本信息的变化以及由此而带来的企业资产价值和损益的变化,不仅使企业前后各期的会计信息缺乏可比性,而且也使企业之间的会计信息失去可比性。

三、我国企业应用作业成本法时应注意的问题

从上述内容可以看出,相比传统成本计算方法,作业成本法是一种较为科学的成本计算方法。鉴于我国企业在成本计算和成本管理上存在的诸多问题,我们应该借鉴和吸收作业成本法的原理和精髓,以提高成本信息的有用性和相关性,提高成本核算和管理的有效性。但是,我国企业在借鉴作业成本法时,必须充分考虑企业自身的实际情况和作业成本法本身的局限性。因此,可以首先在原材料供应较为充足、市场竞争较为激烈、生产工艺技术成熟、自动化程度高、产品技术含量高、基本具备了实施作业成本计算条件的企业中试用。应用的具体方式可以是多种多样的。在借鉴和应用作业成本法时,企业应当特别注意以下几个方面的问题:

(1) 要充分认识企业的具体情况,注意把作业成本法的实施与企业成本管理水平的改进和提高结合起来,从现实需要出发,来设计企业作业成本核算系统。

就目前我国企业的实际情况来看,应用作业成本法,主要还是体现在应用其成本计算的原理,为企业的成本管理服务,而不是以作业成本法完全取代传统的成本计算方法。在那些条件较为成熟的企业可以考虑较为全面地实施作业成本法,而就多数企业来说,则更多应该是在其生产经营的某些环节或者局部的某些费用的分配方法上逐步引入作业成本法的原理,以不断提高成本信息的质量,使之更好地为企业生产经营和决策服务。

(2) 要充分认识到作业成本法在费用分配上的本质要求,切忌主观武断。

作业成本计算之所以能够提供相对准确的成本信息,是因为具备以下两个基本前提条件。若严重违反了这两个基本条件,不仅不能达成预期目标,甚至还可能适得其反。

第一个条件是,同一作业成本库中的成本均是由同质作业引起的,即在同一作业成本库中,所有成本受单一作业或主要作业驱动。若成本因两个或两个以上主要作业而发生却仅以一个作业为基础来分摊成本,则违反了这一基本条件。因此,若将成本以武断的方式进行分配,必然会导致成本信息的歪曲。

第二个条件是,同一作业成本库中,成本变动与作业的变动水准是等比例增减变动,即成本动因与被分摊成本间存在着密切的因果关系。作业成本法的局限在于某些成本的发生与产品无直接因果关系,因而无法找到合适的成本动因。在这种情况下,若贸然分摊必然造成成本负担不合理,如闲置生产能力的成本就属于此种情况。

因此，企业在实施作业成本法时，首先应全面、细致地对生产经营过程进行作业分析，并在此基础上建立作业成本库和选择成本动因。

(3) 要充分考虑成本效益原则，力求有效地解决企业生产经营过程和成本管理中存在的问题。

前已述及，实施作业成本法是一项较为庞大的系统工程，即便是在企业局部应用也是一件较为复杂的工作。因此，实施作业成本法的预期成效以及需要耗费的成本，是企业应研究的重要问题。为此，企业在实施作业成本法时，必须认真分析企业生产经营过程中和成本核算与成本管理中存在哪些问题，采用作业成本法和作业成本管理是否有助于这些问题的解决，以及成本效益如何，以便有效地、有针对性地解决这些问题，并使耗费的成本较小。如果企业需要耗费较多的人力、物力和财力进行复杂的成本核算，但又不能解决所存在的主要问题，则不应盲目地实施作业成本法。

本章小结

本章主要介绍了作业成本法产生的背景和传统成本法面临的挑战，介绍了西方学者关于作业成本法的主要流派，在详细介绍作业成本法相关概念(资源、作业、作业中心、制造中心、成本动因、作业链)的基础上，阐述了作业成本计算的基本原理和一般流程，并举例说明了作业成本计算的过程，然后举例说明了作业成本分析与控制，最后对作业成本法的优缺点进行了总结。

关键词

作业　　作业成本　　作业成本法　　成本动因　　资源动因　　作业动因

即测即评

请扫描二维码，进行即测即评。

思考题

1. 相比传统成本计算法，作业成本法的优势是什么？
2. 应用作业成本法应具备什么条件？
3. 作业成本法的基本原理是什么？

练习题

某制造厂生产 A、B 两种产品，有关资料如下：

(1) A、B 两种产品 2018 年 1 月份的有关成本资料如表 9-10 所示。

表 9-10 有关成本资料

产品名称	产量(件)	单位产品机器工时(小时)	直接材料单位成本(元)	直接人工单位成本(元)
A 产品	100	1	50	40
B 产品	200	2	80	30

(2) 该厂每月制造费用总额为 50 000 元,与制造费用相关的作业有 4 个,有关资料如表 9-11 所示。

表 9-11 制造费用相关资料

作业名称	成本动因	作业成本(元)	作业动因数		
			A 产品	B 产品	合计
质量检验	检验次数	4 000	5	15	20
订单处理	生产订单份数	4 000	30	10	40
机器运行	机器小时数	40 000	200	800	1 000
设备调整准备	调整准备次数	2 000	6	4	10
合计		50 000			

要求:(1) 用作业成本法计算 A、B 两种产品的单位成本。

(2) 以机器小时作为制造费用的分配标准,采用传统成本计算法计算 A、B 两种产品的单位成本。

第 10 章　责任会计

学习目标

了解责任会计的产生、发展和意义；理解内部转移价格的意义、类型和制定原则；掌握成本中心、利润中心、投资中心的考核方法以及对责任中心进行绩效考评。

本章知识结构图

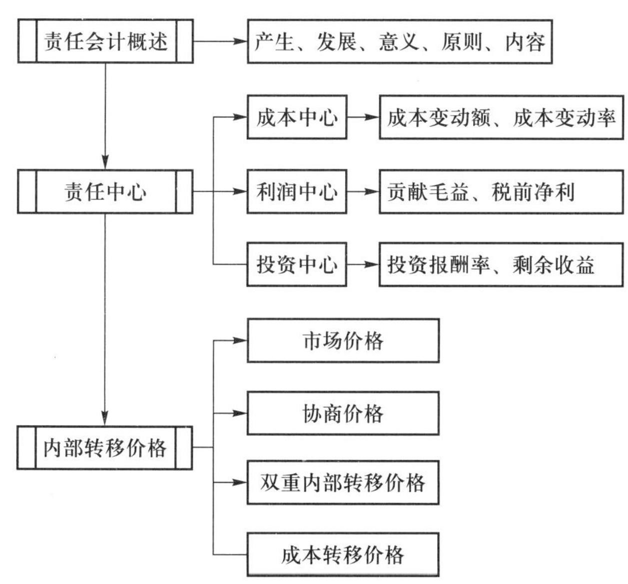

引例

AB 公司是个文化产品生产企业。2016 年生产销售“书之”牌 0.5 mm 的签字笔 10 万支，其制造成本为 1 元 / 支（其中直接材料为 0.5 元 / 支，直接人工为 0.3 元 / 支，制造费用为 0.2 元 / 支）。对料、工、费进行成本分析，发现工、费都比较合理。进一步对直接材料的成本进行分析，该产品的主要材料标准用量为 5 克 / 支，标准价格为 0.075 元 / 克；实际采购价格为 0.07 元 / 克，生产 10 万支签字笔实际上使用了600千克主要材料。计算出材料成本差异4 500元是不利差异，其中材料数量差异7 500元是不利差异，材料价格差异−3 000元是有利差异。针对此情况，作为AB公司的管理者，会对相关的职能部门提出什么样的改进措施？

引言

企业在事先控制和对日常成本预算的基础上，按照经济责任制和分权管理的要求，把全面预算所确定的目标，按照各个责任单位进行层层分解，形成责任预算，然后对责任预算的执行情况进行日常的核算和控制，并进行定期的考核和评价，从而就形成了责任会计。

第一节　责任会计概述

一、责任会计的产生和发展

责任会计是20世纪60年代以后在西方企业中发展起来的，为考核评价企业各责任中心的工作成绩而实行的一种会计制度。

责任会计的发展与公司组织的发展及其规模的不断扩大密切相关。第二次世界大战以后，由于科学技术的迅速发展，竞争日趋激烈，促使企业组织规模不断扩大，出现了越来越多的超级公司、跨国公司、跨行业公司。这些公司产销规模庞大，管理层次繁多，组织机构复杂，分支机构很多。企业领导为了有效地管理这种庞大的经济组织，有必要将自己的一部分权限下放，以调动各级管理人员的积极性和主动性，于是纷纷实行分权管理。在分权管理体制下就必须及时了解、考核和评价各级、各部门的工作情况。责任会计正是为了解决这个问题而产生的，并成为实行分权管理的必要条件。

为了完善企业内部的经济责任制，适应社会主义市场经济体制的要求，需要建立一种能够落实、分清经济责任，考核所属部门业绩的制度。随着企业经营规模的扩大和业务活动的复杂化，以往那种集权型的管理方式日益显得缺乏活力，企业缺少全面走向市场的动力和基础，职工也缺乏责任感和积极性，深化企业内部改革必须解决对责任完成情况的评价和考核问题，否则就达不到应有的效果。这是深化改革的一个必要条件，也是发展和完善经济责任制的一项重要内容。

综上所述，责任会计是指在分权管理的条件下，为适应企业内部经济责任制的要求，在企业内部建立若干责任中心，并对它们分工负责的经济活动进行规划与控制，以实现业绩考核与评价的一种管理控制系统。

二、责任会计的意义

（一）有利于落实企业经济责任制

企业的经济责任制是在国家政策的指导下，以提高企业经济效益为目的，责、权、利相结合的，国家、企业、个人利益相统一的职工劳动所得与劳动成果相联系的生产经营管理制度。实行经济责任制的目的主要就是要明确各部门的经济责任，并赋予相应的管理权力，以保证各责任层次完成其职责和任务，并对其工作成果进行评价和考核，同时与部门及职工经济利益直接挂钩，以调动其工作的积极性。责任会计要求把经济责任落实到各基层单位，划清各单位的责任，并通过会计资料的计量考核各单位的经营成果。责任会计体现了经济责任制的要求，有利于企业落实经济责任制。

（二）有利于实现企业总目标

按责任会计制度要求，企业必须定期编制责任报告，而责任报告内容采用链条形式，即以企业最低管理层次为起点，按级向上汇编，直至最高管理层次。这种各种数据环环相扣、逐级汇总并形成一条“责任链条”的方式，为企业完成总体目标创造有利条件。

（三）有利于加强成本控制

责任会计制度的一项重要内容就是建立一套完整的记录、计算、积累有关责任成本的核算制度，加强对可控成本的控制，达到降低成本、提高经济效益的目的。

（四）便于及时反馈经济信息

实行责任会计，可以使业务部门及有关责任者及时了解其责任履行情况，检查是否达到目标，及时进行信息反馈，总结经验，及时发现和解决生产经营过程中的问题，以达到或超过预期目的。

（五）有利于加强战略管理

责任会计制度的实行，使各级管理人员都明确了自己的责任区域。高层管理人员不必把精力分散在各个部门和单位中的细小的具体事项上，而是集中精力处理更重要的问题，特别是研究企业的未来发展，以保证企业在竞争中能生存和发展下去。

（六）有利于把企业的全面经济核算引向深入

责任会计强调责任中心，在各个责任中心之间发生产品或劳务的转移时，要依据企业内部制订的内部转移价格。它不仅可以衡量各部门经济责任的完成情况，而且，像市场上的物价直接影响人们的消费行为一样，内部转移价格的高低，会对各部门的工作态度产生重大影响，因此，可以利用这一价格杠杆来调节企业的生产活动，提高劳动效率。经济核算的目的是加强经营管理，提高各级负责人的责任心，以提高整个企业的盈利水平，提高企业的经济效益。

（七）有利于打破集权型的经济管理体制

建立责任会计制度的目的之一是下放管理权限，使企业各级机构能有权处理自己的事务，并在企业总目标得到保证的基础上，完成各自的目标。这种分权管理、民主管理是历史的必然趋势。

三、建立责任会计的原则

责任会计是一种管理活动，它以企业内部各责任单位为基础，主要利用价值形式对企业内部生产经营活动过程中的耗费、占用和成果进行核算和控制。尽管各企业实施责任会计制度的具体做法可能不尽相同，但都应符合以下几项基本原则：

（一）一致性原则

责任者权责范围的确定，责任预算的编制和责任者成绩的评价、考核，可以促使责任者为企业总目标的实现而努力工作，保持各责任中心的目标同企业总目标的一致以及责任者的利益同企业整体利益的一致，防止各责任者偏离企业总目标而各行其是，以致损害企业的整体利益。

企业在实行分权管理的情况下，往往会出现各职能部门、各车间的局部目标同整个企业总目标的差异性，这时就需要各个职能部门以各车间以及企业的总目标为主，协调完成企业的总目标，否则企业总目标将难以实现。要制定合适的考核标准。标准的高低直接影响到总目标的完成，为此，要选择具有综合性的考核标准，以避免由于实行单一标准而造成企业内部各责任实体只重视某一方面的情形。责任指标的综合性可以避免责任实体只顾眼前利益的做法，能够比较全面地反映责任实体所承担的经济责任。

（二）可控性原则

可控性原则指上级对下级的考核应只限于下级所能控制的活动或因素。例如，在一个成本中心中，能为这个责任中心所控制，对其工作好坏产生影响的成本，属于可控成本，否则就是不可控成本。对于这个责任中心来说，其成绩的好坏应以其可控成本作为考核和评价的主要依据，不可控成本仅有参考意义。可控成本原则意味着，只要下级努力工作，他就能达到控制目标的要求，因为这些目标的完成情况完全受其行为的影响或控制。反之，如果在责任会计中心引入不可控指标时，被控对象完成指标的积极性就会受到影响。从这一意义上来看，可控性原则实际上隶属于下面提到的激励原则，但由于这一原则在责任会计中运用广泛，因而值得专门提出。

虽然可控性原则得到人们的公认，但在实际工作中由于部门之间的相互影响、相互依赖，以及外部环境等因素的作用，完整确定一个责任中心的可控指标是有一定困难的。例如，上道工序的产品质量往往会影响下道工序的产品质量，在理论上，我们可将下道工序的次品成本中由上道工序质量问题产生的部分归属到上道工序的责任成本中，但在大批量生产条件下，这种区分是很困难的。尽管如此，我们还是要尽可能地消除部门之间的影响，明确各个部门的责任范围，确定可控因素，并在实践中不断完善。

（三）激励原则

为责任中心确定了符合企业整体利益的目标以后，还要促使各责任中心以最大的努力来完成目标，也就是说对被控对象进行有效的激励。激励过程是一个非常复杂的行为过程，激励的大小取决于多种因素的综合作用。

在责任会计中，控制目标的难度和达到目的后的奖励是影响激励的两个重要因素。一般来说,这两个因素对激励的影响是反方向的。随着目标难度的增加,被控对象的积极性可能会下降,当目标的难度超过一定限度时,被控对象也就没有积极性去完成目标;反之,随着完成目标后奖励的增加,被控对象的积极性就会提高。所以,在设计责任会计制度时,我们可以通过这两个因素的选择和组合来改善对各责任中心的激励。

(四) 灵活性原则

责任会计制度要在瞬息万变的经营环境中保持其控制效能,必须具有灵活性。首先,责任范围要按经济业务的内在联系划分,把责任细分为几层具体的工作,而不能搞行政分割。否则一旦环境变化,职责划分又不能及时调整,就会出现新工作或新问题无人负责的现象。其次,责任的考核应采用价值指标与非价值指标、长期效益指标与短期效益指标、定性指标与定量指标等多种类型指标,并把会计核算、统计核算和业务核算紧密结合进行责任核算,这样才能适应企业内部管理的需要。

(五) 反馈原则

贯彻责任会计制度还需要有反馈执行情况的信息传递系统,应该有一个良好的记录和报告制度,使生产业务部门及责任者能及时了解各自的预算情况。和"责任预算"进行对比分析,一是可以使责任者正确了解经过自己的努力所取得的成绩,以及存在的问题,使领导者不失时机,得到这类信息,恰当地使用权力,调整责任中心的经济活动。二是通过信息反馈可以使责任者及时了解信息范围内都出现了什么难题,依靠自身的变化,及时地化解环境变化所产生的影响。三是通过准确、可靠、及时地反馈经济信息,使企业领导者能做出恰当的决策。反馈原则要求经济活动的报告要及时,间隔期尽量短一些,数据要可靠,但不要求过分精确,以减少工作量。

(六) 例外管理原则

例外管理也是一种重要的管理原则。企业生产经营活动的多样性和复杂性,以及外部环境的经常变化、管理基础的强弱不同、管理人员的素质高低不一,都不可避免地使责任单位的执行结果与企业的责任预算存在差异。作为企业最高层次的领导者就要根据差异的不同情况区别对待。如果产生的差异对企业的目标有很大影响,这就要求高层领导者进行仔细的分析和评价,找出问题的症结所在,以保证企业在竞争的条件下生存和发展下去。因此,实行例外管理是必要的。这是因为,首先,作为一个规模日益扩大、管理日益复杂的企业,其最高层管理者没有必要也不可能将一些日常的事务性工作样样都抓,都放在重要的位置上;其次,现行的会计制度还不能明显地指出和控制某种例外差异的产生,会计资料只是反映执行结果与预算目标相比的差异,这种情况就需要企业实行例外管理,并能为之建立与其相适应的会计制度。

实行例外管理,要避免混淆计划制定差异和计划执行差异,因为造成这两种差异的原因不同,前者由计划部门造成,后者由执行单位造成。企业高层管理者要对不同差异,采取不同方法来处理。针对本章引例中产生的直接材料成本不利差异 4 500 元,经分析其中材料价格差异 –3 000 元是有利差异,说明采购部门的采购价格控制得比较好,值得鼓励;材料数量差异 7 500 元是不利差异,说明材料的使用效率降低,生产部门应该说明是不是原材料存在质量问题,或者是生产工人操作不当,或者是机器设备出现故障。企业根据反馈出来的信息来确定由哪个部门来负责并采取相应的措施。

四、责任会计的基本内容

责任会计的主要内容可以概括为三个前提条件和三个主要环节。

(一) 实行责任会计的前提条件

1. 合理划分责任中心,并明确其责任权限

企业实行分权管理,逐级下放权责,所属各部门就成为责任中心。所谓责任中心,是指由一个主管人员承担责任并具有一定权力的内部单位。这里所说的责任,是指责任中心的管理人员对其职务范围内所发生的管理费用和工作成果应负的经济责任。这些责任中心,按其经济责任范围的大小,一般分为三类:成本中心、利润中心、投资中心。如果一个内部单位只发生成本和费用,而不取得收入,或虽有少量收入但无须考核,那么这种责任中心称为成本中心。一个成本中心,可以大到一个分公司,也可以小到一个车间、一台设备或一个工作人员。一个大的成本中心,可由若干个小的成本中心组成。任何发生费用的责任领域都可以定为成本中心。如果一个内部单位,不但发生成本或费用,而且能取得收入,或者虽然没有货币收入,但有产品产出,那么这个责任中心可以定为利润中心。它可以是一个对外销售产品或劳务的独立经营单位,也可以是一个内部的结算单位,如生产车间和劳务车间等。一般说来,利润中心负责管理和使用一定的资产。如果一个内部单位,不仅负责成本和收入,还要对投资承担责任,那么它就是一个投资中心。

实行责任会计,要合理划分责任中心。要按照管理可以明确分工,责任可以辨认,成果可以单独考核的原则,把整个企业划分为若干责任中心。虽然企业的生产经营活动是一个有机整体,一个管理人员的成绩往往受到其他人员工作状况的影响,不易完全划分清楚,但为了贯彻责任制度,对每个人的权责应尽可能地明确规定。

2. 制定工作成绩的考核标准

为了在事后评价和考核各级管理人员是否尽到了自己的责任,必须事先规定考核的标准。这个标准确定后,管理人员根据它来评价自己的成绩和能力,并努力地按这一标准去工作,从而可以作为约束管理者行为的准绳,发挥事先的控制作用。

一个良好的考核标准,应当具有协调性、可控性和可计量性。所谓协调性,是说这个标准能使人们为了共同的目标而协调工作,而不能因局部目标伤害了企业总目标。所谓可控性,是说考核的内容只应包括责任中心可以控制的内容,而不应受其他人影响。所谓可计量性,是指考核标准的实际执行情况,要能比较准确地计量和报告。

对于成本中心,主要是考核其成本和费用,生产制造部门可使用标准成本,非生产制造部门可使用预算作为考核标准。对于利润中心,主要考核其收入与支出的差额,如利润、贡献毛益,通常用企业预算来确定各利润中心的考核标准。对于投资中心,主要考核其投资效果,如投资收益等,通常也是通过企业预算来确定这些指标的考核标准。

3. 区分各责任中心的可控和不可控费用

每个责任中心，只对其可以控制的费用承担责任。因此要对企业发生的全部费用一一判别归属，分别落实到各个责任中心，或者说，对特定的责任中心区别可控费用和不可控费用。

可控费用指在特定时期由特定责任中心直接控制其发生的费用，不可控费用则与此相反。费用的可控性观念，是针对特定的责任中心而言的。一项费用，对某一责任中心来说是可控的，对另外的责任中心则是不可控的；对某个下级责任中心来讲是不可控的，但对其上级责任中心而言则可能是可控的。费用的可控性还依赖特定的时期，现在不可控的，过去曾经是可控的。就较长的时间来看，从企业整体来说，一切成本和费用都是可控的。

作为一个责任中心的可控费用，其发生额的多少，可以随该中心管理措施而改变，发生差异之后，需要能够定量地分析出每个责任人应为之负责的程度。这样，才能根据可控费用的差异来科学地评价各责任中心的成绩。

（二）责任会计运行的三个主要环节

1. 编制责任预算

企业通常都会编制预算，以财务形式来表示一定时间的计划和目标。一般预算是分为销售、生产、采购、人工、财务等职能以及资本支出等来编制的，通过上述各种预算来确定预期的本期经营成果（利润）和期末财务状况。实行责任会计时，要求按照各责任中心编制预算，其目的是使各责任中心的管理人员明确应完成的任务和应控制的事项，这种预算称为责任预算。

责任预算和一般预算可以并行实施，因为它们只是从不同的角度来计划企业的经济活动，最后达到同样的目标，即预期的经营成果和财务状况。事实上，并不要求编制两套预算，而是在同一套预算中既按产品和生产经营过程规定目标，也按责任中心规定目标，各自发挥不同的作用。

2. 考核责任预算的执行情况

责任预算规定各责任中心目标后，应在经营活动开始前将目标下达给各责任中心的负责人，使他们按预算来控制本部门的经营活动。在责任中心体制下，对实际发生业务的记录，要按责任中心来汇集和分类，即对收益和成本费用按责任中心设置明细账。此外，为了明确责任，应尽量避免收益和费用的分配计算。在必须分配共同费用时，要根据责任归属采用合理的分配方法，拟订适当的结算价格，以防转嫁责任。

3. 建立报告制度

一个良好的报告制度，应具有相关性、适时性和准确性。相关性，是指报告的内容要适合各级主管人员的不同需要，只列示他本人控制范围内的有关数据。如果要照顾资料的完整性，也要明显区分可控部分和不可控部分。适时性，是指报告的时间要适合报告使用人的需要。一般说来，下级管理人员要求的报告更要及时，并且有较高的报告频率，高级管理人员则与此相反。总之，既要满足控制的要求，又要保持合理的成本。准确性，是指报告要有足够的准确性，保证考核和评价的正确性，而不是要求绝对精确。影响报告准确性的主要因素，不是计算的精度，而是原始资料的真实可靠性以及计算方法的科学性。

第二节 责任中心

一、责任中心的概念及类型

(一) 责任中心的概念

建立责任会计核算控制体系的首要问题是建立各级责任中心并确定其责任范围。所谓责任中心是指责任范围的区域,通常是内部的一个组织单位。它受命完成某项特定的任务(即责任目标),并接受公司提供的为完成这些任务所需的资源,每个责任中心都有一定的组织机构,并设一名负责人对责任中心进行领导。

(二) 建立责任中心的原则

1. 包含企业内部各部门、各单位价值管理的主要内容

虽然作为单个责任中心来讲,其价值管理的内容可以是单一的,比如,可以只管责任成本部分,但是,作为一个企业,其责任中心体系价值管理就不应是单一的。相反,它应该包括责任中心可控制的全部价值管理的内容,即应该包括成本、利润和资金等。之所以要这样,是由企业生产经营活动和内部管理的复杂性所决定的。西方最初的责任会计,是只管成本,不管利润和投资的。但这种做法随着责任会计管理的发展而逐渐被包括成本、利润和投资在内的价值管理所取代。其根本原因,就是由于单一的管理已不适应形势的发展了。现代化管理的特点之一,就是在管理越来越深入细致的同时,范围也越来越广泛。成本固然是责任会计管理的重要内容,但企业内部若不讲究资金节约,不考虑利润问题,成本也管不好,企业经济效益的提高就会受到很大的限制。因此,根据这一原则,在建立责任中心时,一定要综合考虑,统筹安排,要建立能进行多方面价值管理控制的责任中心体系。

2. 重点突出并有层次性,能够因职责大小、行动范围不同而有所差别

所谓突出重点,就是要抓住企业内部价值管理的主要矛盾,据此来建立责任中心。特别是从单个责任中心的角度,必须根据其职责范围确定一个或数个重点管理对象,围绕重点管理对象来建立责任中心。

所谓建立责任中心要有层次性,是指对同一类责任中心应根据具体情况进行分级控制。分级控制一般是在企业庞大、管理复杂时经常采用的一种控制方式。它是将一个系统或组织单位划分为若干子系统或较小的组织单位,从而使上级组织单位的目标能够划分为几个子目标,分别由指定的下级组织单位来完成。

3. 分清责任,有利于进行责任管理控制,有利于提高企业的经营管理水平和经济效益

分清责任,是建立责任中心的关键之一。根据这一原则,在建立责任中心时,必须考虑其所能负责的范围和程度,并据此赋予各级责任中心以相应的责任和与其责任相符的权力。建立责任中心只有能够分清责任并赋予其相应的职权,才能够真正起到责任中心的作用,否则,责任会计的实施就会失效。

4. 能够长期、相对固定地授予其规定的经济责任和权力，能够以其进行核算、控制和考核

根据这一原则，所建立的责任中心必须保持相对稳定性，一旦赋予其规定的责任和权力，就不应随意改变或取消。

建立了责任中心，并不等于就完成任务了，更重要的是要使责任中心能够充分发挥其应有的作用。因此，对责任中心必须进行一定程度的管理和监督。而对所建立的责任中心能够进行核算、控制和考核，则是管理和监督的有效方式。

5. 充分考虑企业内部管理的特点，不同企业视自己的具体情况来决定建立什么样的责任中心体系，不应强求统一

责任会计虽应逐步予以制度化，但根据这一原则，对建立什么样的责任中心体系，却不应强求统一。建立责任会计，必须给企业以相应的权力，要使企业内部管理能够充分发挥其主观能动性。由于企业在组织规模和行业等方面各具特点，要求其会计管理统一化是不现实的，也是不可能的。

（三）责任中心的类型

根据企业经营活动的不同特点、考核工作成绩的不同重点以及责任中心负责人能够控制的范围，责任中心可以分为成本中心、利润中心和投资中心等不同种类的责任中心。

二、成本中心

成本中心是指责任人只能对其责任区域内发生的成本负责的一种责任中心。成本中心是只有成本发生的单位，一般没有收入，其责任人只能对成本的发生进行控制，无须对收入、利润情况和投资效果承担责任。

（一）产品成本和责任成本

对成本中心进行考核的主要内容是责任成本，责任成本和产品成本是两个既不相同又相互联系的成本概念。产品成本以产品品种作为成本计算对象来归集分配各项生产费用，计算各种产品的成本，其原则是“谁受益，谁负担”；责任成本以责任中心为对象，按责任中心负责人的责任范围核算成本，其原则是“谁负责，谁负担”。

【例 10-1】 某厂生产甲、乙两种产品，设有 A 和 B 两个生产部门，C 和 D 两个服务部门，本期共发生成本 150 000 元。产品成本与责任成本之间的区别与联系如表 10-1 和表 10-2 所示。

表 10-1　产 品 成 本　　单位：元

成本项目	成本总额	甲产品（4 000 件）		乙产品（2 000 件）	
		总成本	单位成本	总成本	单位成本
直接材料	56 000	36 000	9	20 000	10
直接人工	42 000	28 000	7	14 000	7
制造费用	52 000	32 000	8	20 000	10
合计	150 000	96 000	24	54 000	27

表 10-2 责任成本 单位:元

成本项目	成本总额	责任中心			
		A	B	C	D
直接材料	56 000	42 000	14 000		
直接人工	42 000	26 000	16 000		
管理人员工资	12 000	3 200	2 800	2 400	3 600
间接人工	20 000	9 000	7 000	1 500	2 500
机物料	10 000	3 000	2 200	1 800	3 000
其他	10 000	2 800	2 400	2 000	2 800
合计	150 000	86 000	44 400	7 700	11 900

产品成本以成本的可控性为分类标志,其作用在于反映和监督产品成本计划完成情况,实行经济核算制,制定未来合理价格,规划目标利润。责任成本以成本的经济用途为分类标志,其作用在于反映和考核责任者任务执行情况,控制生产耗费,贯彻执行经济责任制,评价职工的工作成绩。产品成本和责任成本的相同之处是,从一定时期说,全企业的产品总成本与全企业的责任成本的总和相等。

不论产品成本还是责任成本,都要承担分内的责任。产品成本承担责任只落实在产品上,由产品负担,而在人与人的关系上易出现推诿责任的弊端。尽管如此,并不否认它的重要作用。责任成本是把责任具体落实到组织单位上,最后还直接落实到人,不会发生推诿责任的弊端,但责任成本不足以为制订价格和规划利润的根据。所以责任成本和产品成本相辅相成。

(二)可控成本和不可控成本

核算责任成本,必须区分两种情况,一种是可控成本,另一种是不可控成本。前者指责任者在其权、责范围内,有办法知道将发生什么费用,能计量发生的费用是多少,且能按标准调整费用支出。后者则相反。

一般地说,可控成本应符合下列三原则:责任中心有权支配、使用的物资和劳务的成本;责任中心能够计量其数额增减的那些成本;责任中心在发现成本偏差时,有办法控制和调整的那些成本。凡不符合以上三条的,称为不可控成本。

属于某个成本中心的各项可控成本之和,就构成这个中心的责任成本。

可控与不可控是相对的,是在特定的条件下、特定的时间里和特定的责任中心里才有意义,离开这些特殊条件,就无法区分。一般按下列情况区分可控成本和不可控成本:

第一,从责任中心看,某项成本在这个责任中心里是不可控成本,而在另一责任中心里是可控成本。例如生产部门对不合格原料无法加工,因此而造成的浪费,对生产部门来说是不可控成本,而对采购部门则属可控成本。

第二,从成本性态看,一般变动成本是可控成本,固定成本是不可控成本。但不能一概而论,如遇产品为自制,则其变动成本为可控成本,如为外购,则转为不可控成本。又如广告费和管理人员薪金,一般属于固定成本,为不可控成本,但其发生额在一定程度上要受管理部门所决定或影响,对管理部门来说,它们又是可控成本。

第三,从成本的发生和有关单位的关系来看,各成本中心直接发生的成本(如直接材料、直接人工等）一般是可控成本，其他部门分配来的成本（如服务部门、维修部门分配来的成本，即间接成本）一般是不可控成本。但实际上直接成本与间接成本是否可控，需要视不同情况而定。

直接成本分为两种情况：凡成本中心自制产品所发生的成本为直接成本，属于可控成本；如果外购，虽为直接成本，但仍属不可控成本。此外，凡成本中心所使用的固定资产折旧、租金和保险费等，虽属于直接成本，但仍不可控。

间接成本也分两种情况：工厂管理部门、总务部门、人事部门、财务部门、法律部门等按期分配给成本中心的固定数额的成本，这些成本与生产活动无直接关系，是不可控成本。若分配的成本不是固定的，而是根据成本中心耗用的数量进行分配的，则这样的成本对成本中心来讲，虽是间接成本，但属可控成本，如供水、供电、供气等部门分配来的间接成本属于此类。

第四，从时期看，继续使用的固定资产折旧、租赁费等，在原价和折旧方法既定的情况下，又在较短的时期内，属于不可控成本。如使用的旧设备要用新设备替代，则新设备的折旧取决于新设备的原价及其正常使用的寿命，从较长时间看，折旧又成为可控的了。

第五，从不同级别权力大小看，某些成本从基层领导看是不可控的，但从高层领导看则是可控的，而高层领导如认为需要，有权决定购进新设备更换租用的旧设备，则租赁费是可控的。又如研究试制费、广告费，通常由高层领导根据需要与可能决定数额，是可控的。而有关基层单位在既定数额内只能运用，不能改变既定数额，是不可控的。

总之，区分成本的可控与不可控，不可一概而论，需要针对具体情况做具体分析。

（三）成本中心的考核

由于成本中心没有收入，只对成本负责，因而对成本中心的考核与评价应以责任成本为重点，即以业绩报告为依据，衡量责任成本的实际数额与预算数发生多大差异，并分析其发生的原因。

成本中心的考核指标主要采用绝对指标和相对指标，包括成本（费用）变动额和变动率两个指标。

成本（费用）变动额 = 实际责任成本（费用）– 预算责任成本（费用）

成本（费用）变动率 = 成本（费用）变动额 / 预算责任成本（费用）× 100%

在进行成本中心考核时，如果预算产量与实际产量不一致，应注意按弹性预算的方法先行调整预算指标，然后再按上述指标计算。成本中心编制的业绩报告亦称实绩报告，通常只需按该中心的可控成本的各明细项目列示，其预算数（责任预算）、实际数和差异数指标可用金额、实物或时间量度，格式如表10–3所示。

表10–3　第一车间（成本中心）业绩报告

2016年1月　　单位：元

项目	预算数	实际数	差异
下属单位转来的责任成本			
一工段	28 000	29 500	1 500
二工段	24 000	23 500	–500
小计	52 000	53 000	1 000

续表

项目	预算数	实际数	差异
本车间可控成本			
工人工资	3 600	3 650	50
管理人员薪金	6 400	6 250	-150
折旧费	4 000	4 000	0
维修费	3 000	3 250	250
机物料	1 800	2 100	300
小计	18 800	19 250	450
本车间责任成本	70 800	72 250	1 450

至于各成本中心发生的不可控成本，一般有两种处理方式：第一，全部省略，不予列示，以便突出重点。第二，作为业绩报告的参考资料，以便管理当局了解各成本中心在一定期间消耗的全貌。

有些企业在业绩报告的差异栏后面加上差异原因分析一栏，其具体内容应该按上面所讲的方法进行填列。此栏的目的主要是作为企业修改预算，或采取措施巩固成绩、纠正缺点的信息反馈。

三、利润中心

(一) 利润中心的概念

如果一个责任中心在发生费用的同时产生收入，就可称之为利润中心。所谓建立利润中心，就是要对责任中心实行“自负盈亏”形式的核算与考核。

建立利润中心的目的，是加强企业的内部管理。具体来说主要是使企业内部责任单位具有经营思想，并使之在增产节约的同时能够主动加快半成品或产成品的流通和转移，提高资金的使用效率、减少本身的库存，从而促进企业的最优均衡生产。利润中心的这些作用是单纯的成本中心所不具有的。

(二) 利润中心的内容构成

利润中心可分为人为的利润中心和自然的利润中心两种。人为的利润中心是指只对内部责任单位提供产品、劳务、服务而取得“内部销售收入”的利润中心。自然的利润中心是指可以直接对外销售产品或提供劳务、服务并取得收入的利润中心。

1. 人为的利润中心

人为的利润中心一般不直接对外销售产品。成立人为的利润中心应具备两个条件：一是该中心可以向其他责任中心提供产品；二是能为该中心的产品确定合理的内部转移价格，以实现公平交易、等价交换。工业企业的大多数成本中心都可以转化为人为的利润中心。人为的利润中心一般也应具备相对独立的经营权。人为的利润中心的责任应包括完成上级部门交给的各项任务、指标，组织好利润中心生产，对利润中心实行责任核算、控制与考核，认真履行与其他部门签订的合同，按时向上级部门提供责任报告等。人为的利润中心应核算责任成本、销售收入和责任利润。各利润中心之间的结算通过内部银行进行。

因为人为的利润中心在核算责任利润时必须核算责任成本，所以，它同时又是责任成本中心。其核算责任成本的程序等同其他成本中心。

销售收入可采用下列公式计算：

$$销售收入 = 产品内部结算价格 \times 产品销售数量$$

其中，产品销售数量为该利润中心向企业其他单位销售的半成品、产成品或劳务等的数量。产品内部结算价格为企业制定的与企业内部其他单位进行“商品买卖”时的产品价格。这种产品结算价格为企业内部进行管理时采用的价格，与真正的产品结算价格有很大区别。这个问题将在本章第三节专门论述。

责任利润可采用下列公式计算：

$$责任利润 = 销售收入 - 责任成本$$

2. 自然的利润中心

自然的利润中心本身直接面向市场，具有产品销售权、价格制定权、材料采购权和生产决策权。它虽然是企业内的一个部门，但其功能与独立企业相近。最典型的形式就是公司内的事业部，能独立的控制成本、取得收入。自然的利润中心的责任确定，是一个非常复杂的问题，因为影响市场销售的因素很多，诸如经济形势的变化，消费倾向、消费者爱好的变化，新产品的出现等，而这些因素又大多是自然的利润中心本身难以估计和无法控制的。所以，在确定自然的利润中心的责任时必须对上述因素进行全面综合的考虑。自然的利润中心的责任确定后，在对其进行考核时，也一定要考虑情况的变化，将考核标准做适当的调整，力求使考核能够真正达到促进销售的目的。

（三）利润中心的考核

由于利润中心既对成本负责，又对收入及利润负责，因而对利润中心的考核与评价，应当以贡献毛益与税前净利为重点。由于利润是成本、销售数量和价格等诸多因素综合作用的结果，因而通常以利润为考核和评价利润中心的指标。下例以数据说明利润中心的考核指标。

【例 10–2】 AB 公司有 A、B 两个部门，这两个部门都是利润中心，则利润指标的计算如表 10–4 所示。

表 10–4　AB 公司损益报表

2017 年度　　单位：元

项目	AB 公司	A 部门	B 部门
销售收入	425 000	250 000	175 000
减：变动成本	227 500	125 000	102 500
贡献毛益	197 500	125 000	72 500
减：固定制造成本	72 500	30 000	42 500
剩余贡献毛益	125 000	95 000	30 000
减：间接固定费用	62 500	22 500	40 000
净收益	62 500	72 500	–10 000

表 10–4 中的间接固定费用由企业通过某种方法分配给甲、乙两部门。尽管有许多间接费用的分配方法,但都难以说明直接固定费用的不可控性质。因而,有人认为,不应该把不受利润中心控制的间接费用包括在业绩考核指标中,使考核和评价产生困难,而应用贡献毛益来代替净收益。也就是说,将间接固定费用保留在上级部门,不再往下分配。这样利润中心变成了贡献毛益中心。仍用上例数据将表 10–4 改为考核贡献毛益中心的表 10–5。

表 10–5 AB 公司损益表

2017 年度　　单位:元

项目	AB 公司	A 部门	B 部门
销售收入	425 000	250 000	175 000
减:变动成本	227 500	125 000	102 500
贡献毛益	197 500	125 000	72 500
减:固定制造成本	72 500	30 000	42 500
剩余贡献毛益	125 000	95 000	30 000
减:间接固定费用	62 500		
净收益	62 500		

利润中心概念含有三条基本假设,可看成是有效运用利润中心的三个条件:

(1) 利润中心主管人员的决策能够影响该中心的利润。

(2) 利润中心的利润或贡献毛益的增加对整个企业是有利的。

(3) 利润中心的活动不取决于其他部门,有相对的独立性和自主权。

四、投资中心

(一) 投资中心的设置

投资中心是指既对成本、收入和利润负责,又对投资效果负责的责任中心。可见,投资中心同时也是利润中心。它与利润中心的区别主要有二:一是权力不同,利润中心没有投资决策权,它只是在企业投资形成后进行具体的经营;而投资中心则不仅在产品生产和销售上享有较大的自主权,而且能相对独立地运用所掌握的资产。二是考核办法不同,考核利润中心业绩时,不进行投入产出的比较;相反,考核投资中心业绩时,必须将所获得的利润与所占用的资产进行比较。

投资中心是最高层次的责任中心,它具有最大的决策权,也承担最大的责任。投资中心的管理特征是较高程度的分权管理。一般而言,大型集团所属的子公司、分公司、事业部往往都是投资中心。

在组织形式上,成本中心一般不是独立法人,利润中心可以是也可以不是独立法人,而投资中心一般是独立法人。本章引例提到的 AB 公司总部是投资中心,子公司是利润中心,所属分厂是成本中心。

(二) 投资中心的考核

由于投资中心实质上也是利润中心,它不仅需要对成本、收入、利润负责,而且还要对所占用的全部投资承担责任，因而投资中心考核的内容是利润及投资效果。因此，投资中心除考核利润指标外，更需要计算、分析利润与投资额的关系性指标，即投资报酬率和剩余收益。

1. 投资报酬率

投资报酬率，是指投资中心所获得的利润与投资额之间的比率。

投资报酬率 = 利润 / 投资额 × 100%
　　　　　= 销售收入 / 投资额 × 利润 / 销售收入
　　　　　= 资本周转率 × 销售利润率

由于利润和投资额各有其不同的选择口径，因此，不同投资中心在使用投资报酬率指标时，应注意可比性。在这里，“利润”可以是指营业净利，也可以是指税前净利，还可以是指税后净利；“投资额”可以是指包括股本、资本公积和留存收益在内的资本，也可以是指资本加负债，还可以是指包括固定资产和流动资产在内的全部资产。

【例 10-3】 某公司总目标投资报酬率 12%，表 10-6 中的 5 种情况都可达到这个水平。

表 10-6　5 种 情 况

投资周转次数	销售利润率（%）	投资周转次数	销售利润率（%）
1	12	6	2
2	6	12	1
3	4		

设公司有 A、B、C、D 四个投资中心，它们实际达到的投资周转次数、销售利润率和投资报酬率如表 10-7 所示。

表 10-7　投资中心相关资料

投资中心	投资周转次数	销售利润率（%）	投资报酬率（%）
A	1.5	7	10.5
B	8	1	8
C	1.5	10	15
D	7	2	14

从四个投资中心的投资报酬率计算可以清楚地看到，A、B 两个投资中心的投资报酬率低于目标水平。A 投资中心可能是由于产品销售不利，投资周转次数过低；B 投资中心可能成本控制较差，所以销售利润率不理想。C、D 两个投资中心的投资报酬率都超过目标水平，但是 C 投资中心的投资周转次数和 D 投资中心的销售利润率因何如此之低，仍需要研究改进。

投资报酬率作为投资中心的业绩指标得到了广泛的应用。但该指标也存在一定的局限性：一是通货膨胀会使企业资产账面价值失真、失实，以致相应的折旧少计，利润多计，使计算的投资报酬率无法揭示投资中心的实际经营能力。二是使用投资报酬率往往会使投资中心只顾本身利益而放弃对整个企业有利的投资项目，造成投资中心的近期目标与整个企业的长远目标的背离。三是投资报酬率的计算与资本支出预算所用的现金流量分析方法不一致，不便于投资项目建成投产后与原定目标的比较。四是从控制角度看，由于一些共同费用无法为投资中心所控制，投资报酬率的计量不全是投资中心所能控制的。

2. 剩余收益

由于投资报酬率有上述缺点，所以美国通用电气公司在 20 世纪 50 年代提出了一个新的指标——剩余收益，用以考核和评价各个投资中心。剩余收益是指投资中心获得的利润扣减其最低投资收益后的余额。最低投资收益是投资中心的投资额按规定或预期的最低报酬率计算的收益。其计算公式为：

$$剩余收益 = 利润 - 投资额 \times 规定或预期的最低投资报酬率$$

规定或预期的最低投资报酬率通常是指企业为保证其生产经营正常、持续进行所必须达到的最低报酬水平。一般可以按公司的加权平均资金成本比较计算，也可以按照公司为每个投资中心分别规定的不同资金成本比率或期望的投资报酬率计算。

以剩余收益作为投资中心经营业绩评价指标，各投资中心只要投资报酬率大于规定或预期的最低投资报酬率，该项投资便是可行的。

剩余收益指标具有两个特点：

(1) 体现投入产出关系。由于减少投资（或降低资产占用）同样可以达到增加剩余收益的目的，因而与投资报酬率一样，该指标也可以用于全面评价与考核投资中心的业绩。

(2) 避免本位主义。剩余收益指标避免了投资中心的狭隘本位倾向，即单纯追求投资利润而放弃一些有利可图的投资项目。这是因为以剩余收益作为衡量投资中心工作成果的尺度，投资中心将尽量提高剩余收益，也即只要有利于增加剩余收益绝对额，投资行为就是可取的，而不只是尽量提高投资报酬率。

【例 10-4】 某企业有若干个投资中心，报告期整个企业的投资报酬率为 14%，其中甲投资中心的投资报酬率为 18%。该中心的经营资产平均余额为 200 000 元，利润为 36 000 元。预算期甲投资中心有一追加投资的机会，投资额为 100 000 元，预计利润为 16 000 元，投资报酬率为 16%，甲投资中心预期最低投资报酬率为 14%。

要求：(1) 假定预算期甲投资中心接受了上述投资项目，分别用投资报酬率和剩余收益指标来评价甲投资中心追加投资后的工作业绩。

(2) 分别从整个企业和甲投资中心的角度，说明是否应当接受这一追加投资项目。

分析：

(1) 甲投资中心接受投资后的评价指标为：

$$投资报酬率 = \frac{36\ 000+16\ 000}{200\ 000+100\ 000} \times 100\% = 17.33\%$$

$$剩余收益 = 16\ 000 - 100\ 000 \times 14\% = 2\ 000（元）$$

从投资报酬率指标看，甲投资中心接受投资后的投资报酬率为 17.33%，低于该中心原有的投资报酬率 18%，追加投资使甲投资中心的投资报酬率指标降低了。

从剩余收益指标看，甲投资中心接受投资后可增加剩余收益 2 000 元，大于零，表明追加投资使甲投资中心有利可图。

(2) 如果从整个企业的角度看,该追加投资项目的投资报酬率为 16%,高于企业的投资报酬率 14%,剩余收益为 2 000 元,大于零。结论是:无论从哪个指标看,企业都应当接受该项追加投资。

如果从甲投资中心看,该追加投资项目的投资报酬率为 16%,低于该中心的投资报酬率,若仅用这个指标来考核投资中心的业绩,则甲投资中心不愿接受这项追加投资;但如果以剩余收益指标来考核投资中心的业绩,则甲投资中心可能因为剩余收益增加了 2 000 元,而愿意接受这项追加投资。

五、责任预算、业绩考核与责任报告的关系

(一) 责任预算

1. 责任预算的概念

责任预算是以责任中心为主体,以其可控成本、收入、利润和投资等为对象编制的预算。通过编制责任预算可以明确各责任中心的责任,并通过与企业总预算的一致性确保其实现。编制责任预算也为控制和考核责任中心经营管理活动提供了依据,责任预算是企业全面预算的补充和具体化。

2. 责任预算的指标构成

责任预算由各种责任指标组成,这些指标分为主要责任指标和其他责任指标。主要责任指标是指特定责任中心必须保证实现,并能够反映各种不同类型的责任中心之间的责任和相应的权利的责任指标。其他责任指标是根据企业其他奋斗目标分解而得到的或为保证主要责任指标完成而确定的责任指标,这些指标有劳动生产率、设备完好率、出勤率、材料消耗率和职工培训等。

3. 责任预算的编制

编制责任预算的目的在于将责任中心的经济责任数量化。责任预算的编制程序有两种:

一是自上而下的程序,即以责任中心为主体,将企业全面预算目标自上而下地在各责任中心之间层层分解,进而形成各责任中心责任预算的一种程序。或者说,是把全面预算确定的目标,按照企业内部各责任中心进行划分,落实到企业的各个部门和各级单位,以保证实现企业的总体目标。其优点是使整个企业浑然一体,便于统一指挥和调度。不足之处是可能会遏制责任中心的积极性和创造性。集权组织机构形式常采用这种程序。

二是自下而上的程序,即由各责任中心自行列示各自的预算指标、层层汇总,最后由企业专门机构或人员进行汇总和调整,确定企业总预算目标的一种程序。其优点是有利于发挥各责任中心的积极性,不足之处是由于各责任中心往往只注意本中心的具体情况或多从自身利益角度考虑,容易造成彼此协调困难、互相支持少以致冲击企业的总体目标情况。而且,层层汇总、协调的工作量大,协调难度大,影响预算质量和编制时效。因此,从总体上说,这种方法并不可取,但应注意吸取这种方法中有利于调动和提高责任中心积极性和创造性的一面。分权组织机构形式常采用这种程序。

责任预算的编制程序与企业组织机构设置和经营管理方式有密切关系。组织机

构设置与经营管理方式不同,责任预算的编制程序也会有较大的差异。

【例 10-5】 假设 AB 公司下属 A、B 两个分公司(利润中心),各分公司下属三个部门:销售部(收入中心)、制造部(成本中心)、行政管理部(成本中心),如图 10-1 所示。

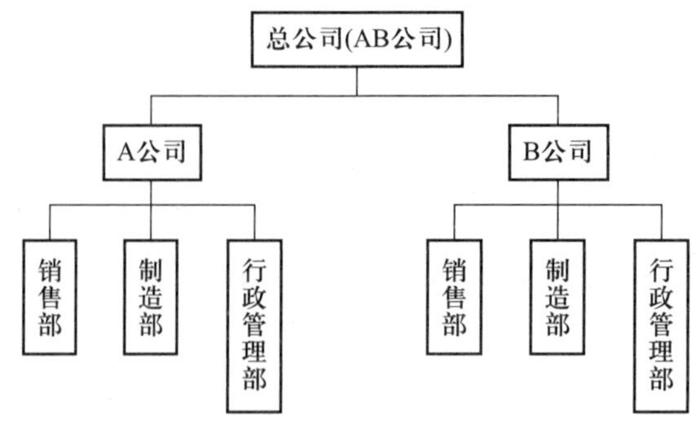

图 10-1

AB 公司、A 公司及 A 公司下属部门的责任预算的简略形式(为简化起见,成本中心发生的费用均为可控成本)如表 10-8、表 10-9、表 10-10、表 10-11、表 10-12 所示。

表 10-8 AB 公司责任预算

2018 年

责任中心	项目	责任预算(营业利润)	责任人
利润中心	A 公司	34 400	A 公司经理
利润中心	B 公司	40 000	B 公司经理
利润中心	AB 公司	74 400	公司总经理

表 10-9 A 公司责任预算

2018 年

责任中心	项目	责任预算	责任人
收入中心	销售收入	460 000	销售部经理
成本中心	制造部	300 000	制造部经理
	行政管理部	65 600	行政管理部经理
	销售部	60 000	销售部经理
	合计	425 600	
利润中心	营业利润	34 400	A 公司经理

表 10-10 A 公司销售部责任预算

2018 年

责任中心	项目	责任预算	责任人
收入中心	东南销售区	200 000	责任人甲
收入中心	东北销售区	100 000	责任人乙
收入中心	西南销售区	130 000	责任人丙
收入中心	西北销售区	20 000	责任人丁
收入中心	出口销售	10 000	责任人戊
收入中心	销售部	460 000	销售部经理

表 10-11　A 公司制造部责任预算

2018 年

责任中心	项目	责任预算	责任人
成本中心	一车间： 变动成本： 直接材料 直接人工 变动制造费用 小计 固定成本： 固定制造费用 合计	 100 000 12 000 8 000 120 000 14 000 134 000	车间负责人
成本中心	二车间： 变动成本： 直接材料 直接人工 变动制造费用 小计 固定成本： 固定制造费用 合计	 80 000 8 000 12 000 100 000 46 000 146 000	车间负责人
成本中心	制造部其他费用	20 000	制造部经理
成本中心	制造部	300 000	制造部经理

表 10-12　A 公司行政管理部及销售部责任预算（费用）

2018 年

责任中心	项目	责任预算	责任人
成本中心	行政管理部： 工资费用 折旧费 保险费 办公费 合计	 60 000 4 000 1 000 600 65 600	行政管理部经理
成本中心	销售部： 工资费用 办公费 广告费 其他 合计	 30 000 20 000 6 000 4 000 60 000	销售部经理

（二）责任中心业绩考核

业绩考核以与责任中心有关或可控制的范围为限度。有时为了使报告内容完整，不可控制的因素亦将列入报告之中，则报告包括可控制和不可控制两类项目，但在进行业绩考核时，应选择可控制的因素进行评价。

例外管理的原则对于业绩考核与评价也是非常适用的。合乎正常的偏差可用一般评价，对于那些明显不正常或距离预定范围差距较大的事项应予重点评价，并进行因素分析和责任的确定，以评定工作的优劣和指明影响程度的大小。

进行业绩考核应着重于比较的方式，包括实际与预算或实际与标准的比较，以及不同时间、不同部门、不同产品和不同企业的比较。实际与预算比较可以说明预算的完成情况；实际与标准比较可以发现脱离标准的偏差及其原因；不同时间比较可以发现生产经营活动的一般趋势和规律性；不同部门比较可以衡量部门间的经营管理水平和所取得的成果；不同产品比较可以了解各种产品贡献大小以利于生产决策；同行业的比较可以从中找出企业所短，以取人之所长。不过应该指出的是，在进行各种比较时，必须消除一些不可比较的因素，特别是在不同部门、不同产品间的比较尤其如此。

（三）责任报告

1. 责任报告的含义

责任会计以责任预算为基础，对责任预算的执行情况进行系统的反映，以实际完成情况同预算目标对比，可以考核和评价各个责任中心的工作成果。责任中心业绩考核和评价应通过编制责任报告来完成。

责任报告亦称业绩报告、绩效报告，它是根据责任会计记录编制的反映责任预算实际执行情况，揭示责任预算与实际执行差异的内部会计报告。企业内部的每一责任中心都应定期地将执行经济业务的情况逐级上报，一来用以沟通信息，二来用以衡量业绩。良好的责任报告制度必须满足一定的要求，反映责任中心全部经济业务的指标体系。

2. 责任报告的编制要求

(1) 适用性。编制责任报告时，应注意何人使用报告与如何利用报告的问题。各层管理人员对情报的利用方式不同，要根据管理的需要有选择地提供情报。高层管理人员所需要的情报大部分应是与决策相关的，一些说明报告只随总表附送，以避免情报过多，成为阅读者的负担。当然也要注意，如果情报过少，则将使他们处于臆测的状况之中，难以做出果断的抉择。对于低层管理人员，由于他们负责更多的具体业务，较为明细的报告当然很有必要。

在报告编制方面，还应注意避免报告的重复。报告的重复通常是由于几个不同的部门需要同样的数据，而没有发现已有别人编制该项内容。比如财务部门和劳资部门都编制各部门员工平均工资率的月报，成本管理部门与工程技术部门都要收集直接人工成本并编制控制报告，会计部门与物资管理部门都保持原料与非生产用品的完整存货记录等。在编制报告方面应避免重复劳动。

(2) 相关性。一份报告必须能反映出每个部门可能控制的项目并指出管理当局应注意的问题。无论是责任会计还是例外管理都要强调资料的相关性。责任报告的功能是将信息反馈给各部门的责任者,以便对业绩进行评价,而且在必要时改变行动。根据各级管理、业务项目不同,其责任报告的内容也有所区别。工人和班组的责任报告项目主要是非财务项目,如按每小时、每天或每周完成的产品数量、工作效率、物料消耗等非财务指标,评价绩效亦以非财务项目进行衡量。在车间管理层的成本控制中心,应按车间收集其可控制的成本,也按一些非财务项目逐日累积其实物数量,如产量、工时、工效、物耗等,以此衡量与标准的差异。全厂范围内的责任报告要划分为工厂成本报告与销售利润报告,工厂成本报告只涉及当期完工产品的成本水平,不涉及利润。销售利润报告是利润中心的责任报告。

(3) 适时性。报告的适时性也是非常重要的问题,报告的适时性是指收到报告的日期和报告所包括的期间是适时的。要使报告的资料有助于决策,就应使报告于决策之前能够收到,要使报告资料有助于控制,就应在行动后尽快得到报告信息。一份 3 月份的成本报告于 4 月下旬才收到,对于生产经营活动的控制是没有用处的。报告所包括的期间应与规划、控制相适应,按周、按月或按旬编制的报告适合日常管理的需要,对于非例行的生产决策和投资决策而言,正常的报告是不够的,必须编制专题报告。

(4) 准确性。报告的准确性依赖于会计分类制度的性质、原始凭证的可靠性与对既定事件和经济的解释。

准确性和适时性存在着一定的矛盾,有时难免为了追求准确性而影响了适时性,或者为了满足适时的要求而妨碍了准确性。为规划、决策、控制和考核的资料,并不要求十分准确,可以是概数、平均数、近似值等。但这并不意味着数据是任意粗略的,如果根据数据做出的判断与客观情况完全相反,是决不能容忍的。管理会计人员必须为保证其数据来源可靠而不断改进信息的传递、整理、分类和记录工作。

3. 责任报告的形式和侧重点

责任报告的形式主要有报表、数据分析和文字说明等。将责任预算、实际执行结果及其差异用报表予以列示是责任报告的基本形式。在揭示差异时,还必须对重大差异予以定量分析和定性分析。定量分析旨在确定差异的发生程度,定性分析旨在分析差异产生的原因,并根据这些原因提出改进建议。

在企业的不同管理层次上,责任报告的侧重点应有所不同。最低层次的责任中心的责任报告应当最详细,随着层次的升高,责任报告的内容应以更为概括的形式来表现。这一点与责任预算的由上至下分解过程不同,责任预算是由总括到具体,责任报告是由具体到总括。责任报告应能突出产生差异的重要影响因素。为此,应遵循例外管理原则,突出重点,使报告的使用者能把注意力集中到少数严重脱离预算的因素或项目上来。

4. 责任报告的组成内容

责任报告按其反映的经济业务内容,可以分为成本报告与财务报告;按其编制的时间,可以分为日报、周报、旬报、月报、季报、年报;按其报告的形式,可以分为书面报告、图解报告和口头报告。责任报告的组成内容应根据各个企业的组织结构确定。在垂直组织结构的企业,其成本由最基层的成本中心进行归集,逐级汇总,并逐级加入固定成本和变动的间接成本,比如车间按班组汇总直接成本之后,应将车间的共同成本分项加入，汇总为车间成本，全厂在汇总各车间成本之后，再加入企业发生的共同成本，即可求得全部工厂成本。

5. 责任报告的编制程序

责任中心是逐级设置的，责任报告也必须逐级编制，但通常只采用自下而上的程序逐级编报。

为了编制各责任中心的责任报告，必须进行责任会计核算，即要以责任中心为对象组织会计核算工作，具体做法有两种：

一是由各责任中心指定专人把各中心日常发生的成本、收入以及各中心相互间的结算和转账业务记入单独设置的责任会计的编号账户内。然后根据管理需要，定期计算盈亏。因其与财务会计分开核算，故称为“双轨制”。

二是简化日常核算，不另设专门的责任会计账户，而是在传统财务会计的各明细账户内，为各责任中心分别设户进行登记、核算，这种做法称为“单轨制”。

6. 责任报告和责任预算的关系

责任报告是对各个责任中心执行责任预算情况的系统概括和总结。根据责任报告，可进一步对责任预算执行差异的原因和责任进行具体分析，充分发挥反馈作用，以使上层责任中心和本责任中心对有关生产经营活动实行有效控制和调节，促使各个责任中心根据自身特点，卓有成效地开展有关部门活动以实现责任预算。

第三节 内部转移价格

企业内部各责任单位在生产经营活动中，既相互联系又相互独立地开展各自的活动，各责任中心之间经常相互提供产品和劳务，如生产部门之间转移中间产品、辅助生产部门为基本生产部门提供劳务、行政管理部门为生产部门提供服务等。为了正确评价企业内部各责任中心的经营业绩，明确区分各自的经济责任，使各责任中心的业绩考评建立在客观而可比的基础上，必须根据各责任中心业务活动的具体特点，正确制定企业内部的转移价格。

一、内部转移价格的概念

内部转移价格是指企业内部有关责任中心之间转移中间产品、相互提供劳务的结算价格。

内部转移价格采取了“价格”的形式，使两个责任中心形成交易的“买”“卖”双方。它具有与外部的市场价格相类似的作用，如在价格一定的情况下，要想获得较高的内部利润，卖方(产品或劳务的提供方)就必须不断改善经营管理，降低成本和费用，以其确定的收入抵偿支出；买方(产品或劳务的接受方)则必须在一定的购置成本下，千方百计地降低再加工的成本，争取较高的经济效益。

内部转移价格所影响的“买”“卖”双方都存在于同一个企业之中，在其他条件不变的情况下，内部转移价格的变化，会使买卖双方的收入或内部利润呈相反方向的变化。也就是说，提高内部转移价格，一方面会增加“卖”方的收入或内部利润；另一方面却会相应地减少“买”方的内部利润。或者说，“卖”方所增加的利润恰好等于“买”方所减少的利润。同样，调低内部转移价格，买卖双方内部利润的一增一减，其数额相等。因此，从企业总体来看，内部转移价格无论怎样变动，企业利润的总数是不变的，变动的只是利润或内部利润在各责任中心之间的分配情况。

二、内部转移价格的作用

制定内部转移价格的作用主要表现在以下四个方面：

（一）有助于明确划分责任中心的经济责任

内部转移价格作为一种计量手段，可以确定中间转移产品的价值量。这些价值量既可以用来衡量提供产品或劳务的责任中心的经营成果，也可以用以反映接受产品或劳务的责任中心的成本费用。因此，正确制定内部转移价格，可以合理地确定各责任中心应承担的经济责任，切实维护各责任中心正当的经济权益，保证责任会计的正确实施。

（二）有助于责任中心的业绩考核建立在客观、可比的基础之上

合理的内部转移价格，能够准确地计量和考核各责任中心责任预算的实际执行结果，恰当地衡量企业各责任中心的工作成绩，使各部门、各责任中心的工作成就和经营效果，能够按照一个客观的标准进行统一的比较和综合的评价，使绩效考核工作得以顺利进行。

（三）有助于调动企业内部各部门的生产积极性

合理的内部转移价格，不但可以作为责任中心经济责任完成情况的客观标准，而且还可以发挥类似市场价格的辅助调节作用，在一定程度上调动责任中心主管人员和全体职工的工作态度和工作精神。

（四）有助于制定正确的经营决策

通过制定和运用内部转移价格，可以把有关责任中心的经济责任、工作绩效加以数量化，使企业最高管理者和内部各业务职能部门的主管人员能根据企业未来一定期间的经营目标和有关的成本、收入、利润以及资金情况，在分析比较的基础上，制定正确的经营决策，完成责任预算，实现预定的目标。

三、制定内部转移价格的原则

（一）全局性原则

制定内部转移价格应强调企业的整体利益高于各责任中心的利益。由于内部转移价格直接关系到各责任中心经济利益的大小，每个责任中心必然会为本责任中心争取最大的利益，在利益发生冲突的情况下，企业应从整体利益出发制定内部转移价格，以保证企业利润最大化。

（二）激励性原则

内部转移价格的制定应公正合理，防止某些部门因价格上的缺陷而获得一些额

外的利润或损失,也就是说,内部转移价格的制定应能激励各责任中心经营管理的积极性,使他们的工作与所得到的收益相适应。

(三) 自主性原则

在保证企业整体利益的前提下,承认各责任中心的相对独立性,就必须给予各责任中心相对独立的经营权,如生产权、技术权、人事权和理财权等,制定的内部转移价格必须为各方所接受。

四、制定内部转移价格的方法及应用

(一) 市场价格

以市场价格作为内部转移价格的责任中心,应该是独立经营核算的利润中心,它们有权决定生产产品的数量、出售或购买的产品对象及其相应的价格。在西方国家,通常认为市场价格是制定内部转移价格的最好依据。因为市场价格最能体现责任中心的基本要求,即在企业内部引进市场机制,造成一种竞争气氛,使其中每个利润中心实质上都成为独立的机构,各自经营、相互竞争,最终通过利润指标来考核和评价其工作成果。

以市场价格作为内部转移价格时,应注意以下两个问题:

第一,在中间产品有外部市场,可向外部单位销售或从外部单位购买时,以市场价格作为内部转移价格,并不等于直接将市场价格用于结算,而应在此基础上,对外部价格作一些必要的调整。外部销售价格一般包括销售费、广告费以及运输费等,这些费用在产品内部转移时,一般可避免发生。若企业各责任中心不是独立核算的分厂,而是车间或部门时,产品的内部转移还不必支付销售税金,而这些税金一般也是外部销售价格的组成部分。直接以外部销售价格作为内部转移价格时,这两方面的好处都将为制造方所得,使用者一无所得。为使利益分配更公平,这些可避免的费用应从市场价格中扣除。即市场价格减去对外的销售费、广告费等才是目前尚未销售的中间产品的价格。

第二,以市场价格为依据制定内部转移价格时,通常假设:

(1) 中间产品处于完全竞争的市场。

(2) 中间产品提供部门即“卖”方无闲置生产能力。

【例 10-6】 AB 公司下属两个分部 A、B 均为投资中心,A 分部生产的 W 部件,既可以作为 B 分部的原材料,也可以直接在市场上销售,目前的市场价格是每件 20 元,年最大生产能力为 100 000 件;B 分部每年需要 W 部件 30 000 件,可以从 A 分部或市场购入,B 分部的最终产品的市场价格为每件 40 元。在这种情况下,以市场价格作为内部转移价格,不论 A 分部将 W 部件对外销售还是对内销售,或不论 B 分部是从外部购买还是从 A 分部购买,对 A、B 分部和公司总体的营业收益均无影响。AB 公司简易损益表如表 10-13 所示。

表 10-13　AB 公司损益表　单位:元

项目	A 分部	B 分部	合　计
销售收入:			
20 元 / 件 ×100 000 件	2 000 000		2 000 000
40 元 / 件 ×30 000 件		1 200 000	1 200 000
收入合计	2 000 000	1 200 000	3 200 000
成本:			
变动成本:			
10 元 / 件 ×100 000 件	1 000 000		1 000 000
*30 元 / 件 ×30 000 件		900 000	900 000
固定成本	600 000	200 000	800 000
成本合计	1 600 000	1 100 000	2 700 000
营业利润	400 000	100 000	500 000

*B 分部的变动成本 30 元中,包括购入的 W 部件成本 20 元和本分部发生的成本 10 元。

假设 A 分部的最大生产能力为 130 000 件,外部市场的最大销售量为 100 000 件,则剩余生产能力为 30 000 件。在这种情况下,如果仍采用市场价格作为内部转移价格,就不会使公司利润最大化。这是因为虽然 A 分部生产的 W 部件的变动成本仅为 10 元,低于内部转移价格 20 元,对 A 分部来说是有利的。但对于 B 分部来说,不论是从外部购买,还是从内部转移购买,其购买成本都是一样的。这样的转移价格不会激励 B 分部从 A 分部购入 W 部件。如果 B 分部从外部购买 W 部件,一方面会造成 A 分部生产能力的闲置,另一方面也会使公司的营业利润减少 300 000(10×30 000)元。

采用市场价格作为内部转移价格是完全竞争市场条件下的一种理想的转移价格,但是完全竞争的市场条件是很难找到的,而且市场价格也受到一定的限制,有些产品(半成品)没有现成的市价,而另一些产品只有非完全竞争市场价格,不能直接作为内部转移价格。

(二) 协商价格

如上所述,如果 W 部件的内部转移价格低于市场价格,就会鼓励 B 分部从 A 分部购买 W 部件,因而就会提高 B 分部和整个公司的收益水平。在这种情况下,应采用内部协商价格。

成功的协商价格依赖于下列条件:

第一,要有一个某种形式的外部市场,两个部门的经理可以自由地选择接受或是拒绝某一价格。如果根本没有可能从外部取得或向外部销售中间产品,就会使一方处于垄断状态,这样的价格不是协商价格,而是垄断价格。

第二,当价格协商的双方发生矛盾不能自行解决,或双方谈判时可能导致企业非最优决策时,企业的上级管理层要进行必要的干预。

【例 10-7】 承例 10-6,AB 公司经过协商,决定 W 部件的转移价格为 15 元,这样 B 分部从 A 分部购入 W 部件,单位成本就会降低 5 元;同时,A 分部的销售量就会增加到 130 000 件(100 000 件对外销售,30 000 件对内销售),销售收入由 2 000 000 元增加到 2 450 000(20×100 000+15×30 000)元,即增加收入 450 000 元,同时增加收益 150 000(450 000–10 × 30 000)元。由于 B 分部的材料购入成本降低 150 000(5 × 30 000)元,相应增加收益 150 000 元。以 15 元作为内部转移价格的结果是使公司利润增加了 300 000 元,如表 10–14 所示。

表 10–14 AB 公司损益表 单位:元

项目	A 分部	B 分部	合计
销售收入:			
20 元 / 件 × 100 000 件	2 000 000		2 000 000
15 元 / 件 × 30 000 件	450 000		450 000
40 元 / 件 × 30 000 件		1 200 000	1 200 000
合计	2 450 000	1 200 000	3 650 000
成本:			
变动成本:			
10 元 / 件 × 130 000 件	1 300 000		1 300 000
*25 元 / 件 × 30 000 件		750 000	750 000
固定成本	600 000	200 000	800 000
合计	1 900 000	950 000	2 850 000
营业利润	550 000	250 000	800 000

*B 分部的变动成本 25 元中,包括购入的 W 部件成本 15 元和本分部发生的成本 10 元。

协商价格的上限是市价,下限是单位变动成本,具体价格应由各相关责任中心在这一范围内协商议定。如果内部转移价格低于市场价格,但高于 A 分部生产 W 部件的变动成本,就会使各分部的收益增加,进而使整个公司的收益增加。在本例中,内部协商价格可在 10 元到 20 元之间波动。

以内部协商价格作为内部转移价格,可以照顾双方利益并得到双方的认可,使价格具有一定的弹性。但在确定内部协商价格时,容易使双方争执不休,造成部门间的矛盾;如果过多地依赖上级管理当局的仲裁,又会降低衡量部门业绩的作用。

(三) 双重内部转移价格

所谓双重内部转移价格,是指对产品(半成品)的供需双方分别采用不同的转移价格。例如,对产品(半成品)的“出售”部门,可按市场价格计价;而对“购买”部门,则按“出售”部门的单位变动成本计价;其差额由会计部门进行调整。这样区别对待,有利于产品(半成品)接受部门正确地进行经营决策,避免因内部定价高于外部市场价格,接受部门向外部进货,而不从内部“购买”,使企业内部的产出(半成品)供应部门的部分生产能力闲置的情况出现,同时也有利于提高供应单位在生产经营过程中充分发挥主动性和积极性。这种方法通常在中间产品有外部市场、生产(供应)部门生产能力不受限制,且变动成本低于市场价格的情况下有效,能够提高企业的整体收益。

(四) 成本转移价格

成本转移价格就是以产品或劳务的成本为基础而制定的内部转移价格,其中用途较为广泛的成本转移价格有三种:

(1) 标准成本，即以产品(半成品)或劳务标准成本作为内部转移价格，它适用于成本中心产品(半成品)的转移。其优点是将管理和核算工作结合起来，可以避免供应方成本高低不同对使用方造成影响，有利于调动供需双方降低消耗的积极性。

(2) 标准成本加成，即按产品(半成品)或劳务的标准成本加计一定的合理利润作为计价的基础。它的优点是能分清相关责任中心的责任，但确定加成利润率时，也难免带有主观随意性。

(3) 标准变动成本，它是以产品(半成品)或劳务的标准变动成本作为内部转移价格。它符合成本习性，能够明确揭示成本与产量的关系，便于考核各责任中心的业绩，也有利于经营决策。不足之处是产品(半成品)或劳务中不包括固定成本，不能反映劳动生产率变化对固定成本的影响，不利于调动各责任中心提高产量的积极性。

本章小结

责任会计是在分权管理条件下，为适应经济责任制的要求，在企业内部建立若干责任中心，并对它们分工负责的经济活动进行规划、控制、考核与业绩评价的一整套会计制度。责任中心通常可划分为成本中心、利润中心和投资中心。评价根据责任中心的不同，制定不同的考核指标。成本中心评价与考核的重点是成本变动额和变动率，利润中心评价与考核的重点是贡献毛益和利润，投资中心评价与考核的重点是投资报酬率和剩余收益。内部转移价格是指企业内部各责任中心之间相互提供产品或劳务的结算价格。在制定内部转移价格时，应遵循全局性原则、激励性原则和自主性原则，要有助于明确划分责任中心的经济责任。

关键词

责任会计	责任中心	成本中心	产品成本
责任成本	可控成本	不可控成本	利润中心
自然利润中心	人为利润中心	投资中心	投资报酬率
剩余收益	责任预算	内部转移价格	市场价格
协商价格	双重内部转移价格	成本转移价格	

即测即评

请扫描二维码，进行即测即评。

思考题

1. 什么是责任中心？责任中心分为哪几种？它们之间的区别是什么？
2. 什么是可控成本？什么是不可控成本？
3. 什么是内部转移价格？其制定的基础是什么？

练习题

1. 某投资中心的投资额为100 000元,年净利润为18 000元,企业为该投资中心规定的投资报酬率为15%。

要求:计算该投资中心的投资报酬率和剩余收益。

2. 某企业下设甲投资中心和乙投资中心,要求的投资报酬率为10%。两投资中心均有一投资方案可供选择。预计产生的影响见表10–15。

表10–15 追加投资对甲、乙投资中心预计产生的影响

金额单位:万元

项目	甲投资中心		乙投资中心	
	追加投资前	追加投资后	追加投资前	追加投资后
总资产	50	100	100	150
息税前利润	4	8.6	15	20.5
投资报酬率(%)	8		15	
剩余收益	–1		5	

要求:(1) 计算并填列表10–15中的空项。

(2) 运用剩余收益指标分别就两投资中心是否应追加投资进行决策。

第 11 章　全面预算管理

学习目标

了解全面预算管理的概念、作用、内容，了解全面预算管理的组织与流程；掌握预算编制的方法；理解预算的实施与控制。

本章知识结构图

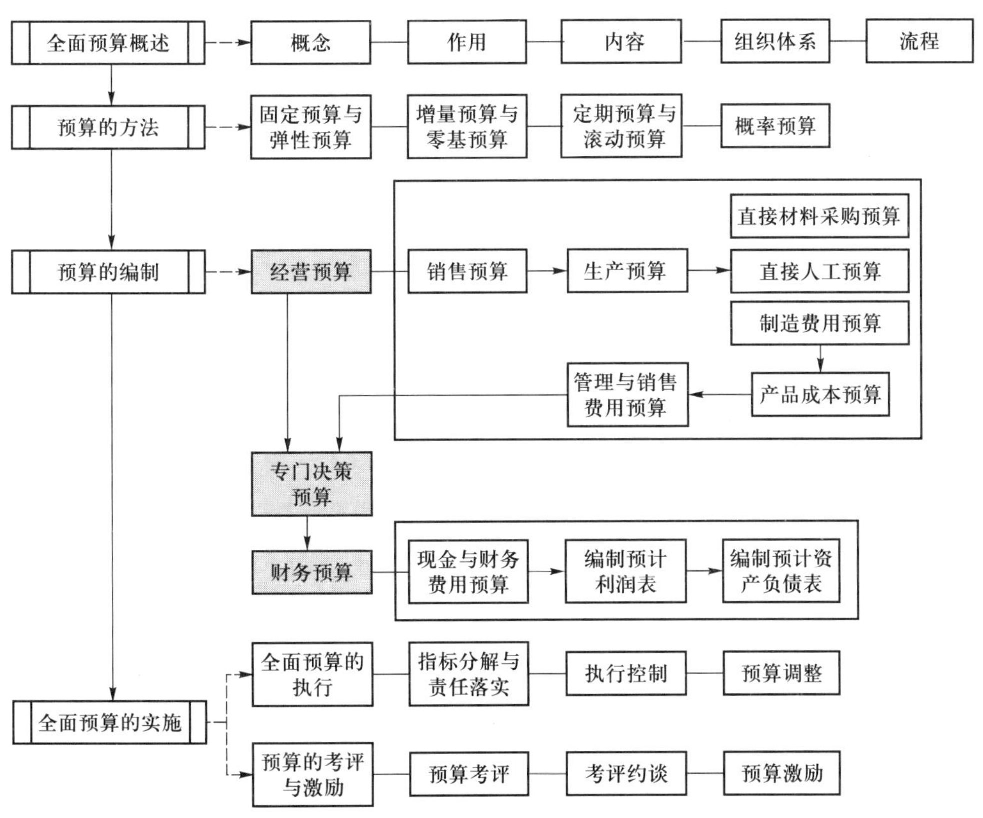

引例

某企业是上海宝钢集团公司的全资子公司，该公司虽然在成立之初按照集团公司的要求建立了预算管理制度，但预算管理的基础，如以治理结构、内部控制机制为背景的预算管理组织体系、制度体系、责任主体体系、责任指标体系，以及预算管理中的中期目标、战略规划的制定等，均缺乏必要建设。在公司成立至2003年期间，公司预算以财务部填列预算指标为主(按照股东要求)，预算控制以实绩报告为主，预算评价、员工绩效分配以公司领导对部门及员工的定性评价为主。因此其经营指标——息税前利润及利润总额的变化走势波动大，两项指标变动趋势不吻合，预算与实际差异大，实际绩效未达预算要求。

2004年，公司制定了战略目标和三年发展规划，调整了组织机构，建立了以“授权管理制度”为核心的内部控制机制及相应的制度和业务流程，强势推行全面预算管理，强化预算控制功能，建立公司管理信息系统，推行“平衡计分卡”绩效评价考核体系。其在全面预算管理方面主要构建了预算管理组织体系(包括将预算管理委员会纳入董事会下的职能委员会，设置预算管理办公室，建立责任预算中心等)，建立预算管理责任体系，将公司的各类业务目标细分给各责任主体，最后配合绩效考评对预算实施结果落实奖惩。

通过强势推行全面预算管理，强化预算控制功能后，该公司的经营情况出现了较大变化，见图11-1及图11-2。从两图可以看出，该公司2004—2006年各项

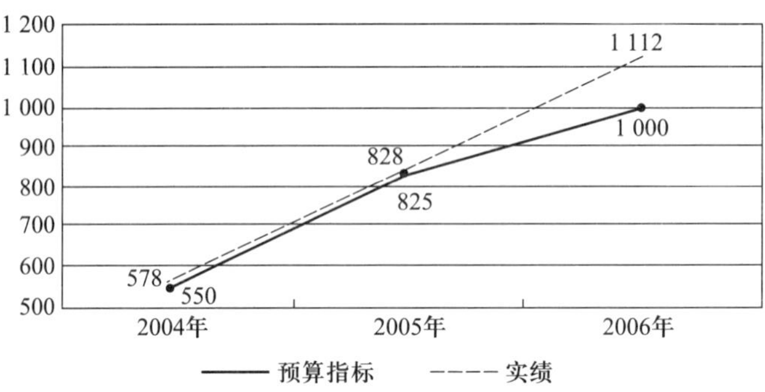

图11-1 公司2004—2006年经营情况图

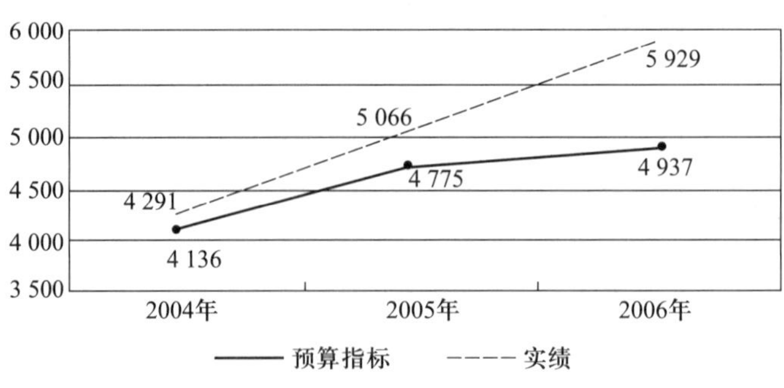

图11-2 公司2004—2006年税息折旧及摊销前利润情况图

指标均按三年规划目标及预算指标来执行，达到了预期效果。

资料来源：高凤．企业预算管理的应用及其实施效果——以 A 公司为例．财政监督，2008(4).

引言

从上述案例看出，全面预算管理为上海宝钢集团公司的全资子公司带来了新的生机与活力，那么全面预算究竟是一个什么样的管理控制方法呢？它的编制基础、内容、方法、流程和实施究竟包括哪些方面和怎样开展呢？本章将逐一解答这些问题。

第一节　全面预算概述

一、全面预算的概念

预算(Budget)指用货币单位表示的财务计划，是对未来某一特定期间企业财务及其他资源的取得及运用的详细计划。预算管理起源于国家预算，即最开始是用来对整个国家的收入(税收收入和非税收入)和支出进行预先安排的。自 19 世纪末开始应用于企业管理，经美国杜邦公司、通用汽车、通用电气应用推广后，美国国会于 1921 年颁布了《预算与会计法》，使预算管理的职能被人们普遍了解，成为企业管理的重要工具。

全面预算管理(Comprehensive Budget Management)指企业以战略目标为导向，通过对未来一定期间内的经营活动和相应的财务结果进行全面预测和筹划，科学、合理配置企业各项财务和非财务资源，并对执行过程进行监督和分析，对执行结果进行评价和反馈，指导经营活动的改善和调整，进而推动实现企业战略目标的管理活动。全面预算管理是一种全方位、全过程、全员参与编制与实施的预算管理模式，凭借其计划、协调、控制、激励、评价等综合管理功能，整合和优化配置企业资源，提升企业运行效率，成为促进企业实现发展战略的重要工具。所谓全方位，指的是预算包含了企业的一切经济活动，包括经营、投资、财务等各项活动，以及企业的人、财、物各个方面，供、产、销各个环节，都必须纳入预算管理。因此，全面预算是由经营预算(也称业务预算)、投资预算、筹资预算、股利支付预算、财务预算等一系列预算组成的相互衔接和钩稽的综合预算体系。全过程体现为企业组织各项经济活动的事前、事中和事后都必须纳入预算管理，即全面预算不仅限于预算编制、分解和下达，而是由预算编制、执行、分析、调整、考核、奖惩等一系列环节所组成的管理活动。全员参与则指企业内部各部门、各单位、各岗位,上至最高负责人,下至各部门负责人、各岗位员工都必须参与预算编制与实施。正如美国著名管理学家戴维·奥利所指出的那样:“全面预算管理是为数不多的几个能把组织的所有关键问题融合于一个体系之中的管理控制方法之一。”

全面预算管理的发展依托于信息技术的突飞猛进和网络信息的发展,在此基础上,预算管理的信息基础发生了根本性的变化,极大地提高了企业收集、存储、分析和处理各种信息的能力,使得预算管理能与企业各种管理信息系统结合,如财务管理软件、销售管理软件、人力资源管理软件、物料需求计划(Material Requirement Planning,MRP)、客户关系管理(Customer Relationship Management,CRM)、企业资源计划(Enterprise Resources Planning,ERP)等,既能将预算思想、预算限额等嵌入各种管理信息系统,又能及时从各种管理信息系统中获取实时信息,进行预算执行分析和修正,达到真正的全面预算管理。

二、全面预算的作用

全面预算的作用主要包括以下方面:

(一)明确工作目标

预算是保障长期战略目标实现的短期工具,将战略目标分解为年度目标后,预算以年度目标为基准进行编制,将年度目标按企业内部各职能部门的职责范围层层落实,使年度总目标成为各职能部门工作的具体目标,从而保证年度总目标与部门分管的具体目标协调一致,使各部门了解和明确自己在完成年度总目标中的职责和努力方向。

(二)协调部门间关系

全面预算将企业各阶层与各业务部门的工作纳入一个统一的、有序的预算体系,各个部门的预算相互衔接、环环相扣,在保证最大限度地实现企业总目标的前提下,有效地组织企业各阶层与各部门的生产经营活动。在以销定产的模式下,销售决定生产,生产影响采购与存货,及相应的资金循环,各环节彼此影响、相互制约。

(三)资源配置

由于预算是每年编制的,通过对以往年度预算的编制与执行效果的分析,可以对资源配置进行有效调整,避免资源的无效占用,减少因无据分配可能产生的分配失调现象。全面预算的编制与执行过程就是将有限资源整合、协调、分配到企业各项业务与活动中的过程。

(四)控制

编制预算的过程,不仅是为各业务部门设置目标的过程,也是制定标准和限额的过程,这将会影响企业的实际运营活动。如运营中通过实时监控系统发现材料的采购价格高于生产预算中预测的价格,而这会影响生产预算的实现,就要对相关情况进行分析予以改进;又如在运营过程中发现某项支出超出了部门季度预算限额,则系统会自动拒绝审批通过,该控制措施使得业务人员必须严格在预算范围内进行操作,从而形成有效制约。

(五)评价

全面预算不仅是控制企业经济活动的依据,也是考核和评价企业整体和内部各责任中心业绩的标准。如前所述，全面预算使得企业各阶层、各业务部门明确自己的经营目标，则该目标任务及最后实施预算的情况的对比，就为考核提供了有力依据。

三、全面预算的原则

企业进行全面预算管理，一般应遵循以下原则：

（一）战略导向原则

预算管理应围绕企业的战略目标和业务计划有序开展，引导各预算责任主体聚焦战略、专注执行、达成绩效。

（二）过程控制原则

预算管理应通过及时监控、分析等把握预算目标的实现进度并实施有效评价，为企业经营决策提供有效支撑。

（三）融合性原则

预算管理应以业务为先导、以财务为协同，将预算管理嵌入企业经营管理活动的各个领域、层次、环节。

（四）平衡管理原则

预算管理应平衡长期目标与短期目标、整体利益与局部利益、收入与支出、结果与动因等的关系，促进企业可持续发展。

（五）权变性原则

预算管理应刚性与柔性相结合，强调预算对经营管理的刚性约束，又可根据内外环境的重大变化调整预算，并对例外事项进行特殊处理。

四、全面预算的内容

如前所述，全面预算是“全方位”的预算，是包括经营预算、投资预算、筹资预算、股利支付预算、财务预算在内的相互钩稽影响的预算，我们此处将其概括为经营预算、专门决策预算和财务预算。

（一）经营预算

经营预算又称业务预算，指企业预算期日常发生的基本业务活动的预算。经营预算主要包括销售预算、生产预算、采购预算、费用预算、人力资源预算等。

（二）专门决策预算

专门决策预算指企业重大的或不经常发生的、需要根据特定决策编制的预算，一般包括投资预算、筹资预算和股利红利支付预算。

（三）财务预算

财务预算是反映企业在计划期内现金收支、经营成果和财务状况的预算，包括资金预算、财务费用预算[①]、预计利润表和预计资产负债表。

---

① 财务费用预算本质上属于经营预算，但由于其需在现金预算的基础上编制，因此按照编制的顺序将其划归于财务预算。

全面预算的编制体系见图 11-3。从图可见,全面预算的起点是销售预算,接着是生产预算及成本费用预算,它们与专门决策预算一起形成现金预算,在现金预算的基础上编制财务费用预算,最后形成预计利润表与预计资产负债表等。

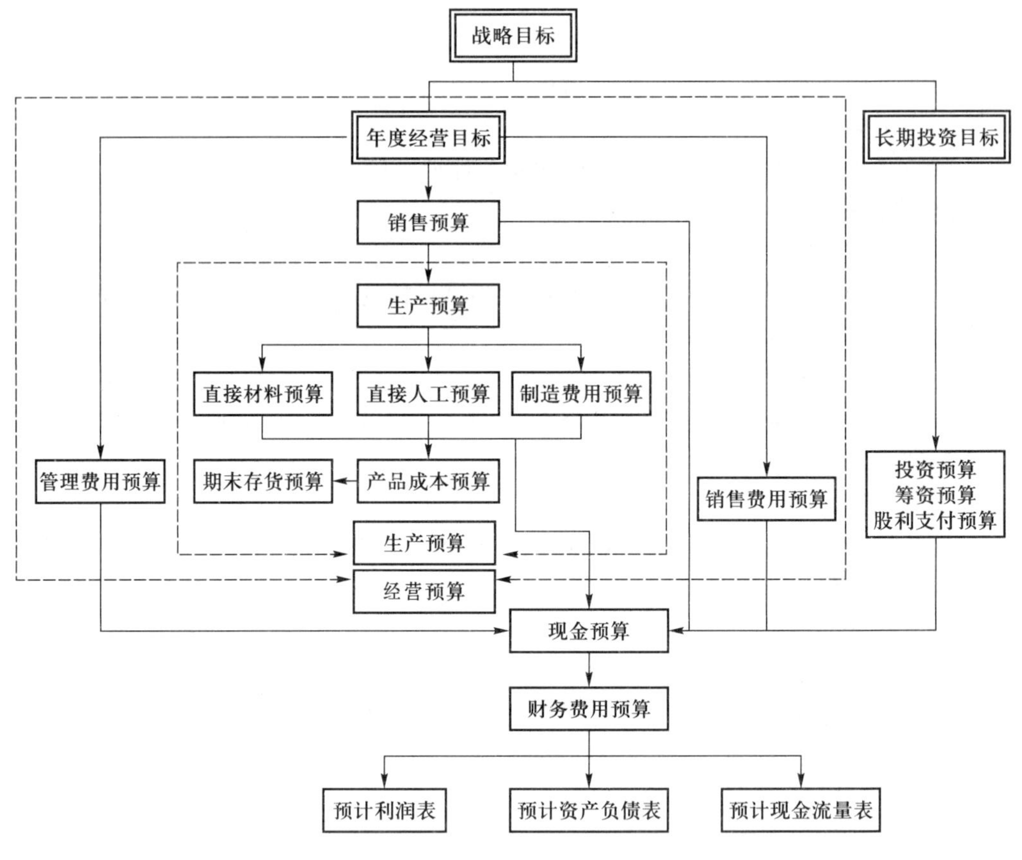

图 11-3 全面预算编制体系

五、全面预算的组织

全面预算的组织指编制与实施全面预算的部门及人员,一般包括全面预算管理决策机构、工作机构和执行单位 3 个层次的基本架构。

(一) 决策机构——预算管理委员会

预算管理委员会,作为专门履行全面预算管理职责的决策机构,一般隶属于董事会,是董事会下设的专门委员会。预算管理委员会的主要职责一般是:① 审核颁布企业全面预算管理制度;② 拟订预算目标,确定预算目标分解方案、预算编制方法和程序;③ 组织编制、综合平衡预算草案;④ 下达经批准的正式年度预算;⑤ 协调解决预算编制和执行中的重大问题;⑥ 审议预算调整方案,依据授权进行审批;⑦ 审议预算考核和奖惩方案,对预算总执行情况进行考核;⑧ 其他。

(二) 全面预算管理工作机构

由于预算管理委员会一般为非常设机构,企业应当在该委员会下设立预算管理工作机构，由其履行预算管理委员会的日常管理职责。预算管理工作机构的主要职责一般是：① 拟订全面预算管理制度；② 拟订年度预算总目标分解方案及有关预算编制程序、方法的草案，报预算管理委员会审定；③ 组织开展预算编制工作；④ 预审各预算单位（即预算执行单位）的预算初稿，进行综合平衡，并提出修改意见和建议；⑤ 汇总编制企业全面预算草案，提交预算管理委员会审查；⑥ 跟踪、监控企业预算执行情况；⑦ 定期汇总、分析预算执行情况，形成分析报告向委员会汇报，为委员会进一步采取行动拟订建议方案；⑧ 集中制定年度预算调整方案，报预算管理委员会审议；⑨ 协调解决企业预算编制和执行中的有关问题；⑩ 提出预算考核和奖惩方案，报预算管理委员会审议；⑪ 组织开展预算执行情况的考核，提出考核结果和奖惩建议，报预算管理委员会审议；⑫ 预算管理委员会授权的其他工作。

知识链接：
预算管理工作机构

（三）全面预算执行单位

全面预算执行单位是指根据其在企业预算总目标实现过程中的作用和职责划分的，承担一定经济责任并享有相应权利和利益的企业内部单位，包括企业内部各职能部门、所属分（子）公司等。简言之，就是具体实施预算的单位。企业内部各预算责任单位可以归类为投资中心、利润中心、成本中心、费用中心和收入中心。各预算执行单位负责人应当对本单位预算的执行结果负责。

各预算执行单位的主要职责一般是：① 提供编制预算的基础资料；② 负责本单位全面预算的编制和上报工作；③ 将本单位预算指标层层分解，予以下划；④ 执行预算，监督检查本单位预算执行情况；⑤ 及时分析、报告本单位的预算执行情况；⑥ 根据内外部环境变化，提出预算调整申请；⑦ 组织实施本单位内部的预算考核和奖惩工作；⑧ 其他。

全面预算管理组织体系基本架构图如图 11-4 所示。

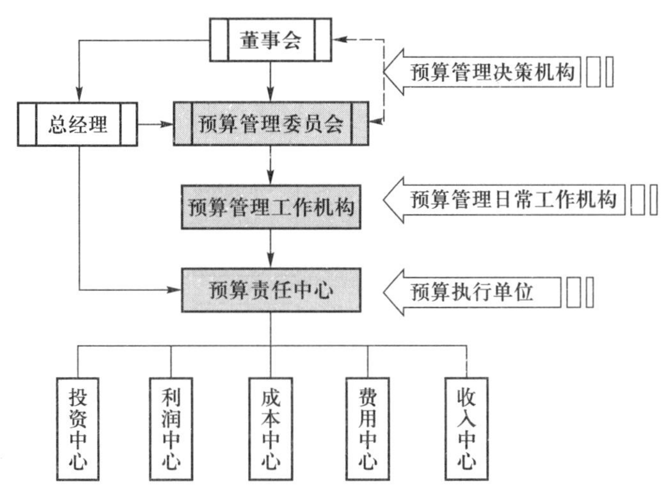

图 11-4　全面预算管理组织体系基本架构图

资料来源：财政部会计司 . 强化全面预算管理　促进实现发展战略——财政部会计司解读《企业内部控制应用指引第 15 号——全面预算》. 中国会计报，2010-7-2.

六、全面预算管理的流程

全面预算管理的流程主要包括整体流程和编制流程。

（一）全面预算管理整体流程

全面预算管理整体流程包括预算编制、预算执行和预算考核 3 个阶段，如图 11–5 所示。其中，预算编制阶段包括预算编制、预算审批、预算下达等具体环节；预算执行阶段涉及预算指标分解和责任落实、预算执行控制、预算分析、预算调整等具体环节。

（二）全面预算编制流程

图 11–5 中的预算编制在实际操作中其实不止三步，而要经历一个“三下两上”的过程。“一下” ——当战略目标分解为企业年度目标后，由预算管理委员会根据企业年度目标结合各预算单位以前年度完成情况下发文件(具体由预算管理办公室操作)，下达初步预算指标；“一上” ——下级单位根据上级单位下达的预算指标，结合自身情况，申报其在计划年度的预算指标；“二下” ——申报汇总到预算管理办公室后，由预算管理办公室统一协调各部门间预算，与预算单位沟通；“二上” ——预算单位再次调整确定年度预算并上报预算管理办公室；“三下” ——最后预算管理办公室确定一个预算方案，报经预算管理委员会批准后正式下达年度预算文件。其中“二下”、“二上”也可能是反复沟通的过程。

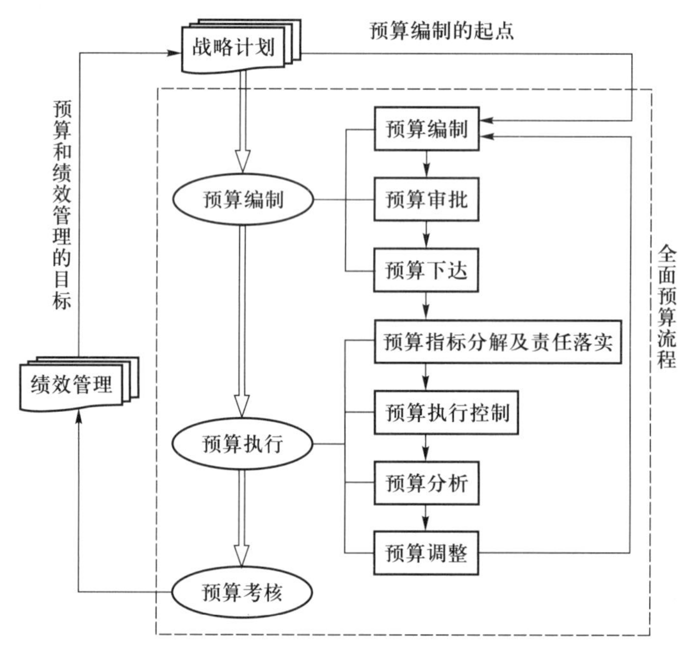

图 11–5 全面预算整体流程图

资料来源：财政部会计司 . 强化全面预算管理 促进实现发展战略——财政部会计司解读《企业内部控制应用指引第 15 号——全面预算》. 中国会计报，2010–7–2.

第二节　预算编制的方法

企业编制预算时，常用固定预算与弹性预算、增量预算与零基预算、定期预算与滚动预算、概率预算。

一、固定预算与弹性预算

固定预算（Static Budgeting）与弹性预算（Flexible Budgeting）的不同主要在于预算期预计业务量基础的数量特征不同。

（一）固定预算

固定预算又称静态预算，是指在编制预算时，只把预算期内正常的、可实现的某一固定业务量（如生产量、销售量）水平作为唯一基础来编制预算的方法。

【例 11–1】 A 公司只生产一种产品，销售单价为 200 元，预算年度内 4 个季度的销售量经测算分别为 300 件、600 件、400 件和 500 件。根据以往经验，销货款在当季可收到 70%，其余部分将在下一季度收到。预计预算年度第 1 季度可收回上年第 4 季度的应收账款 16 000 元。

根据上述资料，首先编制销售预算表如表 11–1 所示。

表 11–1　A 公司销售预算

20××年

季度	1	2	3	4	全年
预计销售量（件）①	300	600	400	500	1 800
销售单价（元）②	200	200	200	200	200
预计销售额（元）③ = ① × ②	60 000	120 000	80 000	100 000	360 000

根据销售预算、前期应收账款的收回及预计收到当期销货款的情况，就能够编制出预计现金收入计算表，如表 11–2 所示。现金收入计算表是编制现金预算的依据。

表 11–2　A 公司预计现金收入计算表

20××年　　　　单位：元

季度	1	2	3	4	全年
预计销售额①	60 000	120 000	80 000	100 000	360 000
收到上季应收销货款② = 上季① × 30%	16 000	18 000	36 000	24 000	94 000
收到本季销货款③ = ① × 70%	42 000	84 000	56 000	70 000	252 000
现金收入合计④ = ② + ③	58 000	102 000	92 000	94 000	346 000

固定成本预算法可比性差，无论当期实际业务量水平是否发生波动均不改变预算，使得当实际业务量波动较大时，预算与实际差异大，不得进行控制与考核评价。

固定成本预算一般用于业务量水平比较稳定的企业。

(二) 弹性预算

弹性预算又称变动预算，指以业务量、成本和利润之间的依存关系为依据，以预算期可预见的各种业务量水平为基础而编制预算的方法。在变动成本法下，由于业务量的变化而使得变动成本有所改变，便于区分落实责任。

【例 11-2】 设 A 公司预算期产品销售单价为 200 元，单位变动成本为 80 元，固定成本总额为 46 600 元。A 公司充分考虑到预算期产品销售量发生变化的可能，因而分别编制出销售量为 1 550 件、1 650 件、1 750 件、1 850 件和 1 950 件时的弹性利润预算表，如表 11-3 所示。

表 11-3 A 公司弹性利润预算表

20×× 年　　　　金额单位:元

销售量(件)	1 550	1 650	1 750	1 850	1 950
销售收入	310 000	330 000	350 000	370 000	390 000
减:变动成本	124 000	132 000	140 000	148 000	156 000
贡献毛益	186 000	198 000	210 000	222 000	234 000
减:固定成本	46 600	46 600	46 600	46 600	46 600
营业净利	139 400	151 400	163 400	175 400	187 400

弹性预算克服了固定预算的弱点，预算范围宽，可比性强，从理论上讲适用于编制全面预算中所有与业务量有关的各种预算。但从适用角度看，主要用于编制弹性成本费用预算和弹性利润预算等。

二、增量预算与零基预算

增量预算与零基预算主要用于成本费用预算的编制。两者的差异在于预算的基数不同。

(一) 增量预算

增量预算(Incremental Budgeting)又称基数预算，是指以基期成本费用水平为基础，结合预算期业务量水平及有关影响成本因素的未来变动情况，通过调整有关原有费用项目而编制预算的一种方法。

这是一种传统的预算方法，其核心在于以上期实际发生数为参照数适当增减而编制，因此可能造成突击支出、虚列支出及预算只增不减的弊端。

(二) 零基预算

零基预算(Zero-base Budgeting)指在编制成本费用预算时，不考虑以往会计期间所发生的费用项目或费用数额，而是将所有的预算支出均以零点为出发点，一切从实际可能需要与可能支出出发，重头列支开支的方法。

零基预算可以克服增量预算带来的弊端，但是需要确定各个费用项目是否存在，然后再逐个评估其可能发生的支出，势必耗费大量人力、物力、财力，增加工作量和预算编制时间。在实务中，可以每隔几年按照零基预算方法编制一次。

三、定期预算与滚动预算

我们知道预算均以一定期间来编制，根据编制的对象期间不同，分为定期预算与滚动预算。

（一）定期预算

定期预算（Periodic Budgeting）指在编制预算时以不变的会计期间（如会计年度）作为预算期的一种编制方法。

定期预算的优点在于预算期与会计年度一致，便于实际数与预算数比较，有利于预算执行情况和执行结果的分析和评价。但定期预算由于一般会在年度开始前 1–2 个月编制，此时对某些业务量或收入情况的预测不一定准确，使得预计数比较粗略；同时，由于定期预算不能随情况变化及时调整，当预算中规划的各种经营活动在预算期内发生重大变化时，就会造成预算不能及时更新；最后，定期预算会使管理当局只考虑当期而不考虑下期，形成短视决策。

（二）滚动预算

随着预算的执行，管理人员往往只考虑剩余的较短预算期间的经营活动，采取短期的决策行为，导致管理决策人员过多地着眼于企业的短期利益，而忽视长期利益和长远发展。为弥补定期预算的不足，可以采用滚动预算法来编制预算。

1. 滚动预算的概念

滚动预算（Rolling Budgeting）又称连续预算，特许管理会计师公会（CIMA）官方术语将“滚动预算或预测”定义为最早的会计期间结束时增加一期新的会计期间使计划或预算得以持续更新。我国 2017 年 11 月发布的《管理会计应用指引第 201 号——滚动预算》中对滚动预算的定义为：企业根据上一期预算执行情况和新的预测结果，按既定的预算编制周期和滚动频率，对原有的预算方案进行调整和补充，逐期滚动，持续推进的预算编制方法。预算编制周期指每次预算编制所涵盖的时间跨度。滚动频率，指调整和补充预算的时间间隔，一般以月度、季度、年度等为滚动频率。滚动预算一般由中期滚动预算和短期滚动预算组成。中期滚动预算的编制周期通常为 3 年或 5 年，以年度作为预算滚动频率。短期滚动预算通常以 1 年为预算编制周期，以月度、季度作为预算滚动频率。

2. 滚动预算的编制

企业应以战略目标和业务计划为依据，并根据上一期预算执行情况和新的预测信息，经综合平衡和结构优化，作为下一期滚动预算的编制基础。企业应对比分析上一期的预算信息和预算执行情况，结合新的内外部环境预测信息，对下一期预算进行调整和修正，持续进行预算的滚动编制。

【例 11–3】 某公司的滚动预算如图 11–6 所示。

该公司预算编制期为 18 个月，滚动频率为季度。每次编制下期预算时，对前 3 个月采用对每个月进行详细预测的方式，50% 的预测时间用于此 3 个月的预测，接着的 3 个月对每月均进行预测，之后的一年则按照季度预测。

3. 滚动预算的优缺点

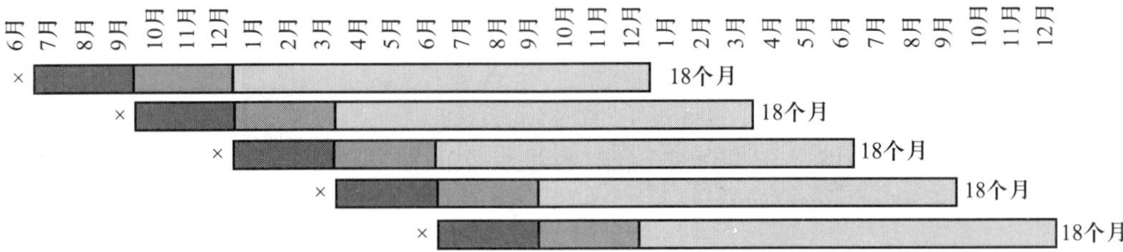

× 滚动预算的季度更新(第二个星期开始实施)

■ 按月度详细预测(使用50%的预测时间以保证这几个月的预测的准确性)

■ 按月度预测

□ 按季度预测

图 11-6　某公司滚动预算图

滚动预算的主要优点是:通过持续编制滚动预算、逐期进行滚动管理,实现动态反映市场、建立跨期综合平衡,从而有效指导企业营运,强化预算的决策与控制职能。

滚动预算的主要缺点:一是预算滚动的频率越高,对预算沟通的要求越高,预算编制的工作量越大;二是过高的滚动频率容易增加管理层的不稳定感,导致预算执行者无所适从。

四、概率预算

概率预算(Probability Budgeting)是为了反映企业在实际经营过程中各预定指标可能发生的变化而编制的预算。它不仅考虑了各因素可能发生变化的水平范围,而且考虑到在此范围内有关数据可能出现的概率情况。因此在预算的编制过程中,不仅要对有关变量的相应数值进行加工,还需对有关变量可预期的概率进行分析。用该方法编制出来的预算由于在其形成过程中,把各种可预计到的可能性都考虑进去了,因而比较接近于客观实际情况,同时还能帮助企业管理当局对各种经营情况及其结果出现的可能性做到心中有数,有备无患。

【例 11-4】 设 A 公司预算期产品销售单价为 100 元,销售量和变动成本的预期值、相应的概率以及其他有关数据如表 11-4 所示。

表 11-4　A 公司概率预算表

销售量(件)	20 000			25 000			30 000		
销售收入(元)	2 000 000			2 500 000			3 000 000		
概率 Ⅰ	0.2			0.6			0.2		
变动成本(生产)(元)	50	55	60	50	55	60	50	55	60
变动成本(销售)(元)	5	5	5	5	5	5	5	5	5
概率 Ⅱ	0.3	0.4	0.3	0.3	0.4	0.3	0.3	0.4	0.3
固定成本(元)	350 000	350 000	350 000	400 000	400 000	400 000	450 000	450 000	450 000
利润(元)	550 000	450 000	350 000	725 000	600 000	475 000	900 000	750 000	600 000
总概率(Ⅰ × Ⅱ)	0.06	0.08	0.06	0.18	0.24	0.18	0.06	0.08	0.06
利润期望值(元)	600 000								

根据表 11-4，通过将各变量的有关数据与其相对应的总概率相乘，然后再汇总，就可求得各变量的预期值。

第三节　全面预算的编制

第一节我们讲了全面预算编制包括经营预算、专门决策预算和财务预算，第二节我们了解了预算编制的方法，这一节我们以嘉华公司的完整案例来说明全面预算是如何逐步编制的。

一、经营预算的编制

（一）销售预算

销售预算的编制是企业全面预算编制工作的起点，所以，必须十分慎重地编制销售预算。而要编好销售预算，首先要进行周密的销售预测，考虑与销售有关的各种因素。

销售预算的基本内容包括预测产品销售数量、销售单价、销售收入和预期的现金收入等。如需要更详细一些，还应按产品类别、销售地区、销售部门分别编制。

【例 11-5】 嘉华公司的 2018 年销售预算（为方便计算，本章均不考虑增值税）如表 11-5 所示。

表 11-5　销售预算　　　　金额单位：元

季度	1	2	3	4	全年
预计销售量（件）	100	150	200	180	630
预计单价	200	200	200	200	200
销售收入	20 000	30 000	40 000	36 000	126 000
预计现金收入：					
上年应收账款	6 200				6 200
第 1 季度（销货 20 000）	12 000	8 000			20 000
第 2 季度（销货 30 000）		18 000	12 000		30 000
第 3 季度（销货 40 000）			24 000	16 000	40 000
第 4 季度（销货 36 000）				21 600	21 600
现金收入合计	18 200	26 000	36 000	37 600	117 800

注：每季度的现金收入包括两部分：上季度的应收账款和本季度的现销收入。本例中，假设每季度销售收入中，本季度收到现金 60%，另外 40% 现金要到下季度才能收到。

（二）生产预算

编制生产预算必须坚持以销定产原则，以销售预算为依据，也就是根据销售量确定生产量，并考虑合理的库存量。其主要内容有销售量、期初和期末产成品存货、生产量。生产量与销售量之间的关系为：

预计生产量 = 预计销售量 + 预计期末库存量 − 预计期初库存量

在生产预算中，只涉及实物量指标，不涉及价值量指标。

【例 11-6】 嘉华公司 2018 年的生产预算如表 11-6 所示。

表 11-6 生 产 预 算 单位：件

季度	1	2	3	4	全年
预计销售量	100	150	200	180	630
加：预计期末产成品存货	15	20	18	20	20
合计	115	170	218	200	650
减：预计期初产成品存货	10	15	20	18	10
预计生产量	105	155	198	182	640

注：本例假定每个季度的产成品库存量占下一季度销售量的 10%，2018 年年末预计库存产成品为 20 件。2018 年年初库存产成品为 10 件。不难理解，每季度的期末存货就是下季度的期初存货。

（三）直接材料采购预算

根据生产预算确定预计生产量并安排好生产进度之后，便可以编制直接材料采购预算。编制采购预算与编制生产预算一样，也要考虑计划期间的期初与期末的库存材料水平。其计算公式如下：

预计材料采购所需金额 = 预计材料采购量 × 材料单价

预计材料采购量 = 生产需要量 + 预计期末库存量 − 预计期初库存量

生产需要量 = 单位产品材料标准耗用量 × 预计生产量

为便于编制现金预算，通常要预计材料采购各季度的现金支出。每个季度的现金支出包括偿还上期应付账款和本期应支付的采购货款。

【例 11-7】 假设材料采购货款的 50% 在本季付清，另外 50% 在下季度付清。嘉华公司的材料采购预算如表 11-7 所示。

表 11-7 材料采购预算

季度	1	2	3	4	全年
预计生产量（件）	105	155	198	182	640
单位产品材料用量（千克）	10	10	10	10	10
生产需用量（千克）	1 050	1 550	1 980	1 820	6 400
加：预计期末存量（千克）	310	396	364	400	400
减：预计期初存量（千克）	300	310	396	364	300
预计材料采购量（千克）	1 060	1 636	1 948	1 856	6 500
单价（元）	5	5	5	5	5
预计采购金额（元）	5 300	8 180	9 740	9 280	32 500
预计现金支出：					
上年应付账款	2 350				2 350

续表

第 1 季度(采购 5 300 元)	2 650	2 650			5 300
第 2 季度(采购 8 180 元)		4 090	4 090		8 180
第 3 季度(采购 9 740 元)			4 870	4 870	9 740
第 4 季度(采购 9 280 元)				4 640	4 640
合计	5 000	6 740	8 960	9 510	30 210

(四) 直接人工预算

直接人工预算(人工成本)是根据生产预算中各个季度的预计生产量、单位产品直接人工小时以及每个人工小时的工资率分季计算的。通常,企业拥有不同工种和不同技术等级的工人,所以要分工种计算直接人工小时总数,然后分别乘以各工种的平均工资率,再加总求得预计直接人工成本的总数。直接人工成本的计算公式为:

各季度的直接人工成本 = 季度生产量 × 单位产品人工小时 × 小时工资率

【例 11-8】 嘉华公司的直接人工预算如表 11-8 所示。

表 11-8　直接人工预算

季度	1	2	3	4	全年
预计生产量(件)	105	155	198	182	640
单位产品人工工时(小时)	10	10	10	10	10
各季度所需总工时(小时)	1 050	1 550	1 980	1 820	6 400
每小时工资率(元)	2	2	2	2	2
各季度直接人工总成本(元)	2 100	3 100	3 960	3 640	12 800

(五) 制造费用预算

制造费用类似于我国的车间经费,是指车间成本中扣除直接材料、燃料、动力和直接人工部分的一切费用。制造费用必须按成本习性划分为变动费用和固定费用两类。变动制造费用以生产预算为基础编制。固定制造费用,需要逐项进行预计,通常与本期产量无关,按每季度实际需要的支付额预计,然后求出全年数。

【例 11-9】 嘉华公司的制造费用预算如表 11-9 所示。

表 11-9　制造费用预算　　金额单位:元

季度	1	2	3	4	全年
变动制造费用:					
间接人工(1 元 / 件)	105	155	198	182	640
间接材料(1 元 / 件)	105	155	198	182	640
修理费(2 元 / 件)	210	310	396	364	1 280
水电费(1 元 / 件)	105	155	198	182	640
小计	525	775	990	910	3 200

续表

固定制造费用:					
修理费	1 000	1 140	900	900	3 940
折旧	1 000	1 000	1 000	1 000	4 000
管理人员工资	200	200	200	200	800
保险费	75	85	110	190	460
财产税	100	100	100	100	400
小计	2 375	2 525	2 310	2 390	9 600
合计	2 900	3 300	3 300	3 300	12 800
减:折旧	1 000	1 000	1 000	1 000	4 000
现金支出的费用	1 900	2 300	2 300	2 300	8 800

为便于以后编制产品成本预算,需要计算小时费用率。

变动制造费用小时费用率 =3 200 ÷ 6 400=0.5(元)

固定制造费用小时费用率 =9 600 ÷ 6 400=1.5(元)

(六) 产品成本预算

为了正确计算预计利润表中的产品销售成本和预计资产负债表中的期末产成品存货,必须预先确定单位产品成本,才能计算产成品成本。

产品成本预算,是销售预算、生产预算、直接材料采购预算、直接人工预算、制造费用预算的汇总,其主要内容是产品的单位成本和总成本。

【例 11-10】 嘉华公司仅生产 A 产品,其产品成本预算如表 11-10 所示。

表 11-10 产品成本预算 金额单位:元

项目	单位成本			生产成本(640 件)	期末存货(20 件)	销货成本(630 件)
	每千克或每小时成本	投入量	成本(元)			
直接材料	5	10 千克	50	32 000	1 000	31 500
直接人工	2	10 小时	20	12 800	400	12 600
变动制造费用	0.5	10 小时	5	3 200	100	3 150
固定制造费用	1.5	10 小时	15	9 600	300	9 450
合 计			90	57 600	1 800	56 700

(七) 管理与销售费用预算

管理与销售费用预算包括预算期内发生的制造费用以外的各项费用,根据历史资料和预计销售数量编制。

【例 11-11】 嘉华公司 2018 年编制的全年管理与销售费用预算如表 11-11 所示。

表 11-11　管理与销售费用预算　　单位：元

项目	金额
销售费用：	
销售人员工资	2 000
广告费	5 500
包装、运输费	3 000
保管费	2 700
折旧	1 000
管理费用：	
管理人员薪酬	4 000
福利费	800
保险费	600
办公费	1 400
折旧	1 500
合计	22 500
减：折旧	2 500
每季度支付的现金	5 000（20 000 ÷ 4）

二、专门决策预算的编制

企业在确定生产预算之后，还应结合现有生产能力考虑长期规划，确定本期内是否必须增加工程项目和设备。如果需要开工或添置，就要编制专门决策预算。

【例 11-12】 嘉华公司根据现有生产能力和长远规划，2018 年应增加车床和铣床，并借入长期借款。嘉华公司专门决策预算如表 11-12 所示。

表 11-12　专门决策预算　　单位：元

季度	1	2	3	4	全年
投资支出预算	50 000			80 000	130 000
借入长期借款	30 000			60 000	90 000

三、财务预算的编制

（一）现金与财务费用预算的编制

现金预算是企业在预算期内的现金收支计划。现金预算对企业的经营管理极为重要，因为任何企业都必须有足够的现金以供支付，但又不能保存过多的现金而造成资金积压。所以，在编出上面各种预算以后，还要编制现金预算。有了现金预算，就可以使企业领导了解现金收支情况，从而更好地运用现金。有了现金预算，还可以使企业领导预先筹划必需的款项以弥补预计的资金短缺。

必须指出,这里所指的"现金"不仅指传统财务会计中的库存现金,还包括企业的银行存款。

现金预算包括对可供使用的现金、现金支出、现金的余缺以及现金的筹集与运用4个组成部分的预算。① 可供使用的现金包括期初现金余额和预算销售产品的现金收入。② 现金支出包括预算各项现金支出,如材料采购支出、工资等。③ 现金的余缺,是指现金收支的差额。差额为正数表示收大于支,说明现金有多余;差额为负数表示支大于收,说明现金不足。④ 现金的筹集与运用,是指预算期内预计向银行借款和偿还借款及利息(即财务费用)等收支。

【例 11-13】 假设嘉华公司理想的现金余额是 3 000 元,如果资金不足,可以取得短期借款,银行的要求是借款额必须是 1 000 元的整数倍。嘉华公司的现金预算如表 11-13 所示。

表 11-13 现 金 预 算 单位:元

季度	1	2	3	4	全年
期初现金余额	8 000	3 200	3 060	3 040	8 000
加:现金收入(表 11-5)	18 200	26 000	36 000	37 600	117 800
可供使用的现金	26 200	29 200	39 060	40 640	125 800
减:现金支出					
直接材料(表 11-7)	5 000	6 740	8 960	9 510	30 210
直接人工(表 11-8)	2 100	3 100	3 960	3 640	12 800
制造费用(表 11-9)	1 900	2 300	2 300	2 300	8 800
销售及管理费用(表 11-11)	5 000	5 000	5 000	5 000	20 000
所得税费用	4 000	4 000	4 000	4 000	16 000
购买设备(表 11-12)	50 000			80 000	130 000
支付股利				8 000	8 000
现金支出合计	68 000	21 140	24 220	112 450	225 810
现金余缺	-41 800	8 060	14 840	-71 810	-100 010
现金筹措与运用:					
借入长期借款(表 11-12)	30 000			60 000	90 000
取得短期借款	20 000			22 000	42 000
归还短期借款			6 800		6 800
短期借款利息(年利率 10%)	500	500	500	880	2 380
长期借款利息(年利率 12%)	4 500	4 500	4 500	6 300	19 800
期末现金余额	3 200	3 060	3 040	3 010	3 010

注:上年末的长期借款余额为 120 000 元,上年末无短期借款。预计借款在各季初取得,还款在各季末偿还(如果需要归还借款,先归还短期借款,归还的数额为 100 元的整数倍)。

（二）预计利润表的编制

预计利润表是预计企业经营活动最终成果的重要依据，是企业财务预算中最主要的预算之一。编制预计利润表的依据是各业务预算、专门决策预算和现金预算。

【例 11–14】 嘉华公司 2018 年度预计利润表如表 11–14 所示。

表 11–14　预计利润表　　单位：元

项目	金额
销售收入（表 11–5）	126 000
销售成本（表 11–10）	56 700
毛利	69 300
销售及管理费用（表 11–11）	22 500
利息（表 11–13）	22 180
利润总额	24 620
所得税费用（估计）（表 11–13）	16 000
净利润	8 620

（三）预计资产负债表的编制

预计资产负债表主要用来反映企业在计划期末预计的财务状况。它是以上年底的资产负债表为基础，根据计划年度的各业务预算、专门决策预算和现金预算编制的，它是编制全面预算的终点。

【例 11–15】 嘉华公司 2018 年年末预计的资产负债表如表 11–15 所示。

表 11–15　2018 年年末预计资产负债表　　单位：元

资产	年初余额	年末余额	负债和股东权益	年初余额	年末余额
流动资产：			流动负债：		
货币资金（表 11–13）	8 000	3 010	短期借款（表 11–13）	0	35 200
应收账款（表 11–5）	6 200	14 400	应付账款（表 11–7）	2 350	4 640
存货（表 11–7、表 11–10）	2 400①	3 800②	流动负债合计	2 350	39 840
流动资产合计	16 600	21 210	非流动负债：		
非流动资产：			长期借款（表 11–13）	120 000	210 000
固定资产	43 750	37 250	非流动负债合计	120 000	210 000
在建工程	100 000	230 000	负债合计	122 350	249 840
非流动资产合计	143 750	267 250	股东权益：		
			股本	20 000	20 000
			资本公积	5 000	5 000
			盈余公积	10 000	10 000

续表

资产	年初余额	年末余额	负债和股东权益	年初余额	年末余额
			未分配利润	3 000	3 620③
			股东权益合计	38 000	38 620
资产合计	160 350	288 460	负债和股东权益合计	160 350	288 460

注:① 年初余额包括表 11–7 中材料年初余额 1 500 元(300 千克 ×5 元 / 千克)和表 11–10 中存货(产品)年初余额 900 元(90 元 / 件 ×10 件);② 年末余额包括表 11–7 中材料年末余额 2 000 元(400 千克 ×5 元 / 千克)和表 11–10 中存货(产品)年末余额 1 800 元(90 元 / 件 ×20 件);③ 未分配利润本年的增加额 = 本年的净利润(表 11–14)– 本年的股利(表 11–13),2018 年没有计提任意盈余公积,由于法定盈余公积达到股本的 50% 可以不再提取,所以也没有提取法定盈余公积。

第四节 全面预算的实施

如前文所述,全面预算的整体流程包括预算编制、预算执行与预算考核。预算编制只是全面预算管理的第一步,如果不能有效实施,预算编制得再完美也只是纸上谈兵,没有任何作用。

一、全面预算的执行

预算编制完成并批准下达后,企业内部各阶层、各业务部门就要开始执行预算。由于预算是按照责任中心下发的,为了更好地达到预算的效果,还需要将预算指标在预算单位(责任中心)内部进行分解并落实责任、加强实施过程中的控制和分析。

(一) 预算指标分解和责任落实

1. 预算指标分解

企业全面预算一经批准下达,各预算执行单位应当认真组织实施,将预算指标层层分解。分解的方法包括横向分解、纵向分解及按时间分解。横向分解是指横向将预算指标分解为若干相互关联的因素,寻找影响预算目标的关键因素并加以控制,如图 11–7 所示,某预算执行单位可将下达的管理费用限额横向分解为薪酬限额、招待费限额、差旅费限额、办公费限额及其他,还可以进一步将每一项明细细分,如办公费可细分为水电房租费、会务费、资料打印费、小额办公用品费等,通过细分,将这些费用分为变动与固定部分,控制变动部分,尽量缩减固定部分,从而达到预算控制的目的。办公费可以通过控制员工人数、减少开会的次数、控制加班时间等影响多项费用指标的因素来实施控制。纵向分解是指纵向将各项预算指标层层分解落实到最终的岗位和个人,明确责任部门和最终责任人。责任中心内部还有不同的阶层,纵向分解就是在不同层次分解指标。时间上将年度预算指标分解细化为季度、月度预算,通过实施分期预算控制,实现年度预算目标。

知识链接:
预算目标责任书

2. 建立预算执行责任制度

对照已确定的责任指标,定期或不定期地对相关部门及人员责任指标完成情况

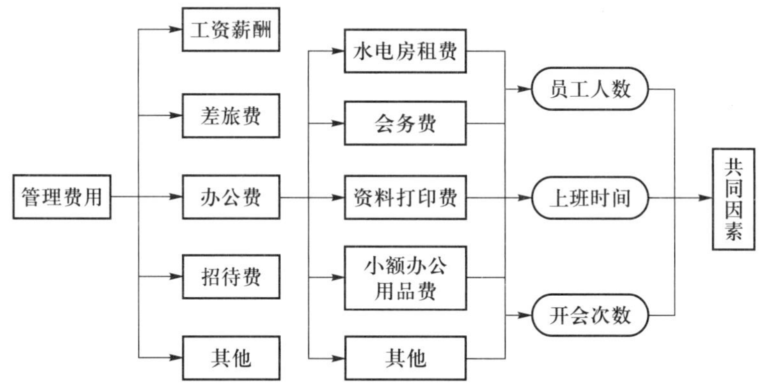

图 11-7　预算指标横向分解图

进行检查，实施考评。可以通过签订预算目标责任书等形式明确各预算执行部门的预算责任，并且年度考核以预算目标责任书为考核依据。

（二）预算执行控制

预算执行控制是在执行过程中加入控制程序，确保预算得以执行或及时发现预算执行偏差并予以纠正，主要包括如下控制措施：

1. 严格审批控制

建立活动发生前的申请预审制度，对于预算不允许的事项，不予批准；对超出预算的事项，不予批准；对预算内超常规或金额较大的事项，经较高层级审批；对预算外事项，报经总经理办公会审批，金额较大的，还应经预算委员会审批。一般企业都会建立授权审批权限表来规定不同管理层级的审批限额。

2. 建立预算监控制度

预算监控可以分为指标监控与流程监控。指标监控是通过对指标进行跟踪、监控来实现控制，而流程监控则包括事前、事中监控。两者都需要借助信息化手段来更有效率和效果地实现。预算监控制度一般为进行预算审核控制的人员设置相关的预算审批权限，使相关经济业务必须经过有权限的人员的审批才能进入下一步流程；将预算量化的指标嵌入信息系统，系统可以自动对接近预算限额或超限额事项进行预警，使得审批人员慎重审批。

3. 预算分析制度

建立预算分析制度，可以通过实际和预算数据的比较和分析，形成预算分析报告，定期召开预算执行分析会议，通报预算执行情况，研究、解决预算执行中存在的问题，认真分析原因，提出改进措施。

预算分析体系按照分析的层次可分为三层：第一层为各级管理者关注的各类指标，当发现指标异常时可向下取第二层统计分析报表信息；第二层设置多种格式化报表、多维分析、自定义报表，可对报表间进行关联、对比；第三层则是预算明细业务单证，是原始业务单证。

预算分析的对象包括预算目标分析、预算执行差异分析、经营状况财务分析。预算目标分析是为设置合理的预算目标进行的分析，重点是对战略目标分解为年度预算目标后的可行性进行分析，属于事前分析。预算执行差异分析是通过将预算执行结果与预算目标对比,确定预算执行差异额、差异率及造成不利差异的原因,动态分析经营过程中存在的问题,是预算分析的主体。预算执行差异分析包括销售差异分析、生产预算差异分析、采购差异分析、管理费用差异分析、库存差异分析、技改差异分析、财务费用差异分析等,根据每个公司的不同情况,侧重点也有所不同。经营状况财务分析则是预算执行后整体经营状况的财务分析,综合分析评价各责任中心的经营结果、各种资源的效益状况和各种环境对公司整体经营状况的影响程度,为预算考核及下一年度预算调整服务。

预算分析的方法包括差异分析、比较分析(实际数与预算数对比分析、同比分析、环比分析、实际数与下期预测数对比分析、上次预测数与本次预测数对比分析等)、对标分析、趋势分析、结构分析、因素分析、ABC 排名分析、投入产出比分析、本量利分析、敏感性分析等。

(三) 预算调整

预算执行以刚性为特征,即预算一旦确定要尽量不做变化,创造条件努力实现预算。但由于预算是以一系列的假设预测为基础的,在预算执行的过程中,可能发生预料之外的新情况或通过预算分析发现原有预算不尽合理,这就需要对预算进行调整。一般出现下列情况时应当进行预算调整:国家相关政策、市场环境或不可抗力等客观因素引起预算执行发生重大差异,企业组织、战略发生变更,发生了董事会或预算委员会认为必须变更的事项及其他重要事项。

预算变更一般会选择年中的某个时间集中处理,由各责任中心逐级向预算管理委员会提出书面申请,详细说明预算调整理由、调整建议方案、调整前后预算指标的比较、调整后预算指标可能对企业预算总目标的影响等内容。预算管理工作机构应当对预算调整报告进行审核分析,集中编制企业年度预算调整方案,提交预算管理委员会。预算管理委员会应当对年度预算调整方案进行审议,根据预算调整事项性质或预算调整金额的不同,在授权范围内进行审批,然后下达执行。

二、预算考评与激励

(一) 预算考评

全面预算考评是指通过对各责任单位预算执行过程及对预算管理各项规范落实情况进行检查,对各责任中心执行结果进行考核和评价,为企业实施奖惩提供依据,为改进预算管理提供建议,是业绩评价和激励的有效工具。

预算考评的对象包括各层级责任中心及员工个人,对个人的考核又分为对管理层与基层的考核,因此考评应当联合人力资源管理部门建立一套合适的考评体系。考评体系包括:① 制定预算考评制度;② 明确考评对象,包括哪些责任中心与个人;③ 确定预算考评周期,既可以固定在预算期内某一时间,也可动态进行;④ 设计考评指标,包括财务类指标、客户类指标、内部经营流程类指标、学习与成长类指标,在分解责任时应使每个人头上都有指标,考核时才能有据可依;⑤ 规范预算考评程序,考评程序要公开、公平、公正。预算考核主体和考核对象的界定应坚持上级考核下级、逐级考核、预算执行与预算考核职务相分离的原则。

（二）考评约谈

考评未达标时，相关责任中心或个人的上级部门或越级部门应当约谈责任对象，了解发生差异的原因，并对原因进行分类分析，在做出最后奖惩决定前进行充分沟通，消除负面情绪。

（三）预算激励

考评结果与激励挂钩是全面预算管理中重要的一环，如果仅有考评没有奖惩，则无法真正约束预算活动。

一个有效的激励体系包括薪酬激励、职位变换、培训及员工选拔等。

本章小结

全面预算管理具有明确目标、协调关系、配置资源、控制和评价的目的和作用。全面预算由预算管理委员会、预算管理工作机构和预算执行单位共同编制执行，是全员参与的组织体系。预算始于销售预算，然后是生产预算、产品成本预算、销售费用及管理费用预算，它们共同构成经营预算，再加上专门决策预算（包括投资预算、筹资预算和股利支付预算，它们可能不常用），就可以编制现金预算，现金预算与财务费用预算、预计利润表、预计资产负债表共同构成财务预算，即全面预算管理的全方位预算。在这一过程中，编制具体预算使用的预算编制的方法包括固定预算与弹性预算、增量预算与零基预算、定期预算与滚动预算以及概率预算，实行作业成本的单位还有作业预算。最后预算的实施离不开指标的分解落实，离不开与管理信息系统的融合，还须与绩效评估和激励挂钩，才能有更好的预算效果。

关键词

全面预算　　经营预算　　专门决策预算
财务预算　　预算管理委员会　　固定预算与弹性预算
增量预算与零基预算　　定期预算与滚动预算　　概率预算
作业预算

即测即评

请扫描二维码，进行即测即评。

思考题

1. 全面预算管理在管理会计中的地位如何？在管理会计控制中起怎样的作用？

2. 全面预算管理的内容包括哪些？遵循怎样的流程？

3. 你能说出经营预算涉及企业的哪些部门吗？你能将企业各个部门发生的业务归类到不同类别的预算中吗？

4. 全面预算管理的编制方法包括哪些？各自的优缺点如何？
5. 什么是滚动预算？它有哪些优劣势和要注意的地方？
6. 全面预算管理的实施离不开哪些组织机构？实施包括哪些内容？

练习题

1. 某公司预算年度某产品的销售量在 5 000 件至 9 000 件之间变动，销售单价为 80 元，单位变动成本为 43 元；固定成本总额为 60 000 元。

要求：以 1 000 件为销售量间隔单位编制该产品的弹性利润预算，完成表 11-16。

表 11-16 公司弹性利润预算 金额单位：元

销售量（件）					
销售单价					
单位变动成本					
销售收入					
减：变动成本					
边际贡献					
减：固定成本					
营业利润					

2. 某公司在预算年度预计可用于制造费用、管理费用和销售费用支出的资金为 750 000 元，该公司按照零基预算法来编制制造费用预算与管理费用预算。该公司根据企业目标提出的预算费用方案如表 11-17 所示。经讨论，该公司认为车间管理人员工资、辅助材料费、水电费、厂部管理人员工资、房屋租金、办公费是不可避免的，须全额保证。维修费、车间设备保险费、广告费、差旅费需要进行成本效益分析后，再结合预算期资金来进行资金分配。该公司对上述四项费用的成本效益分析结果如表 11-18 所示。

表 11-17 公司费用预算表 单位：元

制造费用项目	金额	销售与管理费用项目	金额
车间管理人员工资	230 000	广告费	37 500
辅助材料费	115 000	厂部管理人员工资	130 000
维修费	98 300	差旅费	25 000
车间设备保险费	45 800	办公费	40 000
水电费	75 600	房屋租金	8 500
制造费用合计	564 700	销售与管理费用合计	241 000

表 11-18　公司费用项目成本效益分析表　单位:元

费用项目	成本	效益
维修费	1	150
车间设备保险费	1	40
广告费	1	45
差旅费	1	30
合计		265

注:表 11-18 中效益可以是直接效益、间接效益,也可以是避免的损失额,均为估计值。

要求:根据上述资料重新分配费用,并完成表 11-19。

表 11-19　公司费用预算(零基预算法)　单位:元

制造费用项目	金额	销售与管理费用项目	金额
车间管理人员工资		广告费	
辅助材料费		厂部管理人员工资	
维修费		差旅费	
车间设备保险费		办公费	
水电费		房屋租金	
制造费用合计		销售与管理费用合计	

第 12 章　绩效管理

学习目标

了解绩效管理的作用和基本原则，理解绩效管理的概念、主体、客体、一般流程等基本要素，能够使用关键绩效指标法、经济增加值法和平衡计分卡法进行绩效管理。

本章知识结构图

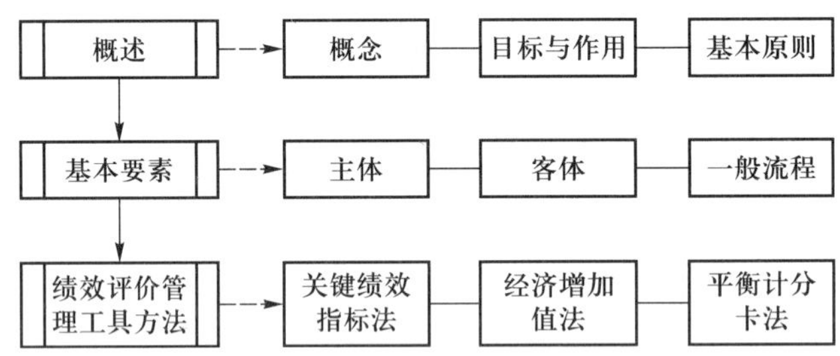

引例

SHHL 连锁超市在 N 市的分公司目前采用的绩效评价指标体系包括 11 项指标：销售额、结账笔数、利润总额、门店开发数、商品周转天数、促销活动天数、顾客投诉次数、顾客投诉处理结案率、人员培训率、商品配送差错率和商品缺货率。然而这套评价指标体系侧重于股东利益，未全面考虑其他利益相关者；更多关注经营绩效，忽视战略需求；注重业务量评价，忽视效益评价；指标陈旧老化，长期未调整；决策相关性弱。因此重构绩效评价体系势在必行。

公司按照基于利益相关者价值取向的绩效三棱镜的模式对绩效评价体系进行重新构建。首先通过问卷调查梳理了股东和债权人、顾客、员工、供应商、定规者和社区等不同利益相关者的需求和能做出的贡献，再按照战略、流程、能力三棱构建指标体系，然后按照国家标准、专家打分等确定指标权重，最后为指标进行无量纲化处理，形成基于绩效三棱镜的考虑利益相关者价值取向的绩效评价体系。

同时设计了一套绩效三棱镜的成功地图，是从利益相关者的需求出发，考虑为达到各方需求应制定的财务、人力、业务等战略，再将战略细化到各业务流程中，为实现流程的战略目标，继而提升组织的财务能力、员工凝聚力、顾客服务能力、供应链管理能力、社会贡献水平等方面的能力，从而达到利益相关者贡献力量并回报利益相关者，实现公司可持续发展的目标。

资料来源：温素彬，黄浩岚．利益相关者价值取向的企业绩效评价——绩效三棱镜的应用案例[J]．会计研究，2009(4).

引言

SHHL连锁超市绩效评价指标改变的依据是什么？绩效评价的目标是什么？有什么作用？绩效评价的方法有哪些？怎么制定？

绩效管理是管理会计活动能够发挥效用的保障，绩效管理的核心是绩效评价和激励管理，本章将从绩效管理的概念、作用、基本原则、基本要素、一般流程、具体方法及实施等方面进行介绍。

第一节 绩效管理概述

一、绩效管理的概念

(一) 绩效(Performance)

绩效可以从管理学、经济学、社会学三个不同的角度来阐释。

从管理学的角度看，绩效是一种有效产出，是组织目标完成的结果。它包括个人绩效和组织绩效两个方面，组织绩效是建立在个人绩效实现的基础上，但个人绩效的实现并不一定保证组织是有绩效的。当组织的绩效被层层分解到个人头上，并被很好地完成时，组织绩效也就实现了。

从经济学角度看，绩效与薪酬是员工和组织之间的对等交换关系，员工用自己的绩效来交换相应的薪酬，组织则用相应的薪酬来交换员工的绩效。当员工完成了对组织的承诺的时候，组织就实现其对员工的承诺。这体现了等价交换的市场经济运行的基本规则。

从社会学的角度看，绩效是作为一名社会成员所承担的社会职责。某个人的生存权利是由其他人的绩效予以保障的，而其他人的生存权利也由某个人来保障。个人出色地完成绩效是作为社会成员的义务，而社会也会因个人的绩效回馈于个人。

关于绩效的定义并不统一。目前对绩效的界定主要有三种观点：结果观、行为观和员工潜能关系观。

结果观认为绩效是工作所达到的结果,是一个人的工作成绩记录。Bernadin(1995)认为,绩效应定义为工作的结果,因为这些工作结果与组织的战略目标、顾客满意度及所投资金的关系最为密切。

行为观认为绩效是行为,它是人们实际的行为表现,而且是能够观察得到的。就定义而言,它只包括与组织目标有关的行动或行为,能够用个人的熟练程度(即贡献水平)来评定等级(测量)。绩效不是行为的后果或结果,而是行为本身(Campbell,1990)。

随着知识经济的到来,评价并管理知识型员工的绩效显得越来越重要。对绩效的研究也不再仅仅关注对于过去的反应,而是更加关注于员工的潜在能力,更加重视素质与高绩效之间的关系。所以员工潜能关系观更注重员工潜能与可能为企业带来的好处之间的关系。

从上述论述可以看出,绩效的含义非常丰富,在不同的社会经济背景下,在不同的企业战略下,对绩效的定义、评估方式可能都有差异。企业应当在进行绩效评价前,与被评价对象之间达成对绩效的共识。

(二)绩效评价(Performance Appraisal)

绩效评价又称绩效评估、绩效考评、绩效考核等,是指运用系统的工具方法,对一定时期内企业营运效率与效果进行综合评判的管理活动。

1984 年美国国会通过一项法案,要求政府部门对办事员进行一年一度的工作考核,从这一年起,美国联邦政府开始了对其职员的绩效评价,此后,绩效评价就流行于美国的各类组织中。

绩效评价主要包括识别和衡量两个步骤。识别是根据工作分析对工作评价内容进行合乎理性和制度的识别与分析;衡量是依据对被评价对象绩效的识别,对其绩效进行好与差的管理判断。

科学地评价企业绩效,可以为出资人行使经营者的选择权提供重要依据;可以有效地加强对企业经营者的监督和约束;可以为有效激励企业经营者提供可靠依据;还可以为政府有关部门、债权人、企业职工等利益相关方提供有效的信息支持。

绩效评价是企业实施激励管理的重要依据。

(三)激励管理(Incentive Management)

激励管理是指企业运用系统的工具方法,调动企业各层级的积极性、主动性和创造性,激发企业所有员工工作动力的管理活动。

绩效评价最需要改进之处在于过分强调评价,忽视对员工的开发,忽视沟通和承诺。当对员工绩效进行评价之后,应当将绩效衡量的结果告知员工,充分沟通,并根据衡量结果对员工采取相应的奖励或惩罚措施,也即评价之后的反馈与激励。

激励管理是绩效评价予以落实的保障,是对绩效评价结果的反馈,是促进企业绩效提升的重要手段,它与绩效评价共同构成绩效管理。

(四)绩效管理(Performance Management)

绩效管理,是指企业与所属单位(部门或中心)、员工之间就绩效目标及如何实现绩效目标达成共识,并帮助和激励员工取得优异绩效,从而实现企业目标的管理过程。

绩效管理是绩效评价的延伸和发展,其核心内容包括绩效评价与激励管理。随着经济的全球化和信息时代的到来,世界各国企业都面临越来越激烈的国内和国际市场竞争。为提高竞争力和适应能力,许多企业都在探索提高生产力和改善组织绩效的有效途径。但实践证明,很多努力和尝试能够减少成本(或提高生产力),却不一定能改善绩效,不论在哪一层次(组织、责任中心还是个人)进行绩效评价或如何界定绩效,它们只是提供了一个改善绩效的机会,真正能促使组织绩效提高的是组织成员行为的改变。在这一背景下,20 世纪 70 年代后期,研究者们提出了绩效管理的概念。

在绩效管理发展过程中,主要出现了三种观点:

1. 绩效管理是管理组织绩效的系统

这种观点的核心在于决定组织战略,以及通过组织结构、技术事业系统和程序等来加以实施。它看起来更像战略或事业计划等,而个体因素即员工虽然受到技术、结构、作业系统等变革的影响,却不是绩效管理所要考虑的主要对象。

2. 绩效管理是管理员工绩效的系统

这种观点将绩效管理看作组织对一个人关于其工作成绩及他的发展潜力的评估和奖惩。这也是绩效评价初期的管理思想,是从人力资源管理中发展而来的管理对象的体现。

3. 绩效管理是管理组织和员工绩效的综合系统

这种观点将绩效管理看作管理组织和雇员绩效的综合体系,但此种观点内涵却因强调的重点不同而并不统一。例如,考斯泰勒(1994)的模型意在加强组织绩效,但其特点却是强调对员工的干预,他认为,"绩效管理通过将各个员工或管理者的工作与整个工作单位的宗旨连接在一起,来支持公司或组织的整体事业目标"。而另一种观点却强调对员工的激励,认为绩效管理的中心目标是挖掘员工潜力,提高他们的绩效,并通过将员工的个人目标与企业战略结合在一起来提高公司的绩效。而在当前知识经济时代,企业更倾向于第二种观点,即激发员工潜力以提升个人和企业绩效。

二、绩效管理的目标与作用

(一) 绩效管理的目标

企业绩效管理的最终目标是通过创造价值、提升绩效以实现企业发展战略,推动企业可持续发展。

在这一最终目标下,从企业经营过程和业务管理的角度出发,绩效管理有如下分目标:

1. 人力资源管理目标

绩效管理的前身绩效评价的最初目的就是提高人力资源管理效率与效果,是对员工工作情况的一种客观表述,并作为员工奖惩的依据。发展为绩效管理后,人力资源管理目标仍然是绩效管理的最为核心的目标。不管是基于对员工的约束,还是基于对员工的激励,绩效管理都旨在提高和充分发挥人力资源的潜力为企业运营服务。

2. 公司治理目标

绩效管理不仅是对基层员工和中层管理干部的管理和激励,更是对管理高层的约束和激励。绩效管理通过对治理层各成员的职责与权限的约定、相互关系的调节、提名与薪酬的安排,实现治理层关系的优化,达到公司治理目标。

3. 全面质量管理目标

组织绩效可以表现为数量和质量两个方面。近年来,质量已经成为组织绩效的一个重要方面,质量管理已经成为人们关注的热点。Kathleen Guin(1992)指出,绩效管理过程可以加强全面质量管理。因为企业各层级在努力实现各自绩效目标的过程中,必然会按照质量标准实施工作流程、进行具体操作,这对于全面质量提升本身就是一个内在的贡献。

也有研究者从企业的所有利益相关者需求的角度发出,在战略目标这一最终目标下,将绩效管理目标划分为股东与投资者目标、管理者目标、债权人目标、客户目标、供应商目标、员工目标和监管者目标等。

(二) 绩效管理的作用

绩效管理的目标是通过绩效管理很好地发挥作用来实现的。绩效管理主要有如下作用:

1. 绩效管理是员工任用的基础

企业各层级组织中各岗位需要什么样的人才是由岗位所处的业务流程和岗位职责决定的,而什么样的人才适应该岗位需要经过辨识决定。绩效管理是必经途径,通过绩效评价,我们可以区分出绩效水平不同的人,进而得知何种员工行为或特点在工作中是有效的,可以放置于某个岗位。

2. 绩效管理是员工培训的基础

通过绩效评估,可以对员工能力进行分类,根据不同层次不同类别员工的特点设计轻重缓急及不同侧重点的培训培养方案,以达到人员与岗位的最佳契合,实现企业绩效的提升。

3. 绩效管理是薪酬管理的基础

强化理论认为,每一次行为发生与否都取决于前次行为的结果。所以,为了鼓励好行为、消减坏行为,要"论功行赏"、依过处罚。薪酬体系的制定往往参考职位价值、绩效水平和员工个人的胜任能力。依绩效水平制定薪酬已成为当今世界各类组织制定可变薪酬的共识。

4. 绩效管理能有效避免管理人员与员工之间的冲突

当员工认识到绩效管理是一种帮助而不是责任的过程时,他们会更积极合作和坦诚相处。有关绩效的讨论不应仅仅局限于经理评判员工,应该鼓励员工自我评价及相互交流彼此对绩效的看法。如果经理把绩效管理看成是双方的一种合作过程,将会减少冲突,增强合作。

5. 绩效管理能有效促进全面预算的执行和实施

全面预算的预测指标来源于各业务部门、各责任中心,全面预算的执行也会被分解到各业务部门、责任中心及个人头上,因此,对各级责任人的绩效考评在很大程度上就是考察该责任人对预算执行的程度。故绩效管理能有效促进全面预算的执行和实施。

三、绩效管理应遵循的原则

企业进行绩效管理，一般应遵循以下原则：

1. 战略导向原则

绩效管理应为企业实现战略目标服务，支持价值创造能力提升。这一原则体现了绩效管理的最终目标，是围绕目标而实施的绩效管理。

2. 客观公正原则

绩效管理应实事求是，评价过程应客观公正，激励实施应公平合理。绩效管理是面对人进行的管理，要达到调动员工积极性、使员工行为与企业目标一致，就应做到公平公正。

3. 规范统一原则

绩效管理的政策和制度应统一明确，并严格执行规定的程序和流程。

4. 科学有效原则

绩效管理应做到目标符合实际，方法科学有效，激励与约束并重，操作简便易行。绩效管理的目标值的设定与绩效的衡量不是随意而为，而需要经过定性与定量的科学方法实施，才能达到最佳效果。

第二节　绩效管理的基本要素

一、绩效管理的主体

绩效管理的主体即绩效管理的组织者和实施者。绩效管理的组织者是企业本身，主要由治理层的薪酬与考核委员会来进行组织；实施者是根据组织制定的政策具体实施操作细则的部门或人员，根据绩效责任在不同层次的签订，实施者也有不同层次。

从治理层与管理层两个层次来看：

(1) 在治理层应设立薪酬与考核委员会或类似机构，主要负责审核绩效管理的政策和制度、绩效计划与激励计划、绩效评价结果与激励实施方案、绩效评价与激励管理报告等，协调解决绩效管理工作中的重大问题。薪酬与考核委员会除了制定企业整体的绩效管理政策，还要研究董事与经理人员的考核标准，提出考核建议，研究和审查董事、高级管理人员的薪酬政策与方案。

(2) 薪酬与考核委员会或类似机构下设绩效管理工作机构，主要负责制定绩效管理的政策和制度、绩效计划与激励计划，组织绩效计划与激励计划的执行与实施，编制绩效评价与激励管理报告等，协调解决绩效管理工作中的日常问题。实践中，绩效管理工作机构常设置在人力资源管理部门中。绩效管理工作机构将企业的整体战略绩效目标按照治理层设定的政策和风格分解为各分支机构、责任中心的绩效目标，各分支机构和责任中心再依次类推继续分解到部门、班组、个人等层级，这些不同层级的绩效目标制定和分解者均属于不同层次的绩效管理主体,是绩效管理的实施者。

绩效评价和激励管理的主体基本上是重合的。

二、绩效管理的客体

绩效管理的客体即绩效管理的对象。绩效管理的客体是与绩效管理的主体相对应的,主体作用的对象就是客体。故根据绩效管理的主体,绩效管理的客体也主要分为两个层次:治理层与管理层。治理层的客体是董事与高管层,薪酬与考核委员会主要针对董事和高管人员制定考核和薪酬方案。管理层的绩效管理客体是各层级被评价对象,往往是上级考核和评价下级,为下级制定薪酬级别。如总部是主体,则分支机构是客体;分支机构是主体,分支机构下的部门是客体;部门是主体,则部门的下属单位或个人是客体。大体来说,绩效管理的客体分为企业(组织)、责任中心(即单位或部门)和个人(即岗位或员工)三个层次。

三、绩效管理的一般流程

绩效管理的过程通常被看作是一个闭环,这个闭环分为四步:制定绩效计划与激励计划、执行绩效计划与激励计划、实施绩效评价与激励、编制绩效评价与激励管理报告。绩效管理一般流程的闭环如图 12-1 所示。

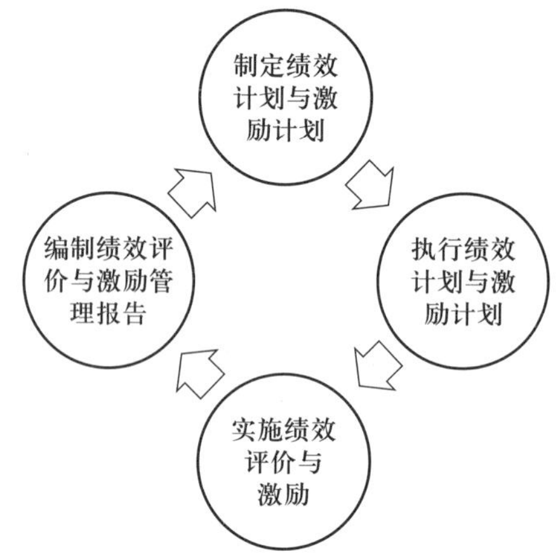

图 12-1 绩效管理一般流程闭环示意图

(一) 制定绩效计划与激励计划

1. 制定绩效计划与激励计划的依据

企业应根据战略目标,综合考虑绩效评价期间宏观经济政策、外部市场环境、内部管理需要等因素,结合业务计划与预算,按照上下结合、分级编制、逐级分解的程序,在沟通反馈的基础上,编制各层级的绩效计划与激励计划。

2. 绩效计划的内容

绩效计划是企业开展绩效评价工作的行动方案,其内容包括构建绩效指标体系、分配指标权重、确定绩效目标值、选择计分方法和评价周期、签订绩效责任书等一系列管理活动。

3. 构建绩效指标体系

企业可单独或综合运用关键绩效指标法、经济增加值法、平衡计分卡等工具方法构建指标体系。指标体系应反映企业战略目标实现的关键成功因素,具体指标应含义明确、可度量。绩效目标是有层次的,其层次性表现在企业、责任中心和个人三个层面,而个人又分为高管和普通员工两大类,因此需要根据不同层次和对象分别有针对性地构建绩效指标体系。选择绩效指标的方法主要包括工作分析法、个案研究法、业务流程分析法、专题访谈法、经验总结法和问卷调查法。

知识链接：定量及定性绩效评价计分方法

4. 分配绩效指标体系权重

绩效指标体系中的各指标对绩效的贡献不同，为了最后形成合理的定量衡量结果，常常需要对绩效指标进行赋权。权重的确定可选择运用主观赋权法和客观赋权法，也可综合运用这两种方法。主观赋权法是利用专家或个人的知识与经验来确定指标权重的方法，如德尔菲法、层次分析法等。客观赋权法是从指标的统计性质入手，由调查数据确定指标权重的方法，如主成分分析法、均方差法等。

5. 确定绩效目标值

绩效目标值的确定可参考内部标准和外部标准。内部标准有预算标准、历史标准、经验标准等。外部标准有行业标准、竞争对手标准、标杆标准等。

6. 选择绩效评价计分方法

在构建了指标体系、分配了权重后，运用一定的计分方法，即可对绩效管理的客体进行评价。计分方法可分为定量法和定性法。定量法主要有功效系数法和综合指数法等；定性法主要有素质法和行为法等。

7. 确定绩效评价周期

绩效评价周期一般可分为月度、季度、半年度、年度和任期。月度和季度评价一般适用于企业基层员工和管理人员，半年度绩效评价一般适用于中高层管理人员，年度评价适用于所有被评价对象，任期评价适用于企业负责人。

8. 签订绩效责任书

绩效计划制定后，评价主体与客体一般应签订绩效责任书，明确各自的权利和义务，并作为绩效评价与激励管理的依据。绩效责任书的主要内容包括绩效指标、目标值及权重、评价计分方法、特别约定事项、有效期限、签订日期等。绩效责任书一般按年度或任期签订。

9. 制定激励计划

激励计划也要提前制定，配合激励计划的绩效计划才更有落实性，合理的激励计划往往能促进绩效计划的实施。激励计划是企业为激励被评价对象而采取的行动方案，包括激励对象、激励形式、激励条件、激励周期等内容。激励计划按激励形式可分为薪酬激励计划、能力开发激励计划、职业发展激励计划和其他激励计划。

(1) 薪酬激励计划按期限可分为短期薪酬激励计划和中长期薪酬激励计划，短期计划主要包括绩效工资、绩效资金、绩效福利等，中长期计划包括股票期权、股票增值计划、限制性股票及虚拟股票等。

(2) 能力开发激励计划主要包括对员工知识、技能等方面的提升计划。

(3) 职业发展激励计划主要是对员工职业发展做出的规划。

(4) 其他激励计划包括良好的工作环境、晋升与降职、表扬与批评等。

激励计划还包括正向激励与负向激励，负向激励即惩罚，只有做到功褒过罚，才能发挥激励的真正作用。

10. 审批绩效与激励计划

绩效计划与激励计划制定完成后，应经过薪酬与考核委员会或类似机构审核，报董事会或类似机构审批。

（二）执行绩效计划与激励计划

执行绩效计划与激励计划也就是对绩效管理实施过程进行控制。有研究表明，绩效管理问题更多地出在前期的任务分配和中期的任务指导和控制上，而不是后期的评价。绩效管理的实质是对影响组织绩效的全员行为的管理，其管理的重心不仅是绩效考核的评价结果，更重要的是在绩效考核过程中通过持续的沟通使得员工接受工作目标、正确执行绩效计划、认识绩效问题，不断地提高和改进。

为了更好地执行绩效计划和激励计划，通常要做如下工作：

1. 以正式文件确认绩效和激励计划

审批后的绩效计划与激励计划，应以正式文件的形式下达执行，确保与计划相关的被评价对象能够了解计划的具体内容和要求。

2. 进行持续有效的绩效沟通

沟通可以促进绩效计划有效地执行和及时纠偏。沟通可分为正式沟通和非正式沟通。正式沟通又可分为书面报告、管理者与员工定期面谈、管理者参与小组会议或团队会议、咨询和进展回顾等方式。

3. 建立配套监督控制机制

监控机制包括监控与记录、分析与纠偏和编制分析报告。企业可借助信息系统或其他信息手段监控和记录指标完成情况、重大事项、员工的工作表现、激励措施执行情况等内容。收集信息的方法主要有观察法、工作记录法、他人反馈法等。根据监控与记录的结果，重点分析指标完成值与目标值的偏差、激励结果与预期目标的偏差，提出相应整改建议并采取必要改进措施。编制分析报告主要是借此集中反映绩效计划与激励计划执行情况及分析结果，有利于绩效管理主体了解实际情况，及时采取改进调整措施。

4. 提供指导和支持

有了日常的监控和形成的绩效与激励计划分析报告，可以指导和支持员工执行绩效计划，更好地促进绩效和激励计划的实施。

（三）实施绩效评价与激励

绩效评价与激励的实施是指按照绩效计划和激励计划，采用一定方法进行绩效评价及进行激励活动。绩效评价与激励的实施是绩效管理中最核心的内容。绩效管理工作机构应根据计划的执行情况定期实施绩效评价与激励，按照绩效计划与激励计划的约定，对被评价对象绩效表现进行系统、全面、公正、客观地评价，并根据评价结果实施相应的激励。

实施评价与激励的过程包括：

1. 收集信息，获取被评价对象的绩效指标实际值

依据绩效计划中制定的评价指标体系，根据执行绩效计划时的监控与记录、被评价人自评记录、评价主体从其他渠道（如独立第三方）获取的被评价对象的信息，获取被评价对象的绩效指标实际值。

2. 选定评价方法，计算评价分值，形成对被评价对象的综合评价结果

按照绩效计划中确定的定性计分方法（素质法、行为法等）或定量计分方法（功效系数法、综合指数法等），计算评价对象的分值，并与目标值比较，进一步形成对被评价

对象的综合评价结果。

3. 完整记录和告知评价结果

评价过程中完整记录所有评价过程，评价结果得到评价主体和被评价对象的确认，并以公开或非公开形式披露评价结果，以保证评价的公正性。

4. 评价主体向客体反馈绩效评价结果

评价主体及时向被评价对象进行绩效反馈，反馈内容包括评价结果、差距分析、改进建议及措施等。可以通过正式反馈和非正式反馈的形式，正式反馈包括定期书面报告、面谈、有经理参加的定期小组或团队会等；非正式反馈包括闲聊、走动式交谈等。

5. 兑现激励计划

绩效结果发布后，企业应依据绩效评价的结果，组织兑现激励计划，综合运用绩效薪酬激励、能力开发激励、职业发展激励等多种方式，逐级兑现激励承诺。

（四）编制绩效评价与激励管理报告

绩效管理工作机构应定期或根据需要编制绩效评价与激励管理报告，对绩效评价和激励管理的结果进行反映。绩效评价与激励管理报告是企业管理会计报告的重要组成部分，应确保内容真实、数据可靠、分析客观、结论清楚，为报告使用者提供满足决策需要的信息。

1. 绩效评价报告的内容

绩效评价报告根据评价结果编制，反映被评价对象的绩效计划完成情况，通常由报告正文和附件构成。报告正文主要包括：① 评价情况说明，包括评价对象、评价依据、评价过程、评价结果、需要说明的重大事项等；② 管理建议。报告附件包括评价计分表、问卷调查结果分析、专家咨询意见等报告正文的支持性文档。

2. 激励管理报告的内容

激励管理报告根据激励计划的执行结果编制，反映被评价对象的激励计划实施情况。激励管理报告同样包括正文和附件两部分，正文主要包括以下两部分：① 激励情况说明，包括激励对象、激励依据、激励措施、激励执行结果、需要说明的重大事项等；② 管理建议。同样，其他有关支持性文档可以根据需要以附件形式提供。

绩效评价与激励管理报告可分为定期报告和不定期报告。绩效评价和激励管理报告应根据需要及时报送薪酬与考核委员会或类似机构审批。

四、绩效管理的工具方法

绩效管理的工具方法，包括绩效评价工具方法和激励管理工具方法，其中绩效评价工具方法包括关键绩效指标法、经济增加值法、市场增加值法、现金增加值法、平衡计分卡法、目标管理、标杆管理等，激励管理工具方法包括股权激励、薪酬激励、发展激励、信任激励、目标激励、竞争激励等方法。

企业可根据自身战略目标、业务特点和管理需要，结合不同工具方法的特征及适用范围，选择一种适合的绩效管理工具方法单独使用，也可选择两种或两种以上的工具方法综合运用。

第三节 绩效管理工具方法

绩效管理不是单独存在的，它与全面预算管理、成本控制、经营预测等均有密切关系，因此绩效管理的应用应与企业的其他管理会计活动融为一体，常常使用综合绩效管理工具方法来实现。管理会计非常重视绩效管理工具方法的开发，经过多年的发展，绩效管理工具方法已经非常成熟并应用于企业管理，为企业绩效提升做出了巨大贡献。

如前文所述，绩效管理的工具方法包括绩效评价工具方法和激励管理工具方法，本节将介绍几种常用的绩效评价工具方法，包括关键绩效指标法、经济增加值法和平衡计分卡法。

一、关键绩效指标法

（一）关键绩效指标法的概念

关键绩效指标法，是指基于企业战略目标，通过建立关键绩效指标体系，将价值创造活动与战略规划目标有效联系，并据此进行绩效管理的方法。

关键绩效指标（Key Performance Indicator，KPI），是对企业绩效产生关键影响力的指标，是通过对企业战略目标、关键成果领域的绩效特征分析，识别和提炼出的最能有效驱动企业价值创造的指标。

（二）关键绩效指标法的应用程序

1. 制定关键绩效指标体系

制定关键绩效指标体系是 KPI 法最为重要的步骤。企业应设置不同层级的 KPI，包括：① 企业级 KPI，根据战略目标，结合价值创造模式，综合考虑内外部环境等因素，设定企业级关键 KPI；② 所属单位（部门）级 KPI，根据企业级关键绩效指标，结合所属单位（部门）关键业务流程，按照上下结合、分级编制、逐级分解的程序，在沟通反馈的基础上，设定所属单位（部门）级别的 KPI；③ 岗位（员工）级 KPI，根据所属单位（部门）级关键绩效指标，结合员工岗位职责和关键工作价值贡献，设定岗位（员工）级关键绩效指标。

关键绩效指标应含义明确、可度量、与战略目标高度相关。指标的数量不宜过多，每一层级的 KPI 一般不超过 10 个。

2. 为关键绩效指标分配权重

无论被评价对象是企业、责任中心还是员工个人，每套评价体系最后都力求计算出一个综合分数，尽管每套指标都是关键指标，但各指标对企业的贡献或重要性仍然不同，这就需要对每套评价体系的各指标分配权重。权重的分配应以企业战略目标为导向，反映被评价对象对企业价值贡献或支持的程度，以及各指标之间的重要性水平。

单项 KPI 的权重一般设定在 5%~30%，对特别重要的指标可适当提高权重。对特别关键、影响企业整体价值的指标可设立“一票否决”制度，即如果某项关键绩效指标未完成，无论其他指标是否完成，均视为未完成绩效目标。

3. 设定关键绩效指标的目标值

关键绩效指标的目标值是指该 KPI 应达到的数值。目标值可以是依据国家有关部门或权威机构发布的行业标准制定的行业标准值或参考竞争对手制定的标杆值，也可以是参照内部标准如战略目标、年度生产经营计划目标、年度预算目标、历年指标水平制定的期望目标值，还可以是根据企业历史数据制定的最优值。

目标值设定后，一般不应再变化，如遇特定情况如内外部环境发生重大变化、自然灾害等不可抗力时，由被评价对象或评价主体测算确定影响额度，向相应绩效管理工作机构提出调整申请，报薪酬与考核委员会或类似机构审批。

之后的程序包括选择计分方法和评价周期、签订绩效责任书、制定激励计划、执行绩效计划与激励计划、实施绩效评价与激励和编制绩效管理报告等，均按照第二节所述的流程进行。

(三) 绩效指标的分类

关键绩效指标一般可分为结果类和动因类两类指标。

结果类指标是反映企业绩效的价值指标，主要包括投资回报率(ROA)、净资产收益率(ROE)、经济增加值(EVA)、息税前利润(EBIT)、自由现金流等综合指标。

动因类指标是反映企业价值关键驱动因素的指标，主要包括资本性支出、单位生产成本、产量、销量、客户满意度、员工满意度等。

(四) 关键绩效指标的选取方法

如何确定关键绩效指标是一个重要且难度很大的问题，如果关键绩效指标确定不好，会造成事倍功半的效果甚至对企业绩效产生负面影响。关键绩效指标的选取方法包括关键成果领域分析法、组织功能分解法和工作流程分解法。

1. 关键成果领域分析法

关键成果领域分析法，是基于对企业价值创造模式的分析，确定企业的关键成果领域，并在此基础上进一步识别关键成功要素，确定 KPI 的方法。

英国是最早在建设领域使用 KPI 的发达国家之一。根据《卓越的建设》(2009)一书，一般 KPI 被划分为三类关键成果领域：经济 KPI、人力 KPI 和环境 KPI，每一类 KPI 包括 10 个子项 KPI，如表 12-1 所示。

表 12-1　英国建筑业 KPI 指标体系

关键成果领域	KPI
经济领域	客户满意度——产品 客户满意度——服务 盈利性 成本可预测性(项目、设计、施工) 工期可预测性(项目、设计、施工) 生产率 安全 瑕疵 成本 工期

续表

关键成果领域	KPI
人力领域	雇员满意度 员工周转率 病假缺席 安全 资格与技能 质量与多样化 培训 劳酬 工作时间 对人力的投资
环境领域	对环境的影响——产品和施工流程 能源耗费(设计)——产品 能源耗费——施工流程 自来水使用(设计)——产品 自来水使用——施工流程 浪费——施工流程 商务车运动——施工流程 对生物多样化的影响——产品和施工流程 创造或维护居住面积——产品 全生命绩效——产品

另外,英国建设顾问 KPI 工作组(2008)认为,KPI 被分为个人级别的绩效指标和公司级别的绩效指标,其中个人层面的绩效指标包括:总绩效、服务质量、健康与安全意识、价值观、客户满意度的交付时间;企业层面的绩效包括培训、盈利性和生产率。

2. 组织功能分解法

组织功能分解法,是基于组织功能定位,按照各所属单位(部门)对企业总目标所承担的职责,逐级分解和确定 KPI 的方法。组织功能分解法的主要思路见图 12-2。

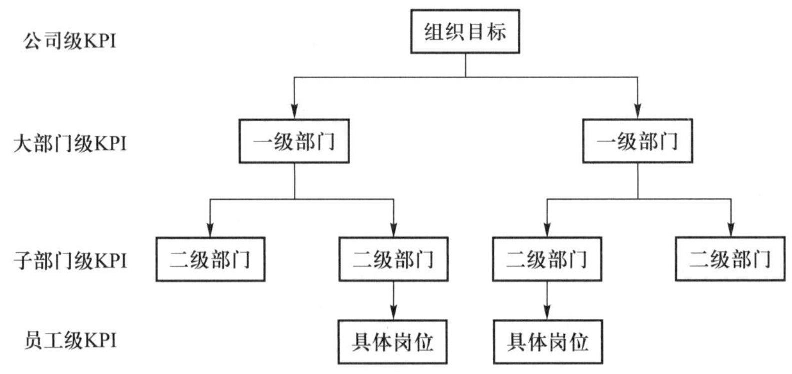

图 12-2 KPI 组织功能分解法思路

【例 12-1】 某企业按照部门承担责任不同建立 KPI 体系,其主要业务和管理部门包括市场部、生产部、技术部、采购部和人力资源部,从部门本身承担责任的角度,对企业的目标进行分解，形成评价指标，如表 12–2 所示。

表 12–2　依据部门承担责任的不同建立的 KPI 体系

部门	指标侧重	指标名称
市场部	市场份额指标	销售增长率、市场占有率、品牌认识度、销售目标完成率、市场竞争比率
	客户服务指标	投诉处理及时率、客户回访率、客户档案完整率、客户流失率
	经营安全指标	货款回收率、成品周转率、销售费用投入产出比
生产部	成本指标	生产效率、原料损耗率、设备利用率、设备生产率
	质量指标	成品一次合格率
	经营安全指标	原料周转率、备品周转率、在制品周转率
技术部	成本指标	设计损失率
	质量指标	设计错误再发生率、项目及完工率、第一次设计完成到投产前修改次数
	竞争指标	在竞争对手前推出新产品的数量、在竞争对手前推出新产品的销量
采购部	成本指标	采购价格指数、原材料库存周转率
	质量指标	采购达成率、供应商交货一次合格率
人力资源部	经营安全指标	员工自然流动率、人员需求达成率、培训计划完成率、培训覆盖率

资料来源：李秀芬 . 价值管理、流程再造与绩效改进——制造业企业管理技术整合［M］. 北京：经济管理出版社，2012.

组织功能分解法的优势在于突出了部门的参与，但是有可能导致战略稀释现象的发生，指标可能更多的是对于部门管理责任的体现，而忽略了对于流程责任的体现。

3. 工作流程分解法

工作流程分解法，是按照工作流程各环节对企业价值贡献程度，识别出关键业务流程，将企业总目标层层分解至关键业务流程相关单位（部门）或岗位（员工），确定 KPI 的方法。

（五）关键绩效指标法的优缺点

1. 优点

KPI 方法的优点包括：① 使企业绩效评价与战略目标密切相关，有利于战略目标的实现；② 通过识别的价值创造模式把握关键价值驱动因素，能够更有效地实现企业价值增值目标；③ 评价指标数量相对较少，易于理解和使用，实施成本相对较低，有利于推广实施。

2. 缺点

KPI 方法的主要缺点是，关键绩效指标的选取需要透彻理解企业价值创造模式和战略目标，有效识别核心业务流程和关键价值驱动因素，指标体系设计不当将导致错误的价值导向或管理缺失。

二、经济增加值法

（一）经济增加值法的概念

经济增加值法，是指以经济增加值为核心，建立绩效指标体系，引导企业注重价值创造，并据此进行绩效管理的方法。

经济增加值（Economic Value Added，EVA），是指税后净营业利润扣除全部投入资本的成本后的剩余收益。经济增加值及其改善值是全面评价经营者有效使用资本和为企业创造价值的重要指标。经济增加值为正，表明经营者在为企业创造价值；经济增加值为负，表明经营者在损毁企业价值。

经济增加值法较少单独应用，一般与关键绩效指标法、平衡计分卡等其他方法结合使用。

企业应用经济增加值法进行绩效管理的对象，可以是企业及其所属单位或部门（可单独计算经济增加值的），以及高级管理人员等。

（二）经济增加值法的产生

传统意义上的利润概念并不意味着企业的价值创造，因为在企业财务会计的核算流程中忽略了对股权资本成本的计量，这使得利润指标饱受诟病，如资产利润率和净资产收益率这些指标不能解释由于公司经营者追求收益增长及规模扩大而带来的风险。而经济增加值的提出则很好地弥补了利润指标的这一缺陷。

知识链接：
市场增加值法

20 世纪 90 年代初，美国的两位学者 Joel Stern 和 Bennett Stewart 在前人研究的基础上正式定义了经济增加值的概念，随后，Stern Stewart & Co. 咨询公司将经济增加值注册为商标 EVA，同时建立了 EVA/MVA 年度排名数据库，并且每年都会在《财富》杂志上公布全美 EVA 排名前 1 000 名以内的上市公司。自此，EVA 理念被广泛地应用到价值管理的控制理论及实践中。我国于 2013 年 1 月 1 日起实施的《中央企业负责人经营业绩考核暂行办法》中正式引入 EVA 考核办法，标志着我国企业价值管理新阶段的到来。

（三）经济增加值的计算

1. 经济增加值的计算公式

经济增加值 EVA= 税后净营业利润 $NOPAT$− 平均资本占用 TC× 加权平均资本成本 K_{WACC}

式中：税后净营业利润 $NOPAT$ 衡量的是企业的经营盈利情况；平均资本占用 TC 反映的是企业持续投入的各种债务资本和股权资本；加权平均资本成本 K_{WACC} 反映的是企业各种资本的平均成本率。

2. 经济增加值的会计项目调整及税后净营业利润的计算

计算经济增加值时，需要进行相应的会计项目调整，以消除财务报表中不能准确反映企业价值创造的部分。会计调整项目的选择应遵循价值导向性、重要性、可控性、可操作性与行业可比性等原则，根据企业实际情况确定。常用的调整项目有：

(1) 研究开发费、大型广告费等一次性支出但收益期较长的费用，应予以资本化处理，不计入当期费用。

(2) 反映付息债务成本的利息支出，不作为期间费用扣除，计算税后净营业利润时扣除所得税影响后予以加回。

(3) 营业外收入、营业外支出具有偶发性，将当期发生的营业外收支从税后净营业利润中扣除。

(4) 将当期减值损失扣除所得税影响后予以加回，并在计算资本占用时相应调整资产减值准备发生额。

(5) 递延税金不反映实际支付的税款情况，将递延所得税资产及递延所得税负债变动影响的企业所得税从税后净营业利润中扣除，相应调整资本占用。

(6) 其他非经常性损益调整项目，如股权转让收益等。

税后净营业利润等于会计上的税后净利润加上利息支出等会计调整项目后得到的税后利润。

3. 平均资本占用及加权平均资本成本

(1) 平均资本占用。平均资本占用是所有投资者投入企业经营的全部资本，包括债务资本和股权资本。其中，债务资本包括融资活动产生的各类有息负债，不包括经营活动产生的无息流动负债；股权资本中包含少数股东权益。资本占用除根据经济业务实质相应调整资产减值损失、递延所得税等，还可根据管理需要调整研发支出、在建工程等项目，引导企业注重长期价值创造。

(2) 加权平均资本成本。加权平均资本成本是债务资本成本和股权资本成本的加权平均，反映了投资者所要求的必要报酬率。加权平均资本成本的计算公式如下：

$$K_{WACC}=K_D\frac{DC}{TC}(1-T)+K_S\frac{EC}{TC}$$

式中：TC 代表资本占用；EC 代表股权资本；DC 代表债务资本；T 代表所得税税率；K_{WACC} 代表加权平均资本成本；K_D 代表债务资本成本；K_S 代表股权资本成本。

债务资本成本是企业实际支付给债权人的税前利率，反映的是企业在资本市场中债务融资的成本率。如果企业存在不同利率的融资来源，债务资本成本应使用加权平均值。

股权资本成本是在不同风险下，所有者对投资者要求的最低回报率。通常根据资本资产定价模型确定，计算公式为：

$$K_S=R_f+\beta(R_m-R_f)$$

式中：R_f 为无风险收益率，R_m 为市场预期回报率，R_m-R_f 为市场风险溢价。β 是企业股票相对于整个市场的风险指数。上市公司的 β 值可以采用回归分析法或单独使用最小二乘法等方法测算确定，也可以直接采用证券机构等提供或发布的 β 值；非上市公司的 β 值，可采用类比法，参考同类上市企业的 β 值确定。

企业的加权平均资本成本确定后，应结合行业情况、不同所属单位(部门)的特点，通过计算(能单独计算的)或指定(不能单独计算的)的方式确定所属单位(部门)的资本成本。通常情况下，企业对所属单位(部门)所投入资本即股权资本的成本率是相同的，为简化资本成本的计算，所属单位(部门)的加权平均资本成本一般与企业保持一致。

(四) 经济增加值法的应用程序

以经济增加值进行绩效管理的应用流程与一般绩效评价流程相同，也要经过制定绩效评价和激励管理计划、执行计划、实施评价和激励活动、编制报告四个主要环节。而在计划环节也要经历构建指标体系、分配指标权重、确定绩效目标值、选择计分方法和评价周期、拟订绩效责任书等流程，与其他绩效管理方法如KPI法不同的是，以EVA法建立的绩效评价体系，应赋予EVA指标较高的权重。在确定目标值时，应根据经济增加值基准值和期望的经济增加值改善值确定。

经济增加值目标值 = 经济增加值基准值 + 期望的经济增加值

企业在确定经济增加值基准值和期望的经济增加值改善值时，要充分考虑企业规模、发展阶段、行业特点等因素。其中，经济增加值基准值可参照上年实际完成值、上年实际完成值与目标值的平均值、近几年(比如前3年)实际完成值的平均值等确定。期望的经济增加值改善值，根据企业战略目标、年度生产经营计划、年度预算安排、投资者期望等因素，结合价值创造能力改善等要求综合确定。

【例12-2】 以中国联通为例，计算其2004年3月1日—2007年2月28日三个完整年度的EVA值。

第一步，计算税后净营业利润，如表12-3所示，此表中税后净营业利润使用了实际评估中常用的简化计算公式：

$$NOPAT=NI+(1-T)\times INT$$

式中：$NOPAT$为税后净营业利润；NI为会计净利润，可直接由利润表获得；T为所得税税率；INT为利息。

表12-3 税后净营业利润 单位：百万元

项目	2004.3.1—2005.2.28	2005.3.1—2006.2.28	2006.3.1—2007.2.28
净利润	2 471.146	2 842.219	3 644.610
利息支出	2 287.47	1 916.285	923.123
税后净营业利润	4 003.751	4 126.130	4 263.102

第二步，债务资本成本和股权资本成本资料及计算如表12-4、表12-5所示。

表12-4 债务资本成本

项目		2004.3.1—2005.2.28	2005.3.1—2006.2.28	2006.3.1—2007.2.28
6个月内	利率(%)	5.04	5.22	5.4
	比例	0.189 6	0.285 9	0
6个月—1年	利率(%)	5.31	5.58	5.85
	比例	0.255 3	0.226 5	0.496 6
1—3年	利率(%)	5.49	5.76	6.03
	比例	0.217 2	0.392 3	0.167 8
3—5年	利率(%)	5.58	5.85	6.12
	比例	0.299 3	0.095 3	0.167 8
5年以上	利率(%)	5.76	6.12	6.39
	比例	0.038 6	0	0.167 8
K_D(%)		5.396 1	5.573 4	6.016 1

表 12–5 权益资本成本

项目	2004.3.1—2005.2.28	2005.3.1—2006.2.28	2006.3.1—2007.2.28
β	1.031 8	0.825 6	0.982 2
R_f	0.013 0	–0.004 1	–0.011 3
R_m	–0.225 9	–0.004 1	1.207 8
K_s	–0.233 5	–0.004 1	1.186 1

第三步，计算加权平均资本成本 K_{WACC}，如表 12–6 所示。

表 12–6 加权平均资本成本 金额单位：百万元

项目	2004.3.1—2005.2.28	2005.3.1—2006.2.28	2006.3.1—2007.2.28
K_D	0.054 0	0.055 7	0.060 2
K_s	–0.233 5	–0.004 1	1.186 1
DC	73 172.31	63 301.62	6 250
EC	69 443.07	62 989.85	11 128.20
TC	142 615.38	126 291.47	17 378.20
K_{WACC}	–0.095 1	0.016 7	0.774 0

第四步，根据表 12–3、表 12–6 计算经济增加值，如表 12–7 所示。

表 12–7 经济增加值 金额单位：百万元

项目	2004.3.1—2005.2.28	2005.3.1—2006.2.28	2006.3.1—2007.2.28
$NOPAT$	4 003.751	4 126.130	4 263.102
TC	142 615.38	126 291.47	17 378.20
K_{WACC}	–0.095 1	0.016 7	0.774 0
EVA	17 566.473 6	2 017.062 5	–9 187.623 8

比较中国联通三年的会计净利润 247 114.6 万元、284 221.9 万元、364 461.0 万元与经济增加值 1 756 647.36 万元、201 706.25 万元、–918 762.38 万元可以看出，中国联通三年的会计净利润均为正值，且第 3 年盈利最多，但考虑了股权资本之后，第 3 年亏损很大，且第 2 年的盈利远低于第 1 年。可见，经济增加值更能准确反映全部资本的投入产出状况。

（五）经济增加值法的优缺点

1. 经济增加值法的优点

经济增加值法的主要优点是：① 考虑了所有资本的成本，更真实地反映了企业的价值创造能力；② 实现了企业利益、经营者利益和员工利益的统一，激励经营者和所有员工为企业创造更多的价值；③ 能有效遏制企业盲目扩张规模以追求利润总量和增长率的倾向，引导企业注重长期价值创造。

2. 经济增加值法的缺点

经济增加值法的主要缺点是：① 仅对企业当期或未来1—3年价值创造情况进行衡量和预判，无法衡量企业长远发展战略的价值创造情况；② 计算主要基于财务指标，无法对企业的营运效率与效果进行综合评价；③ 不同行业、不同发展阶段、不同规模等的企业，其会计调整项和加权平均资本成本各不相同，计算比较复杂，影响指标的可比性。

三、平衡计分卡法

（一）平衡计分卡法的概念

平衡计分卡法是由哈佛大学的卡普兰教授（Robert Kaplan）和诺朗顿研究院的执行长诺顿教授（David Norton）于1990年提出的。他们认为平衡计分卡（Balanced Score Card，BSC）是一种"未来组织绩效的衡量方法"，该方法的目的，在于找出超越传统以财务量度为主的绩效评价模式，以使组织的战略"策略"能够转变为"行动"。

平衡计分卡法，是指基于企业战略，从财务、客户、内部业务流程、学习与成长四个维度，将战略目标逐层分解转化为具体的、相互平衡的绩效指标体系，并据此进行绩效管理的方法。

平衡计分卡通常与战略地图等其他工具结合使用。战略地图是指为描述企业各维度战略目标之间因果关系而绘制的可视化的战略因果关系图。通过战略地图的有关路径设计，可以有效使用有形资源和无形资源，高效实现价值创造；通过战略地图实施将战略目标与执行有效绑定，可以引导各责任中心按照战略目标持续提升业绩，服务企业战略实施；通过战略地图的使用，可以更好地实施平衡计分卡法。

平衡计分卡适用于战略目标明确、管理制度比较完善、管理水平相对较高的企业。平衡计分卡的应用对象可为企业、所属单位（部门）和员工。

（二）平衡计分卡法的应用程序

平衡计分卡法一般按照制定战略地图，制定以平衡计分卡为核心的绩效计划，制定激励计划，制定战略性行动方案，执行、实施绩效管理与编制绩效管理报告等程序进行。

1. 制定战略地图

知识链接：
企业内外部环境分析方法

（1）设定战略目标。根据企业确定的愿景、使命和环境分析情况，选择和设定战略目标。企业的愿景（Company Vision），指的是对企业前景和发展方向的一个高度概括的描述，由企业核心理念（核心价值观、核心目的）和对未来的展望（未来10—30年的远大目标和对目标的生动描述）构成。对环境的分析，包括对外部环境和内部环境优劣势的分析，常常采用态势分析法、波特五力分析和波士顿矩阵分析等方法。企业的战略目标也可以分解为利益相关者的目标。

（2）确定业务改善路径。确定了企业的战略目标和进行环境分析之后，需要寻求企业现有业务改善和增长的最佳路径。① 在财务维度，一般从两个层次入手：生产率提升和营业收入增长；创造成本优势、提高资产利用率、增加客户机会和提高客户价值等。② 在客户维度，从产品（服务）质量、技术领先、售后服务和稳定标准等方面确定、调整客户价值定位，可以从设置客户体验、双赢营销关系、品牌形象提升等方面入手。③ 在内部业务流程维度，从管理流程、创新流程、客户管理流程、遵循法规流程等角度确定战略主题，寻找改善路径。④ 在学习与成长维度，从激励制度创新、信息系统创新和智力资本利用创新等方面入手确定战略主题、寻找改善途径。

(3) 进行资源配置。根据各维度确定的战略主题，企业分析其有形资源和无形资源的战略匹配度，对各主题进行战略资源配置。同时应关注企业人力资源、信息资源、组织资源等在资源配置中的定位和价值创造中的作用。

(4) 绘制战略地图。根据四个维度以图形方式展示企业的战略目标及实现战略目标的关键路径。① 确立战略地图总体主题，即企业愿景和战略目标，并与财务维度的 KPI 对接，即以财务维度 KPI 描述总体主题；② 确定各维度 KPI，把四个维度战略主题对应画入各自战略地图内，每一主题可以通过若干 KPI 进行描述；③ 战略地图连线，将战略总目标（财务维度）、客户价值定位（客户维度）、内部业务流程主题（内部业务流程维度）和学习与成长维度和战略 KPI 链接，形成战略地图。

企业所属各责任中心的战略地图也按照上述流程制定，只是无法与企业层级的战略地图绘制在一张图上，一般采用绘制对应关系表或另外绘制下一层级责任中心的战略地图等方式来展现其战略因果关系。

2. 制定以平衡计分卡为核心的绩效计划

战略地图制定后，应以平衡计分卡为核心编制绩效计划。绩效计划是企业开展绩效评价工作的行动方案，包括构建指标体系、分配指标权重、确定绩效目标值、选择计分方法和评价周期、签订绩效责任书等一系列管理活动。制定绩效计划通常从企业级开始，层层分解到所属单位（部门），最终落实到具体岗位和员工。

(1) 指标体系的构建。指标体系一般按照制定企业级、所属单位（部门）级、岗位（员工）级的顺序逐层构建，企业级指标根据企业层面的战略地图，为每个战略主题的目标设定至少 1 个指标。平衡计分卡每个维度的指标通常为 4~7 个，总数量一般不超过 25 个。

构建时，应以财务维度为核心，其他维度的指标都与核心维度的一个或多个指标相联系。财务维度的常用指标有投资资本回报率、净资产收益率、经济增加值、息税前利润、自由现金流、资产负债率、总资产周转率等。客户维度常用指标有市场份额、客户满意度、客户获得率、客户保持率、客户获利率、战略客户数量等。内部业务流程维度常用指标有交货及时率、生产负荷率、产品合格率、存货周转率、单位生产成本等。学习与成长维度常用指标包括员工保持率、员工生产率、培训计划完成率、员工满意度等。

(2) 指标权重的确定。平衡计分卡指标的权重分配应以战略目标为导向，反映被评价对象对企业战略目标贡献或支持的程度，及各指标间的重要性水平。权重一般设定为 5%~30%，对特别重要的指标可适当提高权重。

(3) 绩效目标值的确定。平衡计分卡绩效目标值应根据战略地图的因果关系分别设置。首先确定战略主题的目标值，其次确定主题内的目标值，最后基于平衡计分卡评价指标与战略目标的对应关系，为每个评价指标设定目标值，通常设计 3~5 年的目标值。

3. 制定激励计划

激励计划的制定如第二节所述,包括薪酬激励、能力开发激励、职业发展激励和其他激励,此处不再赘述。

4. 制定战略性行动方案

绩效计划与激励计划制定后,企业应在战略主题的基础上,制定战略性行动方案,实现短期行动计划与长期战略目标的协同。制定战略性行动方案包括:① 选择战略性行动方案,制定每个战略主题的多个行动方案,并从中区分、排序和选择最优的战略性行动方案;② 提供战略性资金,建立战略性支出预算,为战略性行动方案提供资金支持;③ 建立责任制,明确战略性行动方案的执行责任方,定期回顾战略性行动方案的执行进程和效果。

5. 执行、实施绩效管理与编制绩效管理报告

在绩效计划与激励计划的执行过程中,应持续深入开展流程管理,及时识别存在问题的关键流程,根据需要对流程进行优化完善,必要时进行流程再造,将流程改进计划与战略目标相协同。

平衡计分卡的实施常常采用先试点后推广的方式,循序渐进,分步实施。

平衡计分卡管理报告的编制与其他绩效管理方法类似。

(三) 平衡计分卡法的应用举例

下面举例分析平衡计分卡法下战略指标与战略地图的构建。

【例 12-3】 AB 公司战略指标与战略地图的构建。[①]

AB 公司是一家大型汽车生产厂家。公司当前发展有如下特点:品牌知名度高、扩张速度快、管理难度大。通过问卷调查发现,公司 85% 的员工认为公司的考核流于形式,而且有 70% 的员工有抵触情绪。鉴于此,公司打算从 2016 年年初开始实施平衡计分卡绩效管理体系,以确保公司战略的落实。

为了使平衡计分卡与公司战略目标更加契合,公司采用如下步骤建立平衡计分卡绩效管理模式。

1. 根据企业愿景,分析环境,确定企业各维度战略主题

AB 公司通过分析利益相关者的关注点来确定战略主题。AB 公司最关键的利益相关者包括股东、客户、员工,项目推进团队通过走访部分利益相关者,将他们的意见进行归纳整理,形成利益相关者需求分析表,如表 12-8 所示。

基于以上分析,将 AB 公司的战略主题定义为:提高资产收益率,增加利润;提高客户满意度,建立和谐的客户关系;进行规范化管理,创新流程,提高人才素质,关注员工满意率。

2. 确定业务改善路径

确定了企业的战略目标和进行环境分析之后,需要寻求企业现有业务改善和增长的最佳路径。

在财务维度,通过提升生产率和营业收入、降低成本、提高资产利用率等方面来实现。分析公司情况,由于相对处于成长期,在收入及盈利方面,选择销售增长和发

① 根据阮平南、邵亚平(2010)案例改编。

表 12-8　利益相关者需求分析表

利益相关者	主要需求	重要对策	可能涉及的维度
股东	提高主营业务收入 增加利润 提高净资产收益率	提高货运收入比率 构筑低成本运营基础	财务 内部业务流程 学习与成长 客户
客户	产品和服务质量 价格优惠 快速响应	规范化管理	财务 内部业务流程 学习与成长 客户
员工	职业发展规划 薪资福利 关心与认可 能力素质的提升	企业文化建设 沟通渠道畅通 培训与教育 薪酬福利体系	内部业务流程 学习与成长

展新客户来实现；在降低成本及提高生产力方面，通过降低每个员工平均营运收入及控制成本费用总额来实现；在资产利用方面，通过提高投资收益率来实现。

在客户维度，通过产品（服务）质量、技术水平、售后服务等方面来进行改善。分析公司情况，主要通过诚信经营提高客户的忠诚度、满意度以及品牌的美誉度等，建立和谐的客户关系，从而留住老客户，开拓新客户。

在内部业务流程维度，常常通过分析行业关键成功因素和内部营运矩阵，从内部业务流程的管理流程、创新流程、客户管理流程、法规遵循流程等角度来确定改善路径。分析公司情况，认为流程的效率和质量控制是最关键的问题，尤其需要规范服务方面与客户维度相关的业务流程。

在学习与成长维度，通过分析，选择从改善员工满意度、员工能力提高、和谐氛围等方面来改善现有状况。

上述业务改善路径可通过表 12-9 来体现。

表 12-9　确定各维度业务改善路径

维度	战略主题	业务改善途径
财务维度	提高资产收益率 增加利润	提高销售收入 增加利润 增加股东收益
客户维度	提高客户满意度 建立和谐的客户关系	扩大满意客户的数量 提高顾客对企业品牌的忠诚度 增强品牌的美誉度
内部业务流程	规范化管理 创新流程	规范化管理流程 流程优化重组创新
学习与成长	提高人才素质 关注员工满意率	提升员工对企业的满意度和范围 营造民主沟通、信息畅通的氛围 加强培训为本的理念

3. 建立基于平衡计分卡的 KPI 指标体系

基于前两步，建立 AB 公司平衡计分卡各维度的 KPI 指标体系及确定指标体系的目标值，如表 12-10 所示。

表 12-10 平衡计分卡指标体系及目标值设定

<table>
<tr><th>维度</th><th>改善重点</th><th>KPI 指标</th><th>KPI 指标目标值</th></tr>
<tr><td rowspan="5">财务</td><td>销售收入</td><td>销售收入</td><td>2017 年畅销车型销售收入比 2016 年提高 5%</td></tr>
<tr><td rowspan="3">利润</td><td>利润</td><td>2017 年实现利润 10.5 亿元，2016 年实现利润 10 亿元</td></tr>
<tr><td>人均运营收入</td><td>2017 年达到人均营业收入 60 万元</td></tr>
<tr><td>净资产收益率</td><td>2017 年净资产收益率达 10%</td></tr>
<tr><td>成本</td><td>成本费用总额</td><td>2017 年与 2016 年成本费用均占销售收入的 75%</td></tr>
<tr><td rowspan="2">客户</td><td>客户满意度</td><td>客户满意度 / 品牌美誉度</td><td>2017 年产品综合性能、服务质量满意率达 90%，客户投诉率 0.02‰</td></tr>
<tr><td>和谐的客户关系</td><td>客户忠诚率、市场占有率</td><td>2017 年售后服务满意度达 95%，市场份额占全国的 5%~6%</td></tr>
<tr><td rowspan="2">内部业务流程</td><td>管理规范化</td><td>缺陷率、利用率、交货率</td><td>2017 年生产能力利用率 90%，准时交货率 95%，抽检缺陷率 2.5%</td></tr>
<tr><td>产品创新</td><td>产品开发率</td><td>2017 年新产品开发率占原有产品的 5%</td></tr>
<tr><td rowspan="2">学习与成长</td><td>员工素质</td><td>任职资格达标率</td><td>2017 年实现 95% 的员工综合素质达标，2016 年实现 92% 的员工综合素质达标</td></tr>
<tr><td>员工满意率</td><td>员工满意率</td><td>2017 年员工满意率达 95%，2016 年员工满意率达 93%</td></tr>
</table>

4. 制定战略地图

根据前述步骤，将 AB 公司的战略主题、改善路径和关键绩效指标绘制到战略地图中，以清晰反映平衡计分卡各维度的战略主题与改善路径，如图 12-3 所示。

（四）平衡计分卡法的优缺点

1. 平衡计分卡法的优点

平衡计分卡的主要优点是：① 战略目标逐层分解并转化为被评价对象的绩效指标和行动方案，使整个组织行动协调一致；② 从财务、客户、内部业务流程、学习与成长四个维度确定绩效指标，使绩效评价更为全面完整；③ 将学习与成长作为一个维度，注重员工的发展要求和组织资本、信息资本等无形资产的开发利用，有利于增强企业可持续发展的动力。

2. 平衡计分卡法的缺点

平衡计分卡法的主要缺点是：① 专业技术要求高，工作量比较大，操作难度也较大，需要持续地沟通和反馈，实施比较复杂，实施成本高；② 各指标权重在不同层级及各层级不同指标之间的分配比较困难，且部分非财务指标的量化工作难以落实；③ 系统性强、涉及面广，需要专业人员的指导、企业全员的参与和长期持续地修正与完善，对信息系统、管理能力有较高的要求。

除了关键绩效指标法、经济增加值法和平衡计分卡法，还有现金增加值法、市场

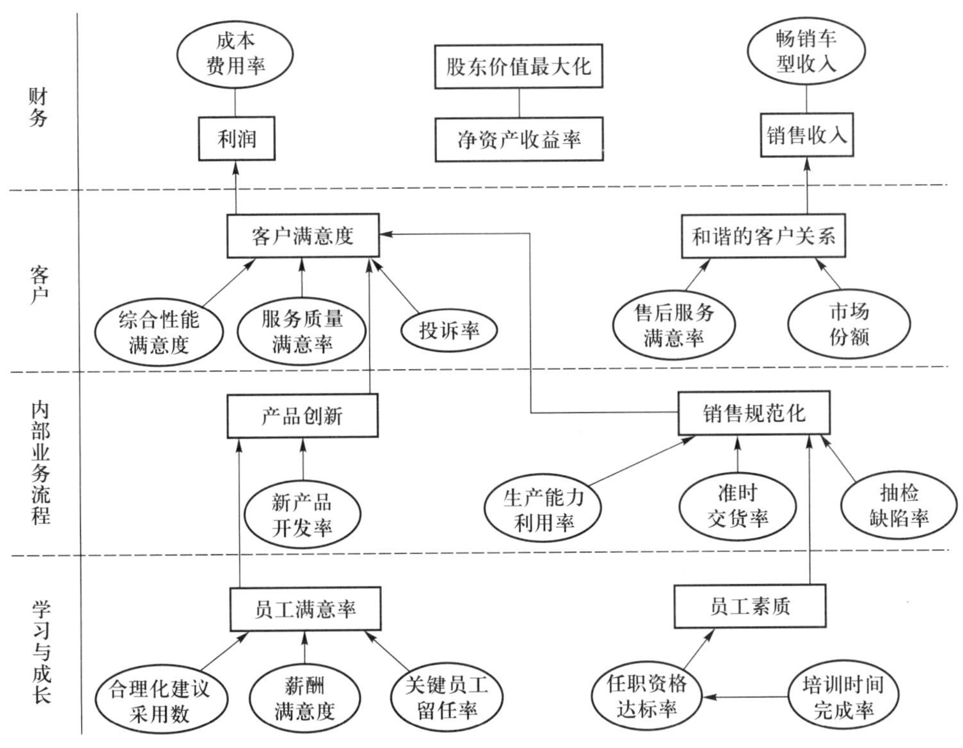

图 12-3　AB 公司战略地图

增加值法、绩效三棱镜等绩效管理方法，无论使用什么方法，一定要服务于企业的战略目标、考虑企业自身的特征，选择适合企业的绩效管理方法。

本章小结

本章讲解了绩效、绩效评价、激励管理和绩效管理的概念，绩效管理在实现发展战略这一最终目标的前提下，可以细分为人力资源管理目标、公司治理目标和全面质量管理目标，具有为员工任用、培训等提供基础的作用，应当遵循战略导向、客观公正、规范统一、科学有效的基本原则。绩效管理的主体包括治理层和管理层两个层次，客体包括企业（组织）、责任中心和个人三个层次。绩效管理的一般流程包括制定绩效计划和激励计划、执行绩效计划和激励计划、实施绩效评价和激励、编写报告四个方面的内容。具体的绩效管理工具与方法包括关键绩效指标法、经济增加值法、平衡计分卡法等。

关键词

绩效	绩效评价	激励管理	绩效管理
绩效计划	激励计划	关键绩效指标法	经济增加值法
平衡计分卡法			

即测即评

请扫描二维码，进行即测即评。

思考题

1. 绩效管理的目的和作用是什么？绩效管理应与哪些管理会计活动结合共同作用于企业？
2. 绩效管理的主体、客体分别是什么？分为哪些层次？
3. 绩效计划的制定包括哪些步骤？绩效指标体系构建包括哪些方法？通过什么途径实现？
4. 绩效计分方法有哪些？权重确定的方法有哪些？
5. 简述关键绩效指标法、经济增加值法和平衡计分卡法的优缺点。

练习题

甲公司和乙公司2017年的会计利润、利息、债务资本、股权资本、所得税税率等资料如表12-11所示。

表12-11 甲、乙公司2017年绩效相关资料

项目	甲公司	乙公司
税前会计利润	10 000 000	12 000 000
负债总额	10 000 000	8 000 000
平均债务资本成本	8%	7%
权益资本总额	60 000 000	80 000 000
权益资本成本	13%	20%
所得税税率	25%	25%

要求：分别计算两公司的会计净利润和经济增加值*EVA*，并比较使用两种方法对两公司的绩效评价结果有何不同，分析造成这种差异的原因。

第三篇　管理会计成果——管理会计报告

第 13 章　管理会计报告

学习目标

了解管理会计报告的起源和发展阶段、管理会计报告的分类；理解管理会计报告的含义、应满足的原则、具备的特征、与财务会计报告的区别及管理信息系统构建流程；掌握管理会计报告编制的流程，能应用核心表格编制典型管理会计报告。

本章知识结构图

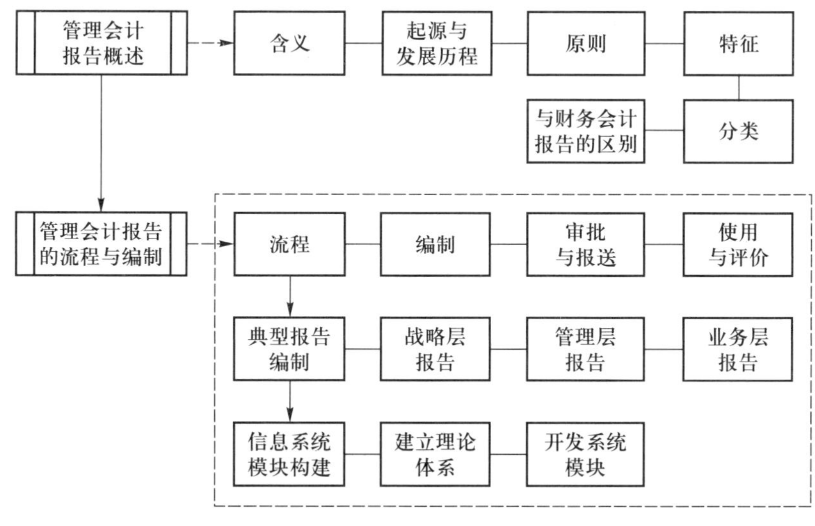

引例

际华集团天津金汇公司（以下简称金汇公司）是际华集团医药板块所属公司。其管理会计报告存在比较零散、数据主要依靠手工收集、数据没有充分发挥作用、业务流程有待进一步优化、管理会计报告战略导向性不足、财务与业务之间穿透性不强等问题。公司管理层通过深入分析、总结发现，管理会计报告要提供决策有用信息，就必须提供从财务到业务、从业务到原因的价值信息，即基于因果关系链的价值信息。这种方法以管理活动的结果为起点,逐层深入地分析和寻找形成管理活动的各项影响因素,从而形成因果关系链,这一链条的起点就是引起管理活动价值创造的最终原因,包括财务数据与业务数据之间的因果关系、业务数据与原因数据之间的因果关系。按照因果关系链所形成的管理会计报告体系是逆会计核算过程的,从结果追溯原因,依因果关系链逐层深化、细化,形成一种树状原因报告体系。

经过深入调研、分析、设计,际华集团最后形成了包括原因模块、结果模块与决策分析模块三大层次在内的因果关系链管理会计报告体系,如图 13-1 所示。该管理会计报告体系实现了多层次、能溯源、有效率、见成效的管理预期。

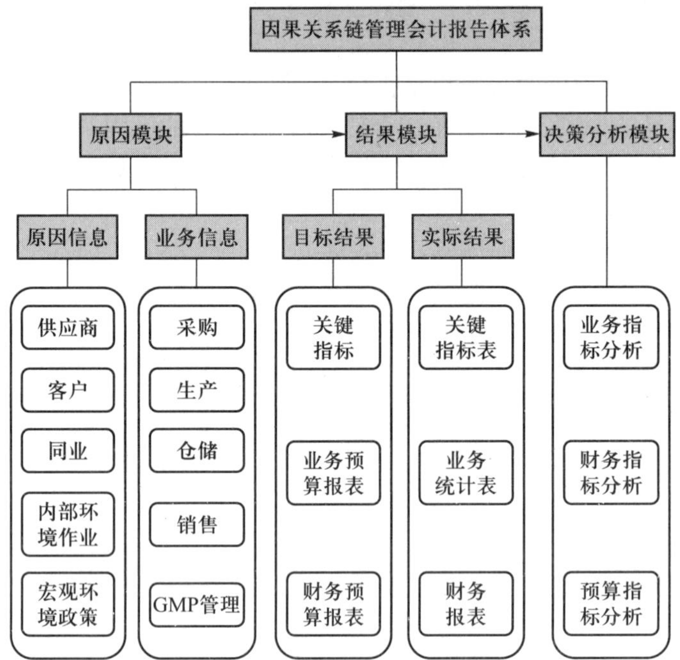

图 13-1 因果关系链管理会计报告系统

资料来源:杨克智,杜海霞 . 基于因果关系链的管理会计报告体系创新与应用——以际华集团为例[J]. 财务与会计,2016(13):29-31.

引言

际华集团为何要改进管理会计报告体系呢?管理会计报告在企业管理会计中起怎样的作用?管理会计报告具有哪些特征?应当满足怎样的原则?拥有哪些要素?管理会计报告的类型有哪些?应当如何设计和编制管理会计报告?本章将系统地介绍上述内容。

第一节　管理会计报告概述

一、管理会计报告的含义

管理会计报告是管理会计活动成果的表现形式。管理会计报告的提法及实践伴随着管理会计的出现和应用已经有很多年了,但是相对于管理会计的其他基础理论与工具而言,管理会计报告的理论体系却比较薄弱,缺乏系统的阐述。关于管理会计报告的提法和定义也不统一。

关于管理会计报告的提法多样,主要有内部财务报告、内部管理报告、内部财务管理报告、内部报告几种提法。

毛洪涛、王新(2008)从信息系统观的角度理解管理会计报告,认为管理会计是会计与管理的结合,是为满足组织内部管理需要而设立的一种提供信息的系统,管理会计报告是这一系统中输出信息环节的重要成果,管理会计报告的设计及其体系的构建直接影响企业的管理与决策绩效。

汤谷良(2004)使用“内部财务管理报告”的概念表示管理会计报告,认为内部财务管理报告是经营决策和经营管理的重要工具,不具有统一的表达形式、公认的编制准则和报告流程。区别于外部财务会计报告,内部财务管理报告应该成为一个独立设计并运行的报告系统。

张先治使用“内部报告”的概念表示管理会计报告。他认为,基于管理会计的内部报告,或称管理会计报告,主要包括企业内部使用的,用于内部决策、控制、评价及沟通的各种会计报表及其说明(张先治,2009)。后来他又进一步完善了管理会计报告的定义,指出内部报告是为满足董事会、管理层和员工的决策与控制需要所编制的反映企业财务状况、经营成果和管理状况的信息文件,通常包括内部报表及相关分析说明资料,其定义的基本内涵与管理会计报告是一致的(张先治,2011)。

孙光国(2011)使用“内部管理报告”的概念,认为内部管理报告是企业财务预测、财务决策、财务分析及业绩评价等管理活动所需信息的集合体。

尽管由于不同学者对管理会计报告的理解不完全一致,使管理会计报告的概念和内涵界定一直难以明确,但总结已有学者的研究,他们普遍认为管理会计报告是向企业内部管理者及员工提供的会计信息系统的组成部分,主要通过提供会计信息、经济信息以及各种非会计信息、非经济信息,对企业的预测、计划、决策、控制等管理活动发挥决策支持作用。

我国 2017 年 9 月正式颁布的《管理会计应用指引第 801 号——企业管理会计报告》首次在国内为管理会计报告进行了官方定义,指出管理会计报告是企业运用管理会计方法,根据财务和业务的基础信息加工整理形成的,满足企业价值管理和决策支持需要的内部报告。本书采用财政部的官方定义。

康奈尔大学的 Bloomfield(2015)教授基于管理会计课程有被模糊和取代的趋势

的背景,对管理会计报告进行了再思考。他对管理会计报告的定义为:是一门为帮助组织改善产出并解释运营措施是如何运用和利用的,集设计、实施和保障于一体的报告体系的科学。他的管理会计报告定义包括了如下内涵:

(1) 管理会计报告是一种管理行为,包括为达成目标而对事务进行安排的任意尝试。

(2) 管理会计报告是一种报告,包括传递信息的任何行动,小到一个电话号码,大到一个财务报告。

(3) 管理会计报告是一种改善的行动,反映了向着一个目标不断进步。

(4) 组织是致力于一个共同目标的互相协作的单位集合。

(5) 设计报告体系涉及详细描述报告的衡量标准,它们如何产生、呈现和传播,以及报告如何被使用。

(6) 实施报告体系主要指使用报告进行决策(而不仅仅是将报告传递给决策者)。

(7) 保障报告体系亦即确保这些衡量标准被有效及合理使用,可以通过内部控制、审计等行为,或是通过预计运营者会使用管理会计报告达成组织或个人目标后进行的智力部署来予以保障。

Bloomfield 教授的管理会计报告定义既是一个非常宽泛的定义,涉及会计的众多子领域,又是一个非常窄的定义,足够与其他学科区分。但其定义最为强调的是“改善:向着目标进步”的职能,这与卡普兰(Kaplan,2013)教授的观点一致。卡普兰在2013 年的管理会计学会上指出:“如果你不测量它,你就不能管理它。如果你不能管理它,你就不能改进它。像客户关系、创新、客户的忠诚等因素都是没有办法用传统的财务手段和财务报表衡量和体现的,而这些因素恰恰又是很重要的。如果企业不能知道自身在这些方面做得怎样,就没有办法管理它们,而只有管理会计才能够提供这些信息给企业的高管,让他们能够看到这些信息。”因此,管理会计报告正是为改善企业管理而提供信息的动态载体。

管理会计报告的终极目标是提高企业价值,具体目标是为企业各层级进行规划、决策、控制和评价等管理活动提供有用信息。

二、管理会计报告的起源和发展历程

(一) 财务会计信息的不足

管理会计报告是因财务会计信息不足而逐步发展起来的。财务会计学科体系发展源远流长,已经非常完善,并且形成了成熟的财务会计信息系统,有着非常健全的财务报告准则和规范。然而由于财务报告是为外部信息使用者服务的,其格式统一规范,也存在着天生的不足。

1. 财务信息以货币计量的信息为主,缺乏非货币计量的信息

财务报表以货币为计量单位将企业价值管理结果映射到会计报表上,从而舍去了更为重要的企业价值管理过程信息。而企业内部管理者的决策和控制活动不仅需要价值信息,更需要导致价值变化的非财务信息,如竞争对手信息、时间信息、合格率、返修率、计划达成率、满意度等信息。

2. 财务信息以法人为主体，与管理架构不一致

财务信息一般以法人为主体，会计主体架构与企业内部的管理主体架构往往并不一致，不能为各级管理主体提供较完整的财务信息，如为车间、销售小组、研发项目组等提供较完整的、多维度的信息。

3. 财务信息及时性较差

一般财务信息以月度为周期进行核算，如果完全依据财务信息进行决策和控制则不能在月度周期之内及时解决企业运营中的问题。

由于财务会计信息存在这些缺陷，管理会计信息体系作为有益的补充，随着管理会计从财务会计中的分离也逐步成型，展示着管理会计活动的成果。

（二）管理会计报告的发展历史

1. 追求效率的执行型管理会计报告

这一阶段管理会计的发展正处于初级阶段，主要特征是追求效率，目的是解决企业在生产中的共性问题。与执行性管理会计相适应的管理会计报告是责任会计报告。责任会计报告以业绩报告的形式，对各个部门的工作完成情况进行序时追踪分析，纠正失误，挖掘潜力，在整个公司中形成一套涵盖各个经营层的报告网络，使各个部门能在公司的总体控制下有效地运作。此时的管理会计报告系统对当时规模日益庞大的企业来说，实施分权管理是一个可靠的制度保障。

2. 追求效益的决策型管理会计报告

随着企业规模的不断扩大，生产经营的日趋复杂，行业之间的竞争越发激烈，再加上外部市场的瞬息万变，对管理者就提出了新的要求，即把正确的经营决策放在首位。这个阶段的内部报告更强调所提供信息的相关性，各个学科之间的相互交融也为管理会计报告的发展奠定了基础，尤其是经济信息学的引入，使人们意识到管理会计报告系统是企业信息系统下的子系统，它的设计与运作，既会花费代价，也会产生相应的收益，而应该放弃传统不考虑信息成本的新古典经济学的基本假设，要求对管理会计信息的形成和使用以信息经济学为指导，并以会计信息的相关性和经济性相结合为目标。

3. 遗失相关性的管理会计报告

这一阶段的管理会计报告是处于停滞不前的状态。主要原因是管理会计报告系统所提供的信息相关性丧失。20 世纪 30 年代以后，外部市场尤其是证券市场加强了对内部信息披露的需求，企业的股权也越来越多地分散到小股东手中，企业对外财务报告受到极大的压力。面对压力，企业自然将工作重心转向外部，从而忽视了内部管理会计报告。同时，企业的管理者也更多地关注如何提高自己的短期声誉，如何使投资者等外部利益相关者对自己有更好的评价，忽略企业的长期生存，因此管理会计报告赖以发展的环境逐渐丧失，管理会计报告处于停滞不前的阶段。

4. 复兴的管理会计报告

1987 年，托马斯·约翰逊和罗伯特·卡普兰教授共同编著的《相关性的遗失——管理会计兴衰史》一书出版，在学术界引起了很大的轰动。西方会计界对当时的管理会计理论和实践进行反思，创新与变革了当时管理会计体系中的欠缺，由此适应社会经济与科学技术发展的需要。这一时期，理论界更注重相关学科对管理会计的影响，

尤其是信息经济学中的代理理论被引入管理会计中,极大地推动了管理会计的发展。在此基础上建立的管理会计报告大致可以分为两大类:第一类管理会计报告是企业缔约过程中或在既定契约下的管理者报告或沟通手段,这一类报告实际上是管理会计报告在绩效考评和激励机制的设立和实施方面的应用;第二类管理会计报告的目的主要是提高企业价值,也即为企业内部运营决策提供服务。

三、管理会计报告应满足的原则

(一) 相关性

相关性是指管理会计报告信息应与决策相关联,能够帮助使用者对某一事项的过去、现在和未来形成判断,以提高决策能力。所以相关性不仅要具有反馈价值,更要具有预测价值。

(二) 重要性

重要性是指管理会计报告的信息应是对信息需求者有用的、重要的信息。重要性主要体现在:一方面是不可或缺性,即少了该信息则可能做出错误的判断和决策;另一方面是结果重大,即依据该信息做出的预测、安排或决策造成的结果重大。

(三) 及时性

及时性指管理会计报告的报送时间应当满足企业生产经营的时效需求。信息都是具有时效性的,一旦超时,即便分析得再完善也无法体现价值,更无法为企业带来效益。由于管理会计报告的种类繁多、形式多样、需求层次繁复,对时效性的需求也不同,各信息报送方应当及时报送相关信息。

(四) 可读性

可读性是指管理会计报告的内容容易被信息需求者理解。管理会计报告常常呈送给高管,报送频率很高,因此对可读性的要求也很高。Matthew Hall(2010)指出,相对于复杂深奥的报告和分析,管理者更倾向于简单易懂的常识性故事一样的报告。可读性往往要求报告语言简洁,不使用晦涩生僻语言,少使用专业性强的专业词汇,呈现形式更简洁大方,如多使用图表、口头语言等。

四、管理会计报告的特征

(一) 信息集成性

管理会计报告的信息虽然来自于财务、业务等各个部门,但这些信息应该是集成的,统一为实现企业发展战略的共同目标服务,信息之间应该建立联系以满足各项管理会计活动的需要。如某一业务部门呈报的信息的信息源可能是来源于不同部门,形成报告后又供不同部门使用。

(二) 信息综合性

信息综合性是指呈现于管理会计报告中的信息是经过整理、加工、分析后形成的可直接使用的信息。管理会计很重要的一项职责就是对原始数据信息进行加工,使得一手数据变成管理者进行管理决策时可以直接使用的信息。如进行产品成本分析时，通过对不同产品成本的归集比较、历史数据分析、横向对比分析，可以直接向管理者报告本企业哪种产品成本更低，与历史同期比是增加了还是降低了，在行业中处于优势还是劣势。

（三）体系复杂性

体系复杂性是指管理会计报告体系的数量多、关系复杂。由于管理会计报告涉及企业内部管理的方方面面，从数量上看管理会计报告的数量众多，相同的数据源根据不同的管理需求可以形成不同种类的报告；从相互关系看，某一种管理会计报告可能取自于不同业务部门的数据，前后价值链条可能相互承接影响，关系复杂。因此相对于比较单一的财务会计报告体系而言，管理会计报告体系具有复杂性特征。

（四）形式个性化

管理会计报告提供的信息多样，包括财务信息和非财务信息，内部信息和外部信息，历史、现在和将来的信息，决策者、管理者和一线员工需要的信息，所以根据需求不同、种类不同、所处行业不同，报告的形式也呈现个性化和多样化。耶茨（Yates，1985）发现，在管理决策中，图形呈现的综合性统计数据有利于决策者更有效地进行数据分析，且这些图形加快了决策者的决策速度。怀特（Wright，1995）则在考察了三种不同复杂程度的决策任务后发现，当审计师需要对贷款信息提供审计意见时，表格形式可以帮助审计师消除偏见以及减少判断的错误。无论是图表，还是其他个性化形式，都要为报告可读性原则服务。

（五）计量多重性

管理会计报告的计量方式存在“二元性”，即包括财务计量和非财务计量方式。为促进业财融合，增进报告的可读性与有用性，财务计量与非财务计量方式相得益彰。非财务计量方式将各业务流程的要素量化，为财务计量方式提供基础。

五、管理会计报告的分类

（一）按照使用者所处管理层级划分

按照使用者所处管理层级，可分为战略层管理会计报告、经营层管理会计报告和业务层管理会计报告。

战略层管理会计报告是为战略层开展战略规划、决策、控制和评价以及其他方面的管理活动提供相关信息的对内报告。战略层管理会计报告的对象是企业的战略层，包括股东大会、董事会和监事会等。

经营层管理会计报告是为经营管理层开展与经营管理目标相关的管理活动提供相关信息的对内报告。经营层管理会计报告的对象是经营管理层。

业务层管理会计报告是为开展日常业务或作业活动提供相关信息的对内报告，其报告对象是企业的业务部门、职能部门及车间、班组等。

（二）按照管理会计功能划分

按照管理会计功能，可分为管理规划报告、管理决策报告、管理控制报告和管理评价报告。

管理规划报告指为企业进行计划和规划而提供的报告。宏观和长远的规划报告包括战略规划报告，微观和短期的规划报告包括全面预算报告、经营预测报告(如销售预测、生产预测、现金流量预测等报告)。

管理决策报告指为日常运营决策提供有用信息的报告，包括为短期经营决策和长期投资决策提供信息的报告。短期经营决策报告包括市场分析报告、客户信息报告、产品本量利分析报告、产品差量成本分析报告、人工成本分析报告、材料成本分析报告、期间费用报告、应收账款账龄分析报告等；长期投资决策报告包括投资结构报告、项目建议书、可行性研究报告、固定资产利用程度报告、资产损失及不良资产报告、固定资产改良与更新决策报告等。

管理控制报告指为管理控制提供有用信息的报告，包括标准成本控制、责任中心控制、存货控制等方面的管理会计报告。

知识链接：
社会责任(QHSE)报告

管理评价报告指为企业进行绩效评价和激励提供有用信息的报告，包括企业层面、管理者层面、责任中心层面和个人层面的评价报告。企业层面的报告主要是对企业价值进行综合评价的报告，如经济增加值报告、现金增加值报告、市场增加值报告、平衡计分卡报告、关键绩效指标分析报告、社会责任报告等。管理者层面的报告主要是对高管和中层干部进行评价的报告，涉及综合和各个业务模块方面的评价，如经济责任目标完成分析报告、风险控制责任报告、投资效率报告、融资完成度分析报告、德勤能绩评价报告等。责任中心层面的评价报告主要是对责任中心的经济责任进行评价的报告，如预算责任完成报告、经济责任目标完成分析报告、成本控制报告、利润增长分析报告等。个人层面的评价报告主要是对基层员工个人的评价报告，如员工岗位目标完成情况分析报告等。

(三) 按照责任中心划分

按照责任中心，可分为投资中心报告、利润中心报告和成本中心报告。责任中心的管理会计报告主要是与绩效评价相关的报告。

(四) 按照报告主体整体性程度划分

按照报告主体整体性程度，可分为整体报告和分部报告。整体报告一般是以分部报告为基础编制的，大部分管理会计报告均可分为整体报告和分部报告，但一般以反映责任、成本、利润等方面的管理会计报告为多。

(五) 按照管理会计报告的内容划分

按照常见的报告内容区分，可分为资本报告、资产报告、市场报告和成本报告。

资本报告是描述企业的资本运作能力和资本结构的报告。其内容应该包括资本结构情况、筹资能力情况、资金成本情况等，提供有关各类资金成本和变动信息、资产报酬率、资本结构、税收变化状况等相关信息。

资产报告反映企业对资产的配置使用是否合理。要想提高企业的资产报酬率，关键在于提高资产使用效率，优化资产结构，避免资产闲置。资产报告内容应包含资产结构情况、资产损失情况、资产利用情况等反映企业资产状况的信息。

市场报告向企业提供关于企业所处大环境的信息，涵盖包括供货商、经销商、客户在内的整个价值链。其内容应包括采购成本情况、销售收入情况、产品结构情况、市场占有率情况、市场需求情况、经济政策情况等部分。

成本报告反映的是生产管理过程中的各类成本。其内容包括产品成本、材料成本、人力成本、管理费用等,向管理者展示为了维持企业稳定运营所需的各项基础投入。

（六）按照性质划分

按照性质不同,可分为描述型报告与分析型报告。描述型报告是指仅对现状进行客观陈述和描述的报告,相当于原始数据报告;分析型报告是指对原始数据进行归类、整理、分析等加工后给出更直观结果的报告。显然,管理层更希望看到分析型报告,这就对管理会计的数据分析和挖掘能力提出了要求。

（七）按照综合性划分

按照综合性不同,可分为综合企业管理会计报告和专项企业管理会计报告。前面提到的对企业整体绩效进行评价的报告多是综合性报告,而针对企业内部某个部门的报告或针对某专门事项的报告则是专项报告,如某项目投资可行性报告、可转换债券融资报告等就是专项报告。

（八）按照主次层级划分

按照主次层级,可分为主报告和辅助分析报告。主报告是为信息使用者提供的报告的主干部分,而辅助分析报告则是报告中的主要项目的明细资料或补充说明。如销售决策报告这一主报告可能附有客户信用报告、应收账款账龄分析报告、市场占有率报告、竞争对手情况分析报告等辅助报告。

从前述分析可见,管理会计报告的体系非常庞大,不像对外财务报告那样具有统一规范、标准和格式,管理会计报告应根据管理的需要,由管理层广泛征集企业各层意见后形成,且应随着企业实际情况的变化持续更新和不断完善。

六、管理会计报告与财务会计报告的区别

第 1 章中我们介绍了管理会计与财务会计的区别,相对应地,管理会计报告与财务会计报告也有显著区别。Weygandt,Kimmel & Kieso(2012)在其《管理会计(第 6 版)》中列示了管理会计报告与财务会计报告的区别,如表 13-1 所示。

表 13-1　管理会计报告与财务会计报告的区别

特征	管理会计报告	财务会计报告
主要报告使用者	内部使用者:管理者	外部使用者:股东、债权人、监管者等
报告类型和频率	内部报告;按需报告	外部财务陈述;季报或年报
报告目的	为特殊决策的特殊目的服务	一般化目的
报告内容	涉及业务分部 非常详细 超越复式记账,涉及任何相关数据 决策相关原则	涉及公司整体 高度合计(精简) 仅限于复式记账和成本数据 一般公共会计准则
鉴证程序	非独立审计	由注册会计师审计

第二节 管理会计报告的流程和典型报告的编制

一、管理会计报告的流程

企业管理会计报告流程包括报告的编制、审批、报送、使用、评价等环节。

（一）管理会计报告的编制

管理会计报告的编制指由报告编制者以自己岗位职责规定的工作范围为中心和出发点，根据收集的内外部相关信息及对相关信息的分析比较结果，将信息使用者关心的内容以一定的形式呈现的过程。

管理会计报告的编制包括如下要素：

1. 管理会计报告的编制主体

管理会计报告的编制主体指编制管理会计报告的部门及人员，具体包括责任部门和责任人。企业应建立管理会计报告组织体系，根据需要设置管理会计报告相关岗位，明确岗位职责。

根据管理会计报告的种类不同，编制主体也不同。如全面预算管理会计报告的编制主体可能是财务部门，也可能是专门的预算执行机构；损益竞争分析表由销售部门编制；成本管理表由生产部门编制；投资可行性分析报告由规划投资部门编制；绩效评价表由人事资源管理部门编制等。

2. 管理会计报告的报告对象

与报告主体相对应的是报告对象。企业管理会计报告的对象是对管理会计信息有需求的各个层级、各个环节的管理者。

与编制主体一样，不同的管理会计报告也是报告给不同的使用者的。如战略层管理会计报告的报告对象是企业的战略层，包括股东大会、董事会和监事会等；成本管理报告的报告对象主要是生产部门的负责人和分管生产的高管及财务负责人；业绩评价报告的报告对象主要包括各责任中心负责人、提名与薪酬委员会、首席执行官、首席运营官等。

3. 管理会计报告的名称

管理会计报告的名称是表的标题，反映了管理会计报告的主要内容。根据管理会计报告的分类，管理会计报告的名称五花八门，并没有如财务报告的资产负债表、利润表、现金流量表、所有者权益变动表一样有统一的规定，而是根据实际需要灵活设置的。

4. 管理会计报告的内容

管理会计报告的内容应根据管理需要和报告目标而定，应易于理解并具有一定灵活性，一般会使用比较分析、指标分析等方法。管理会计报告可以是文字分析，也可以是图表分析；可以有企业状况陈述，也可以有与竞争对手对比分析；可以有历史数据对比分析，也可以有未来状况预期等。

5. 管理会计报告的编制时点和报告期间

编制时点是编制报告的时间，可以是日、旬、月、季、半年、年、几年或不定期。编制时点与报告涵盖期间是两个不完全相同的概念。报告期间是指报告中的内容涵盖的期间，如利润分析报告常常包含一段期间，资产增长状况也包括一段时间的比较。在某月末编制的报告可能涵盖该月前一年的情况，如滚动预算表。企业可根据管理的需要和管理会计活动的性质设定期间。一般应以日历期间（月度、季度、年度）作为企业管理会计报告期间，也可根据特定需要设定企业管理会计报告期间。

（二）管理会计报告的审批

管理会计报告的审批指管理会计报告编制完成后，由编制部门的负责人或获得授权的责任人对报告的真实性、完整性、规范性等进行审查，审查合格同意通过并签字确认后再报送信息使用者的过程。注意在审批时要注意不相容职务分离，报告的编制与审批岗位应当分离。

（三）管理会计报告的报送

管理会计报告的报送是指将管理会计报告经过合理的途径或渠道传递给信息使用者的过程。

1. 传递流程

管理会计报告的报送应严格按照设定的传递流程进行流转。传递流程包括传递的方向和传递的层级。传递的方向包括自下而上的纵向方向，也包括向平行同级传递的横向方向；传递层级指从出发点到终点的中间环节数，有的报告并非由签发者签发后只到达一个使用层级，而是要经过若干环节，到达不同的信息使用者手中。因此为不同类型的报告制定不同的传递流程是很有必要的。

2. 传递形式

管理会计报告的传递形式可以是书面的、口头的、音频的、影像的，或者其他合理的形式。书面报告的呈现形式可以有文字、凭证、账簿、报表、图形等多种。

3. 传递途径

传递途径可以是实物传递，也可以是电子信息传递。传统方法常常采用实物传递的方式，但对于地理位置不同的总部与分支机构间的传递则费时费力，无法满足及时性要求。现代方法一般在 ERP 系统中设置完善的信息传递流程，有权限的人可以阅览报告并签署意见，这时需要有健全的信息系统作为后台支撑以保障信息传递的及时性和安全性。

4. 传递及时性和安全性

无论传递流程的设置、传递形式的选择还是传递途径的维护，都应保障信息传递的及时性和安全性。在及时性方面，省去不必要的流程，达到效率最优化，对于重要、紧急的信息，可以越级向董事会、监事会或经理层直接报告，便于相关负责人迅速做出决策。在安全性方面，应制定相应的内部管理报告保密制度，明确保密内容、保密措施、保密程度和传递范围，对重要或关键环节加强防护措施，如签订保密协议、进行双责任人共同传递等，防止泄露重要商业机密。

（四）管理会计报告的使用

管理会计报告的使用是指信息使用者根据管理会计报告的内容做出合理的决策、安排以及奖惩等行为。各级管理人员应当充分利用管理会计报告管理和指导企业的日常生产经营活动，及时反映全面预算执行情况，协调企业内部相关部门和各单位的运营进度，做出合理决策。如房地产开发企业销售总监根据月度商品房销售进度、存货情况等制定下月销售计划，加强营销力量或放缓销售进度，并通知项目管理部门加快建房速度等。而项目管理部门又综合销售、库存、生产等方面的进度报告，合理安排材料采购、施工进度、质量监督等日常运营事项。

管理会计报告的另一大用途是严格绩效考核和责任追究，根据全面预算安排、经济责任书、绩效考评报告等，奖优罚劣，对于造成损失的还应追究相应责任，同时通过职务晋升、培养发展等方面来加强绩效评价与激励的效果。

（五）管理会计报告的评价

管理会计报告的评价指对管理会计报告体系的审视和优化。企业应当定期根据管理会计报告使用效果及内外部环境变化对管理会计报告体系、指标、内容、编制流程和方法，以及审批、报送、使用等各环节进行审视，检查不足，在推广先进和吸取教训的基础上对管理会计报告体系进行优化。

二、典型管理会计报告的编制

各种管理会计报告均按照前述程序和内容进行编制。在管理会计报告中，最为重要的是核心图表的运用，由于篇幅的限制，下面将以战略层、经营层和业务层管理会计报告为分类标准，在介绍各类管理会计报告内容的基础上，着重介绍部分管理会计报告的核心图表。

（一）战略层管理会计报告

战略层管理会计报告包括但不限于战略管理报告、综合业绩报告、价值创造报告、经营分析报告、风险分析报告、重大事项报告、例外事项报告等。这些报告可独立提交，也可根据不同需要整合后提交。

1. 战略管理报告

战略管理报告的内容一般包括内外部环境分析、战略选择与目标设定、战略执行及其结果，以及战略评价等。内外部环境分析常采用态势分析（SWOT 分析）、波特五力分析和波士顿矩阵分析等方法。战略选择与目标设定是在综合分析企业自身发展愿景、当前状况、行业竞争态势的基础上对近期分阶段战略的选择和设定。战略执行及结果包括对战略目标的分解和完成情况。战略评价是对战略执行情况的反馈和修正。

【例 13–1】 表 13–2 是对 2016 年部分沪深上市房企战略定位 / 转型方向的比较分析。

其中某公司战略目标分解报告的主表格式详见表 13–3，主表以各战略业务单元为主体，根据时间维度，反映各战略业务单元的长期战略规划、中期战略计划及短期具体目标，并动态报告其执行与调整情况。战略目标分解附表是战略目标分解主表的细化，附表为企业将各战略业务单元具体目标落实到具体的经营中心提供信息支撑。具体而言，在各战略业务单元战略目标分解信息的基础上，该附表以各经营中心为报告主体，反映其战略规划、战略计划及具体目标的相关信息。战略目标分解附注则是编制战略目标分解主表与附表的基础，包括各战略指标的计算方法、数据来源、计算期间、执行情况与调整信息等内容。

表 13-2 2016 年部分沪深上市房企战略定位 / 转型方向比较表[①]

上市公司	战略定位 / 转型方向	上市公司	战略定位 / 转型方向
万科 A	城市配套服务商	珠江实业	养老、旅游等多元地产
世纪星源	全面绿色转型	天地源	文化地产
沙河股份	产业园区与城市更新	浙江东日	灯具市场、农产品批发
保利地产	房地产、房地产金融、社区消费服务	廊坊发展	产业园区开发
中粮地产	生态、养生、养老产品	中体产业	体育产业
深大通	新媒体广告	绿地控股	大基建、大金融、大消费
宝安地产	房地产 + 新能源	格力地产	海洋经济、口岸经济、现代服务、现代金融

表 13-3 2016 年某公司战略目标分解主表

项目	三好住宅			城市配套服务商			国际化		
	计划目标	计划执行	调整情况	计划目标	计划执行	调整情况	计划目标	计划执行	调整情况
战略规划:									
战略目标 1									
…									
战略计划:									
计划目标 1									
…									
具体目标:									
具体目标 1									
…									

2. 综合业绩报告

综合业绩报告的内容一般包括关键绩效指标预算及其执行结果、差异分析及其他重大绩效事项等。

3. 价值创造报告

价值创造报告的内容一般包括价值创造目标、价值驱动的财务因素与非财务因素、内部各业务单元的资源占用与价值贡献,以及提升公司价值的措施等。

4. 经营分析报告

经营分析报告的内容一般包括过去经营决策执行情况回顾、本期经营目标执行的差异及其原因、影响未来经营状况的内外部环境与主要风险分析、下一期的经营目

① 根据张鑫(2015)、武继宏(2015)、佘竹筠(2013)整理。

标及管理措施等。

5. 风险分析报告

风险分析报告的内容一般包括企业全面风险管理工作回顾、内外部风险因素分析、主要风险识别与评估、风险管理工作计划等。

6. 重大事项报告

重大事项报告是针对企业的重大投资项目、重大资本运作项目、重大融资项目、重大担保事项、关联交易等事项进行的报告。

7. 例外事项报告

例外事项报告是针对企业发生的管理层变更、股权变更、安全事故、自然灾害等偶发性事项进行的报告。

战略层管理会计报告不限于以上报告,主要根据企业实际需要设定,但应精炼、简洁、易于理解,报告主要结果、主要原因并提出具体的建议。

(二) 经营层管理会计报告

经营层管理会计报告主要包括全面预算管理报告、投资分析报告、项目可行性报告、融资分析报告、盈利分析报告、资金管理报告、成本管理报告、业绩评价报告、管理者薪酬报告等。

1. 全面预算管理报告

全面预算管理报告的内容一般包括预算目标制定与分解、预算执行差异分析及预算考评等。其中预算目标制定与分解是最为复杂的部分,可设置主表与系列附表附注。

【例 13-2】 表 13-4 和表 13-5 反映了 B 公司在预算目标制定过程中为编制目标分解主表而进行的附表编制——总体业务预算表和筹资预算表。

表 13-4 B 公司 2018 年总体业务预算表

区域	产品	营业收入	营业成本	毛利	利润总额
华北区	A 类				
	…				
华南区	A 类				
	…				
华东区	A 类				
	…				
华中区	A 类				
	…				
西南区	A 类				
	…				
合计					

表 13–5　B 公司 2018 年筹资预算表

筹资途径	上年数	本期预算数
债务筹资		
短期借款		
银行借款		
非银行金融机构借款		
短期债券 一年内到期带息非流动负债		
其他短期债券		
长期借款		
银行借款		
非银行金融机构借款		
应付债券		
融资租赁		
权益筹资		
股票筹资		
其他股权筹资		
合计		

表 13–6[①] 则反映了编制计划的安排，当优化的编制计划方案确定后，只要按照编制计划一步一步完成，就能最终编制出科学合理的全面预算。而编制计划主要是在预算管理委员会的指导下，由预算工作小组编制的包括编制时间表、编制内容分配、初稿审议、终稿确认等步骤的安排。

表 13–6　B 公司 2018 年全面预算编制日程表

2017/9/10　　财务中心

<table>
<tr><th colspan="2">日期</th><th>销售预算</th><th>人事预算</th><th>物流预算</th><th>生产预算</th><th>采购预算</th><th>投资预算</th><th>管理部门、其他</th></tr>
<tr><td>9 月</td><td>12</td><td rowspan="9"></td><td rowspan="9"></td><td rowspan="9"></td><td rowspan="9"></td><td rowspan="9"></td><td rowspan="9"></td><td rowspan="9">2017 年损益预估</td></tr>
<tr><td></td><td>13</td></tr>
<tr><td></td><td>14</td></tr>
<tr><td></td><td>15</td></tr>
<tr><td></td><td>16</td></tr>
<tr><td></td><td>17</td></tr>
<tr><td></td><td>18</td></tr>
<tr><td></td><td>19</td></tr>
<tr><td></td><td>20</td></tr>
<tr><td></td><td>21</td><td colspan="7">2018 年预算方针</td></tr>
</table>

① 资料来源：平亚薪，2015。

续表

日期		销售预算	人事预算	物流预算	生产预算	采购预算	投资预算	管理部门、其他
	22							
	23	2017 年预估(利润表、现金流量表)完成						
	24							
	25							
	26							
	27							
	28							
	29						设备投资	
	30	预算会议(预算方针提示)						
10 月	1	月度分产品						
	2	月度分渠道						
	3	销售价格						
	4							
	5							
	6							
	7							
	8	转移价	用工计划		月度生产数量	采购单价	折旧费	
	9		薪金			变动消耗品费		
	10	销售费		运费仓租费	经费预算			管理费
		管理费		物流经费	能源费			
	11	广告费						资金收支
	12	销售成本			生产成本			财务费 其他
	13	合并存货调整						所得税
	14							
	15	预算会议 预算初稿审议(1)(利润表、现金流量表)						
	16							
	17							
	18							
	19							
	20						相关事项调整	

续表

日期		销售预算	人事预算	物流预算	生产预算	采购预算	投资预算	管理部门、其他
	21	预算会议　预算 2 稿审议（2）（利润表、现金流量表修正案）						
	22							
	23							
	24							
	25							
	26	审议后事项调整						
	27							
	28							
	29							
	30							
	31							
11 月	1	预算案草案审议						
	2							
	3							
	4							
	5	最终预算确定						
	6							
	7							

2. 投资分析报告

投资分析报告的内容一般包括投资对象、投资额度、投资结构、投资进度、投资效益、投资风险和投资管理建议等。

3. 项目可行性报告

项目可行性报告的内容一般包括项目概况、市场预测、产品方案与生产规模、厂址选择、工艺与组织方案设计、财务评价、项目风险分析，以及项目可行性研究结论与建议等。

4. 融资分析报告

融资分析报告的内容一般包括融资需求测算、融资渠道与融资方式分析及选择、资本成本、融资程序、融资风险及其应对措施和融资管理建议等。

5. 盈利分析报告

盈利分析报告的内容一般包括盈利目标及其实现程度、利润的构成及其变动趋势、影响利润的主要因素及其变化情况，以及提高盈利能力的具体措施等。企业还应对收入和成本进行深入分析。盈利分析报告可基于企业集团、单个企业，也可基于责任中心、产品、区域、客户等进行。

6. 资金管理报告

资金管理报告的内容一般包括资金管理目标、主要流动资金项目(如现金、应收票据、应收账款、存货)的管理状况、资金管理存在的问题及解决措施等。企业集团资金管理报告的内容一般还包括资金管理模式(集中或分散管理)、资金集中方式、资金集中程度、内部资金往来等。

7. 成本管理报告

成本管理报告的内容一般包括成本预算、实际成本及差异分析、成本差异形成的原因及改进措施等。

8. 业绩评价报告

业绩评价报告的内容一般包括绩效目标、关键绩效指标、实际执行结果、差异分析、考评结果,以及相关建议等。

【例 13-3】 表 13-7 反映了 C 公司经营业绩评价报告中的主要评价分析内容。

表 13-7 C 公司经营业绩评价表

项目	财务指标评价			非财务指标评价			重点差异分析		
	计划标准	执行情况	差异分析	计划标准	执行情况	差异分析	财务指标	非财务指标	调整情况
资本经营中心:									
核心指标									
…									
重要指标									
…									
风险指标									
…									

9. 管理者薪酬报告

管理者薪酬报告为企业执行管理者报酬程序提供信息,其内容包括各经营中心与职能中心的薪酬构成及执行情况、激励后续效果与激励政策调整等,反映基本工资、绩效奖金、福利待遇与股权激励等主要薪酬构成。管理者薪酬报告中的主表应报告各激励单位本期薪酬执行的标准、执行情况及激励情况与以前期间激励所产生的效果及激励政策调整情况,为当期执行激励提供重要参考。

【例 13-4】 表 13-8 反映了 D 公司薪酬管理与激励效果的重要内容。

表 13-8 D 公司管理者薪酬与激励效果分析主表

项目	执行情况			激励效果			政策调整		
	考核标准	执行情况	激励情况	控制标准	激励效果	差异分析	指标调整	标准调整	变动说明
基本工资									
绩效奖金									

续表

项目	执行情况			激励效果			政策调整		
	考核标准	执行情况	激励情况	控制标准	激励效果	差异分析	指标调整	标准调整	变动说明
福利待遇									
股权激励									
…									
合计									

（三）业务层管理会计报告

业务层管理会计报告应根据企业内部各部门、车间或班组的核心职能或经营目标进行设计，主要包括研究开发报告、采购业务报告、生产业务报告、配送业务报告、销售业务报告、售后服务业务报告、人力资源报告等。

1. 研究开发报告

研究开发报告的内容一般包括研发背景、主要研发内容、技术方案、研发进度、项目预算等。

2. 采购业务报告

采购业务报告的内容一般包括采购业务预算、采购业务执行结果、差异分析及改善建议等。采购业务报告要重点反映采购质量、数量及时间、价格等方面的内容。

3. 生产业务报告

生产业务报告的内容一般包括生产业务预算、生产业务执行结果、差异分析及改善建议等。生产业务报告要重点反映生产成本、生产数量及产品质量、生产时间等方面的内容。

【例 13-5】 前述 B 公司采用成本预算实绩分析总表来反映公司生产成本预算完成情况，如表 13-9 所示。

通过计算预算生产成本与实际生产成本的差异，可以判断企业是否按目标控制成本。针对未完成的目标，企业可进一步分析，将问题落实到具体生产环节，以有效改善生产，降低成本差异。

4. 配送业务报告

配送业务报告的内容一般包括配送业务预算、配送业务执行结果、差异分析及改善建议等。配送业务报告要重点反映配送的及时性、准确性及配送损耗等方面的内容。

5. 销售业务报告

销售业务报告的内容一般包括销售业务预算、销售业务执行结果、差异分析及改善建议等。销售业务报告要重点反映销售的数量结构和质量结构等方面的内容。

6. 售后服务业务报告

售后服务业务报告的内容一般包括售后服务业务预算、售后服务业务执行结果、差异分析及改善建议等。售后服务业务报告重点反映售后服务的客户满意度等方面的内容。

7. 人力资源报告

人力资源报告的内容一般包括人力资源预算、人力资源执行结果、差异分析及改

表 13-9 B 公司成本预算实绩分析总表

责任人：
编制人：

金额单位：千元

项目			预算		实绩		金额差异						
				标准单位		标准单位							
			金额				差异合计	生产活动差异				生产数量差	产品构成差
			总成本	每标准单位成本	总成本	每标准单位成本		合计	单价差	单耗差	固定费规模差		
变动费	原料												
	辅助材料												
	包装材料												
	能源动力	水											
		电											
		煤											
		辅料											
	小计												
合计													
固定费	薪金												
	折旧												
	经费												
总计													

善建议等。人力资源报告重点反映人力资源使用及考核等方面的内容。

三、管理会计信息系统分析模块构建

企业应充分利用信息技术，构建管理会计信息系统分析模块，以此为基础编制管理会计报告。在信息化环境下，管理会计的数据基础不再是传统的事后财务数据，而是包括一切与企业经营活动相关的内外部信息，如政策法规、市场竞争、供应商信息、客户信息、生产信息、技术标准、产品信息、研发情况、人力资源状况等，企业应尽可能将所有可以量化或不可量化的信息以一定形式输入信息系统中，打通企业内部各子系统间的接口，运用系统中个性化设置的分析模块和体系，利用统计分析的方法，深入分析和挖掘潜藏在企业大数据背后的反映企业生产经营真实状况的不同因素间的逻辑关系，并以此为决策依据，为企业带来价值增值。

利用信息系统构建管理会计报告体系主要分两步实现：

（一）建立管理会计报告理论体系

管理会计报告理论体系的构建可以采用从战略管理报告到绩效评价指标体系及全面预算管理会计报告，再到业绩指标和财务业务数据监控报告、原因报告的程序。

1. 设计战略管理报告

如前文所述，战略管理报告提供企业所处产业链价值信息，包括环境分析（政策信息、产品市场信息、生产原料市场信息、行业竞争态势等）、战略选择与目标设定、战略执行及其结果、战略评价等。

2. 设计绩效评价指标体系及全面预算管理会计报告

结合战略目标分解，设计绩效评价指标体系（可以用关键绩效指标法，也可以采用经济增加值法，还可以利用平衡计分卡模型设计绩效评价指标体系等），并以绩效评价指标确定的目标编制全面预算管理会计报告。

3. 设计业绩指标和财务业务数据监控报告

对前述全面预算指标涉及的业务数据、财务数据进行实时监控，实施预算比较、同期比较、历史比较、同业比较等多维度分析比较，甄别异常指标数据。根据监控对象的不同，如销售、材料、工时、人工、成本、费用、现金、往来款等，可以形成不同的监控报表，如表 13–10 所示。监控报表根据逻辑关系进行设计，是从绩效评价指标到财务数据、业务流程、具体作业的一系列报表。监控报表的目的是以明晰的形式体现出对比的差异，如果存在异常差异，则存在风险。

表 13–10　产品成本监控报表

<table>
<tr><th rowspan="2">产品</th><th rowspan="2">批次</th><th colspan="2">环比</th><th colspan="2">同比</th><th colspan="2">历史比</th><th colspan="2">预算比</th><th colspan="2">同业比</th><th rowspan="2">分析结果</th></tr>
<tr><th>上期</th><th>变化率</th><th>上年同期</th><th>变化率</th><th>历史最好</th><th>变化率</th><th>预算值</th><th>变化率</th><th>标杆企业</th><th>差异率</th></tr>
<tr><td></td><td></td><td></td><td></td><td></td><td></td><td></td><td></td><td></td><td></td><td></td><td></td><td></td></tr>
<tr><td></td><td></td><td></td><td></td><td></td><td></td><td></td><td></td><td></td><td></td><td></td><td></td><td></td></tr>
<tr><td></td><td></td><td></td><td></td><td></td><td></td><td></td><td></td><td></td><td></td><td></td><td></td><td></td></tr>
</table>

4. 形成原因报告

当发现异常情况时，应及时追踪确定造成异常的原因，一直追踪到源头，形成原因报告并及时解决具体的作业因素。例如，追踪到影响产品成本项目的终极原因可能包括材料采购成本、材料质量、操作人员变更、技术变更、机器停工、会计核算方法变更、外部不可抗力、管理因素等，在报告中对这些因素进行描述，并根据风险的大小提出相应的解决办法。

（二）开发管理会计报告信息系统模块

鉴于管理会计报告体系的复杂性、集成性和综合性，信息化是现代管理会计报告体系构建和形成的必要手段。在前述管理会计报告理论体系构建的基础上，可以利用信息系统将管理会计报告从构想变为现实。开发的过程主要需要解决技术问题。

下面以某房地产开发企业的成本数据库构建为例来说明管理会计报告系统的建设。

【例 13-6】 2003 年前，房地产企业的成本管理基本处于成本核算阶段，即只关注造价，强调算得快、算得准，而不关心结果对管理的价值。随着房地产黄金年代的逝去，企业间竞争加剧，2006 年房地产企业开始进入成本控制阶段，企业开始关注目标，强调目标成本控制。2009 年后，随着全球经济陷入低迷，国内房地产调控政策频频出台，业内竞争进一步加剧，房地产企业面对的外部环境日益严峻复杂，迫使房地产企业更加重视成本管理。在此阶段，成本管理由注重造价、目标成本向关注效益转变，成本控制从施工阶段前移到了项目策划阶段。在此背景下，某房地产开发企业通过建立一个涵盖历史成本、标准成本、外部成本等多维度成本信息的庞大的成本数据库，以实现科学精确的成本策划，辅助管理决策。①

1. 制定总体业务方案

总体业务方案就是对信息系统构建的全过程予以规划并提出实施步骤的文档，包括拟订信息系统需求(功能)详单、调研确定各功能(业务)模块实质内容和业务流程、确定系统构建途径（自建或外包）及编制构建详细计划等内容。

2. 解决整体技术方案

技术方案包括软硬件的建设、不同数据库间接口打通、制定数据规范标准、统一会计政策和会计科目、设置权限及数据初始化等内容，为数据导入、使用、存储打好基础。

3. 构建数据库

数据库包括各业务口的数据内容库，如材料库、产品库、成本库、客户库、供应商库、人力资源库、研发项目库等。这些数据内容库可以从已存在的源库中导入，没有的则可新建。不同的数据源库间可能是独立的关系，也可能是重合交叉的关系。对每一数据库均按照绩效指标体系和监控比较的要求细分数据源，为数据设置相应的格式、表现形式。

在本例中，企业根据房地产开发项目的特点，找到成本测算的重要基础，包括含量指标、单方指标和材料信息，成本数据的积累重点就是含量、单方、价格。从这三个核心指标着手，同时考虑企业当前、历史及同业标杆，系统实施方采用成本数据库对标机制，最终形成“三库两指标”的成本数据库体系，见图 13-2。

---

① 根据房地产企业经营管控体系的框架与构建课题成果（2016）改编。

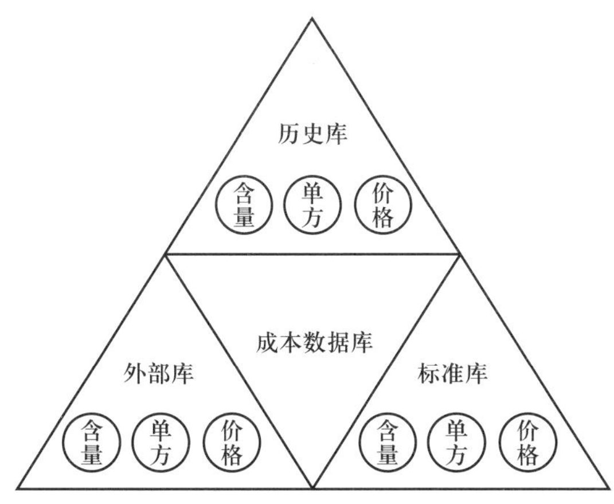

图 13-2 “三库两指标”成本数据库体系

(1) 建立含量指标库。含量指标是指与项目结构、外装、内装相关的一些经济技术指标,如钢筋含量、砼含量、模板含量、砌体含量、窗地比、精装面积比、防水面积比等。含量指标与项目规划指标结合,能够快速测算工程量。项目规划指标包括总体指标、产品指标、景观指标、水电气、土方等。项目测算时,利用含量指标库中各产品的含量系数乘以本项目的规划指标,即可快速测算出项目工程量。企业在积累了一定的含量指标库基础上,形成历史数据,就可作为以后设计限额的参考依据。同时,还可找出行业标杆企业的指标含量,建立标准库,引导设计部门在方案设计阶段、施工图设计阶段采用更优化、更合理的方案来降低工程结构成本。

(2) 建立单方指标库。单方指标即单位平方米(吨)的价格,一般分为建安总成本、结构成本、外装材料价、外装其他项目、一般项、内装、机电等。单方指标贯穿了项目启动、施工图预算、招标及项目竣工结算四个阶段。单方指标同样需要建立外部库、历史库和标准库。

(3) 建立材料价格库。在施工项目成本组成中,材料成本所占比重为 60%~70%,因此,控制材料成本具有重要意义。材料价格主要来源于市场询价、甲指乙供材料(即由乙方按照甲方指定品牌目录提供材料)的核价和材料实际采购价三种。市场询价由采购中心的采购专员负责;甲指乙供核价由成本中心负责,以历史数据形成的内部指导价为核定基础;实际采购价由采购中心负责出具,作为合同结算的重要依据。

4. 数据采集与校验

运用技术手段从建立的成本数据库中导出数据,并将成本数据与合同信息、结算信息等进行校验,具体包括成本与合同金额校验、合同与补录合同结算清单金额校验、合同是否全部结算的校验等。

5. 信息的应用与查询

成本数据库建立后,集团可以使用不同角度的筛选条件,进行最佳指标探索;还可以随时根据管理需要,进行多维度的成本信息查询,如查询某个项目的成本明细情况,查询多个项目同一指标并进行对比等。

6. 构建管理会计报告模板并传递报告

各种查询均是为了编制管理会计报告。构建常用管理会计报告模板，方便查询取数后直接填列于模板中，或者直接从数据源库中调入模板中，形成管理会计报告。对于不常用的管理会计报告，提供可自定义或个性化设置模板的工具，使得创建新的报告模板简洁易行。编制好的管理会计报告，通过集成的 ERP 系统直接传递到各需求方，并由接收方在系统中签收查阅。

上述成本数据库信息系统建设的流程和模块可用表 13–11 表示。

表 13–11 某房地产开发企业成本数据库总体业务方案

成本数据库				数据库应用	
总体方案	数据规范标准	数据信息采集	数据信息校验	数据信息使用	传递报告
拟订系统需求详单 调研确定内容和流程 确定构建途径 制定构建计划	会计政策 权限规范 数据初始化	建立数据库 合同数据自动录入 数据补录 标准成本数据	数据审核 数据调整 数据入库	项目查询 单项查询 单方查询 价格查询	形成管理会计报告 传递报告

本章小结

本章讲解了管理会计报告的概念，是企业运用管理会计方法，根据财务和业务的基础信息加工整理形成的，满足企业价值管理和决策支持需要的内部报告。管理会计报告的发展经历了四个发展阶段。管理会计报告满足相关性、重要性、及时性、可读性四个原则；具有信息集成性、信息综合性、体系复杂性、形式个性化、计量多重性五项特征；可以按照不同标准进行类型划分。与财务会计报告的区别包括使用者、类型和频率、目的、内容、鉴证程序五方面的差异。管理会计报告流程包括编制、审批、报送、使用、评价五个环节，其中编制包括编制主体、报告对象、报告名称、内容、编制时点和报告期间五项要素。典型管理会计报告的编制需要重点掌握报告主表、附表和附注的编制。应当采用信息系统模块实现管理会计报告现代化管理。

关键词

管理会计报告	战略层管理会计报告	经营层管理会计报告
业务层管理会计报告	管理规划报告	管理决策报告
管理控制报告	管理评价报告	综合企业管理会计报告
专项企业管理会计报告	主报告	辅助分析报告

即测即评

请扫描二维码，进行即测即评。

思考题

1. 管理会计报告的含义是什么？管理会计报告的目的是什么？
2. 管理会计报告的原则和特征有哪些？
3. 管理会计报告可以如何分类？
4. 管理会计报告与财务会计报告的区别有哪些？
5. 应当如何编制管理会计报告？

附表 1　一般复利终值系数表

$$(F/P, i, n) = (1+i)^n$$

n	1%	2%	3%	4%	5%	6%	7%	8%	9%
1	1.010	1.020	1.030	1.040	1.050	1.060	1.070	1.080	1.090
2	1.020	1.040	1.061	1.082	1.102	1.124	1.145	1.166	1.188
3	1.030	1.061	1.093	1.125	1.153	1.191	1.225	1.260	1.295
4	1.041	1.082	1.126	1.170	1.216	1.262	1.311	1.360	1.412
5	1.051	1.104	1.159	1.217	1.276	1.338	1.403	1.469	1.539
6	1.062	1.126	1.194	1.265	1.340	1.419	1.501	1.587	1.677
7	1.072	1.149	1.230	1.316	1.407	1.504	1.606	1.714	1.828
8	1.083	1.172	1.267	1.369	1.477	1.594	1.718	1.851	1.993
9	1.094	1.195	1.305	1.423	1.551	1.689	1.838	1.999	2.172
10	1.105	1.219	1.344	1.480	1.628	1.791	1.967	2.159	2.367
11	1.116	1.243	1.384	1.539	1.710	1.898	2.105	2.332	2.580
12	1.127	1.268	1.426	1.601	1.796	2.012	2.252	2.518	2.813
13	1.138	1.294	1.469	1.665	1.886	2.133	2.410	2.720	3.066
14	1.149	1.319	1.513	1.732	1.980	2.261	2.579	2.937	3.342
15	1.161	1.346	1.558	1.801	2.079	2.397	2.759	3.172	3.642
16	1.173	1.373	1.605	1.873	2.183	2.540	2.952	3.426	3.970
17	1.184	1.400	1.653	1.948	2.292	2.693	3.159	3.700	4.328
18	1.196	1.428	1.702	2.026	2.407	2.854	3.380	3.996	4.717
19	1.208	1.457	1.754	2.107	2.527	3.026	3.617	4.316	5.142
20	1.220	1.486	1.806	2.191	2.653	3.207	3.870	4.661	5.604
21	1.232	1.515	1.860	2.278	2.786	3.399	4.141	5.034	6.108
22	1.244	1.545	1.916	2.369	2.925	3.603	4.430	5.436	6.658
23	1.257	1.576	1.973	2.464	3.072	3.819	4.741	5.871	7.257
24	1.269	1.608	2.032	2.563	3.225	4.048	5.072	6.341	7.911
25	1.282	1.640	2.094	2.665	3.386	4.292	5.427	6.848	8.623
26	1.295	1.673	2.156	2.772	3.555	4.549	5.807	7.396	9.399
27	1.308	1.706	2.221	2.883	3.733	4.822	6.213	7.988	10.245
28	1.321	1.741	2.287	2.998	3.920	5.111	6.648	8.627	11.167
29	1.334	1.775	2.356	3.118	4.116	5.418	7.114	9.317	12.172
30	1.348	1.811	2.427	3.243	4.321	5.743	7.612	10.062	13.268
31	1.361	1.847	2.500	3.373	4.538	6.083	8.145	10.867	14.461
32	1.374	1.884	2.575	3.508	4.764	6.453	8.715	11.737	15.763
33	1.388	1.922	2.652	3.648	5.003	6.840	9.325	12.676	17.182
34	1.402	1.960	2.731	3.794	5.253	7.251	9.978	13.690	18.728
35	1.416	1.999	2.813	3.946	5.516	7.686	10.676	14.785	20.413
40	1.488	2.208	3.262	4.801	7.039	10.285	14.974	21.725	31.409
50	1.644	2.691	4.383	7.106	11.467	18.420	29.457	46.902	74.358
60	1.817	3.281	5.892	10.520	18.679	32.988	57.946	101.26	176.03

续表

n	10%	11%	12%	13%	14%	15%	16%	17%	18%
1	1.100	1.110	1.120	1.130	1.140	1.150	1.160	1.170	1.180
2	1.210	1.232	1.254	1.277	1.300	1.323	1.346	1.369	1.392
3	1.331	1.368	1.405	1.443	1.482	1.521	1.561	1.602	1.643
4	1.464	1.518	1.574	1.630	1.689	1.749	1.811	1.874	1.939
5	1.611	1.685	1.762	1.842	1.925	2.011	2.100	2.192	2.288
6	1.772	1.870	1.974	2.082	2.195	2.313	2.436	2.565	2.700
7	1.949	2.076	2.211	2.353	2.502	2.660	2.826	3.001	3.185
8	2.144	2.305	2.476	2.658	2.853	3.059	3.278	3.511	3.759
9	2.358	2.558	2.773	3.004	3.252	3.518	3.803	4.108	4.435
10	2.594	2.839	3.106	3.395	3.707	4.046	4.411	4.807	5.234
11	2.853	3.152	3.479	3.836	4.226	4.652	5.117	5.624	6.176
12	3.138	3.498	3.896	4.335	4.818	5.350	5.936	6.580	7.288
13	3.452	3.883	4.363	4.898	5.492	6.153	6.886	7.699	8.599
14	3.797	4.310	4.887	5.535	6.261	7.076	7.988	9.007	10.147
15	4.177	4.785	5.474	6.254	7.138	8.137	9.266	10.539	11.974
16	4.595	5.311	6.130	7.067	8.137	9.358	10.748	12.330	14.129
17	5.054	5.895	6.866	7.986	9.276	10.761	12.468	14.426	16.672
18	5.560	6.544	7.690	9.024	10.575	12.375	14.463	16.879	19.673
19	6.116	7.263	8.613	10.197	12.056	14.232	16.777	19.748	23.214
20	6.727	8.062	9.646	11.523	13.743	16.367	19.461	23.106	27.393
21	7.400	8.949	10.804	13.021	15.668	18.822	22.574	27.034	32.324
22	8.140	9.934	12.100	14.714	17.861	21.645	26.186	31.629	38.142
23	8.954	11.026	13.552	16.627	20.362	24.891	30.376	37.006	45.008
24	9.849	12.239	15.179	18.788	23.212	28.625	35.236	43.297	53.109
25	10.834	13.585	17.000	21.231	26.462	32.919	40.874	50.658	62.669
26	11.918	15.080	19.040	23.991	30.167	37.857	47.414	59.270	73.949
27	13.109	16.739	21.325	27.109	34.390	43.535	55.000	69.345	87.260
28	14.420	18.580	23.884	30.633	39.204	50.066	63.800	81.134	102.967
29	15.863	20.624	26.750	34.616	44.693	57.575	74.009	94.927	102.501
30	17.449	22.892	29.960	39.116	50.950	66.212	85.850	111.065	143.371
31	19.194	25.410	33.555	44.201	58.083	76.144	99.586	129.946	169.177
32	21.113	28.206	37.582	49.947	66.215	87.565	115.520	152.036	199.629
33	23.225	31.308	42.092	56.440	75.485	100.700	134.003	177.883	235.563
34	25.547	34.752	47.143	63.777	86.053	115.805	155.433	208.123	277.964
35	28.102	38.575	52.800	72.069	98.100	113.176	180.314	243.503	327.997
40	45.259	65.001	93.051	132.782	188.884	267.864	378.721	533.869	750.378
50	117.391	184.565	289.002	450.736	700.233	1 083.66	1 670.70	2 566.22	3 927.36
60	304.48	524.06	897.60	1 530.05	2 595.92	4 384.00	7 370.20	12 335.36	20 555.14

续表

n	19%	20%	24%	25%	28%	30%	32%	36%	40%
1	1.190	1.200	1.240	1.250	1.280	1.300	1.320	1.360	1.400
2	1.416	1.440	1.538	1.563	1.638	1.690	1.742	1.850	1.960
3	1.685	1.728	1.907	1.953	2.097	2.197	2.300	2.515	2.744
4	2.005	2.074	2.364	2.441	2.684	2.856	3.036	3.421	3.842
5	2.386	2.488	2.932	3.052	3.436	3.713	4.007	4.653	5.378
6	2.840	2.986	3.635	3.815	4.398	4.827	5.290	6.328	7.530
7	3.379	3.583	4.508	4.768	5.630	6.276	6.983	8.605	10.541
8	4.021	4.300	5.590	5.960	7.206	8.157	9.217	11.703	14.758
9	4.785	5.160	6.931	7.451	9.223	10.604	12.166	15.917	20.661
10	5.696	6.192	8.594	9.313	11.806	13.786	16.060	21.647	28.925
11	6.777	7.430	10.657	11.642	15.112	17.922	21.199	29.439	40.496
12	8.064	8.916	13.215	14.552	19.343	23.298	27.983	40.037	56.694
13	9.596	10.699	16.386	18.190	24.759	30.288	36.937	54.451	79.371
14	11.420	12.839	20.319	22.737	31.691	39.374	48.757	74.053	111.120
15	13.590	15.407	25.196	28.422	40.565	51.186	64.359	100.712	155.568
16	16.172	18.488	31.245	35.527	51.923	66.542	84.954	136.969	217.795
17	19.244	22.186	38.741	44.409	66.461	86.504	112.139	186.277	304.913
18	22.091	26.623	48.039	55.511	85.071	112.455	148.024	253.388	426.879
19	27.252	31.948	59.568	69.389	108.890	146.192	195.391	344.540	597.630
20	32.429	38.338	73.864	86.736	139.380	190.049	257.916	468.574	836.683
21	38.591	46.005	91.592	108.420	178.406	247.065	340.449	637.261	1 171.36
22	45.923	55.206	113.574	135.525	228.360	321.184	449.393	866.674	1 639.90
23	54.649	66.247	140.831	169.407	292.300	417.539	593.199	1 178.68	2 295.86
24	65.032	79.497	174.631	211.758	374.144	542.801	783.023	1 603.00	3 214.20
25	77.388	95.396	216.542	264.698	478.905	705.641	1 033.59	2 180.08	4 499.88
26	92.092	114.475	268.512	330.872	612.998	917.333	1 364.34	2 964.91	6 229.83
27	109.589	137.371	332.955	431.590	784.638	1 192.53	1 800.93	4 032.28	8 819.76
28	130.411	164.845	412.864	516.988	1 004.34	1 550.29	2 377.22	5 483.90	12 347.7
29	155.189	197.814	511.952	646.235	1 285.55	2 015.38	3 137.94	7 458.10	17 286.7
30	184.675	237.376	634.820	807.794	1 645.51	2 619.99	4 142.08	10 143.0	24 201.4
31	219.764	284.852	787.177	1 009.74	2 106.25	3 405.99	5 467.54	13 794.5	33 882.0
32	261.519	341.822	976.099	1 262.18	2 696.00	4 427.79	7 217.15	18 760.5	47 434.8
33	311.207	410.186	1 210.36	1 577.72	3 450.87	5 756.13	9 526.64	25 514.3	66 408.7
34	370.337	492.224	1 500.85	1 972.15	4 417.12	7 482.97	12 575.2	34 699.5	92 972.2
35	440.701	590.668	1 861.05	2 465.19	5 653.91	9 727.86	16 599.2	47 191.3	130 161
40	1 051.67	1 469.77	5 455.91	7 523.16	19 426.7	36 118.9	66 520.8	219 563	700 037
50	5 988.92	9 100.44	46 890.4	70 064.9	229 350	497 929	1 068 308	—	—
60	34 105	56 348	402 996	652 530	2 707 685	—	—	—	—

附表 2　一般复利现值系数表

$$(P/F, i, n) = (1+i)^{-n}$$

n	1%	2%	3%	4%	5%	6%	7%	8%	9%	10%
1	.990	.980	.971	.962	.952	.943	.935	.926	.917	.909
2	.980	.961	.943	.925	.907	.890	.873	.857	.842	.826
3	.971	.942	.915	.889	.864	.840	.816	.794	.772	.751
4	.961	.924	.888	.855	.823	.792	.763	.735	.708	.683
5	.951	.906	.863	.822	.784	.747	.713	.681	.650	.621
6	.942	.888	.838	.790	.746	.705	.666	.630	.596	.565
7	.933	.871	.813	.760	.711	.665	.623	.584	.547	.513
8	.924	.854	.789	.731	.677	.627	.582	.540	.502	.467
9	.914	.837	.766	.703	.645	.592	.544	.500	.460	.424
10	.905	.820	.744	.676	.614	.558	.508	.463	.422	.386
11	.896	.804	.722	.650	.585	.527	.475	.429	.388	.351
12	.887	.789	.701	.625	.557	.497	.444	.397	.356	.319
13	.879	.773	.681	.601	.530	.469	.415	.368	.326	.290
14	.870	.758	.661	.578	.505	.442	.388	.341	.299	.263
15	.861	.743	.642	.555	.481	.417	.362	.315	.275	.239
16	.853	.728	.623	.534	.458	.394	.339	.292	.252	.218
17	.844	.714	.605	.513	.436	.371	.317	.270	.231	.198
18	.836	.700	.587	.494	.416	.350	.296	.250	.212	.180
19	.828	.686	.570	.475	.396	.331	.277	.232	.195	.164
20	.820	.673	.554	.456	.377	.312	.258	.215	.178	.149
21	.811	.660	.538	.439	.359	.294	.242	.199	.164	.135
22	.803	.647	.522	.422	.342	.278	.226	.184	.150	.123
23	.795	.634	.507	.406	.326	.262	.211	.170	.138	.112
24	.788	.622	.492	.390	.310	.247	.197	.158	.126	.102
25	.780	.610	.478	.375	.295	.233	.184	.146	.116	.092
26	.772	.598	.464	.361	.281	.220	.172	.135	.106	.084
27	.764	.586	.450	.347	.268	.207	.161	.125	.098	.076
28	.757	.574	.437	.334	.255	.196	.150	.116	.090	.069
29	.749	.563	.424	.321	.243	.185	.141	.107	.082	.063
30	.742	.552	.412	.300	.231	.174	.131	.099	.075	.057
35	.706	.500	.355	.253	.181	.130	.094	.068	.049	.036
40	.672	.453	.307	.208	.142	.097	.067	.046	.032	.022
45	.639	.410	.264	.171	.111	.073	.048	.031	.021	.014
50	.608	.372	.228	.141	.087	.054	.034	.021	.013	.009
55	.579	.337	.197	.116	.068	.041	.024	.015	.009	.005

续表

n	11%	12%	13%	14%	15%	16%	17%	18%	19%	20%
1	.901	.893	.885	.877	.870	.862	.855	.847	.840	.833
2	.812	.797	.783	.769	.756	.743	.731	.718	.706	.694
3	.731	.712	.693	.675	.658	.641	.624	.609	.593	.579
4	.659	.636	.613	.592	.572	.552	.534	.516	.499	.482
5	.593	.567	.543	.519	.497	.476	.456	.437	.419	.402
6	.535	.507	.480	.456	.432	.410	.390	.370	.352	.335
7	.482	.452	.425	.400	.376	.354	.333	.314	.296	.279
8	.434	.404	.376	.351	.327	.305	.285	.266	.249	.233
9	.391	.361	.333	.300	.284	.263	.243	.225	.209	.194
10	.352	.322	.295	.270	.247	.227	.208	.191	.176	.162
11	.317	.287	.261	.237	.215	.195	.178	.162	.148	.135
12	.286	.257	.231	.208	.187	.168	.152	.137	.124	.112
13	.258	.229	.204	.182	.163	.145	.130	.116	.104	.093
14	.232	.205	.181	.160	.141	.125	.111	.099	.088	.078
15	.209	.183	.160	.140	.123	.108	.095	.084	.074	.065
16	.188	.163	.141	.123	.107	.093	.081	.071	.062	.054
17	.170	.146	.125	.108	.093	.080	.069	.060	.052	.045
18	.153	.130	.111	.095	.081	.069	.059	.051	.044	.038
19	.138	.116	.098	.083	.070	.060	.051	.043	.037	.031
20	.124	.104	.087	.073	.061	.051	.043	.037	.031	.026
21	.112	.093	.077	.064	.053	.044	.037	.031	.026	.022
22	.101	.083	.068	.056	.046	.038	.032	.026	.022	.018
23	.091	.074	.060	.049	.040	.033	.027	.022	.018	.015
24	.082	.066	.053	.043	.035	.028	.023	.019	.015	.013
25	.074	.059	.047	.038	.030	.024	.020	.016	.013	.010
26	.066	.053	.042	.033	.026	.021	.017	.014	.011	.009
27	.060	.047	.037	.029	.023	.018	.014	.011	.009	.007
28	.054	.042	.033	.026	.020	.016	.012	.010	.008	.006
29	.048	.037	.029	.022	.017	.014	.011	.008	.006	.005
30	.044	.033	.026	.020	.015	.012	.009	.007	.005	.004
35	.026 0	.018 9	.014 0	.010 2	.007 5	.005 5	.004 1	.003 0	.002 2	.001 7
40	.015 4	.010 7	.007 5	.005 3	.003 7	.002 6	.001 9	.001 3	.001 0	.000 7
45	.009 1	.006 1	.004 1	.002 8	.001 9	.001 3	.000 9	.000 6	.000 4	.000 3
50	.005 4	.003 5	.002 2	.001 4	.000 9	.000 6	.000 4	.000 3	.000 2	.000 1
55	.003 2	.002 0	.001 2	.000 7	.000 5	.000 3	.000 2	.000 1	0	0

续表

n	22%	24%	25%	28%	30%	32%	35%	36%	40%
1	.820	.806	.800	.781	.769	.758	.741	.735	.714
2	.672	.650	.640	.610	.592	.574	.549	.541	.510
3	.551	.524	.512	.477	.455	.435	.406	.398	.364
4	.451	.423	.410	.373	.350	.329	.301	.292	.260
5	.370	.341	.320	.291	.269	.250	.223	.215	.186
6	.303	.275	.262	.227	.207	.189	.165	.158	.133
7	.249	.222	.210	.178	.159	.143	.122	.116	.095
8	.204	.179	.168	.139	.123	.108	.091	.085	.068
9	.167	.144	.134	.108	.094	.082	.067	.063	.048
10	.137	.116	.107	.085	.073	.062	.050	.046	.035
11	.112	.094	.086	.066	.056	.047	.037	.034	.025
12	.092	.076	.069	.052	.043	.036	.027	.025	.018
13	.075	.061	.055	.040	.033	.027	.020	.018	.013
14	.062	.049	.044	.032	.025	.021	.015	.014	.009
15	.051	.040	.035	.025	.020	.016	.011	.010	.006
16	.042	.032	.028	.019	.015	.012	.008	.007	.005
17	.034	.026	.023	.015	.012	.009	.006	.005	.003
18	.028	.021	.018	.012	.009	.007	.005	.004	.002
19	.023	.017	.014	.009	.007	.005	.003	.003	.002
20	.019	.014	.012	.007	.005	.004	.002	.002	.001
21	.015 4	.010 9	.009 2	.005 6	.004 0	.002 9	.001 8	.001 6	.000 9
22	.012 6	.008 8	.007 4	.004 4	.003 1	.002 2	.001 4	.001 2	.000 6
23	.010 3	.007 1	.005 9	.003 4	.002 4	.001 7	.001 0	.000 8	.000 4
24	.008 5	.005 7	.004 7	.002 7	.001 8	.001 3	.000 7	.000 6	.000 3
25	.006 9	.004 6	.003 8	.002 1	.001 4	.001 0	.000 6	.000 5	.000 2
26	.005 7	.003 7	.003 0	.001 6	.001 1	.000 7	.000 4	.000 3	.000 2
27	.004 7	.003 0	.002 4	.001 3	.000 8	.000 6	.000 3	.000 2	.000 1
28	.003 8	.002 4	.001 9	.001 0	.000 6	.000 4	.000 2	.000 2	.000 1
29	.003 1	.002 0	.001 5	.000 8	.000 5	.000 3	.000 2	.000 1	.000 1
30	.002 6	.001 6	.001 2	.000 6	.000 4	.000 2	.000 1	.000 1	0
35	.000 9	.000 5	.000 4	.000 2	.000 1	.000 1	0	0	0
40	.000 4	.000 2	.000 1	.000 1	0	0	0	0	0
45	.000 1	.000 1	0	0	0	0	0	0	0
50	0	0	0	0	0	0	0	0	0
55	0	0	0	0	0	0	0	0	0

附表 3 年金复利终值系数表

$$(F/A,i,n)=\frac{(1+i)^n-1}{i}$$

n	1%	2%	3%	4%	5%	6%	7%	8%	9%
1	1.000	1.000	1.000	1.000	1.000	1.000	1.000	1.000	1.000
2	2.010	2.020	2.030	2.040	2.050	2.060	2.070	2.080	2.090
3	3.030	3.060	3.091	3.122	3.153	3.184	3.125	3.246	3.278
4	4.060	4.122	4.184	4.246	4.310	4.375	4.440	4.506	4.573
5	5.101	5.204	5.309	5.416	5.526	5.637	5.751	5.867	5.985
6	6.152	6.308	6.468	6.633	6.802	6.975	7.153	7.336	7.523
7	7.214	7.434	7.662	7.898	8.142	8.394	8.654	8.923	9.200
8	8.286	8.583	8.892	9.214	9.549	9.897	10.260	10.637	11.028
9	9.369	9.755	10.159	10.583	11.027	11.491	11.978	12.488	13.021
10	10.462	10.950	11.464	12.006	12.578	13.181	13.816	14.487	15.193
11	11.567	12.169	12.808	13.486	14.207	14.972	15.784	16.645	17.560
12	12.683	13.412	14.192	15.026	15.917	16.870	17.888	18.977	20.141
13	13.809	14.680	15.618	16.627	17.713	18.882	20.141	21.495	22.953
14	14.947	15.974	17.086	18.292	19.599	21.015	22.550	24.215	26.019
15	16.097	17.293	18.599	20.024	21.579	23.276	25.129	27.152	29.361
16	17.258	18.639	20.157	21.825	23.657	25.673	27.888	30.324	33.003
17	18.430	20.012	21.762	23.698	25.840	28.213	30.840	33.750	36.974
18	19.615	21.412	23.414	25.645	28.132	30.906	33.999	37.450	41.301
19	20.811	22.841	25.117	27.671	30.539	33.760	37.379	41.446	46.018
20	22.019	24.297	26.870	29.778	33.066	36.786	40.995	45.762	51.160
21	23.239	25.783	28.676	31.969	35.719	39.992	44.865	50.423	56.765
22	24.471	27.298	30.536	34.247	38.505	43.392	49.005	55.457	62.873
23	25.716	28.844	32.452	36.619	41.430	46.995	53.436	60.893	69.532
24	26.973	30.421	34.426	39.083	44.501	50.815	58.176	66.765	76.790
25	28.243	32.030	36.459	41.646	47.727	54.864	63.249	73.106	84.701
26	29.525	33.670	38.553	44.311	51.113	59.156	68.676	79.954	93.324
27	30.820	35.344	40.709	47.084	54.669	63.705	74.483	87.351	102.723
28	32.129	37.051	42.930	49.967	58.402	68.528	80.697	95.339	112.968
29	33.405	38.792	45.218	52.966	62.322	73.639	87.346	103.966	124.135
30	34.784	40.568	47.575	56.085	66.439	79.058	94.461	113.286	136.308
31	36.132	42.379	50.002	59.328	70.760	84.801	102.073	123.346	149.575
32	37.494	44.227	52.502	62.701	75.298	90.889	110.218	134.214	164.037
33	38.869	46.111	55.077	66.209	80.063	97.343	118.933	145.951	179.800
34	40.257	48.033	57.730	69.857	85.066	104.183	128.258	158.627	196.982
35	41.660	49.994	60.462	73.652	90.320	111.434	138.236	172.317	215.711
40	48.886	60.402	75.401	95.026	120.799	154.761	199.635	259.057	337.882
50	64.463	84.579	112.796	152.667	209.347	290.335	406.528	573.770	815.084
60	81.670	114.05	163.05	237.99	353.58	533.13	813.52	1 253.2	1 944.8

续表

n	10%	11%	12%	13%	14%	15%	16%	17%	18%
1	1.000	1.000	1.000	1.000	1.000	1.000	1.000	1.000	1.000
2	2.100	2.110	2.120	2.130	2.140	2.150	2.160	2.170	2.180
3	3.310	3.342	3.374	3.407	3.440	3.473	3.506	3.539	3.572
4	4.641	4.710	4.779	4.850	4.921	4.993	5.066	5.141	5.215
5	6.105	6.228	6.353	6.480	6.610	6.742	6.877	7.014	7.154
6	7.716	7.913	8.115	8.323	8.536	8.754	8.977	9.207	9.442
7	9.487	9.783	10.089	10.405	10.730	11.067	11.414	11.772	12.142
8	11.436	11.859	12.300	12.757	13.233	13.727	14.240	14.773	15.327
9	13.579	14.164	14.776	15.416	16.085	16.786	17.519	18.285	19.086
10	15.937	16.722	17.549	18.420	19.337	20.304	21.321	22.393	23.521
11	18.531	19.561	20.655	21.814	23.045	24.349	25.733	27.200	28.755
12	21.384	22.713	24.133	25.650	27.271	29.002	30.850	32.824	34.931
13	24.523	26.212	28.029	29.985	32.089	34.352	36.786	39.404	42.219
14	27.975	30.095	32.393	34.883	37.581	40.505	43.672	47.103	50.818
15	31.772	34.405	37.280	40.417	43.842	47.580	51.660	56.110	60.965
16	35.950	39.190	42.753	46.672	50.980	55.717	60.925	66.649	72.939
17	40.545	44.501	48.884	53.739	59.118	65.075	71.673	78.979	87.068
18	45.599	50.396	55.750	61.725	68.394	75.836	84.141	93.406	103.740
19	51.159	56.939	63.440	70.749	78.969	88.212	98.603	110.285	123.414
20	57.275	64.203	72.052	80.947	91.025	102.444	115.379	130.033	146.628
21	64.002	72.265	81.699	92.470	104.769	118.810	134.841	153.139	174.021
22	71.403	81.214	92.503	105.491	120.436	137.632	157.415	180.172	206.345
23	79.543	91.148	104.603	120.205	138.297	159.276	183.601	211.801	244.487
24	88.497	102.174	118.155	136.831	158.659	184.168	213.978	248.808	289.494
25	98.347	114.413	133.334	155.620	181.871	212.793	249.214	292.105	342.603
26	109.182	127.999	150.334	176.850	208.333	245.712	290.088	342.763	405.272
27	121.100	143.079	169.374	200.841	238.499	283.569	337.502	402.032	479.221
28	134.210	159.817	190.694	227.950	272.889	327.104	392.503	471.378	566.481
29	148.631	178.397	214.583	258.583	312.094	377.170	456.303	552.512	669.447
30	164.494	199.021	241.333	293.199	356.787	434.745	530.312	647.439	790.948
31	181.943	221.913	271.293	332.315	407.737	500.957	616.162	758.504	934.319
32	201.138	247.324	304.848	376.516	465.820	577.100	715.747	888.449	1 103.50
33	222.252	275.529	342.429	426.463	532.035	664.666	831.267	1 040.49	1 303.13
34	245.477	306.837	384.521	482.903	607.520	765.365	965.270	1 218.37	1 538.69
35	271.024	341.590	431.663	546.681	693.573	881.170	1 120.72	1 426.49	1 816.65
40	442.593	581.826	767.091	1 013.70	1 342.03	1 779.09	2 360.76	3 134.52	4 163.21
50	1 163.91	1 668.77	2 400.02	3 459.51	4 994.52	7 217.72	10 435.6	15 089.5	21 813.1
60	3 034.8	4 755.1	7 471.6	11 762	18 535	29 220	46 058	72 555	114 190

续表

n	19%	20%	24%	25%	28%	30%	32%	35%	40%
1	1.000	1.000	1.000	1.000	1.000	1.000	1.000	1.000	1.000
2	2.190	2.200	2.240	2.250	2.280	2.300	2.320	2.350	2.400
3	3.606	3.640	3.778	3.813	3.918	3.990	4.062	4.173	4.360
4	5.291	5.368	5.684	5.766	6.016	6.187	6.362	6.633	7.104
5	7.297	7.442	8.048	8.207	8.700	9.043	9.398	9.954	10.946
6	9.683	9.930	10.980	11.259	12.136	12.756	13.406	14.438	16.324
7	12.523	12.916	14.615	15.073	16.534	17.583	18.696	20.492	23.853
8	15.902	16.499	19.123	19.842	22.163	23.858	25.678	28.664	34.395
9	19.923	20.799	24.712	25.802	29.369	32.015	34.895	39.696	49.153
10	24.701	25.959	31.643	33.253	38.592	42.619	47.062	54.590	69.814
11	30.404	32.150	40.238	42.566	50.399	56.405	63.122	74.697	98.739
12	37.180	39.581	50.895	54.208	65.510	74.327	84.320	101.841	139.235
13	45.244	48.497	64.110	68.760	84.853	97.625	112.303	138.485	195.929
14	54.841	59.196	80.496	86.949	109.612	127.913	149.240	187.954	275.300
15	66.261	72.035	100.815	109.69	141.303	167.286	197.997	254.738	386.420
16	79.850	87.442	126.011	138.109	181.868	218.472	262.356	344.897	541.988
17	96.022	105.931	157.253	173.635	233.791	285.014	347.309	466.611	759.784
18	115.265	128.117	195.994	218.045	300.252	371.518	459.449	630.925	1 064.70
19	138.166	154.740	244.033	273.556	385.323	483.973	607.472	852.748	1 491.58
20	165.418	186.688	303.601	342.945	494.213	630.165	802.863	1 152.21	2 089.21
21	197.847	225.026	377.465	429.681	633.593	820.215	1 060.78	1 556.48	2 925.89
22	236.438	271.031	469.056	538.101	811.999	1 067.28	1 401.23	2 102.25	4 097.24
23	282.362	326.237	582.630	673.626	1 040.36	1 388.46	1 850.62	2 839.04	5 737.14
24	337.010	392.484	723.461	843.033	1 332.66	1 806.00	2 443.82	3 833.71	8 033.00
25	402.042	471.981	898.092	1 054.79	1 706.80	2 348.80	3 226.84	5 176.50	11 247.2
26	479.431	567.377	1 114.63	1 319.49	2 185.71	3 054.44	4 260.43	6 989.28	15 747.1
27	571.522	681.853	1 383.15	1 650.36	2 798.71	3 971.78	5 624.77	9 436.53	22 046.9
28	681.112	819.223	1 716.10	2 063.95	3 583.34	5 164.31	7 425.70	12 740.3	30 866.7
29	811.523	984.068	2 128.96	2 580.94	4 587.68	6 714.60	9 802.92	17 200.4	43 214.3
30	966.712	1 181.88	2 640.92	3 227.17	5 873.23	8 729.99	12 940.9	23 221.6	60 501.1
31	1 151.39	1 419.26	3 275.74	4 034.97	7 518.74	11 350.0	17 082.9	31 350.1	84 702.5
32	1 371.15	1 704.11	4 062.91	5 044.71	9 624.98	14 756.0	22 550.5	42 323.7	118 585
33	1 632.67	2 045.93	5 039.01	6 306.89	123 121.0	19 183.8	29 767.6	57 138.0	166 019
34	1 943.88	2 456.18	6 249.38	7 884.61	15 771.8	24 940.0	39 294.3	77 137.2	232 428
35	2 314.21	2 948.34	7 750.23	9 856.76	20 189.0	32 422.9	51 869.4	104 136	325 400
40	5 529.83	7 343.86	22 728.8	30 088.7	69 377.58	120 393	207 874	466 960	1 750 092
50	31 515.3	45 497.2	195 373	280 256	819 103	1 659 760	3 338 460	9 389 020	—
60	179 495	281 733	1 679 147	2 610 118	9 670 301	—	—	—	—

附表 4 年金复利现值系数表

$$(P/A,i,n)=\frac{1-(1+i)^{-n}}{i}$$

n	1%	2%	3%	4%	5%	6%	7%	8%	9%
1	0.990	0.980	0.971	0.962	0.952	0.943	0.935	0.926	0.917
2	1.970	1.942	1.913	1.886	1.859	1.833	1.808	1.783	1.759
3	2.941	2.884	2.829	2.775	2.723	2.673	2.624	2.577	2.531
4	3.902	3.808	3.717	3.630	3.546	3.465	3.387	3.312	3.240
5	4.853	4.713	4.580	4.452	4.329	4.212	4.100	3.993	3.890
6	5.795	5.601	5.417	5.242	5.076	4.917	4.767	4.623	4.486
7	6.728	6.472	6.230	6.002	5.786	5.582	5.389	5.206	5.033
8	7.652	7.325	7.020	6.733	6.463	6.210	5.971	5.747	5.535
9	8.566	8.162	7.786	7.435	7.108	6.802	6.515	6.247	5.995
10	9.471	8.983	8.530	8.111	7.722	7.360	7.024	6.710	6.418
11	10.368	9.787	9.253	8.760	8.306	7.887	7.499	7.139	6.805
12	11.255	10.575	9.954	9.385	8.863	8.384	7.943	7.536	7.161
13	12.134	11.348	10.635	9.986	9.394	8.853	8.358	7.904	7.487
14	13.004	12.106	11.296	10.563	9.899	9.295	8.745	8.244	7.786
15	13.865	12.849	11.938	11.118	10.380	9.712	9.108	8.559	8.061
16	14.718	13.578	12.561	11.652	10.838	10.106	9.447	8.851	8.313
17	15.562	14.292	13.166	12.166	11.274	10.477	9.763	9.122	8.544
18	16.398	14.992	13.754	12.659	11.690	10.828	10.059	9.372	8.756
19	17.226	15.678	14.324	13.134	12.085	11.158	10.336	9.604	8.950
20	18.046	16.351	14.877	13.590	12.462	11.470	10.594	9.818	9.129
21	18.857	17.011	15.415	14.029	12.821	11.764	10.836	10.017	9.292
22	19.660	17.658	15.937	14.451	13.163	12.042	11.061	10.201	9.442
23	20.456	18.292	16.444	14.857	13.489	12.303	11.272	10.371	9.580
24	21.243	18.914	16.936	15.247	13.800	12.550	11.469	10.529	9.707
25	22.023	19.524	17.413	15.622	14.094	12.783	11.654	10.675	9.823
26	22.795	20.121	17.877	15.983	14.375	13.003	11.826	10.810	9.929
27	23.560	20.707	18.327	16.330	14.643	13.211	11.987	10.935	10.027
28	24.316	21.281	18.764	16.663	14.898	13.406	12.137	11.051	10.116
29	25.066	21.844	19.189	16.984	15.141	13.591	12.278	11.158	10.198
30	25.808	22.397	19.600	17.292	15.373	13.765	12.409	11.258	10.274
35	29.409	24.999	21.487	18.665	16.374	14.498	12.948	11.655	10.567
40	32.835	27.355	23.115	19.793	17.159	15.046	13.332	11.925	10.757
50	39.196	31.424	25.730	21.482	18.256	15.762	13.801	12.233	10.962
55	42.147	33.175	26.774	22.109	18.634	15.991	13.940	12.319	11.014

续表

n	10%	11%	12%	13%	14%	15%	16%	17%	18%
1	0.909	0.901	0.893	0.885	0.877	0.870	0.862	0.855	0.847
2	1.736	1.713	1.690	1.668	1.647	1.626	1.605	1.585	1.566
3	2.487	2.444	2.402	2.361	2.322	2.283	2.246	2.210	2.174
4	3.170	3.102	3.037	2.974	2.914	2.855	2.798	2.743	2.690
5	3.791	3.696	3.605	3.517	3.433	3.352	3.274	3.199	3.127
6	4.355	4.231	4.111	3.998	3.889	3.784	3.685	3.589	3.498
7	4.868	4.712	4.564	4.423	4.288	4.160	4.039	3.922	3.812
8	5.335	5.146	4.968	4.799	4.639	4.487	4.344	4.207	4.078
9	5.759	5.537	5.328	5.132	4.946	4.772	4.607	4.451	4.303
10	6.145	5.889	5.650	5.426	5.216	5.019	4.833	4.659	4.494
11	6.495	6.207	5.938	5.687	5.453	5.234	5.029	4.836	4.656
12	6.814	6.492	6.194	5.918	5.660	5.421	5.197	4.988	4.793
13	7.103	6.750	6.424	6.122	5.842	5.583	5.342	5.118	4.910
14	7.367	6.982	6.628	6.302	6.002	5.724	5.468	5.229	5.008
15	7.606	7.191	6.811	6.462	6.142	5.847	5.575	5.324	5.092
16	7.824	7.379	6.974	6.604	6.265	5.954	5.668	5.405	5.162
17	8.022	7.549	7.102	6.729	6.373	6.047	5.749	5.475	5.222
18	8.201	7.702	7.250	6.840	6.467	6.128	5.818	5.534	5.273
19	8.365	7.839	7.366	6.938	6.550	6.198	5.877	5.584	5.316
20	8.514	7.963	7.469	7.025	6.623	6.259	5.929	5.628	5.353
21	8.649	8.705	7.562	7.102	6.687	6.312	5.973	5.665	5.384
22	8.772	8.176	7.645	7.170	6.743	6.359	6.011	5.696	5.410
23	8.883	8.266	7.718	7.230	6.792	6.400	6.044	5.724	5.432
24	8.985	8.347	7.784	7.283	6.835	6.434	6.073	5.746	5.451
25	9.077	8.422	7.843	7.330	6.873	6.464	6.097	5.766	5.467
26	9.161	8.488	7.896	7.372	6.906	6.491	6.118	5.783	5.480
27	9.237	8.548	7.943	7.409	6.935	6.514	6.136	5.798	5.492
28	9.307	8.602	7.984	7.441	6.960	6.534	6.152	5.810	5.502
29	9.370	8.650	8.022	7.470	6.983	6.551	6.166	5.820	5.510
30	9.427	8.694	8.055	7.496	7.003	6.566	6.177	5.829	5.517
35	9.644	8.855	8.176	7.586	7.070	6.617	6.215	5.858	5.539
40	9.779	8.951	8.244	7.634	7.105	6.642	6.233	5.871	5.548
50	9.915	9.042	8.304	7.675	7.133	6.661	6.246	5.880	5.554
55	9.947	9.062	8.317	7.683	7.138	6.664	6.248	5.881	5.555

续表

n	19%	20%	22%	25%	28%	30%	32%	35%	40%
1	0.840	0.833	0.820	0.800	0.781	0.769	0.758	0.741	0.714
2	1.547	1.828	1.492	1.440	1.392	1.361	1.332	1.289	1.224
3	2.140	2.106	2.042	1.952	1.868	1.816	1.766	1.696	1.589
4	2.639	2.589	2.494	2.362	2.241	2.166	2.096	1.997	1.849
5	3.058	2.991	2.864	2.689	2.532	2.436	2.345	2.220	2.035
6	3.410	3.326	3.167	2.951	2.759	2.643	2.534	2.385	2.168
7	3.706	3.605	3.416	3.161	2.937	2.802	2.678	2.508	2.263
8	3.954	3.837	3.619	3.329	3.076	2.925	2.786	2.598	2.331
9	4.163	4.031	3.786	3.463	3.184	3.019	2.868	2.665	2.379
10	4.339	4.192	3.923	3.571	3.269	3.092	2.930	2.715	2.414
11	4.486	4.327	4.035	3.656	3.335	3.147	2.978	2.752	2.438
12	4.611	4.439	4.127	3.725	3.387	3.190	3.013	2.779	2.456
13	4.715	4.533	4.203	3.780	3.427	3.223	3.040	2.799	2.469
14	4.802	4.611	4.265	3.824	3.459	3.249	3.061	2.814	2.478
15	4.876	4.675	4.315	3.859	3.483	3.268	3.076	2.825	2.484
16	4.938	4.730	4.357	3.887	3.503	3.283	3.088	2.834	2.489
17	4.988	4.775	4.391	3.910	3.518	3.295	3.097	2.840	2.492
18	5.033	4.812	4.419	3.928	3.529	3.304	3.104	2.844	2.494
19	5.070	4.843	4.442	3.942	3.539	3.311	3.109	2.848	2.496
20	5.101	4.870	4.460	3.954	3.546	3.316	3.113	2.850	2.497
21	5.127	4.891	4.476	3.963	3.551	3.320	3.116	2.852	2.498
22	5.149	4.909	4.488	3.970	3.556	3.323	3.118	2.853	2.498
23	5.167	4.925	4.499	3.976	3.559	3.325	3.120	2.854	2.499
24	5.182	4.937	4.507	3.981	3.562	3.327	3.121	2.855	2.499
25	5.195	4.948	4.514	3.985	3.564	3.329	3.122	2.856	2.499
26	5.206	4.956	4.520	3.988	3.566	3.330	3.123	2.856	2.500
27	5.215	4.964	4.524	3.990	3.567	3.331	3.123	2.856	2.500
28	5.223	4.970	4.528	3.992	3.568	3.331	3.124	2.857	2.500
29	5.229	4.974	4.531	3.994	3.569	3.332	3.124	2.857	2.500
30	5.235	4.979	4.534	3.995	3.569	3.332	3.124	2.857	2.500
35	5.251	4.992	4.541	3.998	3.571	3.333	3.125	2.857	2.500
40	5.258	4.997	4.544	3.999	3.571	3.333	3.125	2.857	2.500
50	5.262	4.999	4.545	4.000	3.571	3.333	3.125	2.857	2.500
55	5.263	5.000	4.545	4.000	3.571	3.333	3.125	2.857	2.500

参考文献

[1] 财政部.关于印发《管理会计基本指引》的通知(财会[2016]10号).

[2] 财政部.关于印发《管理会计应用指引第100号——战略管理》等22项管理会计应用指引的通知(财会[2017]24号).

[3] 余红燕,方宗.L集团加强成本数据库建设的实践[J].财务与会计,2016,10.

[4] 付亚和,许玉林.绩效管理[M].3版.上海:复旦大学出版社,2014.

[5] 胡国柳.管理会计[M].2版.北京:高等教育出版社,2016.

[6] 李敏,何理.基于经济增加值(EVA)的上市公司内在价值评估——以中国联合通信股份有限公司为例[J].财经问题研究,2007,11.

[7] 李延喜,李宁,黄世平.评价企业战略价值的现金增加值模型[J].中国软科学,2003,11.

[8] 林万祥.中国管理会计的历史演进、现状与未来[J].当代财经,2008,9.

[9] 刘运国.管理会计学[M].2版.北京:中国人民大学出版社,2015.

[10] 毛付根.管理会计[M].2版.北京:高等教育出版社,2007.

[11] 牛彦秀.管理会计、成本会计、财务管理内容交叉问题的探讨[J].会计研究,2002,6.

[12] 潘飞.管理会计[M].3版.上海:上海财经大学出版社,2014.

[13] 平亚薪.iWorks公司管理会计报告应用研究[D].上海:华东理工大学,2015.

[14] 阮平南,邵亚平.基于战略地图的战略性绩效管理研究——以GW公司为例[J].北京行政学院学报,2010,2.

[15] 孙茂竹,文光伟,杨万贵.管理会计学[M].7版.北京:中国人民大学出版社,2015.

[16] 孙世荣.基础会计学[M].3版.武汉:武汉理工大学出版社,2014.

[17] 托马斯·约翰逊,罗伯特·卡普兰.相关性的遗失——管理会计兴衰史[M].金马工作室,译.北京:清华大学出版社,2004.

[18] 王玉红.基于决策的内部报告体系框架研究[J].社会科学辑刊,2010,3.

[19] 吴大军.管理会计[M].3版.大连:东北财经大学出版社,2013.

[20] 谢达理,汤炎非.管理会计[M].北京:高等教育出版社,2014.

[21] 杨克智,杜海霞.基于因果关系链的管理会计报告体系创新与应用——以际华集团为例[J].财务与会计,2016,13.

[22] 于培友,王玉英.管理会计报告的构成:基于价值动因视角的研究[J].会计之友,2017,15.

[23] 于增彪.管理会计[M].北京:清华大学出版社,2014.

[24] 张长胜. 企业全面预算管理[M]. 2 版. 北京:北京大学出版社,2013.

[25] 张先治,柳志南. 基于管理控制的管理会计报告体系构建[J]. 会计之友,2016,19.

[26] 张先治,戴文涛. 基于会计相关性的企业内部报告问卷调查与分析[J]. 会计研究,2011,11.

[27] 周频,胡向丽,吴丹红,万玲. 管理会计[M]. 大连:东北财经大学出版社,2015.

[28] Bloomfield R J. Rethinking Managerial Reporting [J]. Journal of Management Accounting Research,2015,27(1).

[29] IMA. Statements on Management Accounting——Practice of Management Accounting: Implementing Shared Services Centers,2000.

[30] Weygandt J J,Kimmel P D,Kieso D E. Managerial Accounting:Tools for Business Decision Making[M].6th ed. John Wiley & Sons,Inc.

[31] Wright W F. Superior Loan Collectibility Judgments Given Graphical Displays [J]. Auditing: A Journal of Practice & Theory,14(2).

[32] Yates J A. Graphs As A Managerial Tool:A Case Study of Du Pont's Use of Graphs in the Early Twentieth Century [J]. Journal of Business Communication,1985,22(1).

高等学校工商管理类专业会计、财务管理类课程教材

高等学校会计学、财务管理课程教材

会计学(第四版)	赵惠芳
会计学(第二版)	葛家澍　余绪缨
会计学	罗金明
会计学概论	刘永泽
会计学	王君彩
会计概论(第二版)	史富莲
会计学(第三版)	陈　红　姚荣辉
会计学	赵天燕
会计学概论	任秀梅　等
财务管理	王　斌
财务管理——理论·实务·案例(第二版)	徐光华　柳世平
财务管理概论	彭韶兵
财务管理学(第三版)	杨淑娥
财务管理学(第四版)	郭复初　王庆成
财务管理学(第四版)学习指导书	王庆成　孙茂竹
财务管理学(第二版)	左和平　等
财务管理(第二版)	赵德武
财务管理学(第二版)	杨淑娥
公司财务管理(第二版)	王化成
财务管理	常叶青　吴丽梅
财务管理	张　晨

高等学校会计学专业系列教材

会计学基础(第四版)	刘　峰　等
会计学基础(第三版)	唐国平
会计学基础	朱小平　程昔武
会计学原理 + 学习指导书	杜兴强
基础会计学(第二版)	沃　健　赵　敏
基础会计学	孟祥霞　程　洋
基础会计(第二版)	姚荣辉
财务会计(第三版)+ 习题集	陈信元

中级财务会计	罗新运
中级财务会计学+学习指导书	杜兴强
高级财务会计学	戴德明
成本会计(第二版)	罗　飞
管理会计(第三版)	毛付根
成本管理会计(第二版)	孟　焰　刘俊勇
审计学(第四版)	朱荣恩
审计学	舒利庆
审计与鉴证服务	刘明辉
企业内部控制(第三版)	程新生
内部控制(第二版)	潘　琰
税法	王红云　陈　红
会计信息系统(第三版)	艾文国　等
会计信息系统	张瑞君
会计信息系统(第四版)	杨宝刚　王新玲
会计理论	陈良华　等
企业会计模拟实验(第二版)	杨淑君　等
Excel 会计与财务管理——理论、方案暨模型(第二版)	桂良军

高等学校财务管理专业系列教材

财务学原理(第二版)	熊　剑　杨荣彦
高级财务管理(第二版)	左和平　李雨青
国际财务管理	谢志华
税务筹划(第六版)	盖　地
税务筹划	经庭如　阮宜胜
财务分析(第二版)	谢志华
财务报表分析(第三版)	张新民　王秀丽
财务报告分析	郭泽光
公司理财(第二版)	赵振全　等
成本管理	陈汉文
投资学(第二版)	金德环
证券投资学(第二版)	丁忠明
证券投资学(第二版)学习指南	丁忠明
证券投资综合实验教程(第二版)	丁忠明
证券投资学(第三版)	任淮秀
企业融资理论与实务	汤炎非　谢达理
资产评估(第三版)	汪海粟

教学支持说明

建设立体化精品教材，向高校师生提供整体教学解决方案和教学资源，是高等教育出版社“服务教育”的重要方式。为支持相应课程教学，我们专门为本书研发了配套教学课件及相关教学资源，并向采用本书作为教材的教师免费提供。

为保证该课件及相关教学资源仅为教师获得，烦请授课教师清晰填写如下开课证明并拍照后，发送至邮箱：jingguan@ pub. hep. cn，也可通过 QQ群 329885562进行索取。

咨询电话：010-58581020，编辑电话 010-58556264

证　明

兹证明__________大学__________学院/系第____学年开设的____________课程，采用高等教育出版社出版的《　　　　　　》(主编)作为本课程教材，授课教师为________，学生____个班，共____人。授课教师需要与本书配套的课件及相关资源用于教学使用。

授课教师联系电话：__________ E-mail：__________

学院/系主任：____________(签字)

(学院/系办公室盖章)

20____年____月____日